KB164852

전면 개정판

세상의 속도를
따라잡고 싶다면

Do it!

10일
완성!

데이터 분석을 위한
판다스 입문

날씨 관측, 테슬라 주식, 에볼라 바이러스, 빌보드 차트 등
16개 데이터셋과 115개 실습으로 파이썬 데이터 분석 기본기 완성!

다니엘 첸 지음 | 시진 옮김

이지스퍼블리싱

세상의 속도를 따라잡고 싶다면 **Do it!**
변화의 속도를 즐기게 됩니다.

Do it! 데이터 분석을 위한 판다스 입문 — 전면 개정판

Do it! Pandas for Data Analysis - 2nd edition

이 책은 2018년 10월에 출간된《Do it! 데이터 분석을 위한 판다스 입문》의 전면 개정판입니다.

개정 1판 발행 • 2023년 11월 20일
개정 1판 2쇄 • 2024년 10월 30일

초판 발행 • 2018년 10월 11일
초판 5쇄 • 2022년 01월 17일

지은이 • 다니엘 첸
옮긴이 • 시진
펴낸이 • 이지연
펴낸곳 • 이지스퍼블리싱(주)
출판사 등록번호 • 제313-2010-123호
주소 • 서울특별시 마포구 잔다리로 109 이지스빌딩 3층(우편번호 04003)
대표전화 • 02-325-1722 / **팩스** • 02-326-1723
홈페이지 • www.easyspub.co.kr / **이메일** • service@easyspub.co.kr

총괄 • 최윤미 | **기획 및 책임편집** • 신지윤 | **편집** • 안동현 | **IT 2팀** • 신지윤, 이소연, 정유민
교정교열 • 박명희 | **표지 및 본문 디자인** • 트인글터 | **인쇄** • 보광문화사
마케팅 • 권정하 | **독자지원** • 박애림, 김수경 | **영업 및 교재 문의** • 이주동, 김요한(support@easyspub.co.kr)

ISBN 979-11-6303-528-2 13000
가격 25,000원

"데이터 분석 전문가로 가는 출발점!" 이 책의 독자들이 **여러분께 추천합니다**

• 개정 증보 전 이 책으로 데이터 분석에 입문한 독자들의 서평입니다.

갑자기 진로가 바뀌는 바람에 데이터 분석을 급하게 공부하기 시작했어요. 이 책은 **아주 기본적인 것부터 디테일한 부분까지 챙겨 주는 책**입니다. 말 그대로 **판다스에 입문하시는 분들이 겁먹지 않고 도전할 수 있는 책**인 것 같아요. 개인 프로젝트를 하는 데 많은 도움이 되었어요. 처음 판다스를 공부하면 시리즈와 데이터프레임, loc와 iloc 속성 등 헷갈리는 부분이 많은데 이 책을 읽다 보면 자연스럽게 알게 됩니다.

• 아****꽝 님

파이썬 데이터 분석 책을 여러 권 구매했는데 **이 책이 '입문용'으로 가장 적절합니다.** 이걸 마스터한 후 다른 책들을 봐야 할 듯합니다. 내용이 어렵지 않기에 읽기만 하면 술술 넘어가며 실습할 때도 **오타가 적어 따라 하는 데 문제가 없고 쉽습니다.**

• s******9 님

파이썬에 대한 강의를 듣다가 판다스를 살짝 맛봤는데, 관심이 생겨 판다스에 관한 책을 찾던 중 눈에 띄었습니다. 이 책은 **판다스의 전반적인 흐름이라든지, 필요한 요소들을 배울 수 있도록 잘 갖췄습니다.**

• s*****y 님

온라인으로 여러 강의를 들었어도 판다스 강의를 따라가기가 버거웠습니다. 그래서 교재를 찾던 중 이 책을 발견했습니다. 이 책을 완독한 뒤, 책 한 권을 빠르게 끝냈다는 뿌듯함도 있었지만 **온라인 강의에서는 배우지 못했던 여러 메서드를 직접 사용해 보면서 판다스에 대한 이해도를 높일 수 있었습니다.** 판다스를 시작하는 분들에게 추천합니다.

• h***b 님

이런 분이라면 이 책으로 시작하세요!

- 파이썬의 기초를 알고 **판다스를 처음 배우는 분**
- 엑셀이 아닌 파이썬으로 **데이터 분석을 하고 싶은 분**
- 실무에 필요한 여러 메서드를 실습하며 **판다스를 체계적으로 배우고 싶은 분**

이제 더 이상 '판다스'를 모른 채 데이터 분석을 할 수 없습니다!

어떤 언어로 데이터 분석을 시작해야 하는지 고민하지 마세요!

저는 '데이터 과학'이라는 용어조차도 모르는 사람이었습니다. 데이터 과학을 수강하면서 저에게 새로운 세상이 열렸습니다. R을 배우면서 머릿속에서 상상만 하던 일을 실현하는 경험도 할 수 있었습니다. 사실 파이썬에 데이터 분석 기능이 있다는 것을 전혀 몰랐기 때문에 그저 파이썬이 프로그래밍 언어라고만 생각했죠. 하지만 사이파이[SciPy]와 판다스[Pandas]를 공부하면서 파이썬으로도 데이터 분석을 할 수 있다는 사실을 알게 되면서 더욱 흥미가 생겼습니다.

R과 파이썬을 공부할수록 두 언어가 비슷한 점이 많다는 점을 발견하면서 사용하는 프로그래밍 언어가 중요한 것이 아니라 데이터로부터 필요한 정보를 어떻게 얻어 낼 것인지 생각하는 것이 중요하다는 사실을 깨달았습니다. 가끔 R과 파이썬을 비교하면서 '어떤 언어가 더 낫다'고 논쟁하는 경우가 있습니다. 그러나 프로그래밍 언어는 생각을 구현하는 도구일 뿐입니다. 데이터를 분석하고 처리하는 방향을 고민하는 것이 가장 중요합니다.

이 책을 통해 판다스로 데이터 분석의 세계에 입문하세요!

이 책에서는 파이썬으로 데이터를 분석하는 방법을 자세히 소개합니다. 제가 만났던 사람들, 참석한 행사와 그동안 배운 기술을 모두 이 책에 담았습니다. 이 책에서 판다스나 데이터 분석의 기본적인 용어와 개념을 알았다면 이를 확장하거나 응용한 정보를 구글에서 검색하기 쉽습니다. 또는 기본 지식을 바탕으로 스택오버플로우[Stackoverflow]의 다양한 질문과 답변을 해석할 수 있습니다. 이 책이 여러분에게 파이썬과 데이터 분석, 그리고 판다스의 기초를 다지는 기반이 되고 더 나아가 데이터 분석의 다른 언어를 이해하는 다리가 되기를 바랍니다.

16개 현실 데이터셋과 115개 실습으로 판다스 기초를 다지세요!

이 책은 파이썬 3.11.X 버전과 판다스 2.X 버전에 맞춰 개정했습니다. 기존 책보다 100쪽 이상 분량이 늘어나 판다스를 더 자세하고 친절하게 설명하려고 노력했습니다. 이 책에서는 과학, 경제, 종교, 엔터테인먼트, 의학, 사회 등 다양한 분야와 관련된 16개의 데이터셋을 활용하여 115개의 실습을 하면서 판다스는 물론 데이터 분석의 기초를 익힐 수 있습니다. 이 책을 통해 판다스의 기본기를 갖추고 나서 데이터 분석 전문 도서나 강의에 도전하여 데이터 분석 전문가로 거듭나 보세요!

다니엘 첸(Daniel Y. Chen)

판다스의 기초부터 응용까지 부드러운 흐름으로 즐겁게 배워 보세요!

여러분만의 데이터 분석 도구로 판다스의 초석을 세우는 책!

데이터 분석을 시작하는 첫 단계는 데이터 처리입니다. 데이터가 무엇을 담고 있는지 확인하고 필요한 정보를 어떻게 처리할 것인지 고민하는 과정이 매우 중요하죠. 이때 실제로 데이터를 살펴보고 원하는 방향으로 데이터를 처리할 수 있는 도구를 사용하는 것이 좋습니다. 이 책으로 공부하면 데이터를 처리하는 파이썬 라이브러리, 판다스의 기초를 탄탄하게 다질 수 있습니다. 여러분만의 데이터 분석 도구로 판다스를 익혀 보세요.

이 책은 판다스를 단계별로 이해할 수 있도록 다양한 데이터셋을 예제로 활용했어요!

이 책은 기본 개념을 친절히 설명하고 실습 코드를 중심으로 본문을 구성하여 데이터를 처리하는 다양한 방법을 소개합니다. 또한 판다스 사용 방법을 단계별로 이해할 수 있도록 여러 가지 데이터셋을 기반으로 구체적인 예제를 제시합니다. 판다스를 처음 접하는 독자라면 책의 흐름에 따라 처음부터 끝까지 차근차근 읽어 가는 것을 추천합니다. 기초부터 시작하여 복잡한 데이터를 다루는 심화 개념과 응용 방법까지 이어지는 과정을 따라가다 보면 자연스럽게 판다스에 익숙해져 있을 것입니다. 그리고 판다스를 더 자세히 알고 싶다면 저자가 꼼꼼히 남긴 공식 문서 링크도 참고해 보세요. 판다스를 구석구석 살펴보는 재미를 느낄 수 있을 것입니다.

판다스에 입문한다면 이 책으로 차근차근 배우는 즐거움을 만나 보세요!

판다스를 다루는 책을 여러 권 작업했지만 번역할 때마다 늘 새롭습니다. 이번 책은 특히 판다스의 기초부터 응용까지 부드러운 흐름으로 차근차근 배움을 쌓아 가는 즐거움이 있습니다. 독자 여러분께도 이 책을 읽는 여정 속에 즐거움이 함께하기를 바랍니다.

끝으로 도움을 주신 분들께 감사한 마음을 전합니다. 먼저 번역을 믿고 맡겨 주신 신지윤 편집자님께 감사드립니다. 부족했던 원고를 이렇게 완성도 높은 책으로 만들어 주셔서 더욱 감사합니다. 그리고 실습과 관련하여 고민할 때마다 적극 해결해 주신 안동현 편집자님께도 감사의 말씀을 드리고 싶습니다. 딱딱했던 원고를 말랑말랑하고 예쁘게 만들어 주신 두 편집자님께 진심으로 감사를 전합니다.

시진

매일 2시간씩, 10일 만에 끝내는 10일 코스

다음 진도표에 따라 하루 2시간씩 10일만 공부하면 판다스에 입문할 수 있습니다. 여러분이 목표한 날짜를 기록하며 스스로 학습해 보세요!

날짜	범위		학습 목표
1일 차 | 월 일	01장	판다스 실습 환경 준비하기	아나콘다를 설치하고 본격적인 실습 환경을 준비합니다.
	02-1 ~ 02-2절	판다스 시작하기 1	판다스의 기초 용어와 데이터셋을 준비해 봅니다.
2일 차 | 월 일	02-3 ~ 02-5절	판다스 시작하기 2	간단한 실습을 통해 판다스의 기본 원리와 개념을 익혀 봅니다.
3일 차 | 월 일	03장	판다스 자료구조 살펴보기	데이터프레임과 시리즈에 대해 자세히 알아봅니다.
4일 차 | 월 일	04장	그래프 그리기	판다스에서 데이터 시각화의 기초인 그래프 그리는 방법을 배웁니다.
5일 차 | 월 일	05장	깔끔한 데이터 만들기	'깔끔한 데이터'가 무엇인지 이해하고, 데이터 분석 시 '깔끔한 데이터'를 어떻게 만들 수 있는지 알아봅니다.
	06장	apply() 메서드로 함수 적용하기	데이터 정리의 핵심 함수인 apply()를 사용하는 방법을 자세히 알아봅니다.
6일 차 | 월 일	07장	데이터 결합하고 분해하기	여러 개의 데이터셋을 병합하고 이를 관리하기 위한 정규화 방법을 알아봅니다.
7일 차 | 월 일	08장	그룹으로 묶어 연산하기	groupby()를 이용한 데이터의 분할-적용-결합 과정을 단계별로 살펴보고, 데이터를 다양하게 활용하는 방법을 알아봅니다.
8일 차 | 월 일	09장	결측값 알아보기	판다스에서의 결측값 처리 방법을 알아봅니다.
	10장	자료형 더 알아보기	판다스의 다양한 자료형을 알고, 이를 변환하는 방법을 배웁니다.
9일 차 | 월 일	11장	문자열 처리하기	파이썬으로 문자열을 처리하는 방법을 알아보고 판다스와 데이터 분석에서 어떻게 활용하는지 배웁니다.
10일 차 | 월 일	12장	시계열 데이터 알아보기	시계열 데이터를 알고, 이를 다루는 방법을 간단히 살펴봅니다.

월요일에 시작해 금요일에 끝내는 5일 코스

파이썬 초보자가 아니라면 5일 만에 판다스에 입문할 수 있습니다. 월요일부터 금요일까지 이 책을 정복해 보세요!

월요일(01~02장)	화요일(03~04장)	수요일(05~07장)	목요일(08~10장)	금요일(11~12장)
판다스와 인사하여 몸을 풀어 보자!	판다스의 핵심 개념과 데이터 시각화 방법을 배우자!	판다스의 핵심 함수와 다양한 데이터 분석 방법을 익히자!	실전 데이터 분석에 뛰어들 준비를 하자!	실전 데이터 분석을 맛보고, 시계열 데이터를 다뤄 보자!

학습에 필요한 실습 파일 내려받기

실습과 관련된 파일은 이지스퍼블리싱 홈페이지의 자료실 또는 깃허브에서 내려받을 수 있습니다. 다음 설명을 참고하여 실습 파일을 내려받으세요.

방법 1 이지스퍼블리싱 자료실에서 내려받기

이지스퍼블리싱 홈페이지(www.easyspub.co.kr)에 접속하여 실습 파일을 내려받을 수 있습니다. 상단 메뉴에서 [자료실]을 클릭한 뒤, 검색 창에 '판다스' 또는 도서명을 검색하여 내려받으세요.

방법 2 깃허브에서 실습 파일 내려받기

이지스퍼블리싱 깃허브(github.com/EasysPublishing/do_it_pandas)에 접속한 뒤 [Code → Download ZIP]을 클릭하여 실습 파일을 내려받으세요.

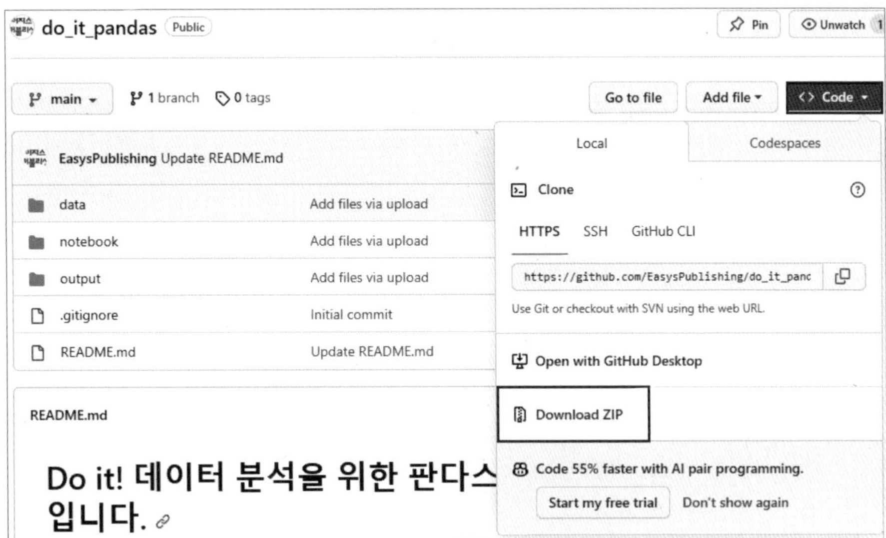

공식 문서 활용하기 꼼꼼히 안내했어요!

새로운 언어나 라이브러리를 공부할 때는 공식 문서를 읽는 것이 굉장히 중요합니다. 개발자가 공들여 작성한 만큼 어떤 기능이나 함수를 자세히 알아야 할 때 공식 문서가 큰 도움이 됩니다. 다양한 매개변수를 제공하는 함수가 있다면 공식 문서에서 사용 방법을 확인하고 필요한 기능을 골라서 활용할 수 있습니다. 이 책 전반에 걸쳐 다양한 공식 문서 링크를 남겼으니 궁금한 점이 있거나 자세한 내용을 알고 싶을 때 반드시 링크를 확인해 보세요!

'Do it! 스터디룸' 활용하기 공부도 하고 책 선물도 받고!

네이버 카페 'Do it! 스터디룸'에서 다른 독자들과 함께 공부해 보세요! 궁금한 것을 질문하기도 하고, 답변할 수도 있습니다. 이와 더불어 'Do it! 공부단'을 신청해 보세요! 공부단을 신청하고 구매한 책 완독을 인증하면 책 선물을 드립니다.

- Do it! 스터디룸: cafe.naver.com/doitstudyroom

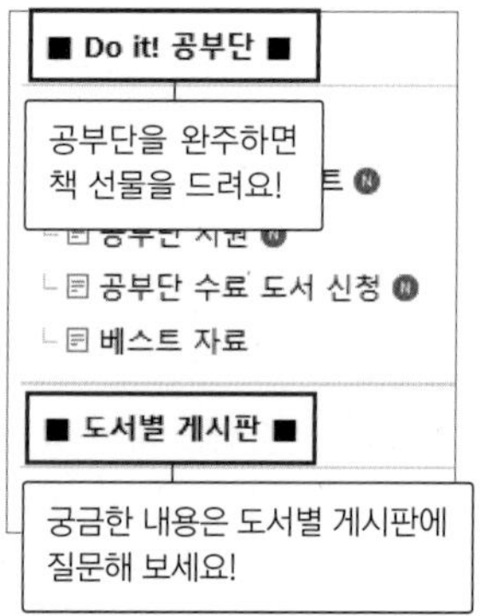

이지스퍼블리싱 소식지 구독하기 매달 전자책 한 권 무료 제공!

이지스퍼블리싱 홈페이지에서 회원 가입을 해보세요! 가입 시 소식지 구독에 동의한다면 신간은 물론 다양한 도서 이벤트 소식을 누구보다 빠르게 받아볼 수 있습니다. 이와 더불어 매달 전자책 한 권을 무료로 공개하니 놓치지 마세요.

온라인 독자 설문 의견도 보내고 선물도 받고!

QR코드를 스캔하여 이 책에 대한 의견을 보내 주세요. 더 좋은 책을 만들도록 노력하겠습니다. 의견을 남겨 주신 독자 분께는 보답하고자 다음 혜택을 드립니다!

❶ 추첨을 통해 소정의 선물 증정
❷ 이 책의 업데이트 정보 및 개정 안내
❸ 저자가 보내는 새로운 소식
❹ 출간될 도서의 베타테스트 참여 기회
❺ 출판사 이벤트 소식
❻ 이지스 소식지 구독 기회

01 판다스 실습 환경 준비하기

02 판다스 시작하기

03 판다스 자료구조 살펴보기

10
자료형 더 알아보기

11
문자열 처리하기

12
시계열 데이터 알아보기

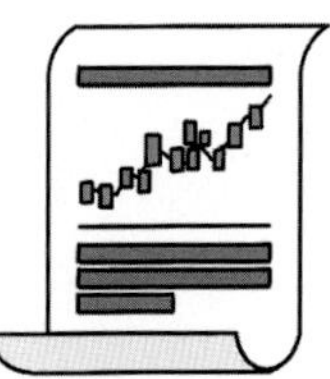

01 판다스 실습 환경 준비하기

이 책은 아나콘다를 설치하여 모든 실습을 진행합니다. 아나콘다는 판다스를 비롯하여 데이터 분석에 필요한 파이썬 라이브러리와 도구를 한데 모은 일종의 파이썬 종합 선물 세트와 같습니다. 즉, 아나콘다는 이 책을 공부하는 데 필요한 파이썬, 판다스, 넘파이 등의 설치뿐만 아니라 코드를 입력할 때 사용하는 프로그램인 주피터 노트북의 설치를 한 번에 해결해 줍니다. 그러면 아나콘다를 설치하고 본격적인 실습 환경을 준비해 볼까요?

01-1
아나콘다 설치하기

이 책에서는 파이썬과 데이터 분석 라이브러리를 한데 모아 놓은 아나콘다Anaconda 배포판을 설치하여 실습을 진행합니다. 여러분의 컴퓨터에 파이썬이 설치되었다면 파이썬을 제거하고 아나콘다를 설치해 진행하기 바랍니다. 왜냐하면 아나콘다를 설치하면 아나콘다에 포함된 데이터 분석 라이브러리와 가장 잘 호환되는 버전의 파이썬도 함께 설치되기 때문입니다. 파이썬이 중복 설치되면 프로그램 실행 도중 오류가 발생할 수 있으니 기존의 파이썬을 꼭 삭제하고 다음 설치 과정을 진행하세요. 그러면 아나콘다를 설치해 볼까요?

Do it! 실습 아나콘다 설치하기

1. 아래의 주소에 접속하여 [Download] 버튼을 눌러 아나콘다 설치 파일을 내려받습니다. 'Thank you for downloading'이라는 인사 화면이 등장하고 내려받기가 진행됩니다.

이 책은 윈도우 운영체제를 기준으로 설치를 안내합니다. 다른 운영체제를 사용한다면 [Download] 버튼 아래에 있는 해당 운영체제 아이콘을 클릭합니다.

```
https://www.anaconda.com/download/
```

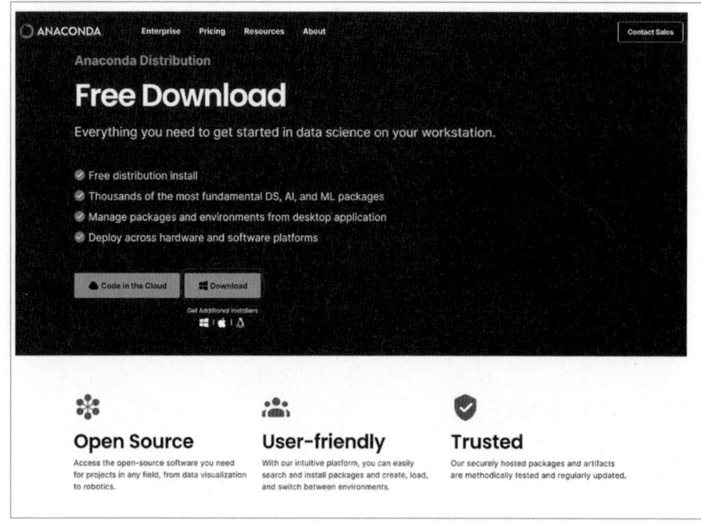

아나콘다 내려받기 페이지

2. 내려받은 아나콘다 설치 파일(Anaconda3-x.x.x.exe)을 실행하면 아나콘다 설치 화면이 나타납니다. 다음은 첫 번째 설치 화면입니다. [Next >]를 눌러 설치를 진행하세요. 그러면 라이선스 동의 화면이 나타납니다. [I Agree]를 누르세요.

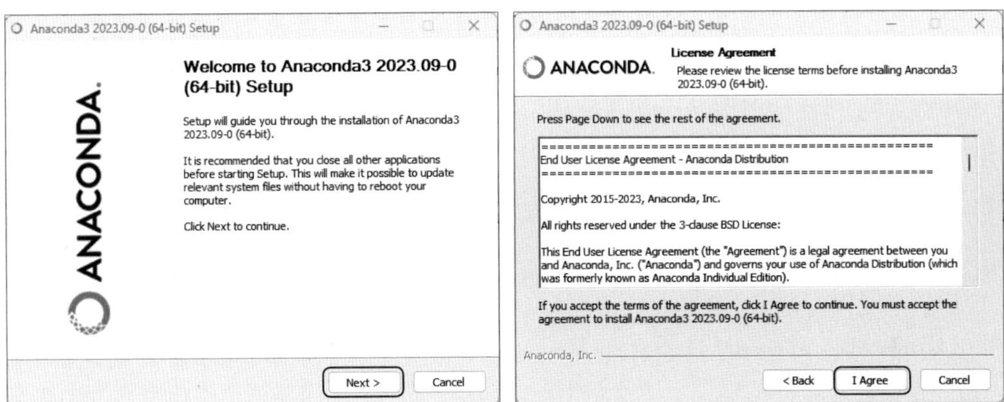

3. 설치 권한 설정 화면이 나타납니다. 기본으로 설정된 'Just Me' 체크 상태를 그대로 두고 [Next >]를 눌러 다음으로 넘어가세요.

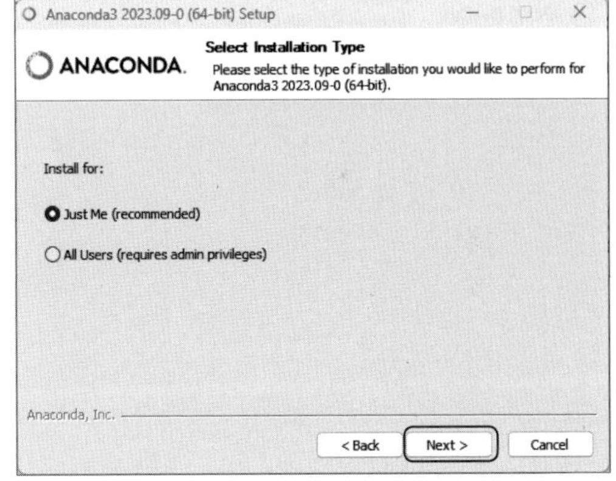

4. 그러면 아나콘다를 설치할 경로를 지정하는 화면이 나타납니다. 이 역시도 기본 설정값을 그대로 두고 [Next >]를 눌러 다음으로 넘어갑니다.

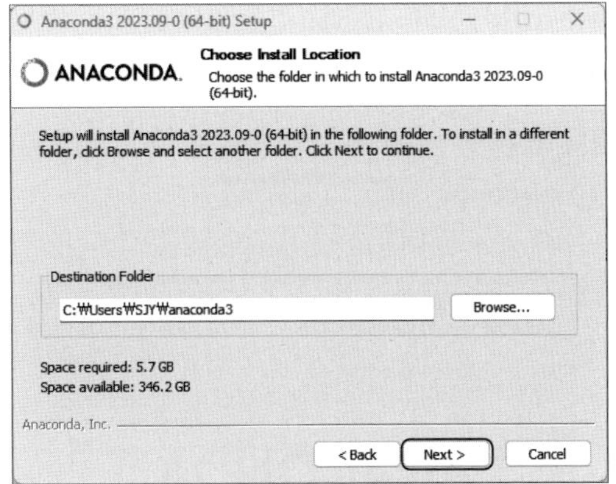

5. 아나콘다의 세부 옵션을 지정하는 화면이 나타납니다. 첫 번째 옵션은 시작 메뉴에 바로 가기 생성 여부를 지정하는 것이고, 세 번째 옵션은 '아나콘다의 파이썬'을 '파이썬을 사용하는 모든 프로그램(PyCharm, PyDev, ...)의 기본 언어'로 설정할지를 지정하는 것입니다. 다음과 같이 체크한 뒤 [Install]을 눌러 설치를 진행하세요.

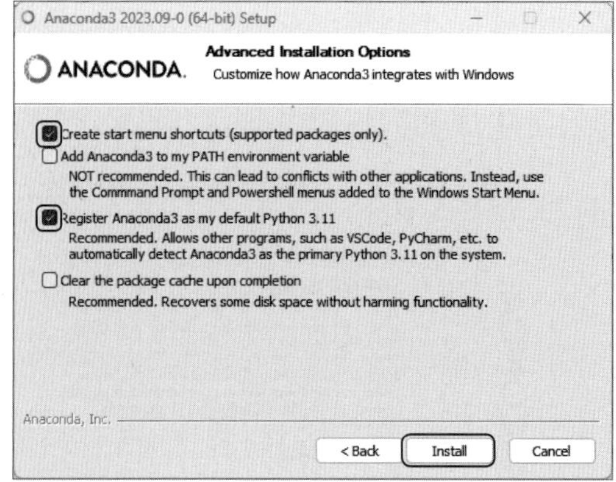

바로 가기 생성이 필수는 아닙니다. 꼭 이 책과 똑같이 옵션을 지정하지 않아도 됩니다.

6. 설치하는 데는 약 5~8분이 소요됩니다. 설치가 완료되고 나면 [Next >]를 눌러 다음으로 넘어가세요.

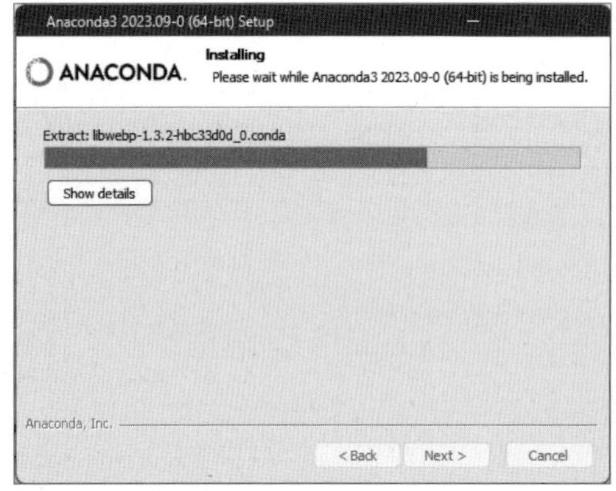

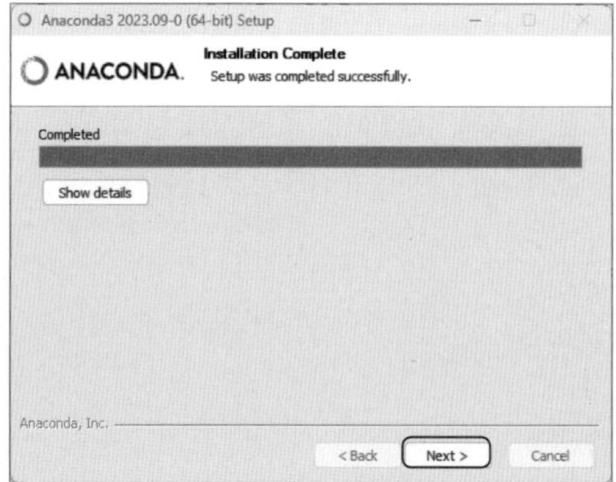

7. 클라우드 홍보 화면이 나타나는데, 이 과정은 무시해도 괜찮습니다. [Next >]를 누르면 비로소 아나콘다3 설치를 완료했다는 문구가 나타납니다. [Finish]를 눌러 설치를 완전히 마무리합니다.

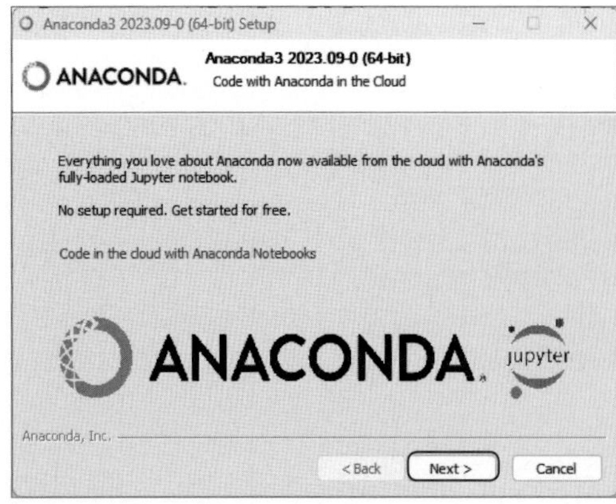

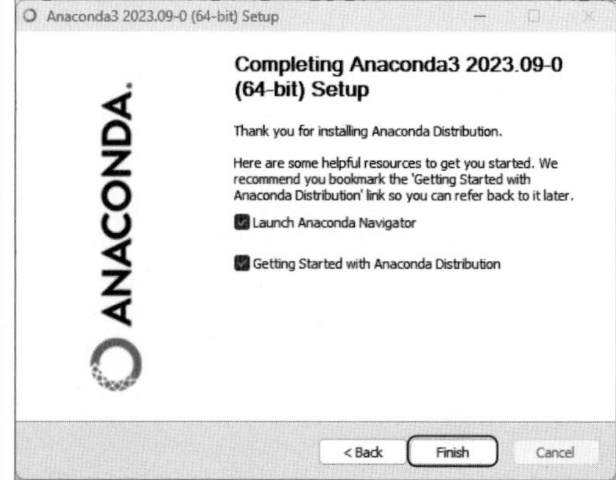

01-2
판다스 실습 준비하기

이 책은 판다스라는 파이썬 라이브러리를 활용하여 여러 가지 데이터를 분석합니다. 따라서 실습에 필요한 데이터를 미리 준비해야 합니다. 이 책은 실습 데이터와 주피터 노트북 파일을 모두 제공합니다. 실습 관련 파일은 이지스퍼블리싱 자료실이나 깃허브에서 내려받을 수 있습니다.

내려받은 파일의 압축을 반드시 해제하세요.

이지스퍼블리싱 자료실
- http://easyspub.co.kr/30_Menu/DataList/PUB

깃허브
- https://github.com/EasysPublishing/do_it_pandas

실습 파일을 내려받아 압축을 해제하면 data 폴더에는 실습에 사용할 데이터가 들었고, notebook 폴더에는 이 책에서 주로 사용할 완성된 주피터 노트북 파일이 들었습니다.

깃허브에서 내려받았다면 README.md 파일이 있을 텐데, 이 파일은 깃허브에 프로젝트 파일을 올릴 때 만들어진 기초 파일입니다.

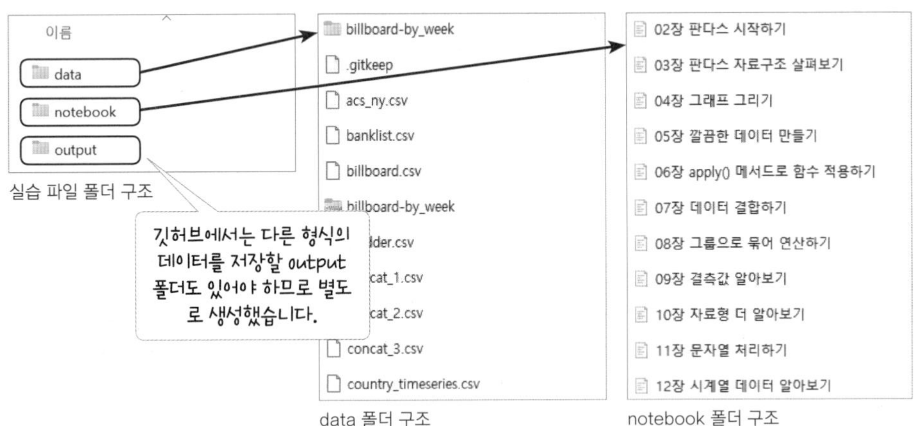

01-3
안녕? 주피터 노트북!

이 책은 주피터 노트북Jupyter Notebook이라는 프로그램으로 실습을 진행합니다. 주피터 노트북은 여러분이 작성한 파이썬 코드를 마치 공책에 기록한 것처럼 저장하고 언제든 다시 열어 볼 수 있는 아주 편리한 프로그램입니다. 그러면 주피터 노트북을 실행하여 주피터 노트북이 무엇인지 알아보겠습니다.

Do it! 실습 주피터 노트북과 인사하기

1. 윈도우 검색 창에서 'Jupyter Notebook'을 검색하여 주피터 노트북을 실행하세요.

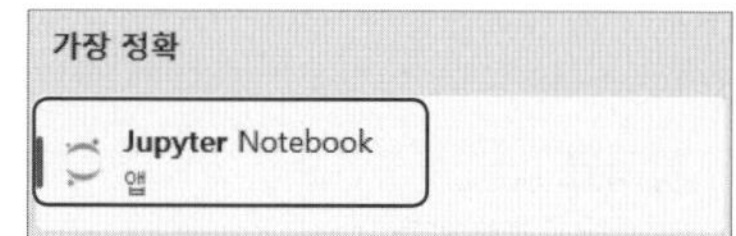

2. 그러면 Jupyter Notebook이라는 이름의 명령 프롬프트 화면이 나타납니다. 조금만 기다리면 화면에 몇 줄의 문장이 나타나고 웹 브라우저에 주피터 노트북이 실행됩니다. 이때 명령 프롬프트를 종료하면 주피터 노트북이 종료되므로 주의하세요!

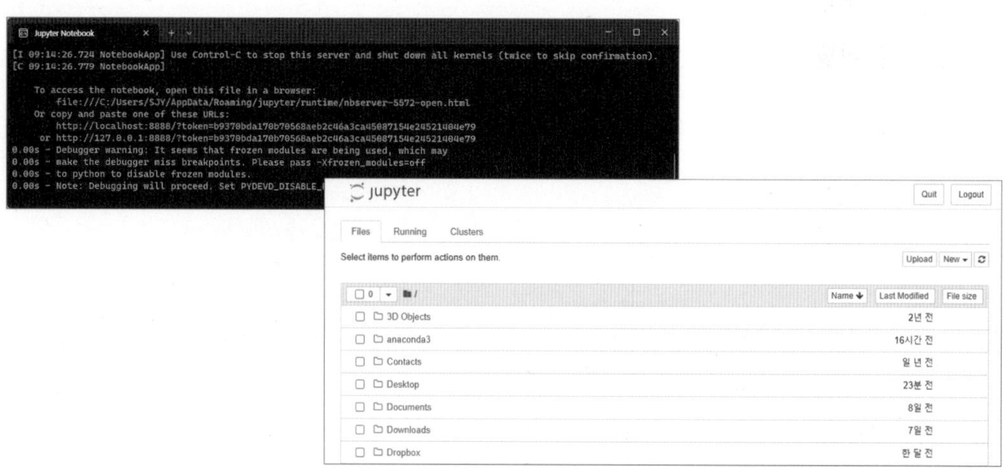

주피터 노트북 실행 화면

3. 주피터 노트북의 메인 화면을 살펴보면 윈도우 탐색기와 매우 비슷한 것을 알 수 있습니다. 앞에서 준비한 실습 프로젝트 폴더로 이동해 보세요.

실습 프로젝트 폴더를 내려받은 위치로 이동해야 합니다.

4. notebook 폴더로 이동하면 완성된 주피터 노트북 파일이 있습니다. 실습하려면 새로운 노트북 파일이 필요하므로 오른쪽 위의 [New] 버튼을 클릭한 후 [Python 3 (ipykernel)]을 선택합니다.

5. 새로운 주피터 노트북 파일(Untitled)이 열리면 여기에 바로 파이썬 코드를 입력하여 판다스 실습을 진행하는 것이죠. 그런데 주피터 노트북은 코드를 입력하고 실행하는 방법이 조금 독특합니다. 어떻게 코드를 입력하고 실행하는지 알아봅시다.

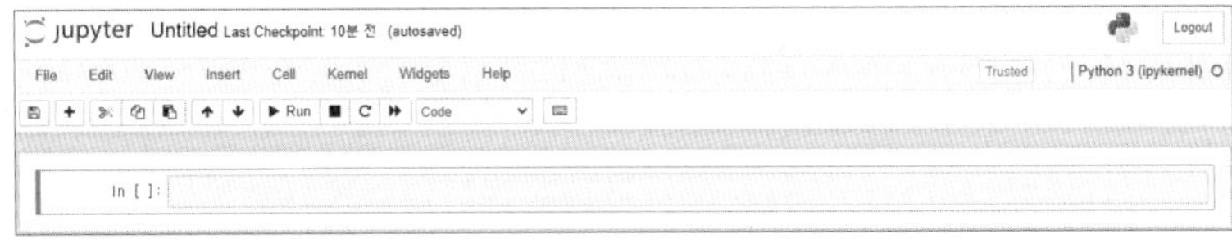

6. `In [ ]:`이라는 문구 오른쪽에 있는 박스에 다음과 같이 코드를 입력합니다.

```
In [ ]: print('안녕! 판다스')
```

7. 코드를 실행하려면 Shift+Enter를 누르거나 메뉴의 [Cell → Run Cells]를 클릭합니다. 이때 박스 단위로 코드가 실행됩니다. 즉, 주피터 노트북은 코드를 박스별로 관리합니다. 코드를 실행하면 박스 바로 아래에 실행 결과가 출력됩니다. 그리고 새로운 코드 박스가 생성되고 입력 커서도 다음 박스로 이동합니다.

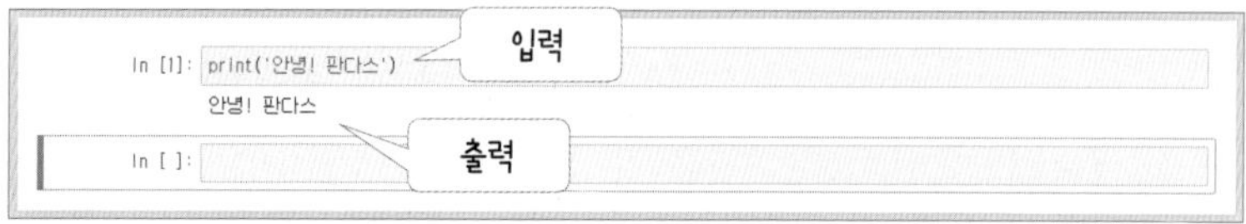

8. 앞서 작성한 코드를 다시 실행하거나 수정하려면 마우스로 코드 박스를 클릭해 다시 활성화합니다. 활성화되면 초록색으로 바뀝니다. 다음과 같이 코드를 수정해 보고 결과를 확인해 봅시다.

9. 만약 코드 박스를 삭제하고 싶다면 코드 박스를 선택한 다음, 메뉴의 [Edit → Delete Cells]를 누르면 됩니다. 또는 코드 박스 왼쪽의 빈 곳을 누르고 D키를 빠르게 두 번 누르면 코드 박스를 삭제할 수 있습니다.

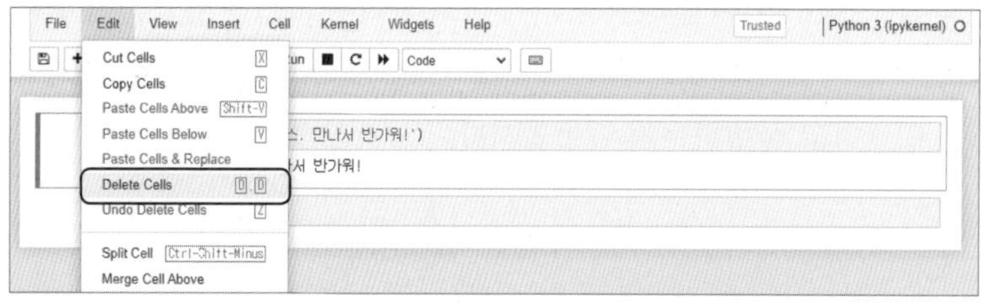

메뉴에서 삭제하는 화면

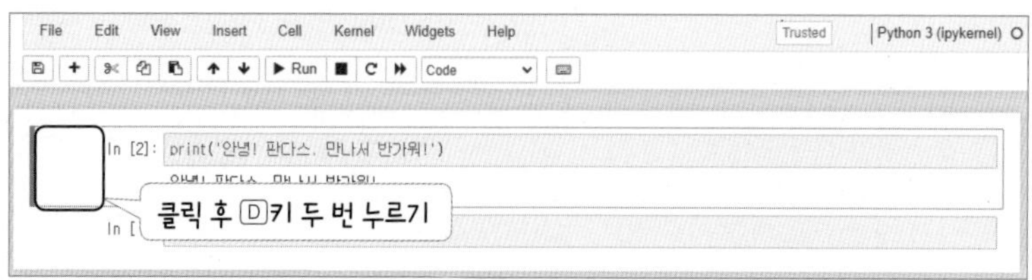

10. 사실 주피터 노트북은 알아서 작업 내용을 저장합니다. 그래도 조금 불안하겠죠? 메뉴의 [File → Save and Checkpoint] 또는 Ctrl+S를 누르면 현재 작업 중인 내용을 그대로 저장할 수 있습니다.

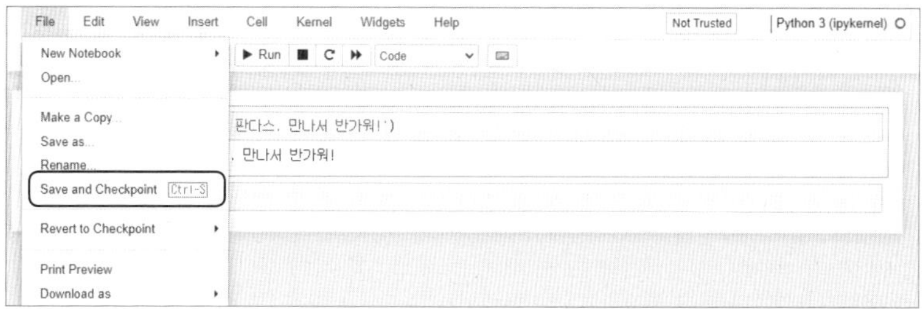

11. 주피터 노트북 파일 이름을 바꾸고 싶다면 화면 가장 위에 보이는 주피터 노트북 파일의 이름을 클릭해 보세요. 그러면 수정 창이 나타납니다. 자유롭게 이름을 수정하고 [Rename]을 눌러 변경 내용을 저장하세요.

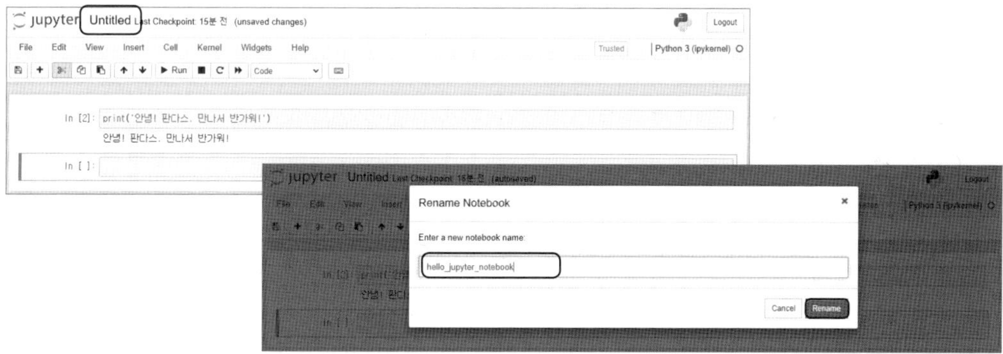

12. 이제 다시 메인 화면으로 돌아가 볼까요? 화면 왼쪽 위에 보이는 주피터 노트북 아이콘(jupyter)을 누르면 메인 화면으로 돌아갑니다.

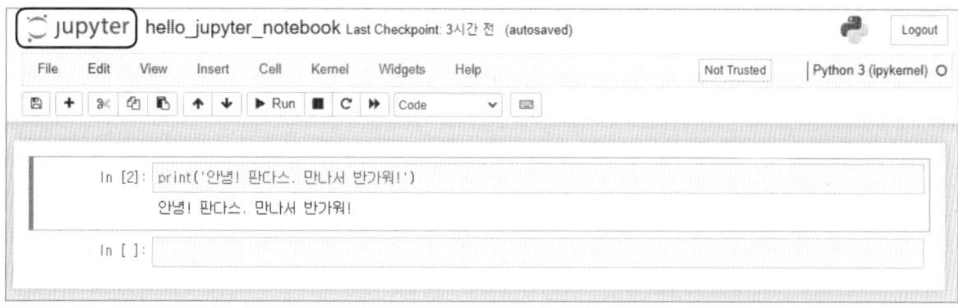

주피터 노트북에 제목 넣기

주피터 노트북에 다음과 같이 제목을 삽입할 수 있습니다. 앞으로 여러 코드를 입력하게 될 텐데 코드를 구분하고 싶다면 이와 같이 제목을 추가하는 것이 좋습니다.

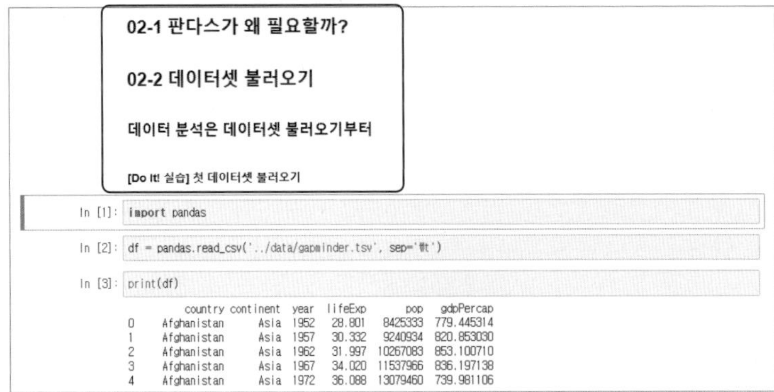

다음과 같은 순서로 주피터 노트북에 제목을 넣어 보세요.

① 제목을 추가하고 싶은 위치에서 가장 가까운 코드 박스를 클릭합니다.
② 메뉴에서 [Insert → Insert Cell Above 또는 Insert Cell Below]를 눌러 코드 박스를 추가합니다.
③ 메뉴 아래에 있는 리스트 중에서 다음과 같이 [Markdown]을 선택합니다.

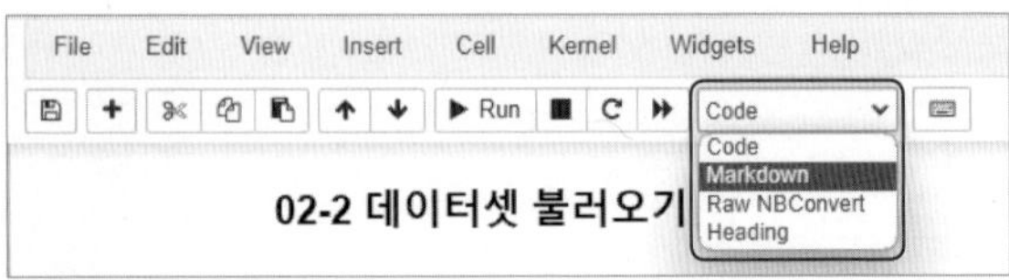

④ #를 입력한 다음, 한 칸 띄고 원하는 제목을 입력합니다. 이때 #의 개수가 많을수록 제목 단계가 낮아집니다.
⑤ Shift+Enter를 눌러 제목 작성을 완료합니다.

01-4
파이썬 패키지 관리자 pip 알아보기

이번에는 앞으로 실습을 진행하며 사용할 pip라는 프로그램을 소개하겠습니다. pip는 파이썬 라이브러리(패키지)를 관리하는 프로그램입니다. 아나콘다를 설치하면 실습에 필요한 대부분의 파이썬 라이브러리가 설치됩니다. 하지만 이 책은 추가로 몇몇 라이브러리를 더 설치하기 때문에 pip를 사용할 줄 알아야 합니다.

한 걸음 더! **라이브러리? 패키지?**

프로그래밍 분야에서는 필요한 기능을 미리 작성하여 모아 둔 것을 라이브러리라고 부르는데 파이썬에서는 이를 패키지라고 합니다. 두 용어의 뜻에는 큰 차이가 없지만 이 책에서는 다른 언어에 익숙한 독자를 위해 라이브러리라는 용어를 사용합니다.

Do it! 실습 pip 간단 사용법 익히기

1. pip는 아나콘다 프롬프트에서 실행할 수 있습니다. 윈도우 검색 창에서 'anaconda prompt'를 검색해 다음과 같이 아나콘다 프롬프트를 실행하세요.

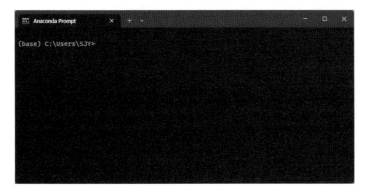

커서 앞 (base)는 기본 환경에서 실행한 아나콘다 프롬프트임을 나타냅니다. 이 외에도 원하는 가상 환경을 추가할 수 있으나 이 책은 기본 환경에서 실습을 진행합니다.

2. pip는 아나콘다 프롬프트에 `pip`라고 입력한 다음, 여러 명령어를 이어 붙이는 방법으로 사용합니다. 다음 명령어를 입력하면 현재 내 컴퓨터에 설치된 파이썬 라이브러리 목록을 출력합니다. 아래로 스크롤해 판다스가 잘 설치되었는지 확인해 보세요.

```
pip list
```

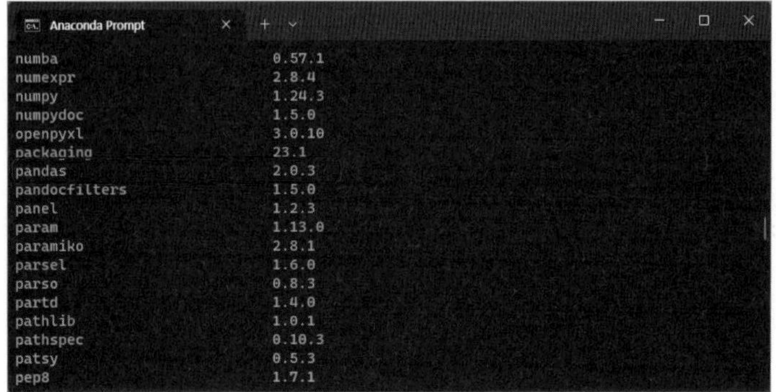

3. `pip install` 또는 `uninstall`을 입력한 다음 한 칸을 띄고 라이브러리 이름을 입력하면 파이썬 라이브러리를 설치하거나 제거할 수 있습니다.
실습을 위해 `beautifulsoup4`라는 파이썬 라이브러리를 제거하고 다시 설치해 보겠습니다. 다음 명령어를 입력하면 정말 삭제를 원하는지를 묻는 문구(Proceed (y/n)?)가 나타납니다. 'y'를 입력한 후 [Enter]를 누르면 삭제를 진행합니다.

beautifulsoup4는 웹 크롤링을 할 때 사용하는 파이썬 라이브러리입니다.

```
pip uninstall beautifulsoup4
```

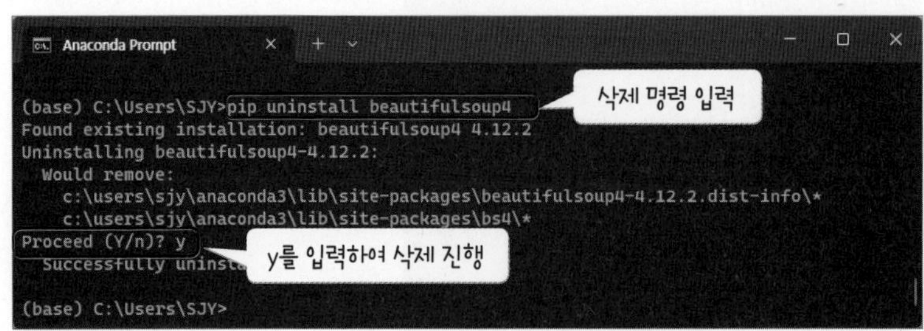

4. 제거한 beautifulsoup4 라이브러리를 다시 설치해 봅시다. 다음 명령어를 입력하여 설치를 진행합니다.

```
pip install beautifulsoup4
```

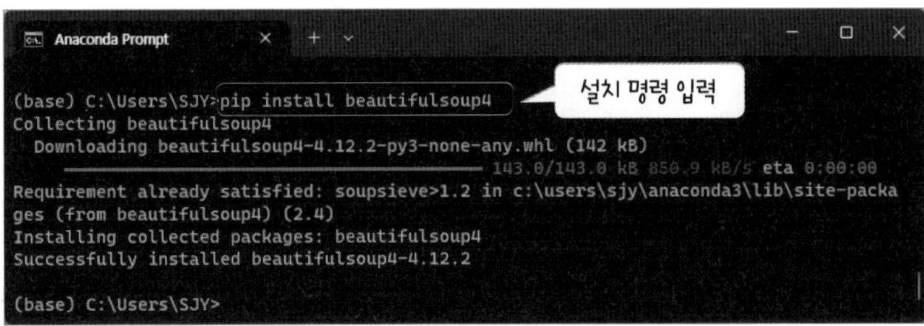

마무리하며

이제 판다스를 공부하기 위한 모든 준비를 마쳤습니다. 주피터 노트북과 pip는 실습을 진행하며 자주 사용할 프로그램이므로 02장으로 넘어가기 전에 충분히 익혀 두기 바랍니다.

02 판다스 시작하기

아나콘다를 설치하여 실습 준비를 마쳤다면 이제 본격적으로 판다스를 시작해 봅시다. 판다스는 데이터프레임과 시리즈라는 두 가지 새로운 자료형을 제공하는 데이터 분석용 오픈소스 라이브러리입니다. 파이썬만 안다면 바로 판다스를 활용한 데이터 처리부터 시각화까지 데이터 분석 작업을 쉽고 빠르게 해결할 수 있습니다. 이 장은 데이터 분석 첫걸음으로, 간단한 실습을 통해 판다스의 기본 원리와 개념을 함께 익혀 봅니다.

02-1
판다스가 왜 필요할까?

판다스pandas는 데이터 분석용 오픈소스 파이썬 라이브러리입니다.

데이터프레임(DataFrame)과 시리즈(Series)라는 두 가지 새로운 자료형을 제공하며, 스프레드시트 형태의 데이터를 불러와 빠르게 조작, 정렬, 병합할 수 있습니다. 한마디로 파이썬으로 다루는 엑셀이라 할 수 있습니다.

데이터프레임은 전체 스프레드시트 또는 직사각형 형태의 데이터를 나타내고, 시리즈는 데이터프레임의 한 열을 나타냅니다. 시리즈를 여러 개 모은 딕셔너리나 컬렉션이 판다스의 데이터프레임이라 생각해도 좋습니다.

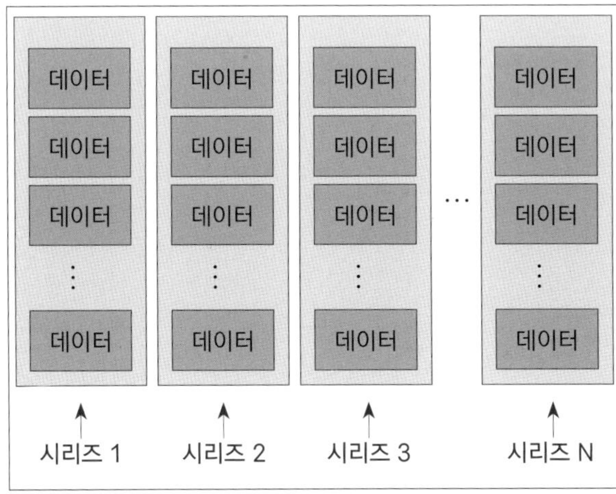

데이터프레임과 시리즈

데이터를 다룰 때 왜 파이썬 같은 프로그래밍 언어와 판다스 같은 도구를 사용해야 할까요? 첫 번째는 여러 데이터셋에 같은 분석 과정을 적용해야 할 때 일련의 작업을 자동화할 수 있기 때문입니다.

데이터셋dataset은 데이터 집합을 말합니다.

대부분 스프레드시트 프로그램은 마이크로소프트 365의 VBA와 같은 고유한 매크로 프로그래밍 언어를 제공하지만 이를 활용하는 사람은 많지 않습니다. 게다가 운영체제와 스프레드시트 프로그램이 호환하지 않을 수도 있으므로 매크로보다는 파이썬과 같이 운영체제와 상관없이 작동하는 프로그래밍 언어를 활용하는 것이 좋습니다.

두 번째는 데이터 작업을 수행할 때 데이터에 적용한 모든 실행 단계를 기록할 수 있다는 장점, 즉 재현성이 있기 때문입니다.

필자에게는 스프레드시트 프로그램으로 데이터를 다루다가 키보드를 잘못 조작하는 바람에 문제가 생겨 진행하던 작업을 모두 날린 경험이 있습니다. 스프레드시트 프로그램이 나쁘다는 뜻은 아니지만 더 우수하고 안정적인 도구가 있다면 활용하는 것이 좋겠죠? 판다스는 스프레드시트 프로그램과 호환될 뿐만 아니라 더 안정적으로 데이터를 조작하고 다른 데이터셋이나 데이터베이스 데이터를 통합하는 기능도 제공합니다.

02-2
데이터셋 불러오기

데이터 분석은 데이터셋 불러오기부터

데이터를 분석할 때 가장 먼저 해야 할 일은 무엇일까요? 바로 데이터셋을 불러오고 구조와 내용을 살펴보는 것입니다. 여러 개의 행과 열로 구성된 데이터셋의 부분 집합을 보면 데이터의 구조와 내용을 간단하게 살펴볼 수 있습니다. 또한 열마다 어떤 유형의 정보인지 확인하거나 기술 통계를 구하여 데이터를 파악할 수도 있습니다. 여기서는 통계 분석 서비스인 갭마인더에서 제공하는 데이터셋을 이용합니다.

갭마인더 데이터셋의 출처는 https://www.gapminder.org/이며 이 책에서 사용한 데이터셋은 브리티시 컬럼비아 대학의 제니퍼 브라이언Jennifer Bryan이 연구용으로 만든 것입니다.

Do it! 실습 첫 데이터셋 불러오기

1. 판다스는 파이썬과 함께 제공되는 표준 라이브러리가 아니므로 이를 사용하려면 먼저 주피터 노트북에서 새로운 노트북을 열어 라이브러리를 불러와야 합니다.

```
import pandas
```

2. 그런 다음, `pandas.read_csv()` 함수를 사용하여 탭으로 값을 구분한 TSV 데이터 파일인 갭마인더 데이터셋(`gapminder.tsv`)을 불러옵니다.

`read_csv()` 함수는 `pandas`와 함수 이름 사이에 점(.) 기호를 덧붙여 `pandas.read_csv()`와 같이 사용할 수 있습니다. 이렇게 점 기호를 사용하여 함수에 접근하는 방식을 '점 표기법'이라고 합니다.

이때 `read_csv()` 함수는 기본적으로 데이터의 열을 쉼표(`,`)로 구분했다고 가정합니다. 그러나 예제에서 사용할 데이터셋은 탭 문자로 열을 구분하므로 `read_csv()` 함수를 호출할 때 구분 문자가 탭임을 알려야 합니다. 그러려면 다음과 같이 매개변수 `sep`에 탭을 나타내는 특수 문자 `'\t'`를 지정합니다.

\와 ₩는 동일한 기호입니다.

```
df = pandas.read_csv('../data/gapminder.tsv', sep='\t')
```

gapminder.tsv 파일은 내려받은 자료의 data 폴더 안에 있습니다. 또는 https://github.com/jennybc/gapminder/에서 직접 내려받아도 됩니다.

3. 불러온 데이터셋을 출력하면 다음과 같이 데이터의 구조와 내용을 살펴볼 수 있습니다.

```
print(df)
```

❖ 출력 결과

```
          country continent  year  lifeExp       pop   gdpPercap
0     Afghanistan      Asia  1952   28.801   8425333  779.445314
1     Afghanistan      Asia  1957   30.332   9240934  820.853030
2     Afghanistan      Asia  1962   31.997  10267083  853.100710
3     Afghanistan      Asia  1967   34.020  11537966  836.197138
4     Afghanistan      Asia  1972   36.088  13079460  739.981106
...           ...       ...   ...      ...       ...         ...
1699     Zimbabwe    Africa  1987   62.351   9216418  706.157306
1700     Zimbabwe    Africa  1992   60.377  10704340  693.420786
1701     Zimbabwe    Africa  1997   46.809  11404948  792.449960
1702     Zimbabwe    Africa  2002   39.989  11926563  672.038623
1703     Zimbabwe    Africa  2007   43.487  12311143  469.709298

[1704 rows x 6 columns]
```

주피터 노트북에서는 df라고만 쓰면 보기 좋게 꾸민 표 형식으로 데이터를 출력합니다.

4. 판다스 라이브러리를 불러올 때마다 pandas라고 쓰기 번거롭겠죠? 이럴 때는 별칭을 부여합니다. 다음과 같이 널리 사용하는 별칭인 pd로 줄여서 사용해 보세요.

```
import pandas as pd

df = pd.read_csv('../data/gapminder.tsv', sep='\t')
```

Do it! 실습 데이터프레임 이해하기

02-1절에서 잠깐 언급한 데이터프레임을 자세히 살펴봅시다. 데이터프레임은 엑셀의 시트와 같고, 시리즈는 그 시트의 1개 열이라 볼 수 있습니다.

1. 앞서 데이터셋을 불러왔으므로 이번에는 파이썬의 내장 함수 type()을 사용하여 실행 결과 df의 자료형이 무엇인지 확인합니다.

```
print(type(df))
```

❖ 출력 결과

```
<class 'pandas.core.frame.DataFrame'>
```

type() 함수는 다양한 자료형의 파이썬 객체를 사용할 때 그 자료형이 무엇인지 확인하는 편리한 함수이니 꼭 기억해 두세요.

확인해 보니 df의 자료형은 데이터프레임인 DataFrame 객체이군요.

2. 데이터프레임 객체인 pandas.core.frame.DataFrame에 저장된 데이터셋은 shape 속성을 사용하여 행과 열의 개수를 확인할 수 있습니다. shape 속성은 첫 번째 값이 행 개수이고 두 번째 값이 열 개수인 튜플[tuple]을 반환합니다.

```
print(df.shape)
```

❖ 출력 결과

```
(1704, 6)
```

튜플이란 0개 이상의 요소를 담되 리스트와는 달리 요소를 변경할 수 없다는 것이 특징인 자료형입니다.

결과를 보면 이 데이터셋은 1,704개의 행과 6개의 열로 구성된다는 것을 확인할 수 있습니다. 보통 처음 보는 데이터셋이라면 가장 먼저 몇 개의 행과 열이 있는지 살펴보는 것이 일반적입니다. 이럴 때 shape 속성을 사용하면 좋겠죠?

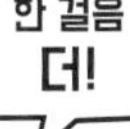

shape는 메서드가 아니랍니다!

shape는 데이터프레임 객체의 함수나 메서드[method]가 아닌 속성[property]입니다. 따라서 이름 뒤에 소괄호가 없습니다. 즉, df.shape()가 아니라 df.shape로 써야 합니다. 다음과 같이 속성 이름 뒤에 소괄호를 덧붙이면 오류가 발생합니다.

```
print(df.shape())
```

❖ 출력 결과

```
TypeError: 'tuple' object is not callable
```

3. 이번에는 데이터셋에 어떤 정보가 있는지 알아볼까요? `shape` 속성과 같은 방법으로 `columns` 속성을 사용하면 데이터프레임의 열 이름을 확인할 수 있습니다. 불러온 데이터셋의 열 이름은 각각 `country`(국가), `continent`(대륙), `year`(연도), `lifeExp`(기대 수명), `pop`(인구), `gdpPercap`(1인당 국내 총생산)입니다.

```
print(df.columns)
```

❖ 출력 결과

```
Index(['country', 'continent', 'year', 'lifeExp', 'pop', 'gdpPercap'],
dtype='object')
```

4. 데이터프레임 객체의 각 열은 같은 자료형이어야 하지만 각 행은 여러 가지 자료형일 수 있습니다. `dtypes` 속성으로 갭마인더 데이터셋의 각 열이 어떤 자료형인지를 확인할 수 있습니다.

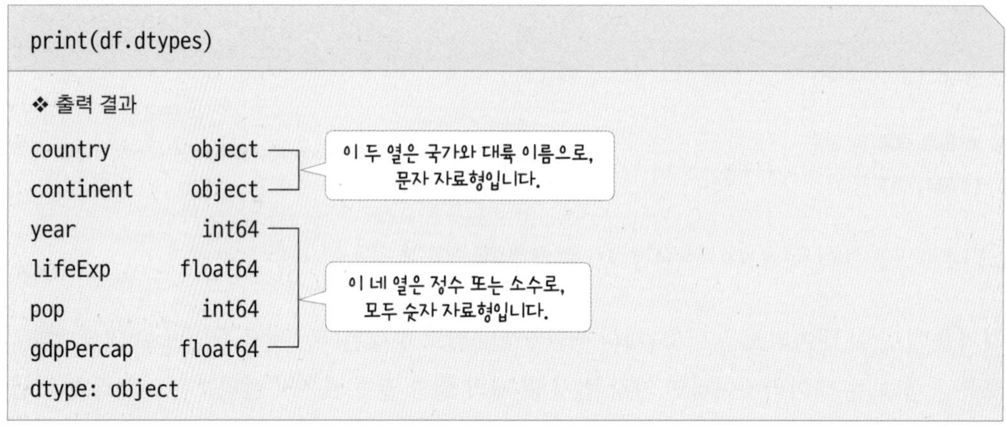

```
print(df.dtypes)
```

❖ 출력 결과

```
country        object
continent      object
year            int64
lifeExp       float64
pop             int64
gdpPercap     float64
dtype: object
```

이 두 열은 국가와 대륙 이름으로,
문자 자료형입니다.
이 네 열은 정수 또는 소수로,
모두 숫자 자료형입니다.

열의 자료형뿐만 아니라 데이터와 관련된 다양한 정보를 함께 확인하고 싶다면 `info()` 메서드를 사용합니다.

```
print(df.info())
```

❖ 출력 결과

```
<class 'pandas.core.frame.DataFrame'>
RangeIndex: 1704 entries, 0 to 1703
Data columns (total 6 columns):
 #   Column     Non-Null Count  Dtype
```

```
---  ------      --------------  -----
 0   country     1704 non-null   object
 1   continent   1704 non-null   object
 2   year        1704 non-null   int64
 3   lifeExp     1704 non-null   float64
 4   pop         1704 non-null   int64
 5   gdpPercap   1704 non-null   float64
dtypes: float64(2), int64(2), object(2)
memory usage: 80.0+ KB
None
```

판다스의 자료형은 파이썬과는 달라요!

앞서 결과에서 country는 object로, year는 int64라는 자료형으로 출력했습니다. 이처럼 판다스는 파이썬과는 다른 자료형을 사용합니다. 다음 표를 통해 판다스와 파이썬의 자료형이 어떻게 다른지 알아 두세요.

판다스	파이썬	설명
object	string	문자열, 가장 일반적인 자료형
int64	int	정수
float64	float	소수점이 있는 숫자
datetime64	datetime	표준 라이브러리 datetime에서 제공하는 자료형

02-3 데이터 추출하기

이제 불러온 데이터 파일의 내용을 살펴봅시다. 단순하게 데이터프레임의 내용을 print()로 출력할 수도 있지만 대부분의 데이터는 다양한 정보를 포함하므로 그대로 출력하면 한눈에 내용을 파악하기 어렵습니다. 따라서 작은 단위로 데이터를 쪼개서 살펴보는 것이 좋습니다. 데이터프레임에 head() 메서드를 사용하면 가장 앞 5개 행을 확인할 수 있습니다.

```
print(df.head())
```

❖ 출력 결과

```
       country continent  year  lifeExp       pop   gdpPercap
0  Afghanistan      Asia  1952   28.801   8425333  779.445314
1  Afghanistan      Asia  1957   30.332   9240934  820.853030
2  Afghanistan      Asia  1962   31.997  10267083  853.100710
3  Afghanistan      Asia  1967   34.020  11537966  836.197138
4  Afghanistan      Asia  1972   36.088  13079460  739.981106
```

이렇게 5개 행을 출력하면 데이터를 잘 불러왔는지, 열의 내용은 무엇인지 간단히 확인하기 좋습니다.

열 데이터 추출하기

이번에는 특정 열의 데이터를 확인해 봅시다. 데이터프레임에 열 이름을 지정한 대괄호([ ])를 덧붙이면 데이터의 특정 열에 접근할 수 있습니다. 다음 예제를 따라 하며 이해해 봅시다.

Do it! 실습 문자열로 열 데이터 추출하기

1. 먼저 불러온 데이터프레임 df에서 country 열 데이터를 추출하고 그 결과를 country_df 변수에 저장합니다.

```
country_df = df['country']
```

2. 데이터프레임과 마찬가지로 각 열에서도 head() 메서드를 호출할 수 있습니다. 이 메서드로 country_df의 첫 5개 데이터를 살펴봅시다.

```
print(country_df.head())
```

❖ 출력 결과

```
0    Afghanistan
1    Afghanistan
2    Afghanistan
3    Afghanistan
4    Afghanistan
Name: country, dtype: object
```

3. head()와 반대로 마지막 5개 행을 출력하는 tail() 메서드도 있습니다. country_df의 마지막 5개 데이터를 살펴봅시다.

```
print(country_df.tail())
```

❖ 출력 결과

```
1699    Zimbabwe
1700    Zimbabwe
1701    Zimbabwe
1702    Zimbabwe
1703    Zimbabwe
Name: country, dtype: object
```

Do it! 실습 리스트로 열 데이터 추출하기

1. 열 이름으로 여러 열의 데이터를 추출하고 싶다면 대괄호 안에 열 이름 리스트를 전달합니다. 이때 대괄호는 [[ ]]와 같이 이중으로 중첩합니다. 바깥쪽 대괄호는 데이터프레임에서 열을 추출한다는 뜻이며 안쪽 대괄호는 선택할 열 목록을 지정한 파이썬 리스트입니다.

파이썬의 리스트[list]는 여러 요소의 모음으로, 각 요소에는 순서가 있습니다.

2. df에서 country, continent, year 등 3개 열 데이터를 추출하고 그 결과를 subset 변수에 저장해 볼까요?

```
subset = df[['country', 'continent', 'year']]
```

바깥쪽 대괄호는 열을 추출한다는 뜻이고 안쪽 대괄호는 추출할 열 리스트입니다.

subset을 출력하면 다음과 같이 리스트로 지정한 3개 열을 표시합니다.

```
print(subset)
```

❖ 출력 결과

```
          country continent  year
0     Afghanistan      Asia  1952
1     Afghanistan      Asia  1957
2     Afghanistan      Asia  1962
3     Afghanistan      Asia  1967
4     Afghanistan      Asia  1972
...           ...       ...   ...
1699     Zimbabwe    Africa  1987
1700     Zimbabwe    Africa  1992
1701     Zimbabwe    Africa  1997
1702     Zimbabwe    Africa  2002
1703     Zimbabwe    Africa  2007

[1704 rows x 3 columns]
```

한 걸음 더!

대괄호 표기법을 사용할 때 주의하세요!

데이터프레임에 대괄호를 덧붙이는 대괄호 표기법에 열 이름이 아닌 열 위치를 전달하면 오류가 발생합니다. 예를 들어 첫 번째 열을 추출한다는 의미로 0을 지정하면 다음과 같은 오류가 발생합니다.

```
df[0]
```

❖ 출력 결과

```
KeyError: 0
```

대괄호 표기법은 열 이름으로 데이터를 추출할 때만 사용할 수 있다는 점에 조심합시다.

Do it! 실습 열 데이터를 추출하는 두 가지 방법의 차이점 이해하기

앞서 데이터프레임에서 열 데이터를 추출하는 방법으로 대괄호에 열 이름을 문자열로 지정하거나 열 이름을 담은 리스트를 넣는 두 가지 방법을 알아보았습니다. 그렇다면 두 방법에는 어떤 차이가 있을까요? 바로 반환하는 객체의 자료형이 다릅니다.

1. 열의 이름을 문자열로 지정하여 열 데이터를 추출하면 시리즈 객체를 결과로 반환합니다. df에서 country 열 데이터를 추출한다고 했을 때 열 이름을 대괄호에 넣어 열 데이터를 추출하고 그 결과를 country_df에 저장해 봅시다. type() 함수로 자료형을 확인하면 다음과 같이 시리즈(Series) 객체라는 것을 알 수 있습니다.

```
country_df = df['country']
print(type(country_df))
```

❖ 출력 결과

```
<class 'pandas.core.series.Series'>
```

열(시리즈)은 벡터vector라고도 하는데, 크기와 방향이 있는 물리량을 벡터라 하므로 하나의 특성을 여러 가지 값으로 표현한 열도 크기(값)와 방향(특성)이 있는 벡터라 할 수 있습니다.

2. country_df를 print()로 출력하면 데이터프레임 객체와 조금 다른 형식으로 내용을 보여줍니다. 데이터프레임을 출력했을 때와는 다르게 위가 아닌 아래에 열 이름을 출력하며 마지막 줄은 행과 열 개수가 아닌 열 이름, 길이, 자료형 정보입니다.

```
print(country_df)
```

❖ 출력 결과

```
0       Afghanistan
1       Afghanistan
2       Afghanistan
3       Afghanistan
4       Afghanistan
           ...
1699       Zimbabwe
1700       Zimbabwe
1701       Zimbabwe
1702       Zimbabwe
1703       Zimbabwe
Name: country, Length: 1704, dtype: object
```

3. 비교하고자 이번에는 country 열만 포함하는 요소가 하나인 리스트로 열 데이터를 추출해 봅시다. 추출한 결과를 country_df_list에 저장하고 type() 함수를 사용하여 자료형을 확인합니다.

열 이름은 하나이지만 이중 대괄호를 사용하여 리스트로 전달합니다.

```
country_df_list = df[['country']]
print(type(country_df_list))
```

❖ 출력 결과

```
<class 'pandas.core.frame.DataFrame'>
```

country_df_list의 자료형은 country_df과 다르게 데이터프레임 객체임을 알 수 있습니다. 이와 같이 대괄호에 리스트를 전달하면 항상 DataFrame 객체를 반환합니다.

4. print()로 country_df_list의 출력 결과를 살펴보면 앞서 살펴본 country_df와 형식이 다르다는 점을 확인할 수 있습니다.

```
print(country_df_list)
```

❖ 출력 결과

```
          country
0     Afghanistan
1     Afghanistan
2     Afghanistan
3     Afghanistan
4     Afghanistan
...           ...
1699     Zimbabwe
1700     Zimbabwe
1701     Zimbabwe
1702     Zimbabwe
1703     Zimbabwe

[1704 rows x 1 columns]
```

분석 환경이나 필요에 따라 시리즈를 사용할 것인지 데이터프레임을 사용할 것인지 결정합니다.

한 걸음 더!

점 표기법으로도 열 데이터를 추출해요!

대괄호에 열의 이름을 문자열로 넣는 방법 외에 하나의 열을 선택하는 방법이 한 가지 더 있습니다. 바로 열 이름을 데이터프레임의 속성처럼 사용하여 열 데이터를 추출하는 점 표기법(단축 표기법)입니다. 다음과 같이 두 가지 방법으로 df에서 country 열을 추출할 수 있으며 모두 같은 열을 반환합니다.

```
# 대괄호 표기법
print(df['country'])
```

❖ 출력 결과

```
0       Afghanistan
1       Afghanistan
2       Afghanistan
3       Afghanistan
4       Afghanistan
            ...
1699       Zimbabwe
1700       Zimbabwe
1701       Zimbabwe
1702       Zimbabwe
1703       Zimbabwe
Name: country, Length: 1704, dtype: object
```

```
# 점 표기법
print(df.country)
```

❖ 출력 결과

```
0       Afghanistan
1       Afghanistan
2       Afghanistan
3       Afghanistan
4       Afghanistan
            ...
1699       Zimbabwe
1700       Zimbabwe
1701       Zimbabwe
1702       Zimbabwe
1703       Zimbabwe
Name: country, Length: 1704, dtype: object
```

열 삭제 등 일부 작업에서는 두 가지 방법에 차이가 있지만 열 데이터를 추출할 때 그 결과는 두 방법이 같습니다.

단, 점 표기법을 사용하려면 열 이름이 데이터프레임에서 기본으로 제공하는 속성 이름과 달라야 합니다. 예를 들어 shape라는 열이 있을 때 점 표기법으로 df.shape를 사용하면 shape 열이 아닌 데이터프레임의 shape 속성을 가리키므로 행과 열의 개수를 반환합니다. 또한 열 이름에 공백이나 특수 문자가 있으면 점 표기법으로 열 데이터를 추출할 수 없습니다.

특수 문자를 포함한다면 대괄호 표기법을 사용해야 합니다.

행 데이터 추출하기

행 데이터는 행 이름이나 행 번호 등 다양한 방법으로 추출할 수 있습니다. 다음 표는 행 데이터를 추출할 때 사용하는 데이터프레임의 두 가지 속성을 나타냅니다.

속성	설명
loc	행 이름을 기준으로 행 추출
iloc	행 번호(행 위치)를 기준으로 행 추출

표에서 알 수 있듯이 이 두 가지는 행을 추출하는 기준이 다릅니다.

loc는 location의 약자이고 iloc는 integer location의 줄임말입니다.

인덱스를 따로 지정하지 않으면 판다스는 0부터 차례대로 행 번호(행 위치)를 매기고 이를 인덱스로 사용합니다. 이때는 행 번호가 행 이름이 됩니다.

Do it! 실습 행 이름으로 행 데이터 추출하기

1. 갭마인더 데이터셋을 다시 살펴봅시다.

```
print(df)
```

❖ 출력 결과

```
       country continent  year  lifeExp       pop   gdpPercap
0  Afghanistan      Asia  1952   28.801   8425333  779.445314
1  Afghanistan      Asia  1957   30.332   9240934  820.853030
2  Afghanistan      Asia  1962   31.997  10267083  853.100710
```

```
3       Afghanistan     Asia  1967   34.020  11537966  836.197138
4       Afghanistan     Asia  1972   36.088  13079460  739.981106
...             ...      ...   ...      ...       ...         ...
1699       Zimbabwe   Africa  1987   62.351   9216418  706.157306
1700       Zimbabwe   Africa  1992   60.377  10704340  693.420786
1701       Zimbabwe   Africa  1997   46.809  11404948  792.449960
1702       Zimbabwe   Africa  2002   39.989  11926563  672.038623
1703       Zimbabwe   Africa  2007   43.487  12311143  469.709298

[1704 rows x 6 columns]
```

행 번호(=행 이름)

출력 결과를 살펴보면 데이터프레임의 가장 왼쪽에 있는 행 번호를 확인할 수 있습니다. 이것이 판다스가 자동으로 매긴 DataFrame의 인덱스로, 칼럼 없는 행 번호이자 행 이름입니다. 기본적으로 인덱스는 0부터 시작하는 번호이지만, 시계열 데이터를 다룰 때는 타임스탬프와 같이 문자열로 직접 인덱스를 설정하기도 합니다. 여기서는 기본 번호 그대로 사용합니다.

자동으로 매겨진 인덱스라면 행 번호가 곧 행 이름이므로 loc 속성에도 사용할 수 있습니다.

2. 앞서 살펴보았듯이 데이터프레임의 loc 속성에 대괄호를 사용하여 인덱스(행 이름)를 전달하면 행 데이터를 추출할 수 있습니다. loc 속성의 대괄호에 0을 넣어 첫 번째 행 데이터를 추출하면 다음과 같은 결과가 나옵니다.

파이썬의 인덱스가 0부터 시작하는 것처럼 행 번호로 설정된 판다스의 행 번호도 0부터 시작합니다. 즉, 첫 번째 행 데이터의 인덱스는 0입니다.

```
print(df.loc[0])
```

❖ 출력 결과

```
country       Afghanistan
continent            Asia
year                 1952
lifeExp            28.801
pop               8425333
gdpPercap      779.445314
Name: 0, dtype: object
```

3. 이번에는 99를 사용하여 100번째 행 데이터를 추출해 봅시다.

```
print(df.loc[99])
```

❖ 출력 결과

```
country         Bangladesh
continent             Asia
year                  1967
lifeExp             43.453
pop               62821884
gdpPercap       721.186086
Name: 99, dtype: object
```

4. 파이썬에서는 리스트의 마지막 요소를 불러올 때 뒤에서 첫 번째 요소를 가리킨다는 의미로 -1을 사용합니다. 그러나 loc 속성은 마지막 행의 데이터를 추출할 때 -1을 사용하면 오류가 발생합니다. loc 속성은 행 이름을 참조하는데 -1이라는 행 이름은 없기 때문입니다.

```
print(df.loc[-1])
```

❖ 출력 결과

```
KeyError: -1
```

마지막 행 데이터를 추출하려면 다음과 같이 행 개수를 구하고 행 개수에서 1을 뺀 값을 loc 속성에 전달합니다.

```
# shape 속성을 사용하여 행의 개수 구하기
number_of_rows = df.shape[0]

# 행의 개수에서 1을 뺀 값으로 마지막 행의 인덱스 구하기
last_row_index = number_of_rows - 1

# 마지막 행의 인덱스로 데이터 추출하기
print(df.loc[last_row_index])
```

행 개수를 구합니다.

(행 개수 – 1)이 마지막 행 번호입니다.

❖ 출력 결과

```
country        Zimbabwe
continent        Africa
```

```
year                2007
lifeExp           43.487
pop             12311143
gdpPercap     469.709298
Name: 1703, dtype: object
```

인덱스가 0부터 시작한다는 점을 고려하여 1을 뺀 값으로 마지막 행의 인덱스를 구합니다.

5. 마지막 행은 tail() 메서드로 구할 수도 있습니다. 행 개수를 의미하는 매개변수 n에 다음과 같이 1을 지정하면 마지막 행의 데이터만 추출할 수 있습니다.

```
print(df.tail(n=1))
```

❖ 출력 결과

```
       country continent  year  lifeExp       pop   gdpPercap
1703  Zimbabwe    Africa  2007   43.487  12311143  469.709298
```

한 걸음 더! **tail() 메서드와 loc 속성이 반환한 1행의 자료형은 어떻게 다를까?**

tail()로 1행 데이터를 추출한 결과는 loc 속성으로 추출했을 때와 다릅니다. type() 함수로 두 결과의 자료형이 어떻게 다른지 살펴봅시다.

tail()이 반환하는 결과는 head()와 같으므로 행의 개수로 복잡하게 행 번호를 구할 필요가 없는 첫 번째 행(인덱스 0)으로 예제를 단순화하여 반환 자료형을 비교하겠습니다.

```
subset_loc = df.loc[0]
subset_head = df.head(n=1)
```

```
print(type(subset_loc))
```

❖ 출력 결과

```
<class 'pandas.core.series.Series'>
```

출력 결과는 Series 객체입니다.

```
print(type(subset_head))
```

❖ 출력 결과

```
<class 'pandas.core.frame.DataFrame'>
```

출력 결과는 DataFrame 객체입니다.

loc 속성은 Series 객체를 반환하고 head() 메서드는 DataFrame 객체를 반환한다는 차이가 있음을 알 수 있습니다. 단, loc라도 [0:1]처럼 범위를 지정하여 여러 행을 추출하면 DataFrame을 반환합니다.

반환한 객체를 출력한 결과만 보아도 자료형을 유추할 수 있지만 type() 함수로 확실하게 자료형을 확인하는 것이 좋습니다.

6. 마지막으로, 열과 같은 방법으로 행 데이터도 리스트를 사용하여 여러 개 추출할 수 있습니다. 다음과 같이 첫 번째, 100번째, 1,000번째 행의 데이터를 추출해 봅시다.

```
print(df.loc[[0, 99, 999]])
```

❖ 출력 결과

```
         country continent  year  lifeExp       pop    gdpPercap
0    Afghanistan      Asia  1952   28.801   8425333   779.445314
99    Bangladesh      Asia  1967   43.453  62821884   721.186086
999     Mongolia      Asia  1967   51.253   1149500  1226.041130
```

Do it! 실습 행 번호로 행 데이터 추출하기

1. iloc 속성은 행 데이터를 추출한다는 점과 대괄호를 쓴다는 점에서는 loc 속성과 같지만 행 번호(행 위치)를 사용한다는 점이 다릅니다. iloc 속성을 사용하여 다음과 같이 두 번째 행 데이터를 추출해 볼까요?

```
print(df.iloc[1])
```

❖ 출력 결과

```
country       Afghanistan
continent            Asia
year                 1957
lifeExp            30.332
pop               9240934
gdpPercap       820.85303
Name: 1, dtype: object
```

갭마인더 데이터셋은 행 이름과 행 번호가 같으므로 두 속성을 같은 방식으로 사용할 수 있습니다. 그러나 인덱스를 직접 지정하여 행 이름과 행 번호가 다르면 결과는 달라집니다.

행 번호 1이 첫 번째 행이 아니라 두 번째 행을 가리킨다는 점에 조심하세요. 행 번호는 파이썬과 마찬가지로 0부터 시작하므로 첫 번째 항목의 번호는 0입니다.

2. 이번에는 99를 입력해 100번째 행 데이터를 추출해 볼까요?

```
print(df.iloc[99])
```

❖ 출력 결과

```
country      Bangladesh
continent          Asia
year               1967
lifeExp          43.453
pop            62821884
gdpPercap    721.186086
Name: 99, dtype: object
```

3. loc 속성에서는 마지막 요소를 선택할 때 -1을 사용할 수 없었지만 iloc 속성에서는 사용할 수 있습니다. iloc 속성은 특정 값이 아닌 요소의 위치, 즉 행 번호로 작동하기 때문입니다. 다음과 같이 입력해 봅시다.

```
print(df.iloc[-1])
```

❖ 출력 결과

```
country        Zimbabwe
continent        Africa
year               2007
lifeExp          43.487
pop            12311143
gdpPercap    469.709298
Name: 1703, dtype: object
```

4. loc와 마찬가지로 iloc도 다음과 같이 리스트를 사용하여 행 데이터를 추출할 수 있습니다.

```
print(df.iloc[[0, 99, 999]])
```

❖ 출력 결과

```
         country continent  year  lifeExp       pop    gdpPercap
0    Afghanistan      Asia  1952   28.801   8425333   779.445314
99    Bangladesh      Asia  1967   43.453  62821884   721.186086
999     Mongolia      Asia  1967   51.253   1149500  1226.041130
```

loc와 iloc로 데이터 추출하기

loc와 iloc를 사용하여 특정 행과 열을 선택할 수도 있습니다. 행과 열을 함께 추출할 때 loc와 iloc는 대괄호와 함께 쉼표를 사용하는데, 쉼표 왼쪽은 행을 나타내고 오른쪽은 열을 나타냅니다. 즉, df.loc[[행], [열]], df.iloc[[행], [열]]과 같이 사용합니다. 이때 loc에는 행 이름과 열 이름을 지정하고 iloc에는 행 위치와 열 위치를 정수로 지정합니다.

Do it! 실습 슬라이싱 구문으로 데이터 추출하기

loc와 iloc로 행이나 열 데이터를 추출하려면 슬라이싱[slicing] 구문을 사용합니다.

파이썬에서는 주로 문자열이나 리스트에서 슬라이싱 구문을 사용합니다. 문자열 일부나 리스트의 일부 요소를 잘라 새로운 문자열 또는 리스트를 생성할 수 있습니다.

열 데이터를 추출하는 것은 특정 열의 모든 행 데이터를 가져와야 한다는 의미이므로 모든 행을 지정하는 방법이 필요합니다. 슬라이싱 구문에서 콜론(:)은 해당 축의 모든 값을 선택한다는 뜻으로, loc와 iloc에도 그대로 적용할 수 있습니다. 즉, df.loc[:, [열]]은 특정 열의 모든 행 데이터를 뜻합니다.

1. loc로 year와 pop 열 데이터를 추출하는 방법은 다음과 같습니다. 이때 콜론으로 행을 지정하여 year와 pop 열의 모든 행 데이터를 가져옵니다.

```
subset = df.loc[:, ['year', 'pop']]
print(subset)
```

❖ 출력 결과

```
     year       pop
0    1952   8425333
```

```
1       1957   9240934
2       1962  10267083
3       1967  11537966
4       1972  13079460
...      ...       ...
1699    1987   9216418
1700    1992  10704340
1701    1997  11404948
1702    2002  11926563
1703    2007  12311143

[1704 rows x 2 columns]
```

2. 이번에는 iloc로 3, 5번째와 마지막(-1) 열 데이터를 추출하겠습니다. loc 예제와 마찬가지로 콜론을 사용하여 모든 행 데이터를 가져옵니다.

```
subset = df.iloc[:, [2, 4, -1]]
print(subset)
```

❖ 출력 결과

```
        year       pop   gdpPercap
0       1952   8425333  779.445314
1       1957   9240934  820.853030
2       1962  10267083  853.100710
3       1967  11537966  836.197138
4       1972  13079460  739.981106
...      ...       ...         ...
1699    1987   9216418  706.157306
1700    1992  10704340  693.420786
1701    1997  11404948  792.449960
1702    2002  11926563  672.038623
1703    2007  12311143  469.709298

[1704 rows x 3 columns]
```

3. 앞서 loc는 행 이름을 사용하고 iloc는 행 번호를 사용한다고 했습니다. 따라서 행과 열을 지정할 때 어떤 속성을 사용하는지 확인하고 대괄호에 값을 지정해야 합니다. 예를 들어 loc 속성에 열 이름이 아닌 정수를 사용하면 오류가 발생합니다.

```
subset = df.loc[:, [2, 4, -1]]
print(subset)
```

❖ 출력 결과

```
<class 'pandas.core.groupby.generic.DataFrameGroupBy'>
```

반대로 iloc 속성에 열 이름을 사용하면 다음과 같은 오류가 발생합니다.

```
subset = df.iloc[:, ['year', 'pop']]
print(subset)
```

❖ 출력 결과

```
IndexError: .iloc requires numeric indexers, got ['year' 'pop']
```

Do it! 실습 range()로 데이터 추출하기

파이썬 내장 함수 range()에 시작값과 끝값을 입력하면 파이썬이 자동으로 시작값 이상, 끝값 미만의 값을 생성합니다. 간격을 지정하여 생성하는 숫자를 조절할 수도 있습니다.

range() 함수는 리스트가 아닌 정해진 범위의 수를 반환하는 제너레이터generator입니다. 제너레이터는 그때마다 값을 생성하며 한 번 사용한 값은 메모리에서 사라집니다.

1. 앞서 iloc에 정수 리스트를 지정하여 여러 열의 데이터를 추출하는 방법을 살펴보았습니다. 여기서는 iloc 속성과 range()를 사용하여 열을 추출해 봅시다. 먼저 range()의 반환값을 리스트로 변환해야 합니다. 예를 들어 range(5)가 반환한 제너레이터를 리스트로 변환하면 다음과 같습니다.

```
small_range = list(range(5))
print(small_range)
```

❖ 출력 결과

```
[0, 1, 2, 3, 4]
```

정리하자면, range(5)를 호출하면 0 이상 5 미만의 정수를 반환하는 제너레이터가 생성됩니다. iloc 속성에 사용하고자 list() 함수로 변환하면 0부터 4까지 5개의 정수를 포함하는 리스트가 됩니다.

이때 시작값이 0이라는 점에 주목하세요. range()에 숫자를 하나만 전달하면 시작값은 기본값인 0으로 설정되고 전달한 숫자에서 1을 뺀 값이 끝값으로 처리됩니다.

2. 이제 이 리스트를 사용하여 데이터프레임에서 열을 추출하겠습니다.

```
subset = df.iloc[:, small_range]
print(subset)
```

❖ 출력 결과

```
         country continent  year  lifeExp       pop
0    Afghanistan      Asia  1952   28.801   8425333
1    Afghanistan      Asia  1957   30.332   9240934
2    Afghanistan      Asia  1962   31.997  10267083
3    Afghanistan      Asia  1967   34.020  11537966
4    Afghanistan      Asia  1972   36.088  13079460
...          ...       ...   ...      ...       ...
1699    Zimbabwe    Africa  1987   62.351   9216418
1700    Zimbabwe    Africa  1992   60.377  10704340
1701    Zimbabwe    Africa  1997   46.809  11404948
1702    Zimbabwe    Africa  2002   39.989  11926563
1703    Zimbabwe    Africa  2007   43.487  12311143

[1704 rows x 5 columns]
```

3. 이번에는 3 이상 6 미만의 숫자로 구성된 리스트를 생성해 볼까요? range()에 시작값으로 3을, 끝값으로 6을 전달합니다.

```
small_range = list(range(3, 6))
print(small_range)
```

❖ 출력 결과

```
[3, 4, 5]
```

4. 그런 다음 이 리스트로 데이터프레임에서 열 데이터를 추출합니다.

```
subset = df.iloc[:, small_range]
print(subset)
```

❖ 출력 결과

```
      lifeExp       pop   gdpPercap
0      28.801   8425333  779.445314
1      30.332   9240934  820.853030
2      31.997  10267083  853.100710
3      34.020  11537966  836.197138
4      36.088  13079460  739.981106
...       ...       ...         ...
1699   62.351   9216418  706.157306
1700   60.377  10704340  693.420786
1701   46.809  11404948  792.449960
1702   39.989  11926563  672.038623
1703   43.487  12311143  469.709298

[1704 rows x 3 columns]
```

5. range()에 시작과 끝 숫자와 더불어 세 번째 매개변수 step을 전달할 수 있습니다. 이 매개변수는 시작값과 끝값 사이에서 얼만큼의 간격으로 숫자를 생성할 것인지 결정하며, 기본값은 1입니다. 이를 활용하여 다음은 range() 함수로 0 이상 6 미만의 범위에서 2만큼의 간격으로 숫자를 생성하고 리스트로 변환하여 iloc에 전달해 봅시다. range() 함수의 세 번째 인수로 2를 전달한다는 점에 주목하세요!

```
small_range = list(range(0, 6, 2))
subset = df.iloc[:, small_range]
print(subset)
```

이곳이 매개변수 step 자리입니다.

❖ 출력 결과

```
         country  year       pop
0    Afghanistan  1952   8425333
1    Afghanistan  1957   9240934
2    Afghanistan  1962  10267083
```

```
3     Afghanistan  1967  11537966
4     Afghanistan  1972  13079460
...           ...   ...       ...
1699     Zimbabwe  1987   9216418
1700     Zimbabwe  1992  10704340
1701     Zimbabwe  1997  11404948
1702     Zimbabwe  2002  11926563
1703     Zimbabwe  2007  12311143

[1704 rows x 3 columns]
```

Do it! 실습 슬라이싱 구문과 range() 비교하기

range()를 iloc에 그대로 사용하지 못하고 리스트로 변환해야 한다는 점이 조금 번거롭죠? 그러므로 슬라이싱 구문을 이용하면 같은 작업을 훨씬 간단하게 수행할 수 있습니다.
슬라이싱 구문(:)은 range() 함수와 비슷합니다. range() 함수가 쉼표로 시작, 끝, 간격을 구분한다면 슬라이싱 구문은 콜론(:)으로 각 값을 구분합니다. 파이썬의 슬라이싱 구문을 사용하면 range() 함수로 데이터를 추출하는 과정을 훨씬 단순하게 만들 수 있습니다. range() 함수는 제너레이터를 생성하며 데이터를 추출할 때는 이것을 리스트로 변환하는데, 제너레이터와 리스트는 모두 독립적인 객체입니다. 이와 달리 슬라이싱 구문의 콜론 기호는 대괄호 안에서 사용할 때만 슬라이싱 구문의 역할을 수행할 수 있으며, 콜론 기호 자체는 단독으로 사용할 수 없습니다.

1. 두 방법을 비교하기에 앞서 갭마인더 데이터셋에 어떤 열이 있었는지 다시 한번 살펴봅시다.

```
print(df.columns)
```

❖ 출력 결과

```
Index(['country', 'continent', 'year', 'lifeExp', 'pop', 'gdpPercap'],
dtype='object')
```

2. 이제 range()와 :를 사용하여 열 데이터를 추출하면서 슬라이싱 구문으로 데이터를 추출하는 방법을 살펴보겠습니다. 먼저 처음 3개 열 country, continent, year을 추출해 봅시다.

range(3)을 활용하여 0 이상 2 미만의 정수 리스트를 생성하고, iloc 속성에 전달하여 다음과 같이 열을 추출할 수 있습니다.

```
small_range = list(range(3))
subset = df.iloc[:, small_range]
print(subset)
```

❖ 출력 결과

```
         country continent  year
0     Afghanistan      Asia  1952
1     Afghanistan      Asia  1957
2     Afghanistan      Asia  1962
3     Afghanistan      Asia  1967
4     Afghanistan      Asia  1972
...           ...       ...   ...
1699     Zimbabwe    Africa  1987
1700     Zimbabwe    Africa  1992
1701     Zimbabwe    Africa  1997
1702     Zimbabwe    Africa  2002
1703     Zimbabwe    Africa  2007

[1704 rows x 3 columns]
```

3. 같은 데이터를 슬라이싱 구문으로 추출해 볼까요? range() 함수에 전달한 인자를 : 기호로 구분하여 대괄호에 그대로 넣습니다. 이때 range(3)에서 시작값 0이 생략된 것과 마찬가지로 : 기호 앞의 시작 숫자도 생략할 수 있습니다.

```
subset = df.iloc[:, :3]
print(subset)
```

list(range(3))과 :3은 같은 결과를 출력합니다.

❖ 출력 결과

```
         country continent  year
0     Afghanistan      Asia  1952
1     Afghanistan      Asia  1957
2     Afghanistan      Asia  1962
3     Afghanistan      Asia  1967
```

```
4     Afghanistan      Asia  1972
...           ...       ...   ...
1699     Zimbabwe    Africa  1987
1700     Zimbabwe    Africa  1992
1701     Zimbabwe    Africa  1997
1702     Zimbabwe    Africa  2002
1703     Zimbabwe    Africa  2007

[1704 rows x 3 columns]
```

이처럼 range()를 사용할 때보다 슬라이싱 구문으로 같은 작업을 훨씬 간단하게 수행할 수 있습니다.

4. 이번에는 시작값과 끝값을 모두 지정하여 열 데이터를 추출해 봅시다. 다음은 3 이상 6 미만의 범위에 해당하는 열 데이터입니다.

```
small_range = list(range(3, 6))
subset = df.iloc[:, small_range]
print(subset)
```

리스트 [3, 4, 5]를 만듭니다.

❖ 출력 결과

```
      lifeExp       pop   gdpPercap
0      28.801   8425333  779.445314
1      30.332   9240934  820.853030
2      31.997  10267083  853.100710
3      34.020  11537966  836.197138
4      36.088  13079460  739.981106
...       ...       ...         ...
1699   62.351   9216418  706.157306
1700   60.377  10704340  693.420786
1701   46.809  11404948  792.449960
1702   39.989  11926563  672.038623
1703   43.487  12311143  469.709298

[1704 rows x 3 columns]
```

열의 첫 번째 위치가 0이므로 3, 4, 5번 위치에 있는 lifeExp, pop, gdpPercap 열을 추출합니다.

5. 이전 예제와 마찬가지로 range() 함수에 전달한 인자를 : 기호로 구분하여 iloc에 그대로 전달하여 같은 데이터를 슬라이싱 구문으로 추출하면 다음과 같습니다.

```
subset = df.iloc[:, 3:6]
print(subset)
```

모든 행의 3, 4, 5번 열을 추출한다는 뜻입니다.

❖ 출력 결과

```
      lifeExp       pop   gdpPercap
0      28.801   8425333  779.445314
1      30.332   9240934  820.853030
2      31.997  10267083  853.100710
3      34.020  11537966  836.197138
4      36.088  13079460  739.981106
...       ...       ...         ...
1699   62.351   9216418  706.157306
1700   60.377  10704340  693.420786
1701   46.809  11404948  792.449960
1702   39.989  11926563  672.038623
1703   43.487  12311143  469.709298

[1704 rows x 3 columns]
```

6. 마지막으로 range()의 세 번째 매개변수인 간격을 조절하는 방법을 살펴볼까요? 다음과 같이 0 이상 6 미만 범위에서 2 간격으로 숫자를 생성한다면 결과적으로 [0, 2, 4] 리스트가 생성되며 해당 위치에 있는 country, year, pop 세 열이 선택됩니다.

```
small_range = list(range(0, 6, 2))
subset = df.iloc[:, small_range]
print(subset)
```

리스트 [0, 2, 4]를 만듭니다.

❖ 출력 결과

```
       country  year       pop
0  Afghanistan  1952   8425333
1  Afghanistan  1957   9240934
2  Afghanistan  1962  10267083
```

```
3     Afghanistan  1967  11537966
4     Afghanistan  1972  13079460
...           ...   ...       ...
1699     Zimbabwe  1987   9216418
1700     Zimbabwe  1992  10704340
1701     Zimbabwe  1997  11404948
1702     Zimbabwe  2002  11926563
1703     Zimbabwe  2007  12311143

[1704 rows x 3 columns]
```

7. range()에 전달한 세 개의 인수를 : 기호로 구분하여 슬라이싱 구문을 적용하면 마찬가지로 다음과 같이 country, year, pop 열 데이터를 추출할 수 있습니다.

```
subset = df.iloc[:, 0:6:2]
print(subset)
```

모든 행의 0, 2, 4번 열을 추출합니다.

❖ 출력 결과

```
          country  year       pop
0     Afghanistan  1952   8425333
1     Afghanistan  1957   9240934
2     Afghanistan  1962  10267083
3     Afghanistan  1967  11537966
4     Afghanistan  1972  13079460
...           ...   ...       ...
1699     Zimbabwe  1987   9216418
1700     Zimbabwe  1992  10704340
1701     Zimbabwe  1997  11404948
1702     Zimbabwe  2002  11926563
1703     Zimbabwe  2007  12311143

[1704 rows x 3 columns]
```

행과 열 함께 지정하여 추출하기

지금까지 살펴본 슬라이싱 구문 예제는 모두 loc와 iloc의 대괄호에서 쉼표 왼쪽에 : 기호만 사용했습니다. 즉, 열 데이터를 추출할 때 모든 행(예를 들어 데이터프레임의 첫 번째 축에 있는 모든 값)을 대상으로 한다는 뜻이었죠. 이와 달리 특정 행과 열에 있는 데이터만 선택하려면 쉼표 왼쪽의 값을 변경하면 됩니다.

loc 속성으로 country 열에서 행 이름이 42인 데이터를 추출하는 방법은 다음과 같습니다.

```
print(df.loc[42, 'country'])
```

❖ 출력 결과

```
Angola
```

같은 데이터를 iloc 속성으로 추출하는 방법은 다음과 같습니다.

```
print(df.iloc[42, 0])
```

❖ 출력 결과

```
Angola
```

앞서 설명했듯이 loc 속성은 행 이름을 사용하고 iloc 속성은 행 위치를 사용합니다. 대괄호 안에 넣는 값에 주의하세요.

Do it! 실습 여러 행과 열 지정하여 데이터 추출하기

1. 첫 번째, 4번째, 6번째 열의 첫 번째, 100번째, 1000번째 행 데이터를 추출해 봅시다.

```
print(df.iloc[[0, 99, 999], [0, 3, 5]])
```

❖ 출력 결과

```
         country  lifeExp    gdpPercap
0    Afghanistan   28.801   779.445314
99    Bangladesh   43.453   721.186086
999     Mongolia   51.253  1226.041130
```

2. 이전 예제와 마찬가지 데이터를 loc로 추출하면 다음과 같이 추출할 열을 직관적으로 알 수 있습니다.

```
print(df.loc[[0, 99, 999], ['country', 'lifeExp', 'gdpPercap']])
```

❖ 출력 결과

```
         country  lifeExp    gdpPercap
0    Afghanistan   28.801   779.445314
99    Bangladesh   43.453   721.186086
999     Mongolia   51.253  1226.041130
```

필자는 데이터를 추출할 때 가능하면 실제 열 이름을 사용하려 하므로 loc를 선호합니다. 직관적으로 어떤 열 데이터인지 알 수 있기 때문입니다. 또한 열 번호(위치)를 사용하면 열 순서가 달라졌을 때 원하지 않는 데이터를 추출할 수도 있습니다. 사람마다 선호하는 방식이 다를 수 있으므로 상황에 따라 적절한 방법을 선택하세요.

한 걸음 더!

슬라이싱 구문을 사용할 때는 주의하세요!

loc와 iloc 속성이 슬라이싱 구문을 해석하는 방법은 서로 다르다는 점을 주의하세요. loc는 이름을 기준으로 해석하고 iloc는 위치를 기준으로 해석합니다. 그러므로 loc는 콜론 오른쪽 번호를 결과에 포함하지만 위치가 기준인 iloc는 콜론 오른쪽 번호를 결과에서 제외한다는 차이점이 있으니 꼭 기억하세요.

```
print(df.loc[10:13, :])
```

이름 기준이므로 13도 포함합니다.

❖ 출력 결과

```
        country continent  year  lifeExp       pop    gdpPercap
10  Afghanistan      Asia  2002   42.129  25268405   726.734055
11  Afghanistan      Asia  2007   43.828  31889923   974.580338
12      Albania    Europe  1952   55.230   1282697  1601.056136
13      Albania    Europe  1957   59.280   1476505  1942.284244
```

```
print(df.iloc[10:13, :])
```

번호 기준이므로 13은 제외합니다.

❖ 출력 결과

```
        country continent  year  lifeExp       pop    gdpPercap
10  Afghanistan      Asia  2002   42.129  25268405   726.734055
11  Afghanistan      Asia  2007   43.828  31889923   974.580338
12      Albania    Europe  1952   55.230   1282697  1601.056136
```

02-4
기초 통계 계산하기

지금까지 데이터 추출 방법을 알아보았습니다. 이번에는 추출한 데이터로 몇 가지 기초 통계를 계산해 봅시다. 먼저, 갭마인더 데이터셋을 떠올려 볼까요?

```
print(df)
```

❖ 출력 결과

```
          country continent  year  lifeExp       pop   gdpPercap
0     Afghanistan      Asia  1952   28.801   8425333  779.445314
1     Afghanistan      Asia  1957   30.332   9240934  820.853030
2     Afghanistan      Asia  1962   31.997  10267083  853.100710
3     Afghanistan      Asia  1967   34.020  11537966  836.197138
4     Afghanistan      Asia  1972   36.088  13079460  739.981106
...           ...       ...   ...      ...       ...         ...
1699     Zimbabwe    Africa  1987   62.351   9216418  706.157306
1700     Zimbabwe    Africa  1992   60.377  10704340  693.420786
1701     Zimbabwe    Africa  1997   46.809  11404948  792.449960
1702     Zimbabwe    Africa  2002   39.989  11926563  672.038623
1703     Zimbabwe    Africa  2007   43.487  12311143  469.709298

[1704 rows x 6 columns]
```

각 열은 국가(country), 대륙(continent), 연도(year), 기대 수명(lifeExp), 인구(pop), 1인당 국내 총생산(gdpPercap)을 나타냅니다. 그러면 다음과 같은 질문을 생각해 볼 수 있습니다.

- 연도별 평균 기대 수명은?
- 기대 수명, 인구, GDP의 평균은?
- 데이터를 대륙별로 나누어 통계를 계산하려면?
- 대륙별 국가 개수는?

이러한 질문의 답을 구할 수 있는 데이터 활용 방법을 알아볼까요?

그룹화한 데이터의 평균 구하기

Do it! 실습 1개 열 그룹화하기

답을 구하려면 그룹화한 계산을 수행해야 합니다. 즉, 평균이나 빈도를 구할 때 데이터의 일부를 선택하여 계산합니다. 그룹화한 계산은 분할-적용-결합 과정으로 생각할 수 있습니다. 먼저 데이터를 여러 부분으로 분할한 다음, 분할한 각 부분에 선택한 함수나 연산을 적용하고 마지막으로 각 결과를 하나의 데이터프레임으로 결합합니다.
데이터프레임의 `groupby()` 메서드를 사용하면 데이터를 그룹화할 수 있으며 그룹화한 데이터를 대상으로 계산을 수행할 수 있습니다.

1. 먼저 앞에서 언급한 첫 번째 질문인 연도별 평균 기대 수명을 알아봅시다. 다음 순서에 따라 질문의 답을 구합니다.

① 데이터를 연도별로 그룹화합니다.
② `lifeExp` 열을 선택합니다.
③ 평균을 계산합니다.

이 과정은 다음 코드 한 줄로 수행할 수 있습니다.

```
print(df.groupby('year')['lifeExp'].mean())
```

① 연도별 그룹화 ② lifeExp 열 선택 ③ 평균 계산

❖ 출력 결과

```
year
1952    49.057620
1957    51.507401
1962    53.609249
1967    55.678290
1972    57.647386
...
1987    63.212613
1992    64.160338
```

```
1997    65.014676
2002    65.694923
2007    67.007423
Name: lifeExp, dtype: float64
```

2. 이번에는 코드를 나누어 단계별로 살펴보겠습니다. 먼저 groupby() 메서드를 사용하여 연도별로 그룹화된 객체를 생성합니다. 이것을 grouped_year_df에 저장하고 type() 함수로 자료형을 확인합니다.

```
grouped_year_df = df.groupby('year')
print(type(grouped_year_df))
```

❖ 출력 결과

출력 결과는 DataFrameGroupBy 객체

```
<class 'pandas.core.groupby.generic.DataFrameGroupBy'>
```

groupby() 메서드가 그룹화한 객체 DataFrameGroupBy를 반환한다는 점을 확인할 수 있습니다.

3. grouped_year_df를 그대로 출력하면 데이터프레임의 내용이 아닌 객체가 저장된 메모리 주소만 출력합니다.

```
print(grouped_year_df)
```

❖ 출력 결과

```
<pandas.core.groupby.generic.DataFrameGroupBy object at 0x000001F967F417D0>
```

4. 그룹화한 데이터에서 계산하고 싶은 특정 열을 선택할 수 있습니다. 기대 수명의 평균을 구하는 것이 목표이므로 기대 수명을 나타내는 lifeExp 열을 선택합니다. 결과를 grouped_year_df_lifeExp에 저장하고 type() 함수로 자료형을 확인해 봅시다.

```
grouped_year_df_lifeExp = grouped_year_df['lifeExp']
print(type(grouped_year_df_lifeExp))
```

❖ 출력 결과

출력 결과는 SeriesGroupBy 객체

```
<class 'pandas.core.groupby.generic.SeriesGroupBy'>
```

데이터프레임에서 대괄호 표기법으로 하나의 열 데이터를 추출하면 시리즈가 되는 것과 같이 DataFrameGroupBy에서 대괄호 표기법으로 하나의 열 데이터를 추출하면 시리즈를 그룹화한 SeriesGroupBy 객체를 결과로 반환합니다.

5. grouped_year_df_lifeExp를 그대로 출력하면 grouped_year_df와 마찬가지로 시리즈의 내용이 아닌 객체의 메모리 주소만 출력합니다.

```
print(grouped_year_df_lifeExp)
```

❖ 출력 결과

```
<pandas.core.groupby.generic.SeriesGroupBy object at 0x000001F967F00790>
```

6. 이제 그룹화한 시리즈의 평균을 구해 봅시다. lifeExp 열은 자료형이 float64이므로 시리즈의 mean() 메서드를 사용하여 평균을 구할 수 있습니다.

```
mean_lifeExp_by_year = grouped_year_df_lifeExp.mean()
print(mean_lifeExp_by_year)
```

❖ 출력 결과

```
year
1952    49.057620
1957    51.507401
1962    53.609249
1967    55.678290
1972    57.647386
...
1987    63.212613
1992    64.160338
1997    65.014676
2002    65.694923
2007    67.007423
Name: lifeExp, dtype: float64
```

인구와 GDP를 나타내는 pop, gdpPercap 열도 자료형이 각각 int64와 float64이므로 lifeExp와 마찬가지 방법으로 평균을 구할 수 있습니다.

Do it! 실습 2개 이상 열 그룹화하기

두 개 이상의 변수로 데이터를 그룹화하고 싶다면 어떻게 해야 할까요? 또는 여러 열에 같은 연산을 적용하고 싶다면 어떻게 해야 할까요? 이때는 여러 열 데이터를 추출할 때와 마찬가지로 리스트를 사용하여 열을 지정합니다.

그룹 연산은 08장에서 자세히 설명합니다.

1. 리스트를 사용하여 그룹화할 열을 지정합니다.

```
multi_group_var = df.groupby(['year', 'continent'])[['lifeExp', 'gdpPercap']].mean()
```

2. 처음 10개 행을 살펴보면 다음과 같습니다.

```
print(multi_group_var)
```

❖ 출력 결과

```
                  lifeExp     gdpPercap
year continent
1952 Africa     39.135500   1252.572466
     Americas   53.279840   4079.062552
     Asia       46.314394   5195.484004
     Europe     64.408500   5661.057435
     Oceania    69.255000  10298.085650
...
2007 Africa     54.806038   3089.032605
     Americas   73.608120  11003.031625
     Asia       70.728485  12473.026870
     Europe     77.648600  25054.481636
     Oceania    80.719500  29810.188275
```

출력 결과를 보면 연도와 대륙별로 데이터를 그룹화했으며 연도에 따른 대륙별 기대 수명과 GDP 평균을 확인할 수 있습니다. 지금까지 살펴본 출력 결과와 양식이 조금 다르죠? year, continent와 lifeExp, gdpPercap 열 이름이 서로 다른 줄에 출력되었다는 점에 주목하세요! 또한 year와 continent 열이 계층 구조를 이룹니다. 이처럼 그룹화한 데이터는 계층을 이루며 구성되기도 합니다.

3. 기존 데이터프레임 구조와 같이 계층 구조를 없애고 데이터프레임을 평탄화하고 싶다면 reset_index() 메서드를 사용합니다.

```
flat = multi_group_var.reset_index()
print(flat)
```

❖ 출력 결과

```
   year continent   lifeExp     gdpPercap
0  1952    Africa 39.135500   1252.572466
1  1952  Americas 53.279840   4079.062552
2  1952      Asia 46.314394   5195.484004
3  1952    Europe 64.408500   5661.057435
4  1952   Oceania 69.255000  10298.085650
...
55 2007    Africa 54.806038   3089.032605
56 2007  Americas 73.608120  11003.031625
57 2007      Asia 70.728485  12473.026870
58 2007    Europe 77.648600  25054.481636
59 2007   Oceania 80.719500  29810.188275
```

한 걸음 더! **긴 코드는 어떻게 작성하면 좋을까?**

한 줄에 모두 담기 어려운 긴 코드를 작성하는 방법에는 역슬래시(\) 기호를 사용하는 방법과 소괄호를 사용하는 방법 두 가지가 있습니다. 앞서 작성한 코드를 예로 들어 살펴봅시다.

역슬래시를 사용하면 긴 파이썬 코드 한 줄을 다음과 같이 여러 줄에 나눠서 작성할 수 있습니다. 이때 \ 기호는 코드가 계속 이어진다는 뜻입니다.

```
multi_group_var = df\
    .groupby(['year', 'continent'])[['lifeExp', 'gdpPercap']]\
    .mean()
```

다음 줄로 코드가 이어집니다.

또는 다음과 같이 코드를 소괄호로 감싸고 각 메서드를 다음 줄에 표기할 수도 있습니다. 메서드를 연속으로 호출하는 메서드 체이닝을 작성할 때는 소괄호를 활용한 방식을 더 자주 사용합니다.

```
multi_group_var = (df
    .groupby(['year', 'continent'])[['lifeExp', 'gdpPercap']]
    .mean()
    .reset_index()
)
```

줄 바꾼 코드는 괄호로 감쌉니다.

메서드 체이닝method chaining이란 여러 개의 메서드를 연결하여 사용하는 것을 말합니다.

그룹화한 데이터 개수 세기

데이터 분석에서 평균만큼 개수를 구하는 일이 많습니다. 이번에는 그룹화한 데이터의 개수가 몇 개인지를 알아봅시다. 통계에서는 이를 빈도수라 부르기도 합니다.

Do it! 실습 그룹화한 데이터 개수 구하기

1. 시리즈의 nunique() 메서드는 중복을 제외한 개수를 구합니다. 예를 들어 continent별 country 개수는 다음과 같이 구합니다.

```
print(df.groupby('continent')['country'].nunique())
```

❖ 출력 결과

```
continent
Africa      52
Americas    25
Asia        33
Europe      30
Oceania      2
Name: country, dtype: int64
```

2. 이와 달리 value_counts() 메서드는 지정한 열이나 행의 개수(빈도수)를 구합니다. 07-4절에서 자세히 살펴봅니다.

```
print(df.groupby('continent')['country'].value_counts())
```

❖ 출력 결과

```
continent  country
Africa     Algeria           12
           Angola            12
           Benin             12
           Botswana          12
           Burkina Faso      12
                             ..
Europe     Switzerland       12
           Turkey            12
           United Kingdom    12
Oceania    Australia         12
           New Zealand       12
Name: country, Length: 142, dtype: int64
```

02-5
데이터를 그래프로 표현하려면?

그래프와 같은 데이터 시각화는 데이터 분석 과정에서 매우 중요합니다. 이렇게 하면 데이터를 이해하고 경향을 파악하는 등 많은 도움이 됩니다. 여기서는 간단한 그래프를 그려보고 데이터 시각화가 무엇인지 이해해 볼까요?

그래프 그리기는 04장에서 자세히 살펴봅니다.

Do it! 실습 데이터프레임으로 그래프 그리기

1. 먼저 연도별 평균 기대 수명을 다시 구해 봅시다. 그리고 결과를 global_yearly_life_expectancy에 저장합니다.

```
global_yearly_life_expectancy = df.groupby('year')['lifeExp'].mean()
print(global_yearly_life_expectancy)
```

❖ 출력 결과

```
year
1952    49.057620
1957    51.507401
1962    53.609249
1967    55.678290
1972    57.647386
...
1987    63.212613
1992    64.160338
1997    65.014676
2002    65.694923
2007    67.007423
Name: lifeExp, dtype: float64
```

2. 데이터프레임을 대상으로 plot() 메서드를 호출하면 다음과 같이 연도별 평균 기대 수명을 판다스 기본 그래프로 나타냅니다.

```
global_yearly_life_expectancy.plot()
```

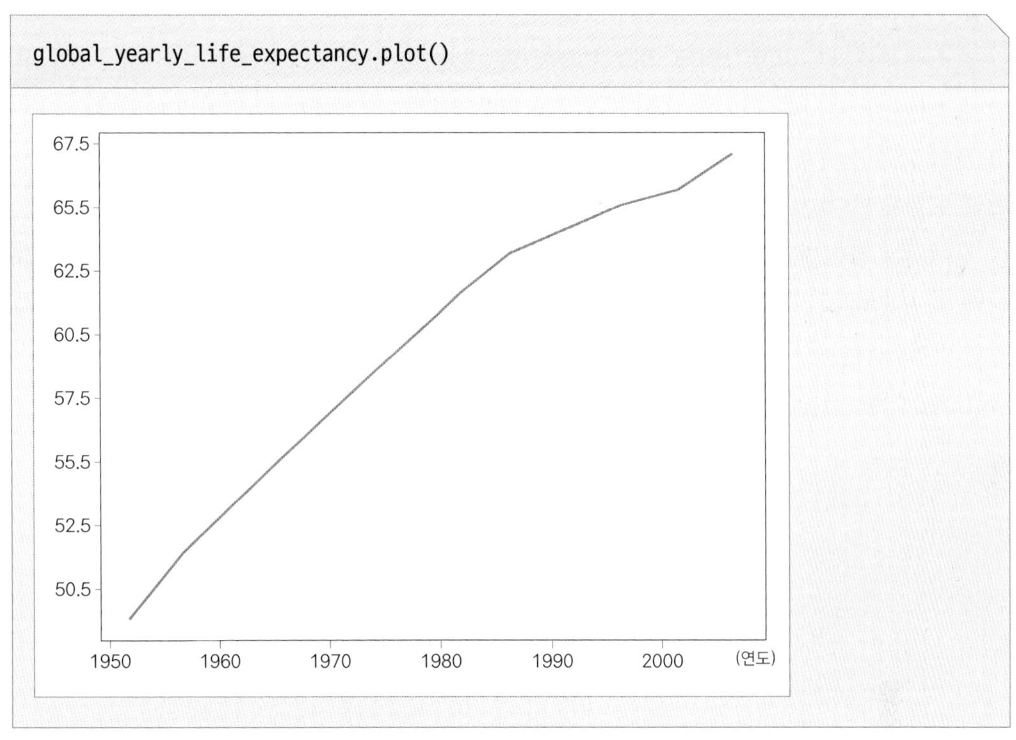

한 걸음 더!

그래프가 출력되지 않아요!

그래프가 출력되지 않는다면 다음과 같이 그래프와 관련된 matplotlib 라이브러리를 불러왔는지 확인하세요.

```
import matplotlib.pyplot as plt        라이브러리를 불러옵니다.
%matplotlib inline        그래프를 같은 화면에 표시하는 매직 명령어
global_yearly_life_expectancy.plot()
plt.show()        그래프를 그립니다.
```

주피터 노트북은 실행 결과에 바로 그래프를 출력하는 %matplotlib inline을 자동으로 지원합니다. 또한 판다스의 dataframe.plot()은 matplotlib을 사용하므로 matplotlib이나 plt.show()를 호출하지 않아도 됩니다. 단, 주피터 노트북이 아닌 파이썬 인터프리터에서 그래프를 표시하려면 matplotlib 라이브러리를 불러오고 plt.show()를 입력해야 합니다.

%matplotlib inline은 그래프를 인라인으로 브라우저에 바로 표시하라는 뜻의 매직 명령어입니다. 이와 달리 %matplotlib tk는 새 창에 그래프를 표시합니다.

마무리하며

지금까지 간단한 데이터셋을 불러와서 특정 값을 살펴보는 방법을 알아보았습니다. 엑셀과 같은 스프레드시트 프로그램에 익숙한 독자라면 판다스로 데이터를 살펴보는 것이 조금은 낯설고 불편할 겁니다. 하지만 데이터 분석은 단순한 반복 작업이 아니라 여러 데이터를 다루고 분석 단계를 구축하는 작업이므로 프로그래밍 언어의 자동화와 재현성 특성이 이러한 작업에 도움이 됩니다.

이 장에서는 파이썬과 판다스가 제공하는 몇 가지 기본적인 기능과 자료구조를 살펴보았습니다. 다음 장에서는 판다스의 데이터프레임, 시리즈 객체와 데이터를 추출하고 확인하는 다양한 방법을 알아봅니다.

03 판다스 자료구조 살펴보기

02장에서 판다스 데이터프레임과 시리즈 객체를 소개했죠? 이 두 가지 자료구조는 리스트나 딕셔너리와 같은 파이썬의 기본 자료구조와 비슷하지만, 이와 더불어 데이터를 처리하는 데 편리한 기능을 제공합니다.

03-1
나만의 데이터 만들기

02장에서는 데이터 파일을 불러와서 데이터프레임을 구성했습니다. 하지만 직접 입력하여 데이터프레임을 생성할 수도 있습니다. 이 방법은 작은 데이터 예제를 만들 때 특히 유용합니다.

시리즈와 데이터프레임 만들기

Do it! 실습 시리즈 만들기

판다스의 시리즈는 파이썬의 기본 자료구조인 리스트와 비슷한 1차원 자료구조이며 데이터프레임의 각 열을 나타내는 자료형입니다. 한 열에 있는 모든 값은 자료형(dtype)이 같아야 합니다. 예를 들어 어떤 열에 숫자 1과 일련의 문자(문자열) 'pizza'가 있다면 이 열의 전체 자료형은 문자열이 됩니다.
데이터프레임은 각 키가 열의 이름이고 값이 시리즈인 딕셔너리로 볼 수 있습니다. 시리즈는 모든 요소의 자료형이 같아야 한다는 점을 제외하면 파이썬의 리스트와 매우 닮았습니다. 넘파이[numpy] 라이브러리를 사용해 본 적이 있다면 이러한 자료구조가 ndarray와 같은 특징을 가진다고 이해하면 됩니다.

1. 시리즈를 만드는 가장 쉬운 방법은 파이썬의 리스트를 사용하는 것입니다. 여러 가지 자료형이 섞인 리스트로 시리즈를 생성하면 모든 자료형을 포괄할 수 있는 가장 일반적인 자료형으로 시리즈의 dtype을 설정합니다. 판다스에서 가장 일반적인 자료형은 파이썬의 문자열과 같은 object입니다. 예를 들어 정수 42와 문자열 'banana'로 이루어진 리스트로 시리즈를 생성하면 dtype은 다음과 같이 object로 설정됩니다.

```
import pandas as pd

s = pd.Series(['banana', 42])
print(s)
```

```
❖ 출력 결과
0    banana
1        42
dtype: object
```

2. 출력 결과를 보면 시리즈의 왼쪽에 행 번호가 있다는 점을 확인할 수 있습니다. 이것이 시리즈의 인덱스입니다. 02장 데이터프레임의 행 이름과 행 번호와 마찬가지로 시리즈에도 값에 이름을 할당할 수 있습니다. 다음과 같이 Series를 생성할 때 매개변수 index에 파이썬 리스트를 지정하면 행 이름 인덱스를 할당할 수 있습니다.

```
s = pd.Series(data=['Wes McKinney', 'Creator of Pandas'], index=['Person', 'Who'])
print(s)
```

Person과 Who를 시리즈의 인덱스로 지정합니다.

```
❖ 출력 결과
Person         Wes McKinney
Who       Creator of Pandas
dtype: object
```

Do it! 실습 데이터 프레임 만들기

여러 번 언급했듯이 데이터프레임은 시리즈 객체를 모은 딕셔너리라고 생각할 수 있습니다. 실제로 데이터프레임을 생성하는 가장 일반적인 방법 역시 딕셔너리를 사용하는 것입니다. 딕셔너리의 키로 열 이름을 표현하고 값으로 열 내용을 설정합니다.

1. 다음과 같이 예제 데이터프레임 scientists를 생성해 봅시다.

```
scientists = pd.DataFrame({
        "Name": ["Rosaline Franklin", "William Gosset"],
        "Occupation": ["Chemist", "Statistician"],
        "Born": ["1920-07-25", "1876-06-13"],
        "Died": ["1958-04-16", "1937-10-16"],
        "Age": [37, 61],
})
print(scientists)
```

```
❖ 출력 결과
                Name    Occupation        Born        Died  Age
0  Rosaline Franklin       Chemist  1920-07-25  1958-04-16   37
1     William Gosset  Statistician  1876-06-13  1937-10-16   61
```

2. 데이터프레임 공식 문서[1]를 보면 매개변수 columns를 사용하거나 열 순서를 지정할 수 있습니다. name 열의 값을 열 이름 인덱스로 사용하고 싶다면 매개변수 index에 해당 리스트를 지정하면 됩니다.

```
scientists = pd.DataFrame(
    data={
        "Occupation": ["Chemist", "Statistician"],
        "Born": ["1920-07-25", "1876-06-13"],
        "Died": ["1958-04-16", "1937-10-16"],
        "Age": [37, 61],
    },
    index=["Rosaline Franklin", "William Gosset"],
    columns=["Occupation", "Born", "Died", "Age"],
)
print(scientists)
```

```
❖ 출력 결과
                     Occupation        Born        Died  Age
Rosaline Franklin       Chemist  1920-07-25  1958-04-16   37
William Gosset     Statistician  1876-06-13  1937-10-16   61
```

1 https://pandas.pydata.org/docs/reference/api/pandas.DataFrame.html

03-2
시리즈 다루기

02장에서 loc를 사용하여 데이터프레임에서 시리즈를 추출하는 슬라이싱 기법을 소개했습니다. 한 번 더 복습해 볼까요?

Do it! 실습 시리즈 추출하기

1. 먼저 매개변수 index에 행 이름 인덱스를 지정하여 예제 데이터프레임 scientists를 생성합니다.

```
scientists = pd.DataFrame(
    data={
        "Occupation": ["Chemist", "Statistician"],
        "Born": ["1920-07-25", "1876-06-13"],
        "Died": ["1958-04-16", "1937-10-16"],
        "Age": [37, 61],
    },
    index=["Rosaline Franklin", "William Gosset"],
    columns=["Occupation", "Born", "Died", "Age"],
)
print(scientists)
```

❖ 출력 결과

```
                     Occupation        Born        Died  Age
Rosaline Franklin       Chemist  1920-07-25  1958-04-16   37
William Gosset     Statistician  1876-06-13  1937-10-16   61
```

2. 이제 scientists 데이터프레임에서 loc로 행 이름 인덱스 'William Gosset'을 지정하여 행을 추출합니다. 추출한 행을 first_row에 저장하고 type() 함수로 자료형을 살펴보면 다음과 같습니다.

```
first_row = scientists.loc['William Gosset']
print(type(first_row))
```

❖ 출력 결과

```
<class 'pandas.core.series.Series'>
```

first_row의 내용은 다음과 같습니다.

```
print(first_row)
```

❖ 출력 결과

```
Occupation    Statistician
Born            1876-06-13
Died            1937-10-16
Age                     61
Name: William Gosset, dtype: object
```

시리즈를 print()로 출력하면 첫 번째 열에 열 이름을, 두 번째 열에 값을 표시합니다.

3. 시리즈 객체는 index, values와 같은 다양한 속성과 메서드를 제공합니다.

```
print(first_row.index)
```

❖ 출력 결과

```
Index(['Occupation', 'Born', 'Died', 'Age'], dtype='object')
```

```
print(first_row.values)
```

❖ 출력 결과

```
['Statistician' '1876-06-13' '1937-10-16' 61]
```

이 밖에도 다음 표와 같은 여러 가지 속성이 있습니다. 자세한 내용은 시리즈 공식 문서[2]를 참고하세요.

2 https://pandas.pydata.org/pandas-docs/stable/reference/api/pandas.Series.html

시리즈 속성	설명
loc	열 이름으로 데이터 추출
iloc	열 위치로 데이터 추출
dtype 또는 dtypes	시리즈에 저장된 값의 자료형
T	시리즈의 전치
shape	데이터의 차원
size	시리즈의 요소 개수
values	시리즈의 ndarray 또는 ndarray와 같은 형태

시리즈의 keys() 메서드

시리즈의 keys() 메서드는 index 속성과 같은 역할을 합니다.

```
print(first_row.keys())
```

❖ 출력 결과

```
Index(['Occupation', 'Born', 'Died', 'Age'], dtype='object')
```

속성은 객체의 특성이라 볼 수 있으며 메서드는 객체를 대상으로 수행하는 계산이나 연산이라 할 수 있습니다. 속성 구문을 사용할 때는 소괄호 ()가 아닌 대괄호 []를 사용합니다. 예를 들어 loc와 iloc 구문은 모두 속성이므로 대괄호를 사용했습니다. keys()는 메서드이므로 첫 번째 키(첫 번째 인덱스)를 추출하고 싶다면 메서드를 호출한 후에 대괄호를 사용합니다.

index와 keys()로 속성과 메서드의 데이터 추출 구문의 차이를 살펴봅시다. 먼저 index 속성을 사용하여 첫 번째 인덱스를 추출하는 방법은 다음과 같습니다.

```
print(first_row.index[0])
```

❖ 출력 결과

```
Occupation
```

속성 뒤에 바로 대괄호를 사용하여 인덱스를 추출했습니다. 이와 달리 keys() 메서드를 사용하여 첫 번째 인덱스를 추출하는 방법은 다음과 같습니다.

```
print(first_row.keys()[0])
```

❖ 출력 결과

```
Occupation
```

메서드 호출 뒤에 대괄호를 사용하여 첫 번째 인덱스를 추출했습니다.

시리즈와 ndarray

판다스의 시리즈 자료구조는 넘파이의 ndarray(numpy.ndarray)와 매우 닮았습니다. ndarray에서 사용할 수 있는 대부분의 메서드와 함수는 시리즈에도 사용할 수 있습니다. 한 특성에 대한 여러 가지 값이므로 시리즈를 벡터vector라고도 합니다.

Do it! 실습 시리즈의 메서드 사용하기

1. 먼저 scientists 데이터프레임에서 Age 열 시리즈를 추출합니다.

```
ages = scientists['Age']
print(ages)
```

❖ 출력 결과

```
Rosaline Franklin    37
William Gosset       61
Name: Age, dtype: int64
```

2. 넘파이는 숫자 벡터를 다루는 유명한 과학 계산 라이브러리입니다. 시리즈는 넘파이의 ndarray를 확장한 개념으로 생각할 수 있으며 많은 속성과 메서드를 그대로 사용할 수 있습니다. 숫자 벡터에 적용할 수 있는 몇 가지 연산[3]을 살펴보면 다음과 같습니다.

```
# 평균
print(ages.mean())
```

❖ 출력 결과

```
49.0
```

3 https://pandas.pydata.org/pandas-docs/stable/user_guide/basics.html#descriptive-statistics

```
# 최솟값
print(ages.min())
```

❖ 출력 결과

```
37
```

```
# 최댓값
print(ages.max())
```

❖ 출력 결과

```
61
```

```
# 표준편차
print(ages.std())
```

❖ 출력 결과

```
16.97056274847714
```

mean(), min(), max(), std() 메서드는 넘파이의 ndarray의 메서드이기도 합니다. 자세한 내용은 ndarray의 공식 문서[4]를 참고하세요. 다음은 시리즈에 사용할 수 있는 메서드를 정리한 표입니다.

시리즈 메서드	설명
append()	2개 이상의 시리즈 연결
corr()	다른 시리즈와의 상관관계 계산(결측값은 자동으로 제외)
cov()	다른 시리즈와의 공분산 계산(결측값은 자동으로 제외)
describe()	요약 통계량 계산(결측값은 자동으로 제외)
drop_duplicates()	중복값이 없는 시리즈 반환
equals()	시리즈에 주어진 값을 가진 요소가 있는지 확인
get_values()	시리즈 값 구하기(values 속성과 동일)
hist()	히스토그램 그리기

4 https://numpy.org/doc/stable/reference/arrays.ndarray.html

isin()	주어진 값이 시리즈에 포함되어 있는지 확인
min()	최솟값 반환
max()	최댓값 반환
mean()	산술 평균 반환
median()	중앙값 반환
mode()	최빈값 반환
quantile()	사분위수로 값을 반환
replace()	시리즈의 특정 값을 변환
sample()	시리즈에서 임의의 값을 반환
sort_values()	값 정렬
to_frame()	시리즈를 데이터프레임으로 변환
transpose()	시리즈의 전치 반환
unique()	고윳값만으로 이루어진 numpy.ndarray를 반환

시리즈와 불리언

02장에서 특정 인덱스를 사용하여 데이터를 추출하는 방법을 살펴보았습니다. 그러나 추출할 데이터의 정확한 행 또는 열 인덱스를 아는 경우는 많지 않습니다. 일반적으로 데이터를 다룰 때는 특정 계산 또는 조건을 만족하거나 그렇지 않은 값으로 데이터를 구분할 때가 흔합니다. 이번 예제에서는 과학자 데이터셋 파일(scientists.csv)을 사용합니다.

```
scientists = pd.read_csv('../data/scientists.csv')
```

앞서 mean(), min() 등 시리즈로 기본적인 기술 통계를 계산하는 방법을 소개했죠? 이와 함께 describe() 메서드를 호출하면 다양한 기술 통계량을 한 번에 계산할 수 있습니다.

Do it! 실습 기술 통계량 계산하기

1. 먼저 scientists 데이터프레임에서 Age 열(나이)을 추출하고 ages에 저장합니다.

```
ages = scientists['Age']
print(ages)
```

❖ 출력 결과

```
0    37
1    61
2    90
3    66
4    56
5    45
6    41
7    77
Name: Age, dtype: int64
```

2. 그런 다음 ages 시리즈를 대상으로 describe() 메서드를 호출하면 다음과 같이 다양한 기술 통계량을 계산할 수 있습니다.

```
print(ages.describe())
```

❖ 출력 결과

```
count     8.000000
mean     59.125000
std      18.325918
min      37.000000
25%      44.000000
50%      58.500000
75%      68.750000
max      90.000000
Name: Age, dtype: float64
```

3. mean()으로 구한 산술 평균값과 describe()의 mean값을 비교하면 값이 같다는 점을 알 수 있습니다.

```
print(ages.mean())
```

❖ 출력 결과

```
59.125
```

4. 평균 나이보다 나이가 많은 과학자만 추출하려면 어떻게 해야 할까요? 다음과 같이 대괄호 구문에 조건을 삽입하면 조건에 맞는 데이터만 추출할 수 있습니다.

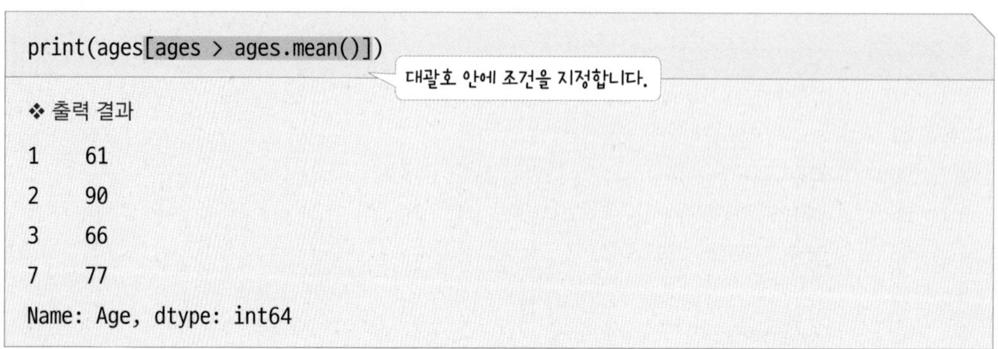

```
print(ages[ages > ages.mean()])
```


❖ 출력 결과

```
1    61
2    90
3    66
7    77
Name: Age, dtype: int64
```

5. 조건으로 삽입한 ages > ages.mean()이 무엇을 반환하는지 자세히 살펴보죠.

```
print(ages > ages.mean())
```

❖ 출력 결과

```
0    False
1     True
2     True
3     True
4    False
5    False
6    False
7     True
Name: Age, dtype: bool
```

type() 함수로 해당 조건이 반환하는 자료형을 살펴보면 다음과 같습니다.

```
print(type(ages > ages.mean()))
```

❖ 출력 결과

```
<class 'pandas.core.series.Series'>
```

이 조건문은 dtype(자료형)이 bool(불리언)인 시리즈를 반환합니다. 출력된 불리언 시리즈를 살펴보면 행별로 True(참) 또는 False(거짓)를 출력하는데, 여기서는 1, 2, 3, 7행이 True입니다. 이것을 통해 행 이름과 행 위치뿐만 아니라 불리언값으로 구성된 시리즈(벡터)로도 데이터를 추출할 수 있다는 점을 알 수 있습니다.

6. 불리언 시리즈를 직접 지정하여 데이터를 추출할 수도 있습니다. 예를 들어 행 번호(인덱스)가 0, 1, 4, 5, 7인 데이터는 다음과 같이 추출할 수 있습니다.

```
manual_bool_values = [
    True,   # 0
    True,   # 1
    False,  # 2
    False,  # 3
    True,   # 4
    True,   # 5
    False,  # 6
    True,   # 7
]
print(ages[manual_bool_values])
```

True로 지정한 0, 1, 4, 5, 7행만 출력합니다.

❖ 출력 결과

```
0    37
1    61
4    56
5    45
7    77
Name: Age, dtype: int64
```

파이썬에는 다양한 함수와 메서드가 있습니다. 구현 방법에 따라 행 이름, 행 위치 또는 불리언을 반환하는 구문을 얼마든지 다양하게 만들 수 있습니다. 새로운 구현 방법을 공부할 때마다 다양하게 시도하고 응용해 보세요.

시리즈와 브로드캐스팅

프로그래밍에 익숙한 독자라면 for 루프 없이 age > age.mean()이라는 조건문 하나로 해당하는 모든 데이터를 반환한다는 점이 이상해 보일 수도 있습니다. 이는 시리즈와 데이터프레임을 대상으로 사용하는 많은 메서드는 모든 데이터를 대상으로 연산, 즉 브로드캐스팅

broadcasting하기 때문입니다. 이 방법을 사용하면 코드의 가독성을 높일 수 있고 일반적으로 계산 속도를 높이는 최적화 효과도 얻을 수 있습니다.

브로드캐스팅은 벡터화vectorized라 부르기도 합니다.

Do it! 실습 벡터와 벡터, 벡터와 스칼라 계산하기

1. 길이가 같은 두 개의 시리즈를 대상으로 연산을 수행하면 시리즈의 각 요소가 서로 대응하여 계산되며, 결과는 요소별 연산 결과를 포함합니다.

```
print(ages + ages)
```

❖ 출력 결과

```
0     74
1    122
2    180
3    132
4    112
5     90
6     82
7    154
Name: Age, dtype: int64
```

```
print(ages * ages)
```

❖ 출력 결과

```
0    1369
1    3721
2    8100
3    4356
4    3136
5    2025
6    1681
7    5929
Name: Age, dtype: int64
```

2. 스칼라와 벡터를 연산하면 같은 스칼라값이 벡터의 모든 요소에 적용됩니다.

스칼라란 하나의 정수로 표현한 값을 말합니다.

```
print(ages + 100)
```

❖ 출력 결과

```
0    137
1    161
2    190
3    166
4    156
5    145
6    141
7    177
Name: Age, dtype: int64
```

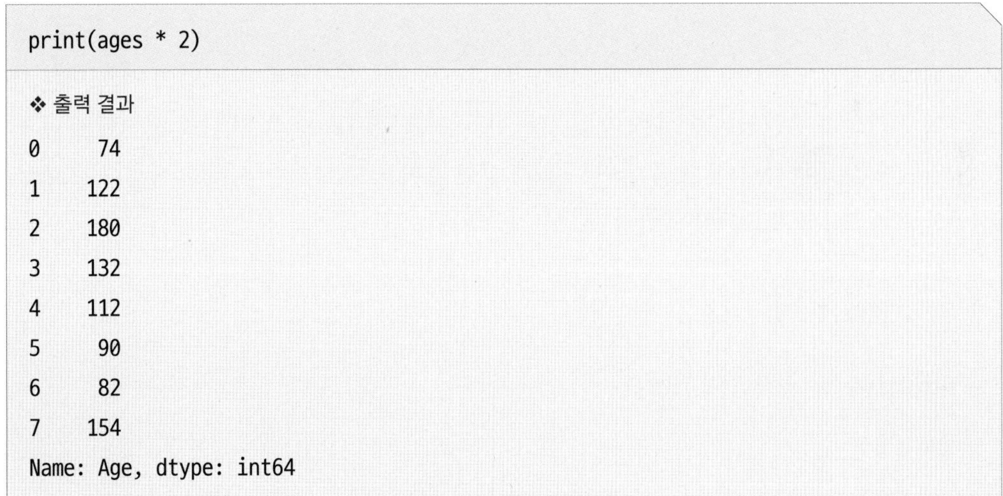

```
print(ages * 2)
```

❖ 출력 결과

```
0     74
1    122
2    180
3    132
4    112
5     90
6     82
7    154
Name: Age, dtype: int64
```

Do it! 실습 길이가 서로 다른 벡터 연산하기

1. 길이가 서로 다른 벡터로 연산할 때는 벡터의 `type()`에 따라 결과가 달라집니다. 길이가 서로 다른 벡터를 연산할 때는 인덱스가 같은 요소끼리 연산을 수행합니다. 결과 벡터에서 나머지는 결측값으로 채우고 숫자가 아님을 나타내는 `NaN`(Not a Number)으로 표시합니다. 예를 들어 길이가 8인 `ages` 시리즈와 길이가 2인 새로운 시리즈를 더하면 결과는 다음과 같습니다.

```
print(ages + pd.Series([1, 100]))
```

❖ 출력 결과

```
0     38.0
1    161.0
2      NaN
3      NaN
4      NaN
5      NaN
6      NaN
7      NaN
dtype: float64
```

결과를 보면 인덱스가 일치하는 0, 1행만 계산했다는 것을 알 수 있습니다. 나머지 인덱스(2~7)는 계산할 수 없으므로 결측값(NaN)으로 처리합니다.

2. 언어마다 브로드캐스팅 방식이 다릅니다. 판다스의 브로드캐스팅은 모양이 서로 다른 배열 사이에 연산이 수행되는 방식을 따릅니다. 단, 서로 다른 `type()`의 벡터를 연산할 때는 반드시 길이가 같아야 합니다. 예를 들어 다음과 같이 길이가 서로 다른 시리즈와 넘파이 `array`를 연산하려고 하면 오류가 발생합니다.

```
import numpy as np

print(ages + np.array([1, 100]))
```

❖ 출력 결과

```
ValueError: operands could not be broadcast together with shapes (8,) (2,)
```

Do it! 실습 인덱스가 같은 벡터 자동 정렬하기

1. 판다스는 대부분의 데이터를 자동으로 정렬하므로 편리합니다. 즉, 어떤 작업을 수행할 때 시리즈나 데이터프레임은 가능한 한 인덱스를 기준으로 데이터를 정렬합니다. 다음은 `ages` 시리즈입니다.

```
0    37
1    61
2    90
3    66
4    56
5    45
6    41
7    77
Name: Age, dtype: int64
```

2. 매개변수 ascending에 False를 지정하여 sort_index() 메서드를 호출하면 ages 시리즈가 다음과 같이 내림차순으로 정렬됩니다. 이것을 rev_ages라고 하겠습니다.

```
rev_ages = ages.sort_index(ascending=False)
print(rev_ages)
```

❖ 출력 결과

```
7    77
6    41
5    45
4    56
3    66
2    90
1    61
0    37
Name: Age, dtype: int64
```

3. ages와 rev_ages를 연산하면 요소별로 연산을 수행하기 전에 벡터를 먼저 정렬합니다. 인덱스 레이블이 어떤 순서로 정렬되는지 ages와 스칼라 연산을 먼저 살펴봅시다.

```
print(ages * 2)
```

❖ 출력 결과

```
0     74
1    122
```

```
2    180
3    132
4    112
5     90
6     82
7    154
Name: Age, dtype: int64
```

결과를 살펴보면 인덱스가 0부터 7까지 오름차순으로 정렬된 것을 확인할 수 있습니다.

4. 이번에는 ages와 rev_ages를 더한 결과를 살펴봅시다.

```
print(ages + rev_ages)
```

❖ 출력 결과

```
0     74
1    122
2    180
3    132
4    112
5     90
6     82
7    154
Name: Age, dtype: int64
```

마찬가지로 결과의 인덱스가 오름차순으로 정렬된 것을 볼 수 있습니다. rev_ages의 인덱스가 내림차순으로 정렬된 상태였음에도 연산이 완료된 결과는 이렇게 오름차순으로 자동으로 정렬됩니다.

03-3
데이터프레임 다루기

데이터프레임은 가장 일반적인 판다스 객체입니다. 파이썬이 스프레드시트와 같은 데이터를 저장하는 방식으로 생각할 수 있습니다. 이와 함께 시리즈 자료구조의 특성 대부분은 데이터프레임에서도 볼 수 있습니다.

데이터프레임의 구성

판다스의 데이터프레임 객체에는 각각 행 이름, 열 이름, 데이터를 나타내는 index, columns, values의 3가지 주요 구성 요소가 있습니다.

```
scientists.index
```

❖ 출력 결과

```
RangeIndex(start=0, stop=8, step=1)
```

```
scientists.columns
```

❖ 출력 결과

```
Index(['Name', 'Born', 'Died', 'Age', 'Occupation'], dtype='object')
```

```
scientists.values
```

❖ 출력 결과

```
array([['Rosaline Franklin', '1920-07-25', '1958-04-16', 37, 'Chemist'],
       ['William Gosset', '1876-06-13', '1937-10-16', 61, 'Statistician'],
       ['Florence Nightingale', '1820-05-12', '1910-08-13', 90, 'Nurse'],
       ['Marie Curie', '1867-11-07', '1934-07-04', 66, 'Chemist'],
       ['Rachel Carson', '1907-05-27', '1964-04-14', 56, 'Biologist'],
       ['John Snow', '1813-03-15', '1858-06-16', 45, 'Physician'],
       ['Alan Turing', '1912-06-23', '1954-06-07', 41, 'Computer Scientist'],
       ['Johann Gauss', '1777-04-30', '1855-02-23', 77, 'Mathematician']],
      dtype=object)
```

values는 모든 행 인덱스 정보를 보는 대신 기본 numpy 표현법으로 간단하게 데이터를 살펴볼 때 유용합니다.

데이터프레임과 불리언 추출

True나 False와 같은 불리언으로 시리즈의 일부 데이터를 추출할 수 있었던 것처럼 데이터프레임에서도 불리언으로 데이터를 추출할 수 있습니다. 다음 예제는 scientists 데이터프레임에서 Age 열의 값이 평균값보다 큰 데이터만 추출합니다.

```
print(scientists.loc[scientists['Age'] > scientists['Age'].mean()])
```

❖ 출력 결과

```
                   Name        Born        Died  Age     Occupation
1        William Gosset  1876-06-13  1937-10-16   61   Statistician
2  Florence Nightingale  1820-05-12  1910-08-13   90          Nurse
3           Marie Curie  1867-11-07  1934-07-04   66        Chemist
7          Johann Gauss  1777-04-30  1855-02-23   77  Mathematician
```

loc 외에도 데이터프레임에서 데이터를 추출하는 다양한 방법은 다음 표를 참고하세요.

구문	추출 결과
df[column_name]	시리즈
df[[column1, column2, ...]]	데이터프레임
df.loc[row_label]	행 이름으로 추출한 행 데이터
df.loc[[label1, label2, ...]]	행 이름으로 추출한 여러 행 데이터
df.iloc[row_number]	행 번호로 추출한 행 데이터
df.iloc[[row1, row2, ...]]	행 번호로 추출한 여러 행 데이터
df[bool]	불리언으로 추출한 행 데이터
df[[bool1, bool2, ...]]	불리언으로 추출한 여러 행 데이터
df[start:stop:step]	슬라이싱 구문으로 추출한 여러 행 데이터

데이터프레임과 브로드캐스팅

시리즈와 데이터프레임 객체는 넘파이 라이브러리[5] 기반으로 구현했으므로 브로드캐스팅을 지원하는 넘파이와 같이 판다스도 브로드캐스팅을 지원합니다. 브로드캐스팅은 배열과 같은 객체 사이에 연산을 수행하는 원리를 의미하며 이는 객체 유형, 길이, 객체와 연결된 레이블 등에 따라 달라집니다.

Do it! 실습 데이터프레임을 대상으로 연산하기

1. 먼저 scientists 데이터프레임을 반씩 나누어 각각 first_half, second_half라고 합시다.

```
first_half = scientists[:4]
second_half = scientists[4:]
print(first_half)
```

❖ 출력 결과

```
                   Name        Born        Died  Age    Occupation
0     Rosaline Franklin  1920-07-25  1958-04-16   37       Chemist
1        William Gosset  1876-06-13  1937-10-16   61  Statistician
2  Florence Nightingale  1820-05-12  1910-08-13   90         Nurse
3           Marie Curie  1867-11-07  1934-07-04   66       Chemist
```

```
print(second_half)
```

❖ 출력 결과

```
           Name        Born        Died  Age          Occupation
4  Rachel Carson  1907-05-27  1964-04-14   56           Biologist
5     John Snow  1813-03-15  1858-06-16   45           Physician
6   Alan Turing  1912-06-23  1954-06-07   41  Computer Scientist
7  Johann Gauss  1777-04-30  1855-02-23   77       Mathematician
```

2. 데이터프레임과 스칼라를 연산하면 데이터프레임의 각 셀마다 스칼라와 연산을 수행합니다. 이때 각 셀의 자료형에 따라 연산이 다릅니다. 예를 들어 scientists 데이터프레임에 스칼라 2를 곱하면 숫자 셀은 2배가 되고 문자열은 두 번 반복합니다. 문자열과 스칼라의 연산은 파이썬의 기본 연산 방식과 같습니다.

5 https://numpy.org/

```
print(scientists * 2)
```

❖ 출력 결과

```
                                      Name                  Born  \
0       Rosaline FranklinRosaline Franklin  1920-07-251920-07-25
1             William GossetWilliam Gosset  1876-06-131876-06-13
2  Florence NightingaleFlorence Nightingale  1820-05-121820-05-12
3                   Marie CurieMarie Curie  1867-11-071867-11-07
4               Rachel CarsonRachel Carson  1907-05-271907-05-27
5                     John SnowJohn Snow  1813-03-151813-03-15
6                   Alan TuringAlan Turing  1912-06-231912-06-23
7                 Johann GaussJohann Gauss  1777-04-301777-04-30

                   Died  Age                            Occupation
0  1958-04-161958-04-16   74                        ChemistChemist
1  1937-10-161937-10-16  122              StatisticianStatistician
2  1910-08-131910-08-13  180                            NurseNurse
3  1934-07-041934-07-04  132                        ChemistChemist
4  1964-04-141964-04-14  112                    BiologistBiologist
5  1858-06-161858-06-16   90                    PhysicianPhysician
6  1954-06-071954-06-07   82  Computer ScientistComputer Scientist
7  1855-02-231855-02-23  154              MathematicianMathematician
```

데이터프레임의 모든 값이 숫자이고 같은 셀끼리 값을 더하고 싶다면 add() 메서드를 사용합니다.

```
df1 = df2 = pd.DataFrame(data=[[1, 2, 3], [4, 5, 6], [7, 8, 9]])
df_added = df1.add(df2)
print(df_added)
```

❖ 출력 결과

```
    0   1   2
0   2   4   6
1   8  10  12
2  14  16  18
```

03-4
시리즈와 데이터프레임 데이터 변환하기

데이터를 추출하고 슬라이싱하는 방법을 알았으니 이번에는 데이터 객체 변경 방법을 살펴봅니다.

Do it! 실습 열 추가하기

1. 여기서도 scientists 데이터프레임을 사용합니다. 데이터프레임의 dtypes 속성을 사용하여 각 열의 유형을 보면 Born 열(출생일)과 Died 열(사망일)의 dtype은 object입니다. 즉, 두 열의 값은 문자열 또는 일련의 문자입니다.

```
print(scientists.dtypes)
```

❖ 출력 결과

```
Name          object
Born          object
Died          object
Age            int64
Occupation    object
dtype: object
```

날짜와 시간을 나타내는 문자열은 datetime형으로 변환하는 것이 좋습니다. 날짜 차이를 계산하거나 사람의 나이를 계산하는 등 날짜와 시간 계산에 다양하게 활용할 수 있기 때문입니다. 날짜 문자열이 다른 형식이라면 매개변수 format을 지정하여 원하는 형식의 datetime으로 변환할 수 있습니다. datetime 모듈에서 제공하는 형식은 공식 문서[6]를 참고하세요.

2. Born 열을 문자열(object)에서 datetime형으로 변환해 봅시다. 이 열의 날짜 형식은 YYYY-MM-DD이므로 format에 %Y-%m-%d를 지정하고 변환 결과는 born_datetime에 저장합니다.

6 https://docs.python.org/3.11/library/datetime.html#strftime-and-strptime-behavior

```
born_datetime = pd.to_datetime(scientists['Born'], format='%Y-%m-%d')
print(born_datetime)
```

❖ 출력 결과

```
0   1920-07-25
1   1876-06-13
2   1820-05-12
3   1867-11-07
4   1907-05-27
5   1813-03-15
6   1912-06-23
7   1777-04-30
Name: Born, dtype: datetime64[ns]
```

3. Died 열도 Born 열과 같은 형식이므로 같은 방법으로 변환하고 died_datetime에 저장합니다.

```
died_datetime = pd.to_datetime(scientists['Died'], format='%Y-%m-%d')
```

4. 이제 born_datetime과 died_datetime을 각각 born_dt, died_dt라는 새로운 열로 scientists 데이터프레임에 추가합니다.

```
scientists['born_dt'], scientists['died_dt'] = (born_datetime, died_datetime)
```

새로운 열이 데이터프레임에 추가되었는지 head() 메서드로 살펴볼까요?

```
print(scientists.head())
```

❖ 출력 결과

```
                   Name        Born        Died  Age    Occupation    born_dt  \
0     Rosaline Franklin  1920-07-25  1958-04-16   37       Chemist 1920-07-25
1        William Gosset  1876-06-13  1937-10-16   61  Statistician 1876-06-13
2  Florence Nightingale  1820-05-12  1910-08-13   90         Nurse 1820-05-12
3           Marie Curie  1867-11-07  1934-07-04   66       Chemist 1867-11-07
4         Rachel Carson  1907-05-27  1964-04-14   56     Biologist 1907-05-27
```

```
     died_dt
0 1958-04-16
1 1937-10-16
2 1910-08-13
3 1934-07-04
4 1964-04-14
```

5. shape과 dtypes 속성으로 데이터프레임의 모양과 각 열의 자료형도 살펴봅시다.

```
print(scientists.shape)
```

❖ 출력 결과

```
(8, 7)
```

```
print(scientists.dtypes)
```

❖ 출력 결과

```
Name                  object
Born                  object
Died                  object
Age                    int64
Occupation            object
born_dt       datetime64[ns]
died_dt       datetime64[ns]
dtype: object
```

Do it! 실습 열 내용 변환하기

1. 여기서는 열 내용을 무작위로 섞어 봅니다. 먼저 scientists 데이터프레임의 Age(나이) 열을 살펴봅시다.

```
print(scientists['Age'])
```

❖ 출력 결과

```
0    37
```

```
1    61
2    90
3    66
4    56
5    45
6    41
7    77
Name: Age, dtype: int64
```

2. 이제 열을 한번 섞어 볼까요? 시리즈의 `sample()` 메서드를 사용하여 열을 무작위로 섞어 봅시다. `sample()` 메서드는 무작위로 시리즈의 값을 추출하는 메서드로, 매개변수 `frac`에 원하는 추출 비율을 0~1 사이의 값으로 지정할 수 있습니다.
열 전체의 값을 무작위로 섞고자 하므로 전체 값(100%)을 추출한다는 의미로 `1`을 지정합니다. 매개변수 `random_state`는 컴퓨터가 생성하는 난수의 기준값을 정하는 역할로, 같은 값을 사용하면 같은 결과를 얻습니다. 여기서는 `42`로 지정했습니다.

```
print(scientists["Age"].sample(frac=1, random_state=42))
```

❖ 출력 결과

```
1    61
5    45
0    37
7    77
2    90
4    56
3    66
6    41
Name: Age, dtype: int64
```

예제에서는 책과 여러분의 실습 결과가 같도록 `random_state`를 설정했습니다. 실행할 때마다 결과가 다른 완전한 무작위성이 필요하다면 `random_state`를 생략하고 `sample()` 메서드를 호출하세요.

3. 열 값의 순서가 무작위로 변한 것을 확인할 수 있습니다. 이제 이렇게 섞인 열을 `Age` 열에 할당하고 어떻게 변했는지 살펴봅시다.

```
scientists["Age"] = scientists["Age"].sample(frac=1, random_state=42)
print(scientists['Age'])
```

❖ 출력 결과

```
0    37
1    61
2    90
3    66
4    56
5    45
6    41
7    77
Name: Age, dtype: int64
```

분명히 순서를 섞은 데이터를 할당했는데 Age 열의 값이 기존 순서대로 돌아왔네요. 이것은 판다스가 대부분의 연산에서 index를 기준으로 자동 병합하기 때문입니다. 즉, 열의 값을 섞을 때 각 값에 대응하는 인덱스는 변하지 않으면서 제자리를 찾아간 것입니다. 이 문제를 해결하려면 열의 값을 할당할 때 index 정보를 제거해야 합니다.

4. 인덱스 정보 없이 값만 반환하는 values를 사용하면 섞인 값을 그대로 할당할 수 있습니다.

```
scientists["Age"] = scientists["Age"].sample(frac=1, random_state=42).values
print(scientists['Age'])
```

❖ 출력 결과

```
0    61
1    45
2    37
3    77
4    90
5    56
6    66
7    41
Name: Age, dtype: int64
```

이제 값이 잘 섞여서 저장되었군요! 그런데 데이터의 나이 정보가 뒤죽박죽이 되어 버렸네요. 다행히 출생일과 사망일 정보가 있으니 정확한 나이를 다시 계산해 볼까요?

5. datetime 연산을 사용하여 각 과학자의 실제 나이를 구해 볼까요? 앞에서 구한 born_dt와 died_dt 열의 날짜 차이를 계산하고 이것을 새로운 열 age_days에 저장하겠습니다.

```
scientists['age_days'] = (scientists['died_dt'] - scientists['born_dt'])
print(scientists)
```

❖ 출력 결과

```
                   Name        Born        Died  Age          Occupation  \
0     Rosaline Franklin  1920-07-25  1958-04-16   61             Chemist
1        William Gosset  1876-06-13  1937-10-16   45        Statistician
2  Florence Nightingale  1820-05-12  1910-08-13   37               Nurse
3           Marie Curie  1867-11-07  1934-07-04   77             Chemist
4         Rachel Carson  1907-05-27  1964-04-14   90           Biologist
5             John Snow  1813-03-15  1858-06-16   56           Physician
6           Alan Turing  1912-06-23  1954-06-07   66  Computer Scientist
7          Johann Gauss  1777-04-30  1855-02-23   41       Mathematician

     born_dt    died_dt   age_days
0 1920-07-25 1958-04-16 13779 days
1 1876-06-13 1937-10-16 22404 days
2 1820-05-12 1910-08-13 32964 days
3 1867-11-07 1934-07-04 24345 days
4 1907-05-27 1964-04-14 20777 days
5 1813-03-15 1858-06-16 16529 days
6 1912-06-23 1954-06-07 15324 days
7 1777-04-30 1855-02-23 28422 days
```

6. 새로운 열 age_days에는 출생일부터 사망일까지의 날짜 수가 저장되었습니다. 이 날짜 수를 햇수로 변환합니다.

```
scientists['age_years'] = (scientists['age_days'].dt.days / 365).apply(np.floor)
print(scientists)
```

❖ 출력 결과

```
                    Name        Born        Died  Age          Occupation  \
0      Rosaline Franklin  1920-07-25  1958-04-16   61             Chemist
1         William Gosset  1876-06-13  1937-10-16   45        Statistician
2   Florence Nightingale  1820-05-12  1910-08-13   37               Nurse
3            Marie Curie  1867-11-07  1934-07-04   77             Chemist
4          Rachel Carson  1907-05-27  1964-04-14   90           Biologist
5              John Snow  1813-03-15  1858-06-16   56           Physician
6            Alan Turing  1912-06-23  1954-06-07   66  Computer Scientist
7           Johann Gauss  1777-04-30  1855-02-23   41       Mathematician

     born_dt    died_dt   age_days  age_years
0 1920-07-25 1958-04-16 13779 days       37.0
1 1876-06-13 1937-10-16 22404 days       61.0
2 1820-05-12 1910-08-13 32964 days       90.0
3 1867-11-07 1934-07-04 24345 days       66.0
4 1907-05-27 1964-04-14 20777 days       56.0
5 1813-03-15 1858-06-16 16529 days       45.0
6 1912-06-23 1954-06-07 15324 days       41.0
7 1777-04-30 1855-02-23 28422 days       77.0
```

Age 열은 엉망이 되었지만 age_years로 과학자의 진짜 나이를 다시 확인할 수 있게 되었습니다!

매개변수 inplace를 사용할 때는 조심하세요!

판다스 라이브러리의 많은 함수와 메서드는 매개변수 inplace를 제공합니다. 기본적으로 판다스의 함수나 메서드는 기존의 데이터프레임을 그대로 두고 함수 호출로 수정된 데이터프레임을 새로운 데이터프레임으로 생성하여 반환합니다. 이때 inplace를 True로 지정하면 수정된 데이터프레임이 아닌 None을 반환하고 기존 데이터프레임을 바로 수정합니다. 그러므로 데이터프레임을 바로 수정하면 데이터를 원치 않게 덮어쓸 수 있으므로 매개변수 inplace는 설정하지 않는 것이 좋습니다.

inplace를 사용하면 데이터 처리가 더 빨라진다는 말도 있지만 이것은 사실이 아닙니다. 자세한 내용이 궁금하다면 매개변수 inplace의 필요성을 논의하는 깃허브 토론[7]을 참고하세요.

7 https://github.com/pandas-dev/pandas/issues/16529

Do it! 실습 assign()으로 열 수정하기

열을 할당하고 수정하는 또 다른 방법으로 assign() 메서드가 있습니다. 이 메서드를 사용하면 메서드 체이닝을 활용할 수 있습니다. age_years 열을 생성하는 예제를 assign() 메서드로 다시 구성해 보겠습니다.

assign() 메서드를 사용하는 방법은 다음과 같습니다. 할당 연산자(=)의 왼쪽에 새로운 열의 이름을 넣고 오른쪽에 할당할 값을 계산하는 연산을 넣습니다. 각 열은 쉼표(,)로 구분하여 작성합니다. 예를 들어 assign() 메서드를 사용해서 추가한 열이라는 의미로 기존의 age_days와 age_year를 구한 연산을 각각 age_days_assign, age_year_assign에 할당하겠습니다.

```
scientists = scientists.assign(
    age_days_assign=scientists['died_dt'] - scientists['born_dt'],
    age_year_assign=(scientists['age_days'].dt.days / 365)
                    .apply(np.floor))
print(scientists)
```

❖ 출력 결과

```
                   Name        Born        Died  Age          Occupation  \
0     Rosaline Franklin  1920-07-25  1958-04-16   61             Chemist
1        William Gosset  1876-06-13  1937-10-16   45        Statistician
2  Florence Nightingale  1820-05-12  1910-08-13   37               Nurse
3           Marie Curie  1867-11-07  1934-07-04   77             Chemist
4         Rachel Carson  1907-05-27  1964-04-14   90           Biologist
5             John Snow  1813-03-15  1858-06-16   56           Physician
6           Alan Turing  1912-06-23  1954-06-07   66  Computer Scientist
7          Johann Gauss  1777-04-30  1855-02-23   41       Mathematician

     born_dt    died_dt   age_days  age_years age_days_assign  age_year_assign
0 1920-07-25 1958-04-16 13779 days       37.0      13779 days             37.0
1 1876-06-13 1937-10-16 22404 days       61.0      22404 days             61.0
2 1820-05-12 1910-08-13 32964 days       90.0      32964 days             90.0
3 1867-11-07 1934-07-04 24345 days       66.0      24345 days             66.0
4 1907-05-27 1964-04-14 20777 days       56.0      20777 days             56.0
5 1813-03-15 1858-06-16 16529 days       45.0      16529 days             45.0
6 1912-06-23 1954-06-07 15324 days       41.0      15324 days             41.0
7 1777-04-30 1855-02-23 28422 days       77.0      28422 days             77.0
```

여기서는 새로운 열을 할당하는 방법만 간단히 살펴보고 넘어가겠습니다. 다양한 예제는 assign() 공식 문서[8]를 참고하세요.

한 걸음 더!

다른 방법으로 나이 계산하기

assign()을 사용한 예제를 보면 age_year_assign의 값을 계산할 때 age_days_assign 대신 age_days를 사용한 것을 확인할 수 있습니다. 그럼 age_days가 없다면 어떻게 해야 할까요? age_days_assign을 활용할 방법은 없을까요? 앞서 본 것처럼 날짜 수를 햇수로 변환하면 됩니다. 다음은 람다 함수를 사용하여 age_year_assign을 구하는 예제입니다.

람다lambda란 코드 한 줄로 함수를 만드는 방법으로, `lambda 매개변수: 표현식`과 같이 사용합니다.

```
scientists = scientists.assign(
    age_days_assign=scientists["died_dt"] - scientists["born_dt"],
    age_year_assign=lambda df_:
    (df_["age_days_assign"].dt.days / 365).apply(np.floor),
print(scientists)
```

날짜 수를 햇수로 변환하는 람다 함수입니다.

❖ 출력 결과

```
                   Name        Born        Died  Age          Occupation  \
0     Rosaline Franklin  1920-07-25  1958-04-16   61             Chemist
1        William Gosset  1876-06-13  1937-10-16   45        Statistician
2  Florence Nightingale  1820-05-12  1910-08-13   37               Nurse
3           Marie Curie  1867-11-07  1934-07-04   77             Chemist
4         Rachel Carson  1907-05-27  1964-04-14   90           Biologist
5             John Snow  1813-03-15  1858-06-16   56           Physician
6           Alan Turing  1912-06-23  1954-06-07   66  Computer Scientist
7          Johann Gauss  1777-04-30  1855-02-23   41       Mathematician

     born_dt    died_dt   age_days  age_years age_days_assign  age_year_assign
0 1920-07-25 1958-04-16 13779 days       37.0      13779 days             37.0
1 1876-06-13 1937-10-16 22404 days       61.0      22404 days             61.0
2 1820-05-12 1910-08-13 32964 days       90.0      32964 days             90.0
3 1867-11-07 1934-07-04 24345 days       66.0      24345 days             66.0
4 1907-05-27 1964-04-14 20777 days       56.0      20777 days             56.0
5 1813-03-15 1858-06-16 16529 days       45.0      16529 days             45.0
6 1912-06-23 1954-06-07 15324 days       41.0      15324 days             41.0
7 1777-04-30 1855-02-23 28422 days       77.0      28422 days             77.0
```

8 https://pandas.pydata.org/docs/reference/api/pandas.DataFrame.assign.html

Do it! 실습 열 삭제하기

열을 삭제하려면 열 추출 기법을 사용하여 남기고 싶은 모든 열을 선택하거나 데이터프레임의 drop() 메서드[9]로 특정 열만 없애면 됩니다.

1. columns 속성을 사용하여 scientists 데이터프레임에 있는 모든 열을 살펴보면 다음과 같습니다.

```
print(scientists.columns)
```

❖ 출력 결과

```
Index(['Name', 'Born', 'Died', 'Age', 'Occupation', 'born_dt', 'died_dt',
       'age_days', 'age_years', 'age_days_assign', 'age_year_assign'],
      dtype='object')
```

2. 앞서 뒤죽박죽으로 값이 섞인 Age 열을 삭제하겠습니다. drop() 메서드의 매개변수 axis에 1 또는 "columns"를 전달하여 열 축의 데이터를 삭제하도록 지정합니다. 열을 삭제한 데이터프레임은 scientists_dropped로 저장합니다.

```
scientists_dropped = scientists.drop(['Age'], axis="columns")
```

3. 열이 삭제되었는지 scientists_dropped의 columns 속성을 다시 확인해 볼까요?

```
print(scientists_dropped.columns)
```

❖ 출력 결과

```
Index(['Name', 'Born', 'Died', 'Occupation', 'born_dt', 'died_dt', 'age_days',
       'age_years', 'age_days_assign', 'age_year_assign'],
      dtype='object')
```

Age 열이 사라졌네요!

9 https://pandas.pydata.org/docs/reference/api/pandas.DataFrame.drop.html

03-5
데이터 저장하고 불러오기

지금까지 데이터를 추출하고 처리하는 방법을 알아보았습니다. 일종의 '데이터 가공 처리'를 거친 것이죠. 이렇게 잘 가공한 데이터는 안전하게 보관해야 다음에 또 사용할 수 있습니다. 판다스는 데이터를 저장하는 다양한 방법을 제공합니다. 여기서는 가공한 데이터를 피클, CSV, TSV 등의 파일로 저장하고 불러오는 방법을 살펴봅니다.

한 걸음 더! **데이터셋 파일은 항상 저장하세요!**

데이터를 처리하고 분석할 때는 작업을 여러 과정으로 나누고 그 사이에 데이터셋 파일을 계속 저장하는 것이 좋습니다. 엄청나게 긴 스크립트 하나로 모든 데이터를 분석할 필요는 없습니다.
한 과정에서 저장한 결과 데이터를 다른 과정에서 불러와 사용하는 것이 데이터 파이프라인을 구성하는 기초입니다.

피클로 저장하고 불러오기

피클은 이진 형식(바이너리)으로 직렬화한 데이터를 저장하는 방법으로, 저장한 데이터는 그대로 다시 읽어 올 수 있습니다. 피클 파일은 보통 .p, .pkl, .pickle 등의 확장자로 저장합니다. 그럼 피클 데이터를 저장하고 불러오는 방법을 알아볼까요?

Do it! 실습 시리즈와 데이터프레임 저장하기

1. to_pickle() 메서드로 시리즈를 피클로 저장할 수 있습니다. scientists의 Name 열을 피클로 저장해 봅시다. 먼저 Name 열을 names에 저장합니다.

```
names = scientists['Name']
print(names)
```

❖ 출력 결과

```
0       Rosaline Franklin
1          William Gosset
2    Florence Nightingale
3             Marie Curie
4           Rachel Carson
5               John Snow
6             Alan Turing
7            Johann Gauss
Name: Name, dtype: object
```

2. 다음으로, names를 대상으로 to_pickle() 메서드를 호출하여 피클로 저장합니다. 이때 저장 경로를 문자열 인수로 전달합니다.

```
names.to_pickle('../output/scientists_names_series.pickle')
```

피클 파일은 이진 형식이므로 텍스트 편집기에서 피클 파일을 열면 문자가 깨진 것을 볼 수 있습니다.

피클로 파이썬 객체를 저장하면 파이썬과 디스크 저장 공간에 최적화된 상태로 데이터를 저장할 수 있습니다. 그러나 파이썬을 사용하지 않으면 데이터를 읽을 수 없다는 점에 조심하세요.

3. 데이터프레임에서도 같은 메서드를 사용할 수 있습니다.

```
scientists.to_pickle('../output/scientists_df.pickle')
```

Do it! 실습 피클 데이터 읽어 오기

pd.read_pickle() 함수를 사용하면 피클 데이터를 읽어 올 수 있습니다.

1. 먼저 names 시리즈를 저장했던 피클 파일을 읽어 옵니다.

```
series_pickle = pd.read_pickle('../output/scientists_names_series.pickle')
print(series_pickle)
```

❖ 출력 결과

```
0        Rosaline Franklin
1           William Gosset
2     Florence Nightingale
3              Marie Curie
4            Rachel Carson
5                John Snow
6              Alan Turing
7             Johann Gauss
Name: Name, dtype: object
```

2. 다음으로, 데이터프레임을 저장했던 피클 파일을 읽어 옵니다.

```
dataframe_pickle = pd.read_pickle('../output/scientists_df.pickle')
print(dataframe_pickle)
```

❖ 출력 결과

```
                   Name        Born        Died  Age          Occupation  \
0     Rosaline Franklin  1920-07-25  1958-04-16   61             Chemist
1        William Gosset  1876-06-13  1937-10-16   45        Statistician
2  Florence Nightingale  1820-05-12  1910-08-13   37               Nurse
3           Marie Curie  1867-11-07  1934-07-04   77             Chemist
4         Rachel Carson  1907-05-27  1964-04-14   90           Biologist
5             John Snow  1813-03-15  1858-06-16   56           Physician
6           Alan Turing  1912-06-23  1954-06-07   66  Computer Scientist
7          Johann Gauss  1777-04-30  1855-02-23   41       Mathematician

     born_dt    died_dt   age_days  age_years age_days_assign  age_year_assign
0 1920-07-25 1958-04-16 13779 days       37.0      13779 days             37.0
1 1876-06-13 1937-10-16 22404 days       61.0      22404 days             61.0
2 1820-05-12 1910-08-13 32964 days       90.0      32964 days             90.0
3 1867-11-07 1934-07-04 24345 days       66.0      24345 days             66.0
4 1907-05-27 1964-04-14 20777 days       56.0      20777 days             56.0
5 1813-03-15 1858-06-16 16529 days       45.0      16529 days             45.0
6 1912-06-23 1954-06-07 15324 days       41.0      15324 days             41.0
7 1777-04-30 1855-02-23 28422 days       77.0      28422 days             77.0
```

CSV와 TSV 파일로 저장하고 불러오기

CSV 파일은 데이터를 쉼표로 구분한 파일로, 가장 유연한 데이터 저장 형식입니다. 물론, 다른 문자로 구분할 수도 있습니다. 탭으로 구분하면 TSV 파일이 되며 세미콜론(;)을 사용하기도 합니다.

CSV를 가장 유연한 데이터 저장 형식이라고 설명한 이유는 모든 프로그램에서 열 수 있기 때문입니다. 심지어 텍스트 편집기에서도 열 수 있습니다. 따라서 여러 명이 데이터를 공유해야 하는 상황이라면 CSV를 선호하는 때가 흔합니다. 범용성이 뛰어난 만큼 단점도 있습니다. 즉, CSV 파일은 다른 이진 형식에 비해 속도가 느리고 디스크 공간을 많이 차지합니다.

시리즈와 데이터프레임은 CSV 파일로 저장하는 `to_csv()` 메서드를 제공합니다. 시리즈[10]와 데이터프레임 공식 문서[11]를 보면 CSV 파일로 저장하는 다양한 방법을 확인할 수 있습니다. 예를 들어 파일을 저장할 때 다른 구분 문자를 지정할 수도 있습니다.

기본적으로 데이터프레임의 행 번호(`index`)도 CSV 파일에 저장합니다. 이렇게 되면 CSV의 첫 번째 열에 열 이름 없이 행 번호만 나열됩니다. 이 열은 다시 판다스로 읽을 때 걸림돌이 됩니다. 이럴 때는 매개변수 `index`를 `False`로 지정하여 CSV 파일을 저장하면 이 문제를 방지할 수 있습니다.

```
scientists.to_csv('../output/scientists_df_no_index.csv', index=False)
```

행 번호는 제외하고 저장합니다.

CSV 파일을 불러오려면 02장에서 잠시 살펴보았듯이 `pd.read_csv()` 함수를 사용합니다. 이외에도 공식 문서[12]에서는 CSV를 읽는 다양한 방법을 볼 수 있습니다.

엑셀로 저장하기

CSV 다음으로 널리 사용하는 데이터 형식은 엑셀일 것입니다. 사실 엑셀은 색상과 기타 불필요한 정보가 데이터셋과 함께 저장되므로 데이터 과학 분야에서 잘 사용하지는 않습니다.

그러나 엑셀의 인기와 시장 점유율은 비교를 불허하므로 엑셀로 작업해야 한다면 해당 스크립트 언어를 공부하는 것이 좋습니다.

10 https://pandas.pydata.org/docs/reference/api/pandas.Series.to_csv.html
11 https://pandas.pydata.org/docs/reference/api/pandas.DataFrame.to_csv.html
12 https://pandas.pydata.org/docs/reference/api/pandas.read_csv.html

Do it! 실습 시리즈와 데이터프레임 저장하기

시리즈 자료구조는 to_excel() 메서드를 제공하지 않습니다. 그러므로 시리즈를 엑셀 파일로 추출하려면 이를 열이 하나인 데이터프레임으로 변환해야 합니다.

1. 엑셀 파일을 저장하고 읽기 전에 먼저 openpyxl 라이브러리를 설치합니다. 다음 명령어를 아나콘다 프롬프트에 입력하여 openpyxl 라이브러리를 설치하세요.

아나콘다 기본 가상 환경은 openpyxl 라이브러리도 함께 설치합니다.

```
pip install openpyxl
```

주피터 노트북에서는 명령어 맨 앞에 !를 붙여 실행합니다.

2. scientists 데이터프레임의 Name 열을 엑셀로 저장해 보겠습니다.

```
names = scientists['Name']
print(names)
```

❖ 출력 결과

```
0        Rosaline Franklin
1           William Gosset
2     Florence Nightingale
3              Marie Curie
4            Rachel Carson
5                John Snow
6              Alan Turing
7             Johann Gauss
Name: Name, dtype: object
```

3. 먼저 to_frame() 메서드로 시리즈를 데이터프레임으로 변환합니다.

```
names_df = names.to_frame()
```

4. 그런 다음 데이터프레임의 to_excel() 메서드로 엑셀 파일을 저장합니다.

```
names_df.to_excel('../output/scientists_names_series_df.xls',
                  engine='openpyxl')
```

5. 앞서 설명했듯이 데이터프레임은 to_excel() 메서드를 제공하므로 엑셀 파일로 바로 저장할 수 있습니다. 저장 형식을 조정하고 싶다면 공식 문서[13]를 참고하세요. 예를 들어 매개변수 sheet_name을 사용하면 엑셀 파일의 특정 시트에 결과를 저장할 수 있습니다.

```
scientists.to_excel("../output/scientists_df.xlsx",
                    sheet_name="scientists",   # 이름이 scientists인 시트에 저장합니다.
                    index=False)
```

다양한 형식으로 저장하기

Do it! 실습 feather 파일로 저장하기

feather 파일은 데이터프레임을 R과 같은 다른 언어에서 읽을 수 있는 이진 객체로 저장할 때 사용합니다. 이 형식의 파일은 CSV 파일보다 읽고 쓰는 속도가 빠릅니다. 자세한 사용 방법은 to_feather() 메서드[14]와 feather 파일 형식의 공식 문서[15]를 참고하세요.

1. feather 포매터는 아나콘다 프롬프트에서 다음 명령어 중 하나를 입력하여 설치할 수 있습니다.

아나콘다 기본 가상 환경은 feather 포매터도 함께 설치합니다.

```
conda install -c conda-forge pyarrow
pip install pyarrow
```

2. 데이터프레임의 to_feather() 메서드를 사용하여 feather 객체를 저장할 수 있습니다.

```
scientists.to_feather('../output/scientists.feather')
```

3. feather 파일을 읽어 올 때는 pd.read_feather() 메서드를 사용합니다.

13 https://pandas.pydata.org/docs/reference/api/pandas.DataFrame.to_excel.html
14 https://pandas.pydata.org/docs/reference/api/pandas.DataFrame.to_feather.html
15 https://arrow.apache.org/docs/python/feather.html

```
sci_feather = pd.read_feather('../output/scientists.feather')
print(sci_feather)
```

❖ 출력 결과

```
                   Name        Born        Died  Age          Occupation  \
0     Rosaline Franklin  1920-07-25  1958-04-16   61             Chemist
1        William Gosset  1876-06-13  1937-10-16   45        Statistician
2  Florence Nightingale  1820-05-12  1910-08-13   37               Nurse
3           Marie Curie  1867-11-07  1934-07-04   77             Chemist
4         Rachel Carson  1907-05-27  1964-04-14   90           Biologist
5             John Snow  1813-03-15  1858-06-16   56           Physician
6           Alan Turing  1912-06-23  1954-06-07   66  Computer Scientist
7          Johann Gauss  1777-04-30  1855-02-23   41       Mathematician

     born_dt    died_dt   age_days  age_years age_days_assign  age_year_assign
0 1920-07-25 1958-04-16 13779 days       37.0      13779 days             37.0
1 1876-06-13 1937-10-16 22404 days       61.0      22404 days             61.0
2 1820-05-12 1910-08-13 32964 days       90.0      32964 days             90.0
3 1867-11-07 1934-07-04 24345 days       66.0      24345 days             66.0
4 1907-05-27 1964-04-14 20777 days       56.0      20777 days             56.0
5 1813-03-15 1858-06-16 16529 days       45.0      16529 days             45.0
6 1912-06-23 1954-06-07 15324 days       41.0      15324 days             41.0
7 1777-04-30 1855-02-23 28422 days       77.0      28422 days             77.0
```

한 걸음 더!

Arrow 객체란?

feather 파일은 Apache Arrow 프로젝트[16]의 일부입니다. 이 프로젝트의 주요 목표는 데이터프레임 객체의 유형을 변환할 필요 없이 여러 프로그래밍 언어에서 작동하는 데이터프레임 객체의 메모리 저장 형식을 개발하는 것입니다.

Arrow는 판다스 데이터프레임 객체를 Arrow 객체로 변환(`from_pandas()`[17])하고 Arrow 객체를 판다스 데이터프레임 객체로 변환(`to_pandas()`[18])하는 판다스 호환 기능[19]을 제공합니다. 데이터를 Arrow 형식으로 변환하면 다른 프로그래밍 언어에서 훨씬 더 효율적으로 사용할 수 있습니다.

Apache Arrow 프로젝트는 날짜와 시간에 사용하는 파이썬 `arrow` 라이브러리[20]와는 다릅니다.

16 https://arrow.apache.org/docs/index.html
17 https://arrow.apache.org/docs/pytho/generated/pyarrow.Table.html#pyarrow.Table.from_pandas
18 https://arrow.apache.org/docs/python/generated/pyarrow.Table.html#pyarrow.Table.to_pandas
19 https://arrow.apache.org/docs/python/pandas.html
20 https://arrow.readthedocs.io/en/latest/

Do it! 실습 딕셔너리로 변환하기

판다스 시리즈와 데이터프레임 객체는 to_dict() 메서드도 제공합니다. 이 메서드는 시리즈 또는 데이터프레임 객체를 파이썬 딕셔너리 객체로 변환합니다. 이 형식은 판다스 없이 시리즈나 데이터프레임의 데이터를 사용해야 할 때 유용합니다.

1. 간단하게 실습할 수 있도록 scientists 데이터셋의 처음 두 행만 추출해 볼까요?

```
sci_sub_dict = scientists.head(2)
```

2. 그런 다음 데이터프레임을 딕셔너리로 변환합니다.

```
sci_dict = sci_sub_dict.to_dict()
```

3. 데이터를 보기 좋은 형식으로 출력하는 파이썬의 pprint 라이브러리를 사용하여 딕셔너리 결과를 출력합니다.

```
import pprint
pprint.pprint(sci_dict)
```

❖ 출력 결과

```
{'Age': {0: 61, 1: 45},
 'Born': {0: '1920-07-25', 1: '1876-06-13'},
 'Died': {0: '1958-04-16', 1: '1937-10-16'},
 'Name': {0: 'Rosaline Franklin', 1: 'William Gosset'},
 'Occupation': {0: 'Chemist', 1: 'Statistician'},
 'age_days': {0: Timedelta('13779 days 00:00:00'),
              1: Timedelta('22404 days 00:00:00')},
 'age_days_assign': {0: Timedelta('13779 days 00:00:00'),
                     1: Timedelta('22404 days 00:00:00')},
 'age_year_assign': {0: 37.0, 1: 61.0},
 'age_years': {0: 37.0, 1: 61.0},
 'born_dt': {0: Timestamp('1920-07-25 00:00:00'),
             1: Timestamp('1876-06-13 00:00:00')},
 'died_dt': {0: Timestamp('1958-04-16 00:00:00'),
             1: Timestamp('1937-10-16 00:00:00')}}
```

4. 변환한 딕셔너리는 다시 판다스 데이터프레임으로 읽어 올 수 있습니다.

```
sci_dict_df = pd.DataFrame.from_dict(sci_dict)
print(sci_dict_df)
```

❖ 출력 결과

```
               Name        Born        Died  Age    Occupation    born_dt  \
0  Rosaline Franklin  1920-07-25  1958-04-16   61       Chemist 1920-07-25
1     William Gosset  1876-06-13  1937-10-16   45  Statistician 1876-06-13

     died_dt   age_days  age_years age_days_assign  age_year_assign
0 1958-04-16 13779 days       37.0      13779 days             37.0
1 1937-10-16 22404 days       61.0      22404 days             61.0
```

한 걸음 더! **날짜와 시간은 처리할 때 조심하세요!**

scientists 데이터셋은 날짜와 시간 정보를 포함하기 때문에 단순히 딕셔너리 출력 결과를 복사, 붙여 넣기 하여 pd.DataFrame.from_dict() 함수에 문자열로 넘기면 안 됩니다. NameError: name 'Timedelta' is not defined 오류가 발생하기 때문입니다.
날짜와 시간은 화면에 출력된 것과 다른 형식으로 저장됩니다. to_dict()의 출력 결과를 단순히 복사하여 붙여 넣었을 때 열에 저장된 dtype에 따라 기존의 데이터프레임과 같은 결과를 반환하지 않을 수도 있습니다.
날짜를 처리해야 한다면 object와 같은 일반적인 형식으로 변환하고 그 값을 다시 날짜로 변환해야 합니다.

Do it! 실습 JSON으로 저장하기

1. JSON 데이터는 또 다른 일반 텍스트 파일 형식입니다. to_json()을 사용하면 날짜와 시간을 다시 읽을 수 있다는 장점이 있습니다. 매개변수 orient에 'records'를 인수로 전달하면 변수를 전달하거나 출력 결과를 복사하고 붙여 넣어 판다스로 다시 불러올 수 있습니다. 매개변수 indent의 인수로 2를 전달하면 2칸 들여쓰기를 적용하여 보기 좋게 출력합니다.

```
sci_json = sci_sub_dict.to_json(orient='records', indent=2, date_format="iso")
pprint.pprint(sci_json)
```

❖ 출력 결과

```
('[\n'
 '  {\n'
 '    "Name":"Rosaline Franklin",\n'
 '    "Born":"1920-07-25",\n'
 '    "Died":"1958-04-16",\n'
 '    "Age":61,\n'
 '    "Occupation":"Chemist",\n'
 '    "born_dt":"1920-07-25T00:00:00.000",\n'
 '    "died_dt":"1958-04-16T00:00:00.000",\n'
 '    "age_days":"P13779DT0H0M0S",\n'
 '    "age_years":37.0,\n'
 '    "age_days_assign":"P13779DT0H0M0S",\n'
 '    "age_year_assign":37.0\n'
 '  },\n'
 '  {\n'
 '    "Name":"William Gosset",\n'
 '    "Born":"1876-06-13",\n'
 '    "Died":"1937-10-16",\n'
 '    "Age":45,\n'
 '    "Occupation":"Statistician",\n'
 '    "born_dt":"1876-06-13T00:00:00.000",\n'
 '    "died_dt":"1937-10-16T00:00:00.000",\n'
 '    "age_days":"P22404DT0H0M0S",\n'
 '    "age_years":61.0,\n'
 '    "age_days_assign":"P22404DT0H0M0S",\n'
 '    "age_year_assign":61.0\n'
 '  }\n'
 ']')
```

2. 출력 결과를 복사하여 다시 데이터프레임으로 변환할 수 있습니다.

```
sci_json_df = pd.read_json(
    ('[\n'
 '  {\n'
 '    "Name":"Rosaline Franklin",\n'
 '    "Born":"1920-07-25",\n'
```

```
'    "Died":"1958-04-16",\n'
'    "Age":61,\n'
'    "Occupation":"Chemist",\n'
'    "born_dt":"1920-07-25T00:00:00.000",\n'
'    "died_dt":"1958-04-16T00:00:00.000",\n'
'    "age_days":"P13779DT0H0M0S",\n'
'    "age_years":37.0,\n'
'    "age_days_assign":"P13779DT0H0M0S",\n'
'    "age_year_assign":37.0\n'
'  },\n'
'  {\n'
'    "Name":"William Gosset",\n'
'    "Born":"1876-06-13",\n'
'    "Died":"1937-10-16",\n'
'    "Age":45,\n'
'    "Occupation":"Statistician",\n'
'    "born_dt":"1876-06-13T00:00:00.000",\n'
'    "died_dt":"1937-10-16T00:00:00.000",\n'
'    "age_days":"P22404DT0H0M0S",\n'
'    "age_years":61.0,\n'
'    "age_days_assign":"P22404DT0H0M0S",\n'
'    "age_year_assign":61.0\n'
'  }\n'
']'),
    orient="records"
)
print(sci_json_df)
```

❖ 출력 결과

```
                Name        Born        Died  Age    Occupation  \
0  Rosaline Franklin  1920-07-25  1958-04-16   61       Chemist
1     William Gosset  1876-06-13  1937-10-16   45  Statistician

                  born_dt                  died_dt        age_days  \
0  1920-07-25T00:00:00.000  1958-04-16T00:00:00.000  P13779DT0H0M0S
1  1876-06-13T00:00:00.000  1937-10-16T00:00:00.000  P22404DT0H0M0S

  age_years age_days_assign  age_year_assign
0        37  P13779DT0H0M0S               37
1        61  P22404DT0H0M0S               61
```

날짜와 시간 형식이 원본과 다릅니다.

3. 원본 데이터와 날짜가 어떻게 다른지 눈치채셨나요? 날짜를 ISO 8601 문자열 형식으로 변환했기 때문에 born_dt, died_dt 등 날짜와 시간 형식이 원본 데이터와 다릅니다. dtypes로 자료형을 확인해 봅시다.

```
print(sci_json_df.dtypes)
```

❖ 출력 결과

```
Name                object
Born                object
Died                object
Age                  int64
Occupation          object
born_dt             object
died_dt             object
age_days            object
age_years            int64
age_days_assign     object
age_year_assign      int64
dtype: object
```

4. 원본 데이터와 같이 datetime 객체를 사용하고 싶다면 해당 열을 다시 datetime 객체로 변환해야 합니다. died_dt를 datetime으로 변환한 값을 died_dt_json 열에 저장하여 차이점을 확인해 봅시다.

```
sci_json_df["died_dt_json"] = pd.to_datetime(sci_json_df["died_dt"])
print(sci_json_df)
```

❖ 출력 결과

```
                Name        Born        Died  Age    Occupation  \
0  Rosaline Franklin  1920-07-25  1958-04-16   61       Chemist
1     William Gosset  1876-06-13  1937-10-16   45  Statistician

                   born_dt                  died_dt       age_days  \
0  1920-07-25T00:00:00.000  1958-04-16T00:00:00.000  P13779DT0H0M0S
1  1876-06-13T00:00:00.000  1937-10-16T00:00:00.000  P22404DT0H0M0S
```

```
   age_years age_days_assign  age_year_assign died_dt_json
0         37  P13779DT0H0M0S               37   1958-04-16
1         61  P22404DT0H0M0S               61   1937-10-16
```

5. dtypes로 각 열의 자료형을 살펴보면 died_dt 열과 died_dt_json 열의 dtype 차이를 확인할 수 있습니다.

```
print(sci_json_df.dtypes)
```

❖ 출력 결과

```
Name                        object
Born                        object
Died                        object
Age                          int64
Occupation                  object
born_dt                     object
died_dt                     object
age_days                    object
age_years                    int64
age_days_assign             object
age_year_assign              int64
died_dt_json        datetime64[ns]
dtype: object
```

날짜와 시간을 다루는 작업은 항상 까다롭습니다. 자세한 내용은 12장에서 살펴봅니다.

다양한 데이터 저장 유형

데이터를 내보내고 가져오는 방법은 다양합니다. 지금까지 살펴본 to_pickle(), to_csv(), to_excel(), to_feather(), to_dict()는 판다스 데이터프레임을 변환하는 데이터 형식의 일부에 불과합니다. 데이터프레임을 내보내는 다양한 메서드는 다음 표를 참고하세요.

내보내기 메서드	설명
to_clipboard()	데이터를 붙여 넣을 수 있도록 시스템 클립보드에 저장
to_dict()	데이터를 파이썬 딕셔너리로 변환
to_gbq()	데이터를 구글 빅쿼리 테이블로 변환
to_hdf()	데이터를 계층적 데이터 형식(HDF)으로 저장
to_html()	데이터를 HTML 테이블로 변환
to_json()	데이터를 JSON 문자열로 변환
to_latex()	데이터를 LATEX 정형 데이터 환경으로 변환
to_records()	데이터를 레코드 배열로 변환
to_string()	데이터프레임을 문자열로 출력
to_sql()	데이터를 SQL 데이터베이스에 저장

마무리하며

이 장에서는 판다스 시리즈와 데이터프레임을 좀 더 자세히 들여다보았습니다. 이와 함께 데이터를 내보내는 다양한 방법도 살펴보았습니다. 02장과 03장은 판다스 라이브러리의 기초를 다지는 장이었습니다.

다음 장에서는 파이썬과 판다스로 그래프를 그리는 데 필요한 기초 개념을 살펴봅니다. 데이터 시각화는 데이터 분석의 시작부터 끝까지 아주 중요한 역할을 합니다. 그럼 데이터 시각화를 배워 볼까요?

04 그래프 그리기

데이터 처리 단계에서 시각화는 중요한 역할을 합니다. 보통 숫자를 값으로 비교하는 것보다 그래프로 비교하는 것이 훨씬 더 알기 쉽죠. 마찬가지로 데이터를 시각화하면 데이터 표만 보는 것보다 더 직관적으로 이해할 수 있습니다. 또한 그래프를 바탕으로 데이터에 숨겨진 경향을 파악할 수 있어 분석 방향을 설정하는 데도 도움이 됩니다.

04-1
데이터 시각화란?

시각화를 설명할 때 자주 사용하는 데이터셋 예제는 앤스컴 콰르텟Anscombe's quartet입니다. 이 데이터셋은 통계 그래프의 중요성을 강조하고자 영국의 통계학자 프랭크 앤스컴Frank Anscombe이 만들었습니다.

앤스컴 콰르텟은 4개의 데이터셋으로 구성되며 각 데이터셋에는 2개의 연속 변수가 있습니다. 4개 데이터셋은 평균, 분산, 상관관계, 회귀선이 모두 같습니다. 따라서 기술 통계만 보면 마치 같은 데이터셋처럼 보일 수 있습니다. 하지만 이를 시각화하면 4가지 모두 경향이 다르다는 사실을 직관적으로 알 수 있습니다. 이런 점에서 시각화는 데이터 분석에서 아주 중요한 요소라고 할 수 있습니다.

앤스컴 콰르텟 데이터셋은 seaborn 라이브러리에 포함됩니다. 먼저 다음과 같이 데이터셋을 불러오고 anscombe에 저장합니다. print()로 데이터셋의 구성을 살펴보세요. dataset 열의 값은 각각 I, II, III, IV이며 이 값으로 4개 데이터셋을 구분합니다.

```
import seaborn as sns

anscombe = sns.load_dataset("anscombe")
print(anscombe)
```

❖ 출력 결과

```
   dataset     x      y
0        I  10.0   8.04
1        I   8.0   6.95
2        I  13.0   7.58
3        I   9.0   8.81
4        I  11.0   8.33
..     ...   ...    ...
39      IV   8.0   5.25
40      IV  19.0  12.50
41      IV   8.0   5.56
42      IV   8.0   7.91
43      IV   8.0   6.89
```

04-2
matplotlib 라이브러리란?

matplotlib는 널리 사용하는 파이썬 시각화 라이브러리입니다. 이 라이브러리는 매우 유연하므로 사용자가 그래프의 모든 요소를 제어할 수 있습니다.
하위 패키지 pyplot을 불러오면 라이브러리의 다양한 시각화 기능을 사용할 수 있습니다. 여기서는 matplotlib.pyplot을 불러와 plt라는 별칭을 부여합니다.

```
import matplotlib.pyplot as plt
```

대부분의 기본 그래프는 plt.plot()을 호출하면 그릴 수 있습니다. 먼저 앤스컴 콰르텟 데이터셋에서 dataset 열의 값이 I인 데이터(1번 데이터셋)를 추출하여 그래프를 그려 봅시다.
앞서 설명했듯이 앤스컴 콰르텟 데이터셋은 두 개의 연속 변수를 포함하고 각 변수의 값은 x와 y 열로 저장합니다. 이것을 x 벡터와 y 벡터라고 할 때 다음과 같이 plt.plot()에 이 두 벡터를 전달하고 plt.show()를 호출하면 그래프를 확인할 수 있습니다.

```
dataset_1 = anscombe[anscombe['dataset'] == 'I']
plt.plot(dataset_1['x'], dataset_1['y'])
plt.show()
```

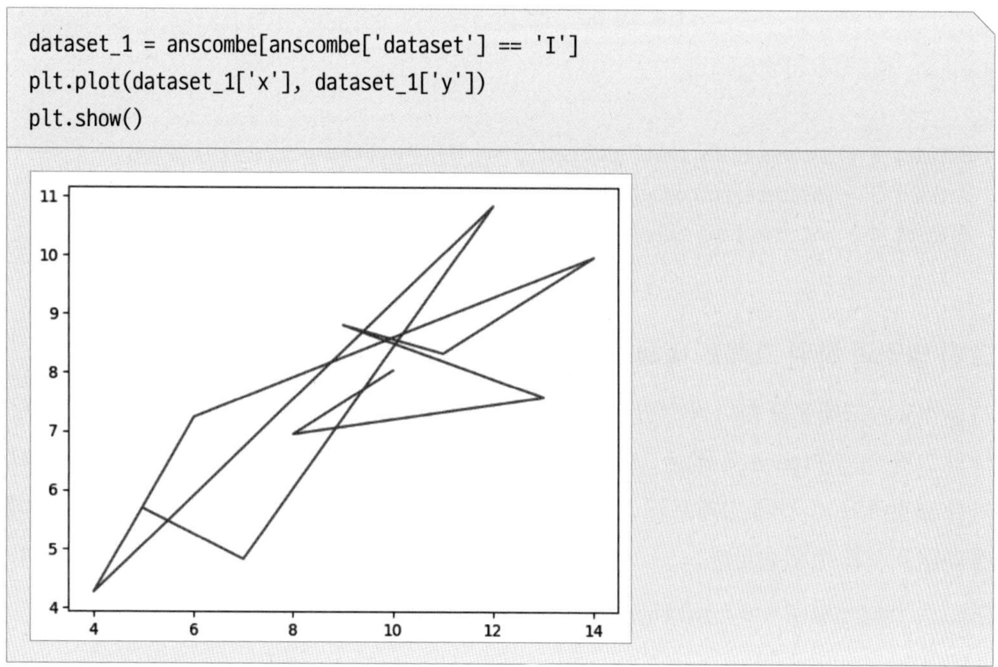

기본적으로 plt.plot()은 선 그래프를 그립니다. 점 그래프를 그리고 싶다면 다음과 같이 마지막 인수로 'o'를 전달합니다.

```
plt.plot(dataset_1['x'], dataset_1['y'], 'o')
plt.show()
```

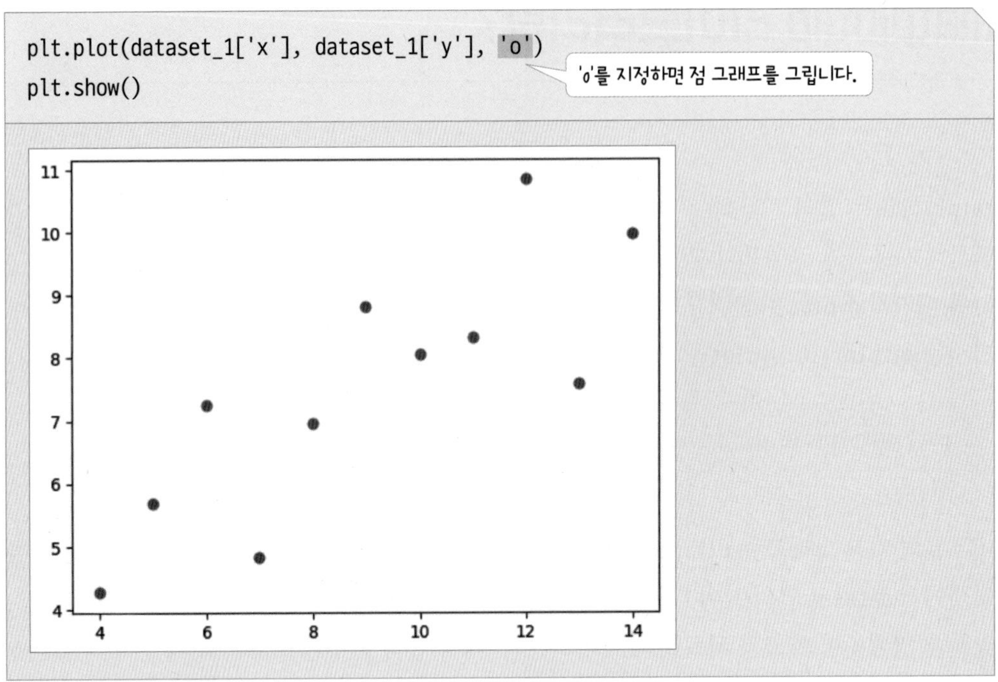

anscombe의 나머지 3개 데이터셋은 다음과 같이 추출할 수 있으며 1번 데이터셋과 마찬가지 방법으로 시각화할 수 있습니다. 앞으로 각 데이터셋은 dataset_1, dataset_2, dataset_3, dataset_4로 구분하겠습니다.

```
dataset_2 = anscombe[anscombe['dataset'] == 'II']
dataset_3 = anscombe[anscombe['dataset'] == 'III']
dataset_4 = anscombe[anscombe['dataset'] == 'IV']
```

그림 영역과 하위 그래프 이해하기

지금까지는 그래프를 하나씩 그렸지만 matplotlib은 여러 개의 하위 그래프(Axes 객체)를 하나의 그림 영역(Figure 객체)에 그리는 기능을 제공합니다. 그릴 그래프 개수에 따라 격자 크기를 설정하고 각 칸에 그래프를 그려 넣습니다. 이렇게 하면 하나의 그림 영역에 여러 개의 결과를 표시할 수 있습니다.

Figure 객체는 그래프를 그리는 그림 영역이며 Axes 객체는 하위 그래프를 가리킵니다.

그림 영역에 하위 그래프를 그릴 때는 다음 세 가지 매개변수가 필요합니다.

- 그림 영역의 하위 그래프 행 개수
- 그림 영역의 하위 그래프 열 개수
- 하위 그래프 위치

하위 그래프는 왼쪽에서 오른쪽, 위에서 아래 순서로 그리고 1부터 순서대로 위치가 매겨집니다.

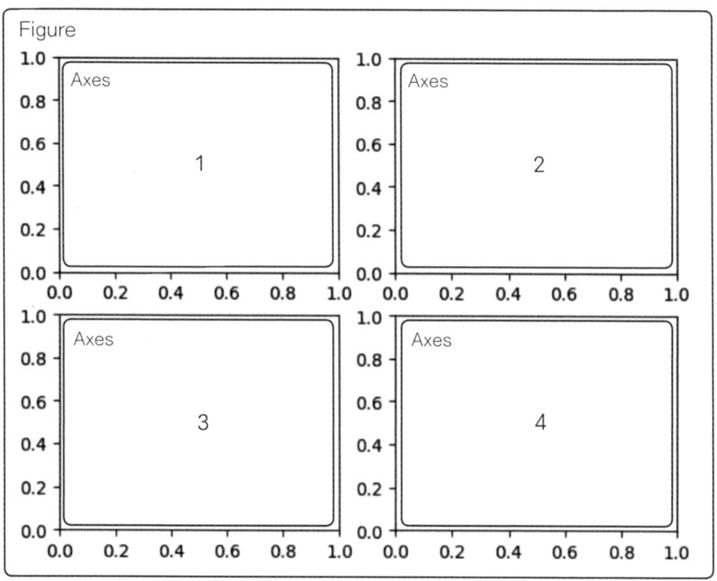

2×2 크기의 빈 Axes 객체가 있는 matplotlib의 Figure 객체

Do it! 실습 한 번에 4개의 그래프 그리기

먼저 그림 영역을 그려 볼까요?

1. `plt.figure()`로 그림 영역 `Figure` 객체인 `fig`를 생성하고 `fig.add_subplot()`로 빈 하위 그래프를 그림 영역에 삽입합니다.
예를 들어 2×2 크기로 분할한다면 그림 영역의 행 개수는 2이고 열 개수는 2입니다. 따라서 총 4개의 하위 그래프를 삽입할 수 있으며 왼쪽에서 오른쪽으로, 위에서 아래 순서로 위치 번호는 1, 2, 3, 4번이 됩니다. `fig.add_subplot()`에 행, 열, 위치를 전달하여 위치 번호 순서대로 4개의 빈 그래프를 삽입합니다. 이때 `fig.add_subplot()`은 하위 그래프 객체 `Axes`를 반환합니다.

```
fig = plt.figure()
axes1 = fig.add_subplot(2, 2, 1)
axes2 = fig.add_subplot(2, 2, 2)
axes3 = fig.add_subplot(2, 2, 3)
axes4 = fig.add_subplot(2, 2, 4)
plt.show()
```

2행 2열 중 1번 위치에 빈 하위 그래프를 그립니다.

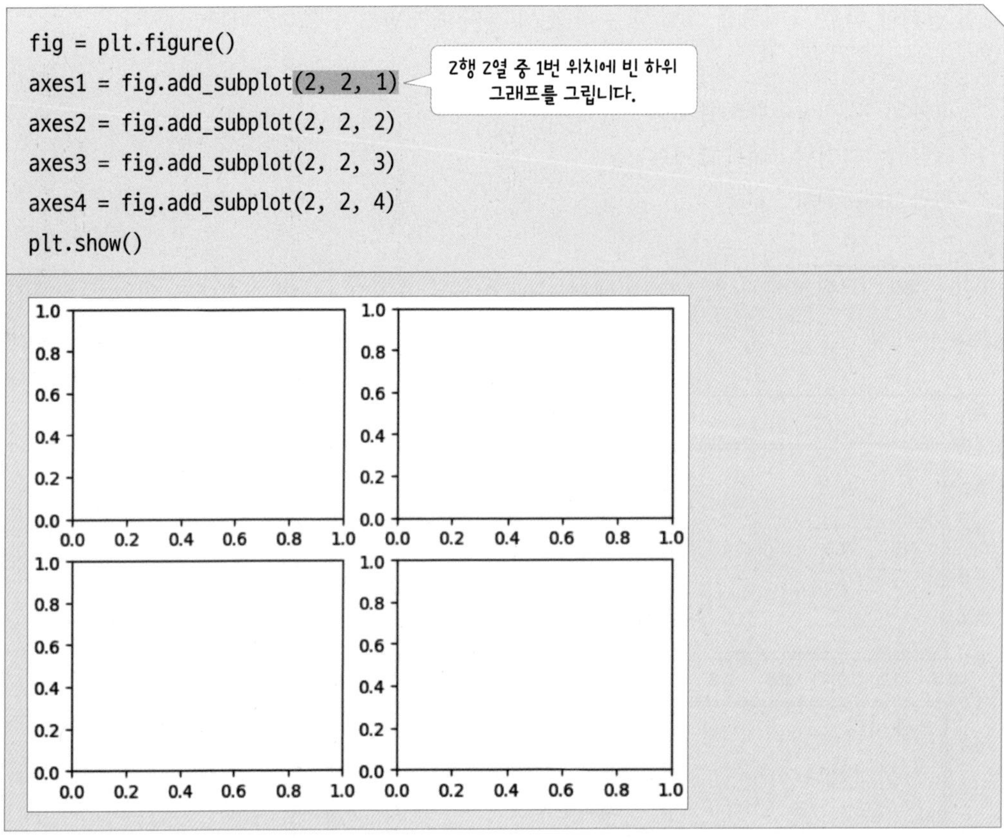

그래프 그림 영역을 그릴 때는 모든 코드를 함께 실행해야 합니다. 그림 영역을 구성하는 코드만 실행하면 아무것도 반환하지 않으므로 원하는 대로 그래프를 완성할 수 없습니다.

2. 하위 그래프 객체의 plot() 메서드를 사용하여 각 위치에 그래프를 그립니다. anscombe의 네 가지 데이터셋의 점 그래프로 그림 영역의 하위 그래프를 채우겠습니다.

```
fig = plt.figure()
axes1 = fig.add_subplot(2, 2, 1)
axes2 = fig.add_subplot(2, 2, 2)
axes3 = fig.add_subplot(2, 2, 3)
axes4 = fig.add_subplot(2, 2, 4)

axes1.plot(dataset_1['x'], dataset_1['y'], 'o')
axes2.plot(dataset_2['x'], dataset_2['y'], 'o')
axes3.plot(dataset_3['x'], dataset_3['y'], 'o')
axes4.plot(dataset_4['x'], dataset_4['y'], 'o')

plt.show()
```

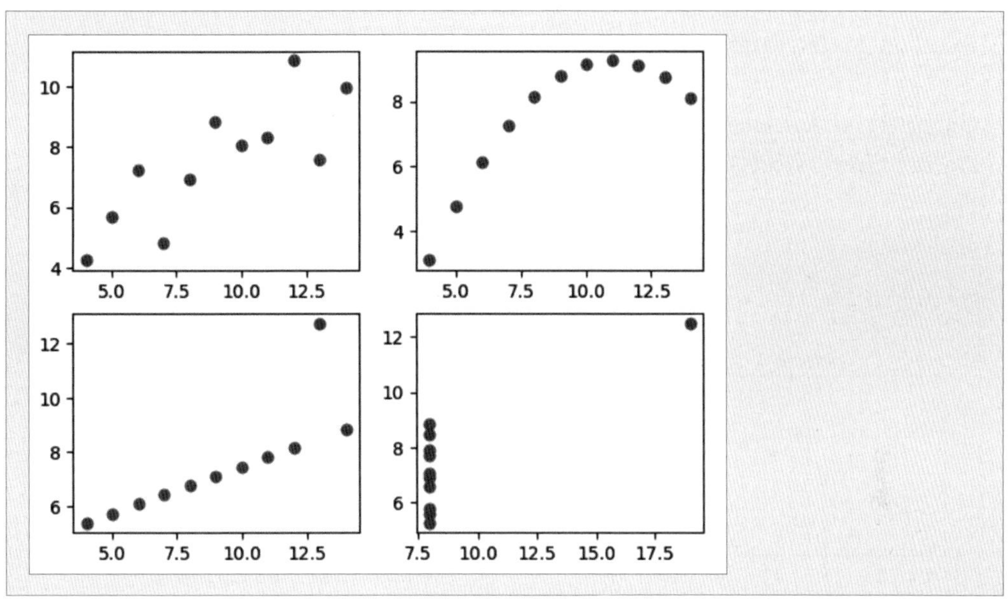

3. 마지막으로 무엇을 나타내는 그래프인지 알 수 있도록 그림 영역과 각 하위 그래프에 제목을 달아 봅시다. 그림 영역 제목은 `fig.suptitle()`로, 하위 그래프 제목은 `axes.set_title()` 메서드로 설정합니다. 이때 하위 그래프에 제목을 삽입하면 일부 그래프가 겹칠 수 있습니다. 이럴 때는 `fig.tight_layout()` 또는 `fig.set_tight_layout()` 메서드를 호출하여 하위 그래프 사이에 제목을 삽입할 공간을 확보합니다. 두 메서드의 역할은 같지만 예제에서는 널리 사용하는 `fig.set_tight_layout()`을 입력했습니다.

```
fig = plt.figure()
axes1 = fig.add_subplot(2, 2, 1)
axes2 = fig.add_subplot(2, 2, 2)
axes3 = fig.add_subplot(2, 2, 3)
axes4 = fig.add_subplot(2, 2, 4)

axes1.plot(dataset_1['x'], dataset_1['y'], 'o')
axes2.plot(dataset_2['x'], dataset_2['y'], 'o')
axes3.plot(dataset_3['x'], dataset_3['y'], 'o')
axes4.plot(dataset_4['x'], dataset_4['y'], 'o')

axes1.set_title("dataset_1")
axes2.set_title("dataset_2")
axes3.set_title("dataset_3")
```

```
axes4.set_title("dataset_4")

fig.suptitle("Anscombe Data")
fig.set_tight_layout(True)

plt.show()
```

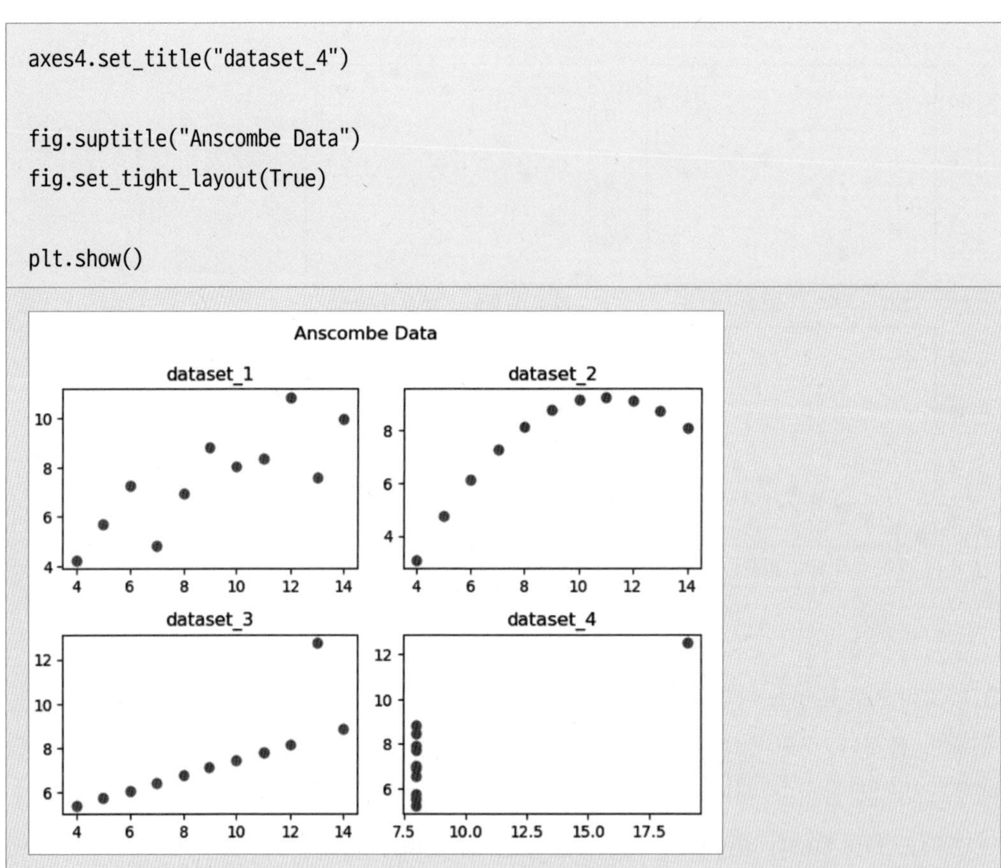

anscombe 데이터셋의 그래프 결과를 보면 통곗값이 같은 4개의 데이터셋이 실제로는 경향이 얼마나 다른지 한눈에 알 수 있습니다. 이처럼 데이터를 요약한 통곗값만 참고하면 데이터의 본질을 놓칠 수 있습니다.

이와 함께 그래프 영역과 마찬가지로 하위 그래프의 각 축에도 set_xlabel()과 set_ylabel()을 사용하면 제목을 달 수 있습니다.

그래프 구성 요소 이해하기

다양한 통계 그래프를 그리는 방법을 살펴보기 전에 matplotlib 그래프의 구성 요소를 이해하는 것이 좋습니다. 여기서는 간단하게 몇 가지 용어만 짚고 넘어가겠습니다. 그래프의 각 구성 요소를 상세히 살펴보고 싶다면 matplotlib 공식 문서[1]를 참고하세요.

---

1 https://matplotlib.org/stable/gallery/showcase/anatomy.html

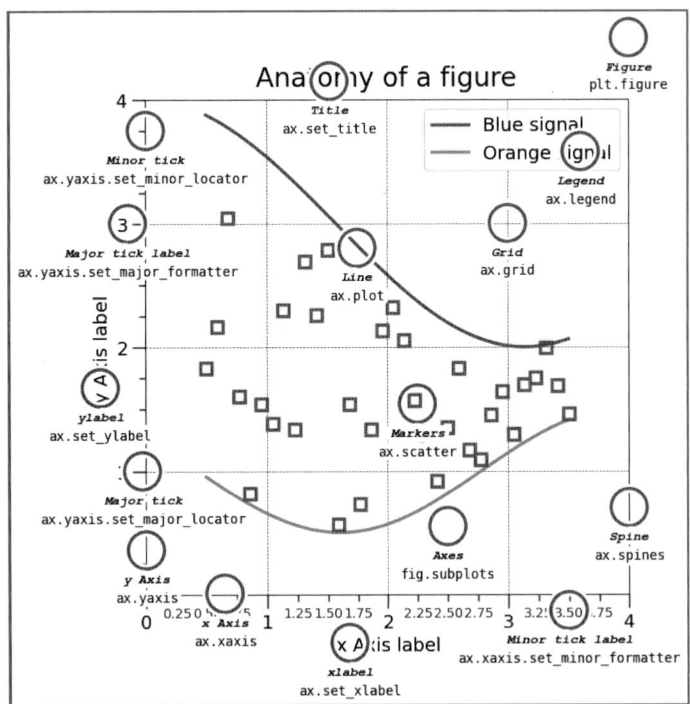

matplotlib 그래프 구성 요소(출처: https://matplotlib.org/stable/gallery/showcase/anatomy.html)

각 축을 나타내는 Axis와 이 축을 모은 복수형 Axes는 서로 다릅니다. 즉, anscombe 예제에서 살펴본 하위 그래프가 Axes이며 각 그래프는 x축 또는 y축인 Axis를 포함합니다. 그리고 Axes 4개가 모여 하나의 그림 영역인 Figure를 완성합니다.

시각화 함수가 반환하는 것이 하위 그래프 객체 Axes인지, 그림 영역 객체 Figure인지를 아는 것이 중요합니다. 그림 영역 안에 하위 그래프는 넣을 수 있지만 또 다른 그림 영역을 넣을 수는 없기 때문입니다.

이 장에서는 몇 가지 통계 그래프를 matplotlib으로 그리는 방법을 먼저 살펴보고, 통계 그래프 그리기에 특화된 seaborn 사용 방법을 설명합니다.

04-3
matplotlib으로 그래프 그리기

seaborn 라이브러리에서 새로운 데이터셋 tips를 불러오겠습니다. 이 데이터셋에는 손님이 식당에서 지불한 팁과 청구서 전체 금액, 일행 수, 요일, 시간 등의 정보가 있습니다. anscombe 데이터셋과 마찬가지 방법으로 이 데이터셋을 불러옵니다.

```
tips = sns.load_dataset("tips")
print(tips)
```

❖ 출력 결과

```
     total_bill   tip     sex smoker   day    time  size
0         16.99  1.01  Female     No   Sun  Dinner     2
1         10.34  1.66    Male     No   Sun  Dinner     3
2         21.01  3.50    Male     No   Sun  Dinner     3
3         23.68  3.31    Male     No   Sun  Dinner     2
4         24.59  3.61  Female     No   Sun  Dinner     4
..          ...   ...     ...    ...   ...     ...   ...
239       29.03  5.92    Male     No   Sat  Dinner     3
240       27.18  2.00  Female    Yes   Sat  Dinner     2
241       22.67  2.00    Male    Yes   Sat  Dinner     2
242       17.82  1.75    Male     No   Sat  Dinner     2
243       18.78  3.00  Female     No  Thur  Dinner     2

[244 rows x 7 columns]
```

일변량 그래프 그리기

통계 용어로 변수가 1개일 때 이를 '일변량'이라고 합니다. 즉, 일변량 그래프는 변수 하나를 나타낸 그래프입니다.

Do it! 실습 히스토그램 그리기

히스토그램histogram은 하나의 변수를 시각화하는 가장 일반적인 방법입니다. 값을 일정 구간별로 묶어서 해당 구간의 데이터 개수를 빈도로 표시하는 그래프로, 변수의 분포를 나타냅니다. tips 데이터셋의 total_bill 열 히스토그램을 그려 봅시다.

1. 먼저 그림 영역 객체 fig를 생성하고 1개의 하위 그래프를 생성하여 axes1에 저장합니다. 이때 fig.add_subplot()의 인수 (1, 1, 1)은 그림 영역이 1행, 1열이며 1번 위치에 하위 그래프를 삽입한다는 뜻입니다. 즉, 그림 영역 전체에 하나의 그래프만 그립니다.

```
fig = plt.figure()

axes1 = fig.add_subplot(1, 1, 1)
```

2. 그런 다음 하위 그래프 axes1에서 hist() 메서드로 히스토그램을 그립니다. 매개변수 data에는 tips 데이터를, 매개변수 x에는 total_bill 열을, 매개변수 bins에는 10을 지정합니다. 매개변수 bins는 x축의 구간 개수를 뜻하며 히스토그램의 막대 개수와 같습니다.

```
axes1.hist(data='tips', x='total_bill', bins=10)

axes1.set_title('Histogram of Total Bill')
axes1.set_xlabel('Total Bill')
axes1.set_ylabel('Frequency')

plt.show()
```

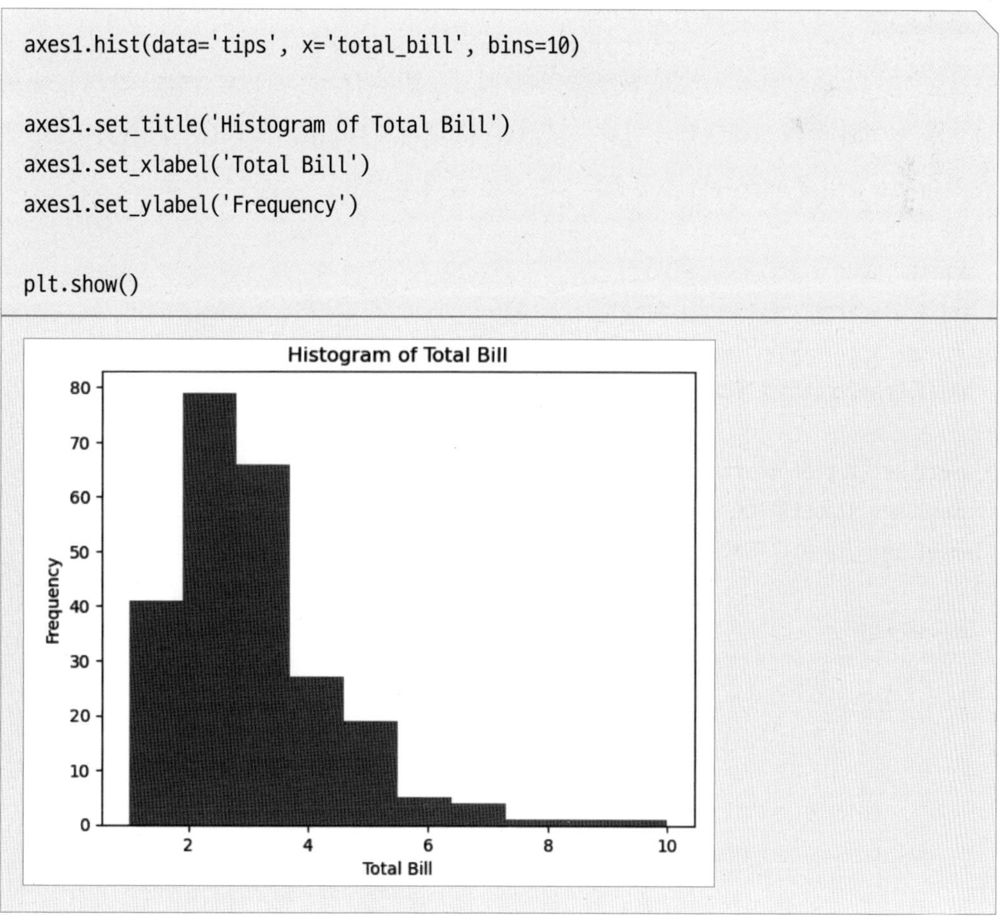

한 걸음 더!

그래프 제목이나 범주를 한글로 표시하려면?

그래프 제목이나 범주에 한글을 사용하려면 그래프를 그리기 전에 원하는 한글 글꼴 설정하면 됩니다. 예를 들어 윈도우에 포함된 맑은 고딕 글꼴을 사용하려면 다음 한 줄을 추가합니다.

```
import matplotlib.pyplot as plt

# 맑은 고딕 글꼴 설정하기
plt.rc('font', family='Malgun Gothic')
```

매개변수 family에 원하는 글꼴을 지정합니다.

이변량 그래프 그리기

통계 용어로 변수 2개를 '이변량'이라고 합니다. 즉, 이변량 그래프는 2개의 변수를 나타냅니다.

Do it! 실습 산점도 그래프 그리기

산점도[scatter]는 연속 변수 사이의 관계를 나타내는 그래프입니다. 히스토그램과 같은 방법으로 그림 영역과 하위 그래프를 추가하고 scatter() 메서드로 tips 데이터셋의 total_bill 열에 따른 tip 열의 분포를 나타낸 산점도 그래프를 그려 봅시다.

```
scatter_plot = plt.figure()
axes1 = scatter_plot.add_subplot(1, 1, 1)

axes1.scatter(tips['total_bill'], tips['tip'])

axes1.set_title('Scatterplot of Total Bill vs Tip')
axes1.set_xlabel('Total Bill')
axes1.set_ylabel('Tip')

plt.show()
```

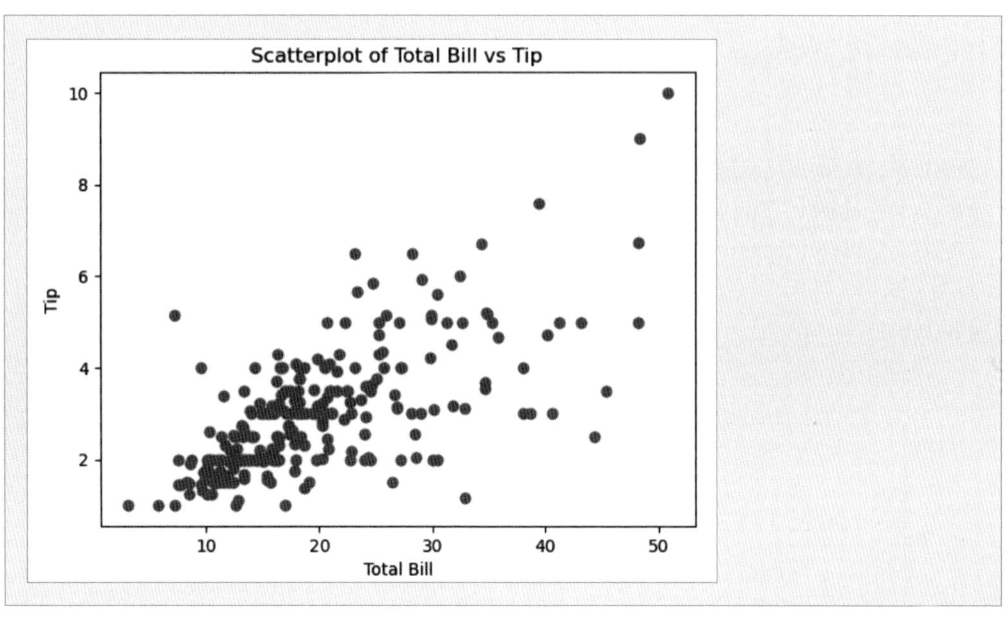

Do it! 실습 박스 그래프 그리기

박스box 그래프는 이산 변수와 연속 변수 사이의 관계를 나타냅니다.

이산 변수는 셀 수 있는 변수를 의미하고 정수로 표현합니다. 이와 달리 연속 변수는 셀 수 없이 많은 값을 가지는 변수로, 소수나 분수로 표현합니다.

boxplot() 메서드를 사용하여 tips 데이터셋의 sex 열에 따른 tip 열의 분포를 나타낸 산점도 그래프를 그려 보겠습니다. 2개의 변수 데이터를 전달해야 하므로 첫 번째 매개변수 x에 2개의 요소가 담긴 리스트를 전달합니다. 이때 리스트의 각 요소는 여성(Female)과 남성(Male)별로 추출한 팁 금액(tip) 데이터입니다. 매개변수 labels를 사용하면 x로 전달한 각 데이터에 이름을 붙일 수 있습니다.

```
boxplot = plt.figure()
axes1 = boxplot.add_subplot(1, 1, 1)

axes1.boxplot(
    x=[
        tips[tips['sex'] == 'Female']['tip'],
        tips[tips['sex'] == 'Male']['tip']
    ],
```

매개변수 x에 리스트로 데이터를 전달합니다.

```
    labels=['Female', 'Male']
)

axes1.set_xlabel('Sex')
axes1.set_ylabel('Tip')
axes1.set_title('Boxplot of Tips by Sex')

plt.show()
```

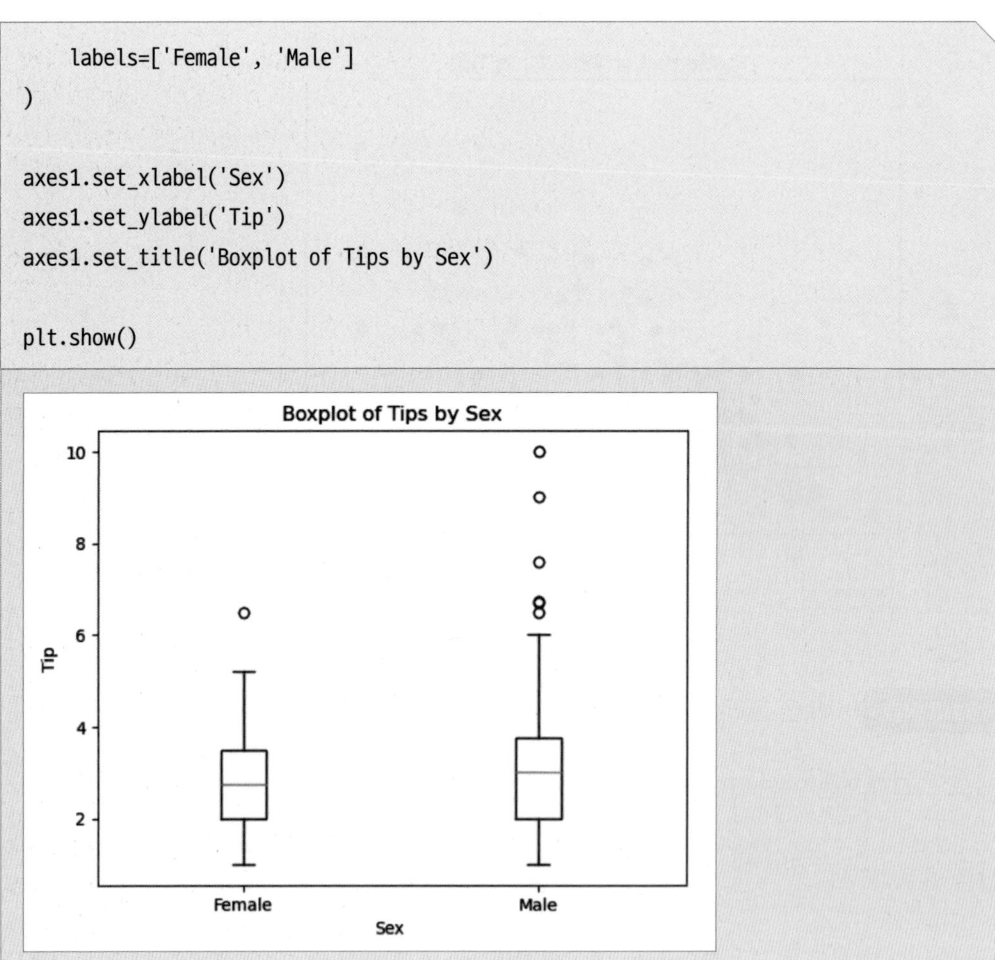

다변량 그래프 그리기

3개 이상의 변수를 나타낸 다변량 그래프를 그리려면 요령이 필요합니다. 그래프를 그리는 방법이 정해지지 않고 상황마다 다르기 때문입니다. 앞에서는 지불 금액(total_bill)과 팁(tip)만을 사용하여 산점도 그래프를 그렸습니다. 여기에 성별(sex)을 추가하여 산점도 그래프로 표현하려면 어떻게 해야 할까요? 값별로 다른 색으로 표시하는 것도 한 가지 방법일 겁니다.

또 다른 변수를 추가하고 싶다면 이번에는 값별로 점의 크기를 바꾸면 어떨까요? 다만, 점의 크기가 서로 비슷하거나 겹친다면 구분하기 어려울 수도 있습니다. 점이 겹칠 때는 해당 점을 약간 투명하게 칠하여 많이 겹치는 영역은 진한 색으로, 덜 겹치는 영역은 연한 색으로 표시하여 문제를 해결할 수 있습니다.

일반적으로 사람은 크기 차이보다 색상 차이를 더 쉽게 구분합니다. 크기로 변수의 값을 표현해야 한다면 크기 차이가 실제 값의 차이를 반영하는지도 확인해야 합니다. 예를 들어 값을 점의 반지름으로 표현할 때가 흔한데, 반지름이 r이면 원의 넓이는 πr^2이므로 점의 크기는 사실 변숫값의 제곱을 반영하는 셈입니다. 따라서 크기 차이가 값 차이를 올바르게 나타낸다고 볼 수 없습니다.

점의 크기를 반영하는 방법도 결정하기 어렵지만 점의 색상도 정하기 어렵습니다. 비슷한 색상은 직관적으로 구분하기 어려우므로 신중하게 색상 조합을 선택해야 합니다. 색상 조합을 선택하기 어렵다면 고유한 색상 조합을 제공하는 matplotlib[2]이나 seaborn[3]을 활용하세요. 또한 colorbrewer[4]와 같은 도구를 사용하면 적당한 색상 조합을 선택할 수 있습니다.

Do it! 실습 변수가 여러 개인 그래프 그리기

tip과 total_bill 열의 관계를 나타낸 산점도 그래프에 세 번째 변수 sex를 추가해 볼까요? sex 열은 Male과 Female의 2가지 값뿐이므로 색으로 표현하기에 적당합니다. 여기서는 Female을 주황색(#f1a340)으로, Male을 보라색(#998ec3)으로 표시하겠습니다. 그리고 네 번째 변수로 일행 수(size)를 추가하고 제곱한 size에 10을 곱하여 이를 원의 크기로 합니다. scatter() 메서드의 매개변수 x, y에 각각 total_bill과 tip을 인수로 전달하고 매개변수 s에는 점의 크기를, 색상을 나타내는 매개변수 c에는 성별(sex)에 따른 색상을 인수로 전달합니다. alpha는 점의 투명도를 0~1 사이의 값으로 표현하는 인수로, 여기서는 0.5로 지정했습니다.

```
colors = {"Female": "#f1a340", "Male": "#998ec3"}

scatter_plot = plt.figure()
axes1 = scatter_plot.add_subplot(1, 1, 1)

axes1.scatter(data=tips,
              x='total_bill',
              y='tip',
              s=tips['size']**2*10,
              c=tips['sex'].map(colors),
```

2 https://matplotlib.org/stable/tutorials/colors/colormaps.html
3 https://seaborn.pydata.org/tutorial/color_palettes.html
4 https://colorbrewer2.org/#type=sequential&scheme=BuGn&n=3

```
             alpha=0.5)

axes1.set_title('Colored by Sex and Sized by Size')
axes1.set_xlabel('Total Bill')
axes1.set_ylabel('Tip')

scatter_plot.suptitle('Total Bill vs Tip')

plt.show()
```

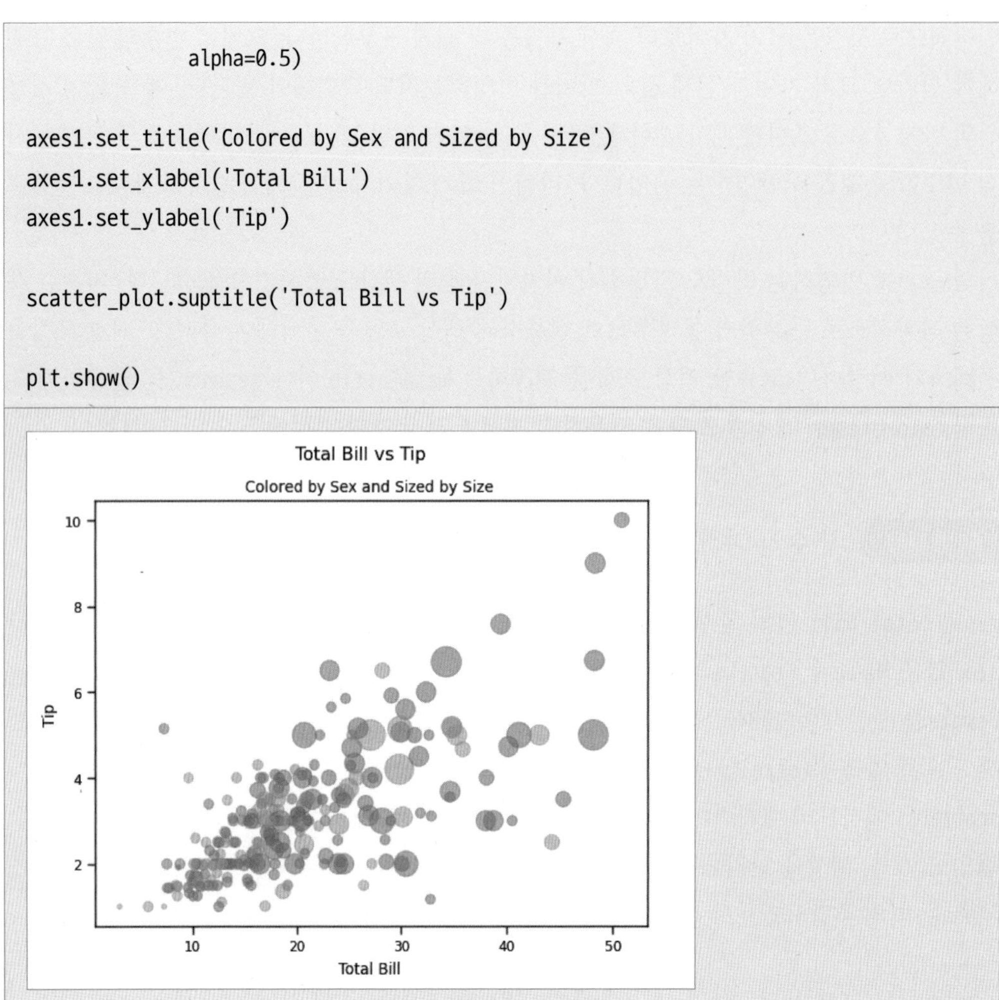

map()은 인수로 전달한 딕셔너리의 키와 일치하는 행 데이터를 딕셔너리의 값으로 바꾸는 역할을 합니다. 즉, tips['sex'].map(colors)는 sex 열의 값이 Female이면 주황색(#f1a340)으로, Male이면 보라색(#998ec3)으로 바꿉니다.

04-4
seaborn으로 그래프 그리기

matplotlib는 파이썬의 핵심 시각화 도구이며 seaborn은 matplotlib에 기반을 둔 통계 그래프에 특화된 라이브러리입니다. 그러므로 짧은 코드로도 복잡한 그래프를 그릴 수 있습니다. seaborn 라이브러리는 판다스 라이브러리, 넘파이 등과 같이 데이터 분석에 자주 쓰는 라이브러리와 호환되며 손쉽게 데이터를 시각화할 수 있습니다.
앞에서는 데이터셋을 가져올 용도로 seaborn을 불러왔죠? 이제 이 라이브러리를 사용하여 그래프를 그려 봅니다. 먼저 tips 데이터셋을 다시 한번 불러옵시다.

```
import seaborn as sns

tips = sns.load_dataset("tips")
```

seaborn의 공식 사이트[5]를 방문하면 seaborn의 시각화 함수와 API 문서를 확인할 수 있습니다. 실습을 진행하기 전에 sns.set_context()를 사용하여 결과 그래프의 글자 크기, 선 굵기, 축 눈금 크기 등 그래프의 전반적인 크기를 조정하겠습니다. sns.set_context()에는 paper, notebook, talk, poster의 총 4가지 설정이 있으며 기본값은 notebook입니다. 여기서는 인쇄에 적합한 paper로 설정하여 기본 글꼴 크기, 선 굵기, 축 눈금 등을 조금 작게 했습니다.

```
sns.set_context("paper")
```

다양한 그래프 그려 보기

Do it! 실습 일변량 그래프 그리기

matplotlib 실습에서 했던 것처럼 일변량 그래프부터 그려 봅시다.

1. 히스토그램 그리기

matplotlib에서 그림 영역을 생성하고 하위 그래프를 삽입했던 과정을 seaborn에서는 subplots()

5 https://seaborn.pydata.org/

함수 호출 한 줄로 대체할 수 있습니다. 이 함수는 두 가지 값을 반환하는데, 첫 번째는 그림 영역 객체이고 두 번째는 모든 하위 그래프 객체입니다.

그러므로 파이썬의 다중 할당 구문을 사용하면 반환하는 모든 객체를 코드 한 줄로 개별 변수에 할당할 수 있으므로 그림 영역 객체와 하위 그래프 객체를 한 번에 생성할 수 있습니다. 제목 설정 등 이후 작업은 matplotlib과 마찬가지입니다.

tips 데이터셋 total_bill 열의 히스토그램은 sns.histplot()으로 히스토그램을 그릴 수 있습니다.

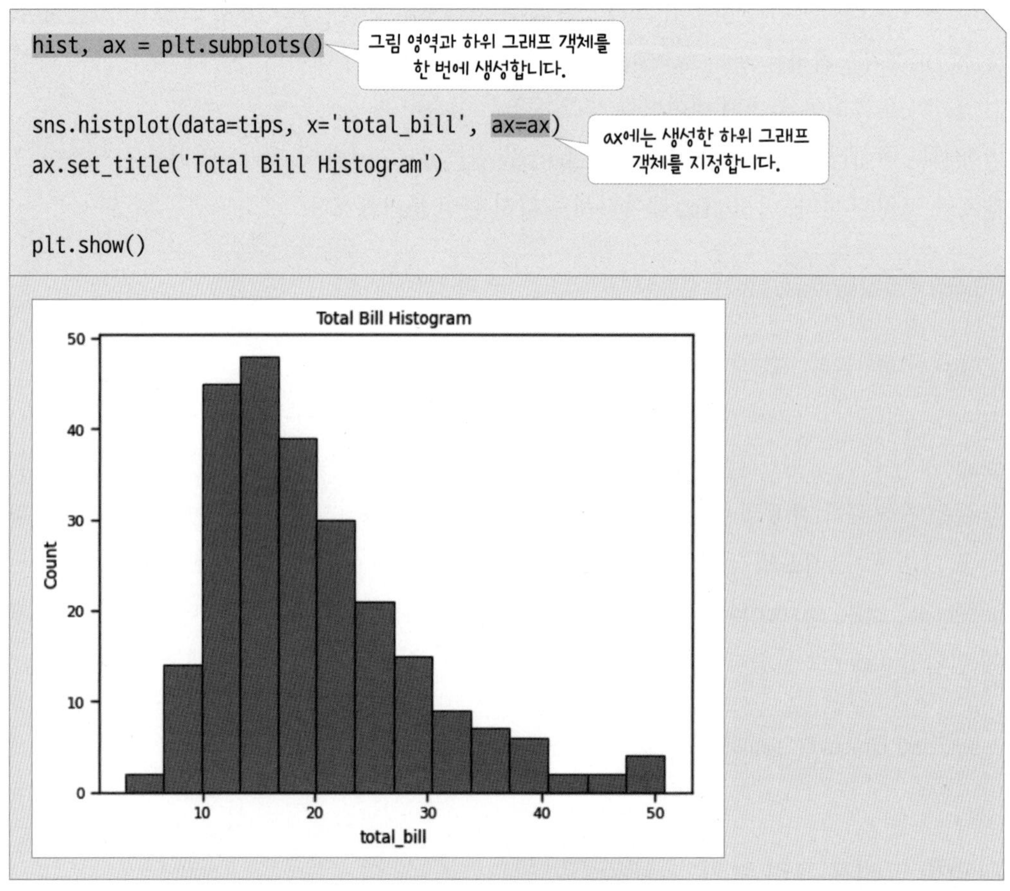

```
hist, ax = plt.subplots()

sns.histplot(data=tips, x='total_bill', ax=ax)
ax.set_title('Total Bill Histogram')

plt.show()
```


2. 밀도 분포 그래프 그리기

밀도 분포[density] 그래프는 히스토그램과 같이 일변량 분포를 시각화하며, 커널 밀도 추정[kernel density estimation] 그래프라고도 합니다. 이 그래프는 각 값을 중심으로 정규 분포를 그리고 곡선 아래 넓이가 1이 되도록 겹친 그래프를 매끄럽게 만든 것입니다.

sns.kdeplot()으로 밀도 분포 그래프를 그릴 수 있습니다.

```
den, ax = plt.subplots()

sns.kdeplot(data=tips, x='total_bill', ax=ax)

ax.set_title('Total Bill Density')
ax.set_xlabel('Total Bill')
ax.set_ylabel('Unit Probability')

plt.show()
```

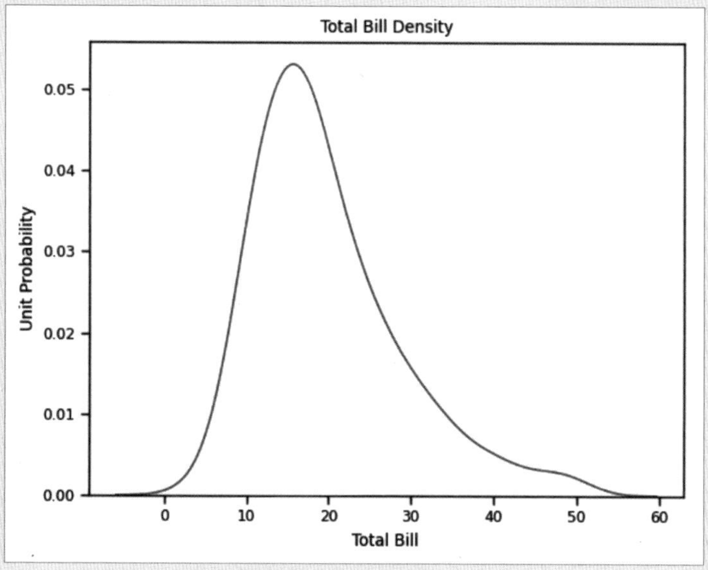

3. 러그 그래프 그리기

러그[rug] 그래프는 변수 분포를 1차원으로 나타내며, 일반적으로 다른 유형의 그래프에 추가 정보를 제공할 때 사용합니다. 예를 들어 다음과 같이 히스토그램과 함께 러그 그래프를 그릴 수 있습니다.

```
rug, ax = plt.subplots()

sns.rugplot(data=tips, x='total_bill', ax=ax)
sns.histplot(data=tips, x='total_bill', ax=ax)

ax.set_title('Rug Plot and Histogram of Total Bill')

plt.show()
```

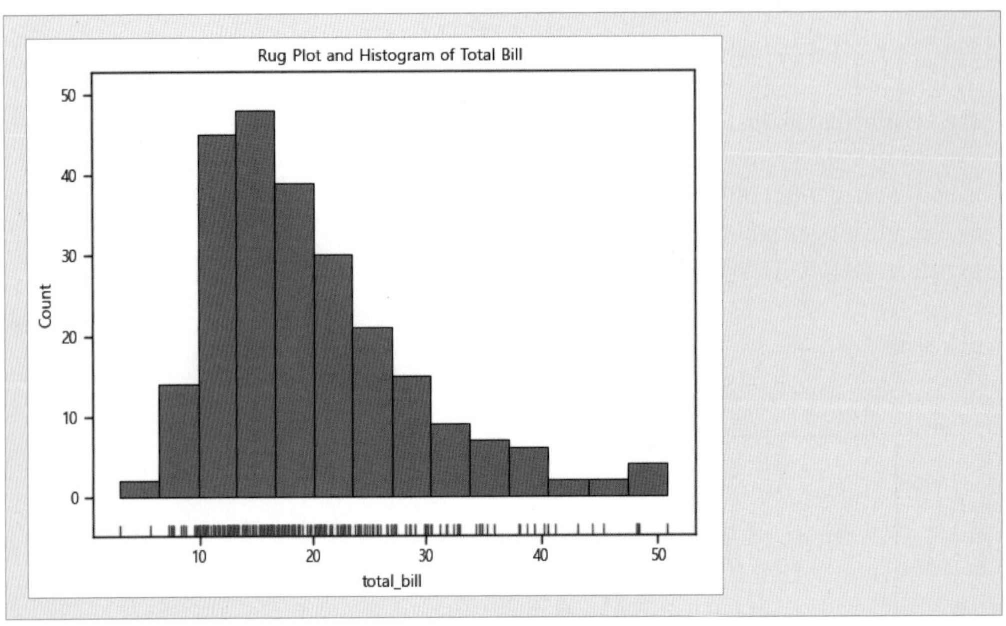

4. 분포 그래프 그리기

sns.displot() 함수를 사용하면 여러 개의 일변량 그래프를 하나의 그래프로 표현할 수 있습니다.

이 함수는 하위 그래프가 아닌 FacetGrid 객체를 반환하므로 지금까지 해왔던 방법은 적용할 수 없습니다. 이 객체를 사용하는 이유는 동시에 여러 가지 그래프를 그릴 수 있기 때문입니다. 예를 들어 다음과 같이 히스토그램, 밀도 분포 그래프, 러그 그래프를 한 번에 그릴 수 있습니다. 매개변수 kde는 밀도 분포 그래프를 나타내며, True를 지정하면 그래프를 그리고 False를 넘기면 그리지 않습니다. 또한 매개변수 rug는 러그 그래프를 나타내며, kde와 마찬가지로 True라면 러그 그래프를 그립니다.

```
fig = sns.displot(data=tips, x='total_bill', kde=True, rug=True)

fig.set_axis_labels(x_var='Total Bill', y_var='Count')
fig.figure.suptitle('Distribution of Total Bill')

plt.show()
```

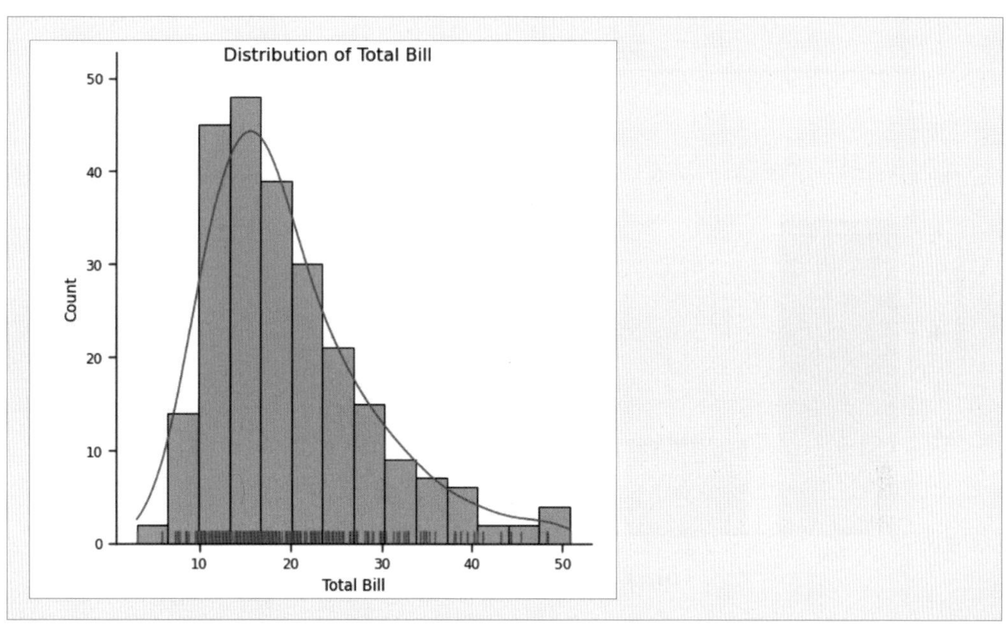

5. 막대그래프 그리기

막대그래프는 히스토그램과 비슷하지만 구간별로 나누어 분포를 표현하지 않고 막대로 이산 변수의 개수를 표현한다는 데 차이가 있습니다. seaborn에서는 막대그래프를 count 그래프라고 하므로 countplot()으로 막대그래프를 그릴 수 있으며 매개변수 palette로 그래프의 색상을 지정합니다. 여기서는 viridis라는 색상 팔레트를 사용합니다.

tips 데이터셋의 day 열 막대그래프는 다음과 같이 그릴 수 있습니다.

```
count, ax = plt.subplots()

sns.countplot(data=tips, x='day', palette='viridis', ax=ax)

ax.set_title('Count of days')
ax.set_xlabel('Day of the Week')
ax.set_ylabel('Frequency')

plt.show()
```

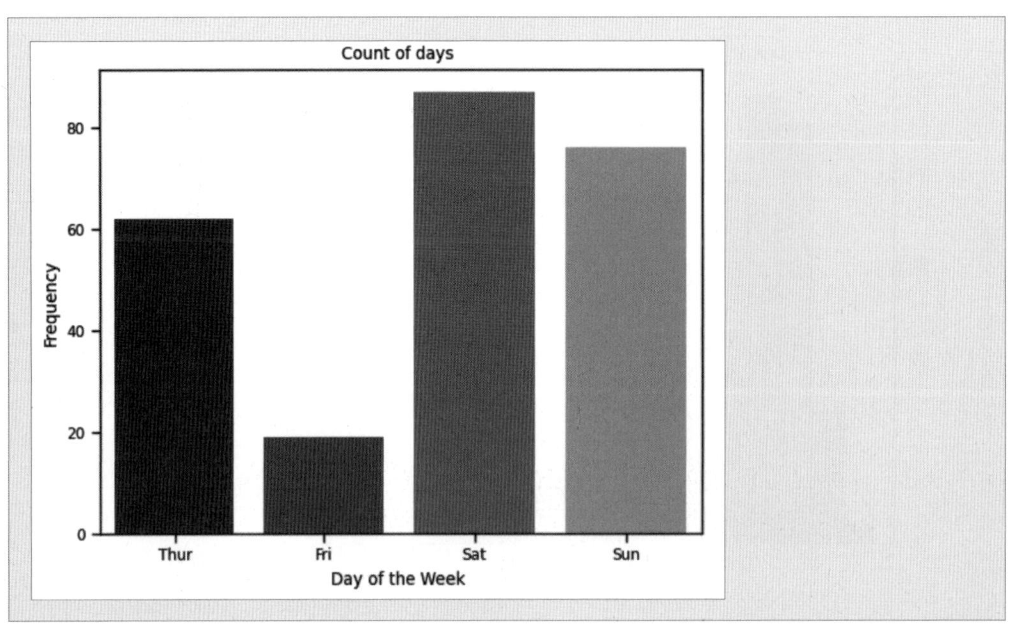

Do it! 실습 이변량 그래프 그리기

지금부터 seaborn 라이브러리로 2개 변수를 나타내는 다양한 그래프를 그려 봅시다.

1. 산점도 그래프 그리기 ①

seaborn으로 산점도 그래프를 그리는 방법에는 몇 가지가 있으며 주요 차이점은 생성하는 객체에 있습니다. 즉, Axes 객체를 생성하는 방법과 FacetGrid 객체를 생성하는 방법으로 나눌 수 있습니다. sns.scatterplot()은 Axes 객체를 반환합니다.
sns.scatterplot()으로 tips 데이터셋의 total_bill 열과 tip 열의 산점도 그래프는 다음과 같이 그립니다.

```
scatter, ax = plt.subplots()

sns.scatterplot(data=tips, x='total_bill', y='tip', ax=ax)

ax.set_title('Scatter Plot of Total Bill and Tip')
ax.set_xlabel('Total Bill')
```

```
ax.set_ylabel('Tip')

plt.show()
```

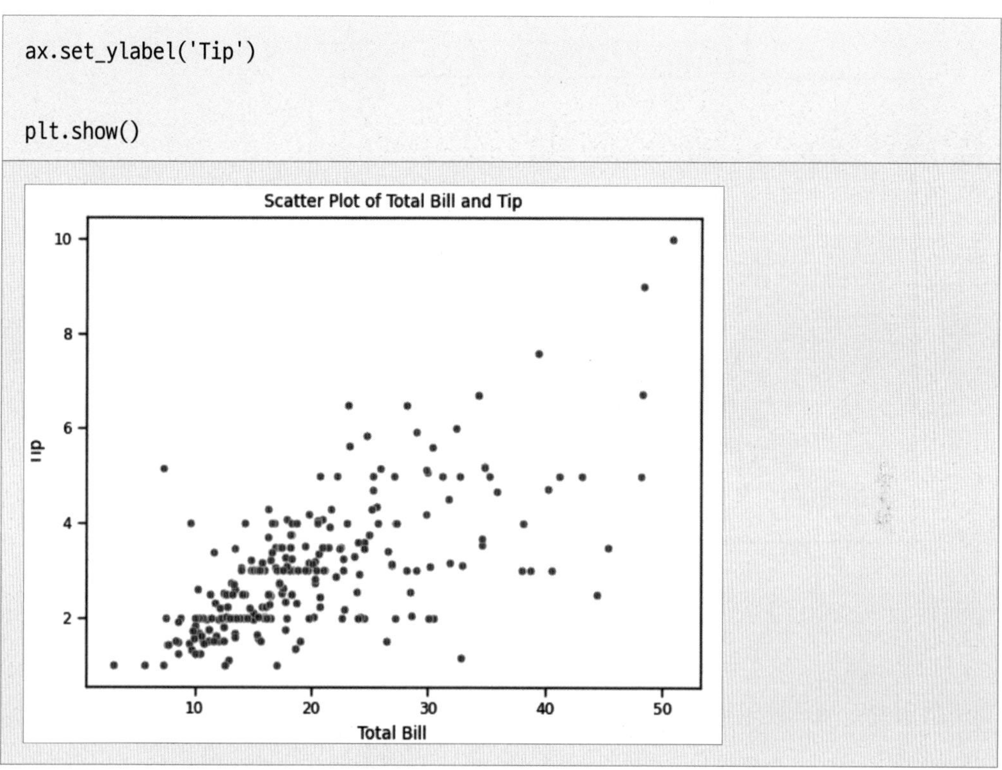

2. 산점도 그래프 그리기 ②

sns.regplot()을 사용하여 산점도 그래프를 그리는 방법도 있습니다. 이 방법은 회귀선 regression line 도 함께 그립니다.

```
reg, ax = plt.subplots()

sns.regplot(data=tips, x='total_bill', y='tip', ax=ax)

ax.set_title('Regression Plot of Total Bill and Tip')
ax.set_xlabel('Total Bill')
ax.set_ylabel('Tip')

plt.show()
```

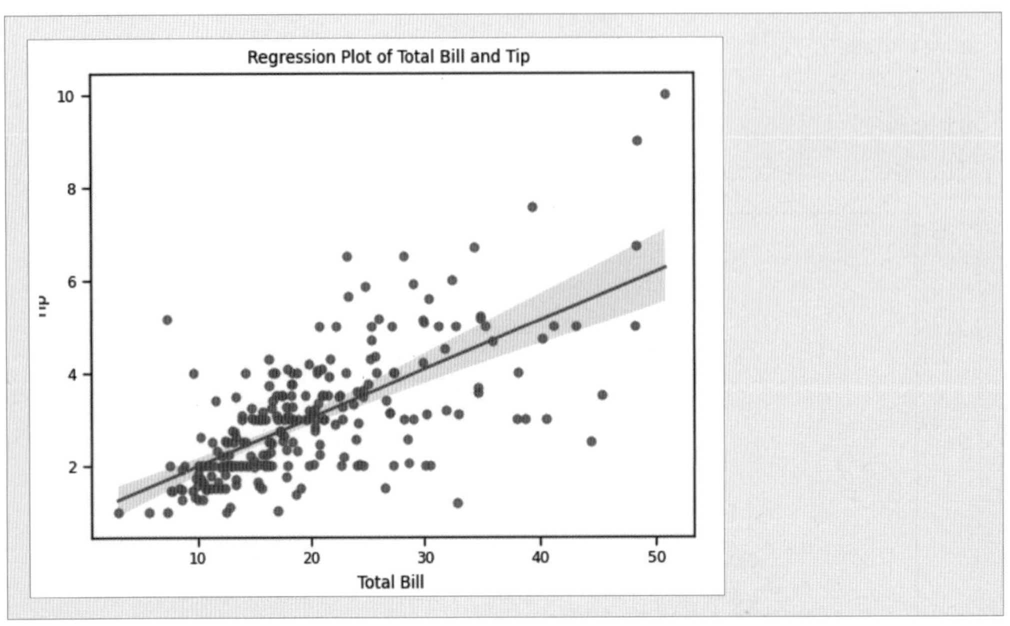

회귀선 없이 그래프를 그리려면 매개변수 `fit_reg`를 추가하고 `False`로 지정합니다.

`sns.lmplot()` 함수로도 산점도 그래프를 그릴 수 있습니다. `sns.lmplot()` 함수는 내부에서 `sns.regplot()`을 호출합니다. 즉, `sns.regplot()`이 더 포괄적인 그래프 그리기 함수입니다. `sns.regplot()`은 `Axes` 객체를 생성하지만 `sns.lmplot()`은 그림 영역인 `FacetGrid` 객체를 직접 생성한다는 차이가 있습니다.
`sns.lmplot()`으로 산점도 그래프를 그리는 방법은 다음과 같습니다.

```
fig = sns.lmplot(data=tips, x='total_bill', y='tip')

plt.show()
```

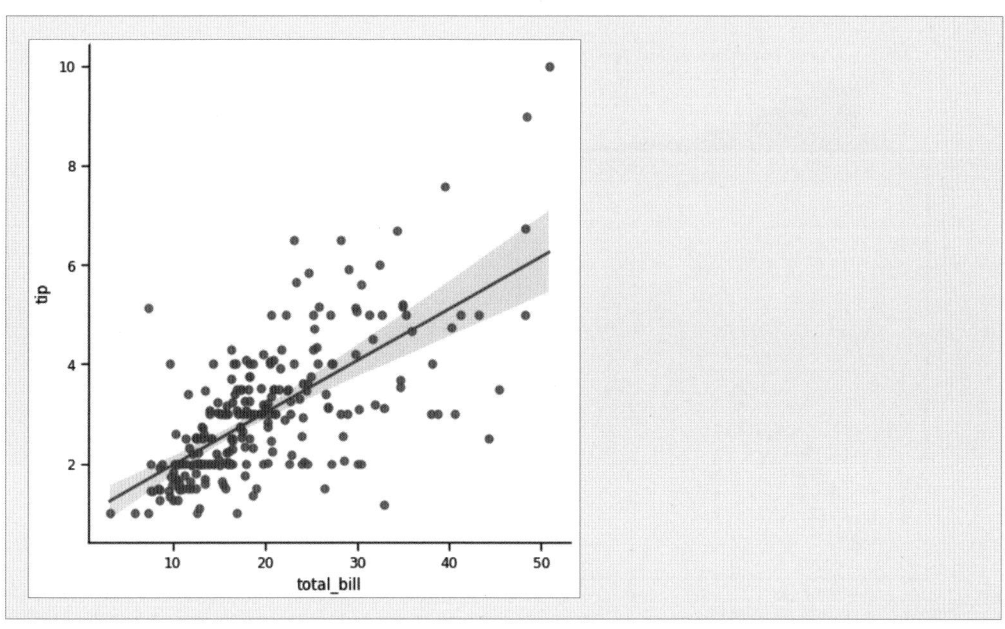

생성한 산점도 그래프가 회귀선을 포함한다는 점은 sns.regplot()과 비슷하지만 FacetGrid 객체를 직접 생성합니다. sns.displot() 함수의 FacetGrid 객체와 비슷합니다.

3. 조인트 그래프 그리기

sns.jointplot()을 사용하면 산점도 그래프의 x축과 y축에 일변량 그래프를 함께 그리는 조인트[joint] 그래프를 그릴 수 있습니다. sns.jointplot()은 하위 그래프를 반환하지 않으므로 하위 그래프를 그릴 그림 영역을 생성할 필요가 없습니다. 그 대신 이 함수는 JointGrid 객체를 반환합니다. 그러므로 matplotlib의 Figure 객체에 접근하려면 JointGrid 객체의 figure를 사용합니다. 예를 들어 sns.jointplot()으로 tips 데이터셋의 total_bill 열과 tip 열에 대한 산점도 그래프를 그린 다음, 그림 영역에 제목을 붙이고 싶다면 다음과 같이 figure의 suptitle() 메서드를 호출합니다.

```
joint = sns.jointplot(data=tips, x='total_bill', y='tip')
joint.set_axis_labels(xlabel='Total Bill', ylabel='Tip')

joint.figure.suptitle('Joint Plot of Total Bill and Tip', y=1.03)

plt.show()
```

jointGrid.figure의 suptitle() 메서드로 그래프 제목을 설정합니다.

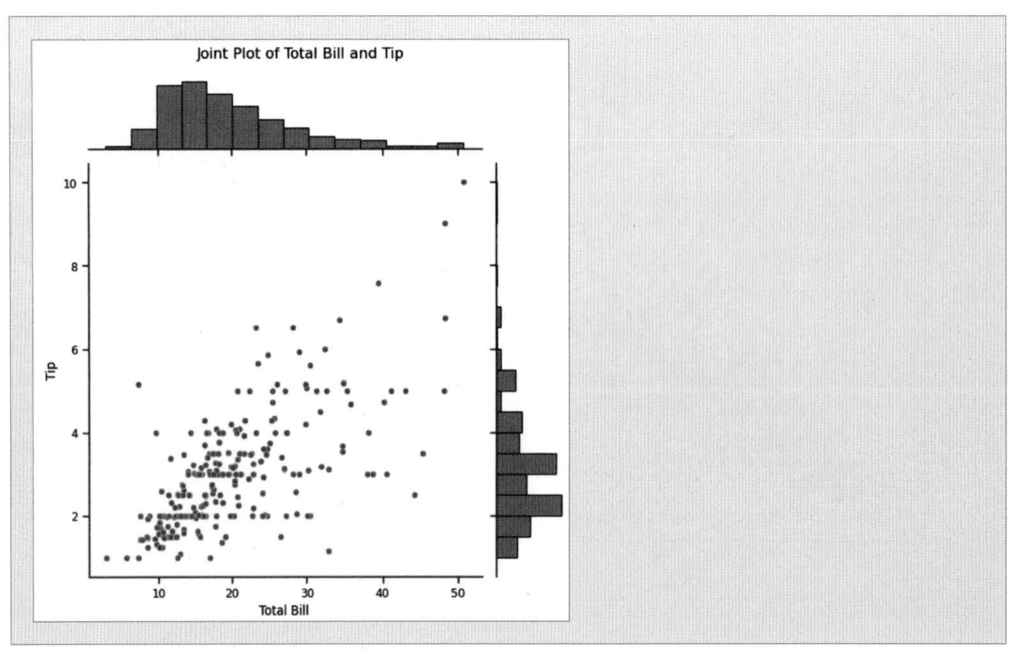

4. 육각 그래프 그리기

산점도 그래프는 2개의 변수를 비교할 때 유용합니다. 그러나 표시할 데이터가 너무 많다면 그래프가 복잡해집니다. 이럴 때는 인접한 점을 구간별로 묶어서 표시하는 육각 그래프hexbin plot가 깔끔합니다. 히스토그램이 한 변수의 값을 구간별로 묶어 막대로 표현하는 것처럼 육각 그래프는 두 변수의 값을 나타내는 점을 구간별로 묶어 표현합니다.

육각형으로 그리는 이유는 2차원 표면을 덮을 때 가장 효율적이기 때문입니다. 육각 그래프를 그릴 때는 조인트 그래프와 마찬가지로 jointplot()을 사용합니다. 그리고 매개변수 kind에 인수로 "hex"를 지정합니다.

```
hexbin = sns.jointplot(data=tips, x="total_bill", y="tip", kind="hex")

hexbin.set_axis_labels(xlabel='Total Bill', ylabel='Tip')
hexbin.figure.suptitle('Hexbin Joint Plot of Total Bill and Tip', y=1.03)

plt.show()
```

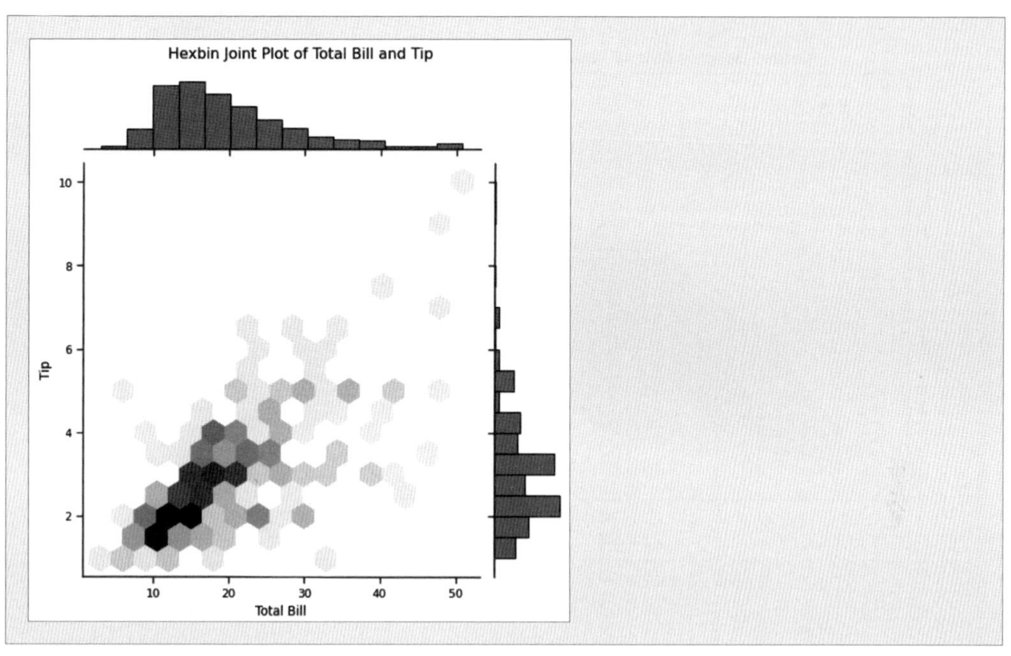

5. 2차원 밀도 분포 그래프 그리기

이번에는 2차원 밀도 분포 그래프를 그려 봅시다. 일변량 밀도 분포 그래프를 그릴 때와 같이 sns.kdeplot()을 사용하여 그래프를 그릴 수 있으며 1개가 아닌 2개의 변수를 사용한다는 점만 다릅니다.

total_bill, tip 열 데이터로 2차원 밀도 분포 그래프를 그리는 방법은 다음과 같습니다. 이때 매개변수 fill에 인수로 True를 전달하면 그래프에 음영 효과를 줄 수 있습니다.

```
kde, ax = plt.subplots()

sns.kdeplot(data=tips, x="total_bill", y="tip", fill=True, ax=ax)

ax.set_title('Kernel Density Plot of Total Bill and Tip')
ax.set_xlabel('Total Bill')
ax.set_ylabel('Tip')

plt.show()
```

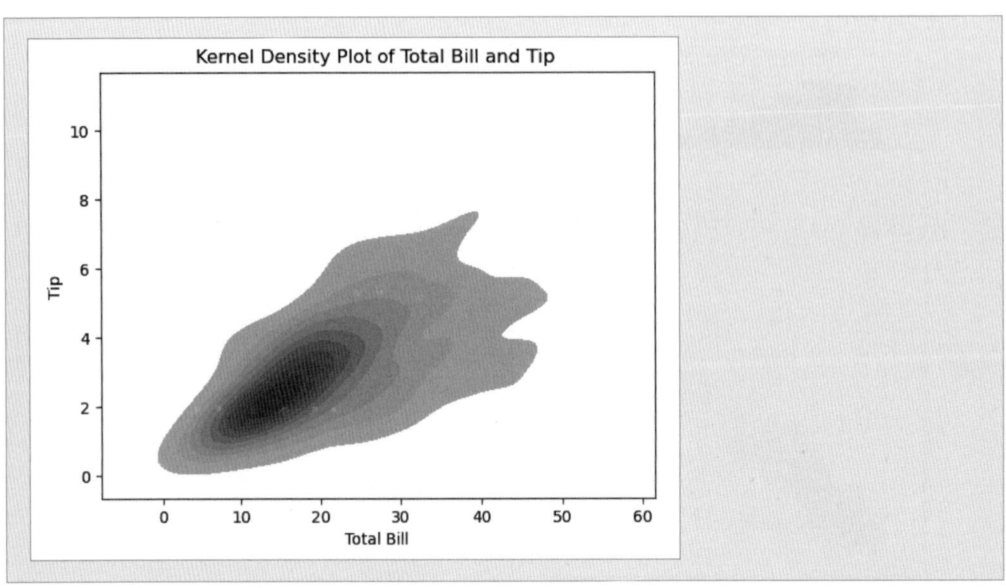

sns.jointplot()으로도 밀도 분포 그래프를 그릴 수 있습니다. 매개변수 kind에 인수로 "kde"를 전달하면 됩니다.

```
kde2d = sns.jointplot(data=tips, x="total_bill", y="tip", kind="kde")

kde2d.set_axis_labels(xlabel='Total Bill', ylabel='Tip')
kde2d.figure.suptitle('Hexbin Joint Plot of Total Bill and Tip', y=1.03)

plt.show()
```

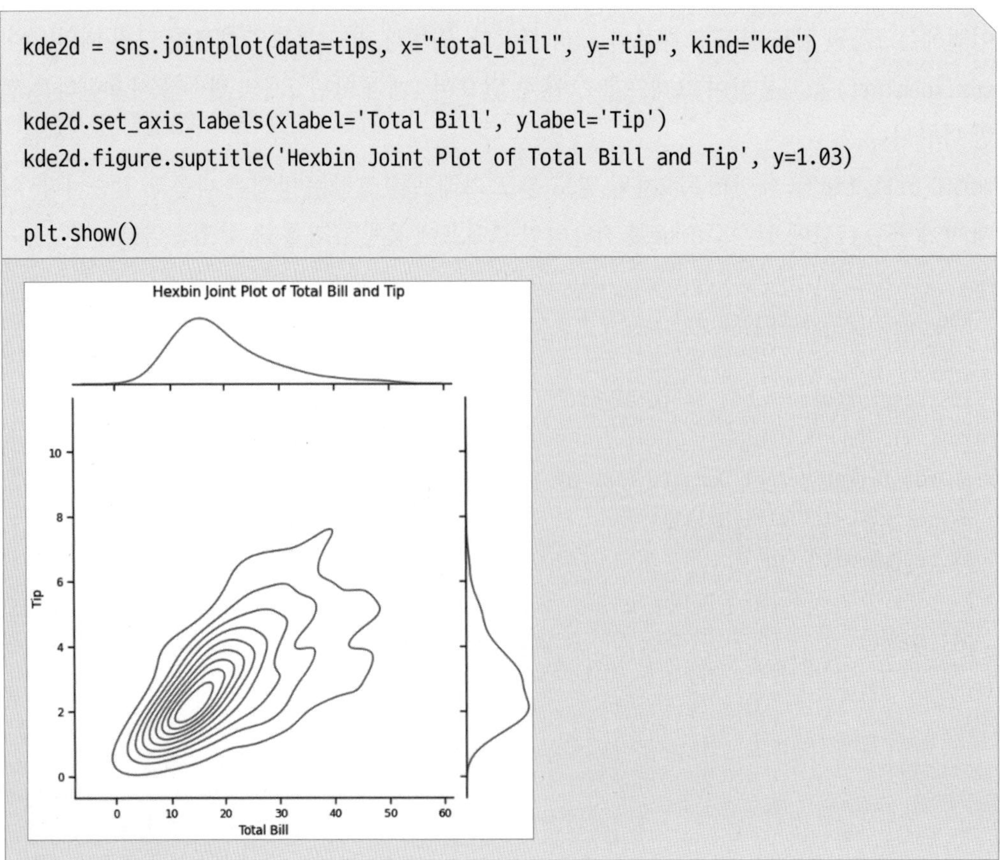

6. 막대그래프 그리기

막대그래프로 여러 개의 변수를 표현할 수도 있습니다. 막대그래프를 그리는 sns.barplot()은 기본값으로 지정한 변수의 산술 평균을 계산합니다. 다른 계산 함수를 사용하고 싶다면 매개변수 estimator를 활용하세요. 여기서는 식사 시간대(time)에 따른 청구서 총액(total_bill)의 평균을 구하여 막대그래프를 그려 보겠습니다. 이때 다음과 같이 넘파이 라이브러리의 평균 계산 함수 np.mean()을 estimator에 지정할 수 있습니다.

```
import numpy as np

bar, ax = plt.subplots()

sns.barplot(data=tips, x="time", y="total_bill", estimator=np.mean, ax=ax)

ax.set_title('Bar Plot of Average Total Bill for Time of Day')
ax.set_xlabel('Time of Day')
ax.set_ylabel('Average Total Bill')

plt.show()
```

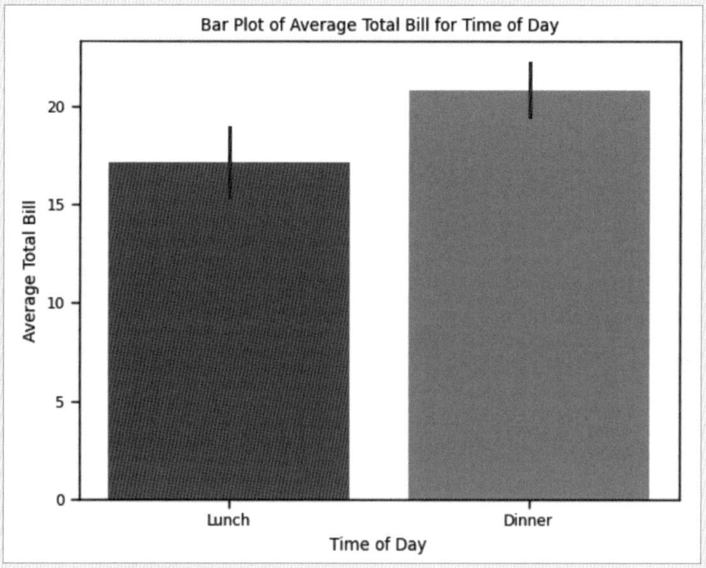

7. 박스 그래프 그리기

박스 그래프도 그려 봅시다. 박스 그래프는 최솟값, 1사분위수, 중앙값, 3사분위수, 최댓값, 이상값 등 다양한 통계량을 한 번에 표현합니다.

sns.boxplot()의 매개변수 y는 생략할 수 있습니다. 그러면 하나의 상자만 그래프로 표시합니다. 단, 이때 매개변수 x에는 반드시 total_bill 열과 같은 숫자형 변수를 지정해야 합니다.

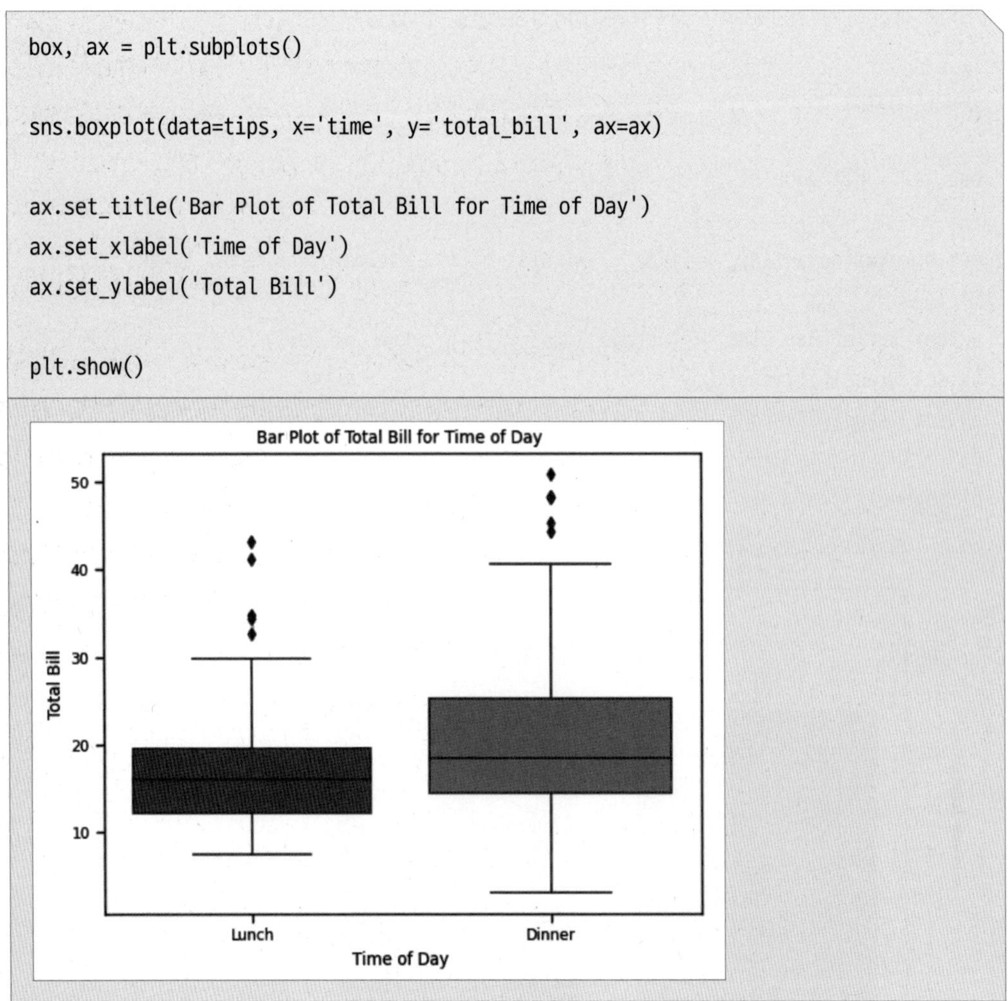

```
box, ax = plt.subplots()

sns.boxplot(data=tips, x='time', y='total_bill', ax=ax)

ax.set_title('Bar Plot of Total Bill for Time of Day')
ax.set_xlabel('Time of Day')
ax.set_ylabel('Total Bill')

plt.show()
```


8. 바이올린 그래프 그리기

박스 그래프는 다양한 통계 수치를 확인할 때 자주 사용하지만 데이터 분포가 모호합니다. 이럴 때는 커널 밀도 추정을 함께 표현한 바이올린violin 그래프를 사용합니다. 앤스컴 콰르텟을 통해 살펴봤듯이 통계량만 살펴보면 데이터에 잠재된 경향을 놓치기 쉽습니다. 따라서 바이올린 그래프와 같이 통계량과 더불어 다양한 정보를 시각화해 보는 것도 중요합니다.
sns.violinplot()으로 바이올린 그래프를 그려 봅시다.

```
violin, ax = plt.subplots()

sns.violinplot(data=tips, x='time', y='total_bill', ax=ax)

ax.set_title('Violin plot of total bill by time of day')
ax.set_xlabel('Time of day')
ax.set_ylabel('Total Bill')

plt.show()
```

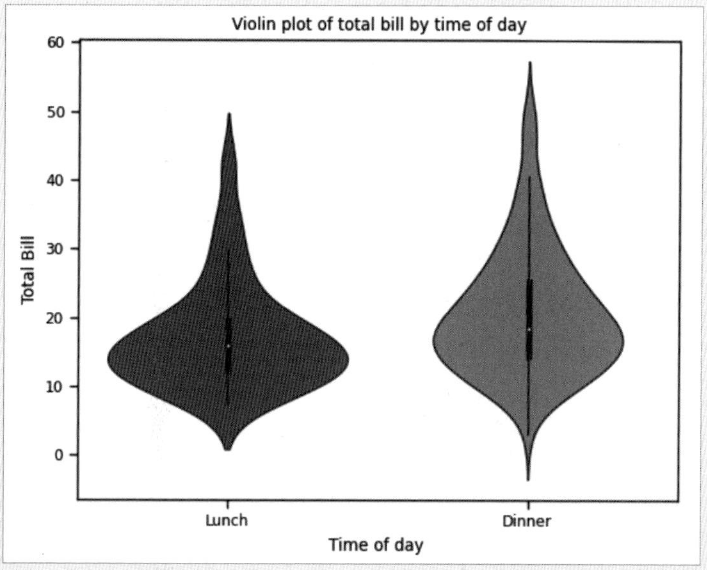

이번에는 하위 그래프가 2개인 그림 영역에 박스 그래프와 바이올린 그래프를 함께 그려 비교해 볼까요?

행의 개수를 나타내는 매개변수 nrows에 1을 전달하고 열의 개수를 나타내는 매개변수 ncols에 2를 전달하여 plt.subplots()를 호출하면 1×2 크기의 그림 영역을 만들 수 있습니다. 그런 다음, 반환한 하위 그래프를 각각 ax1, ax2로 저장하고 ax1에 박스 그래프를, ax2에 바이올린 그래프를 그립니다.

마지막으로 전체 그림 영역의 제목을 설정하고 하위 그래프 사이의 간격을 넓히는 set_tight_layout(True)를 설정하면 두 그래프를 한눈에 확인할 수 있습니다.

```
box_violin, (ax1, ax2) = plt.subplots(nrows=1, ncols=2)

sns.boxplot(data=tips, x='time', y='total_bill', ax=ax1)
sns.violinplot(data=tips, x='time', y='total_bill', ax=ax2)

ax1.set_title('Box Plot')
ax1.set_xlabel('Time of Day')
ax1.set_ylabel('Total Bill')

ax2.set_title('Violin plot')
ax2.set_xlabel('Time of day')
ax2.set_ylabel('Total Bill')

box_violin.suptitle("Comparison of Box Plot with Violin Plot")

box_violin.set_tight_layout(True)

plt.show()
```

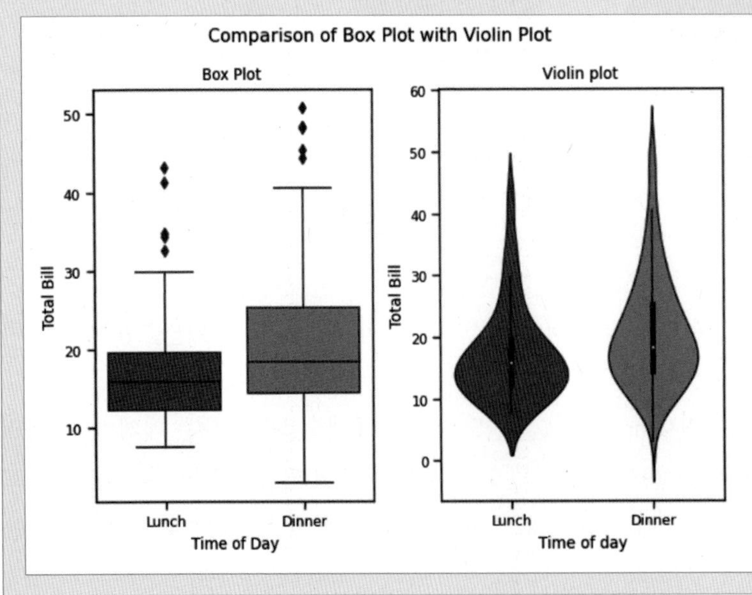

9. 관계 그래프 그리기 ①

마지막으로 관계 그래프를 그려 보겠습니다. 숫자 데이터가 대부분이라면 sns.pairplot()를 사용하여 변수 쌍별 관계를 나타낼 수 있습니다.

관계 그래프는 두 변수 사이에 어떤 관계가 있는지를 보여줍니다. sns.pairplot()의 매개변수 data에 데이터프레임만 지정하면 간단하게 그릴 수 있습니다.

```
fig = sns.pairplot(data=tips)

fig.figure.suptitle('Pairwise Relationships of the Tips Data', y=1.03)

plt.show()
```

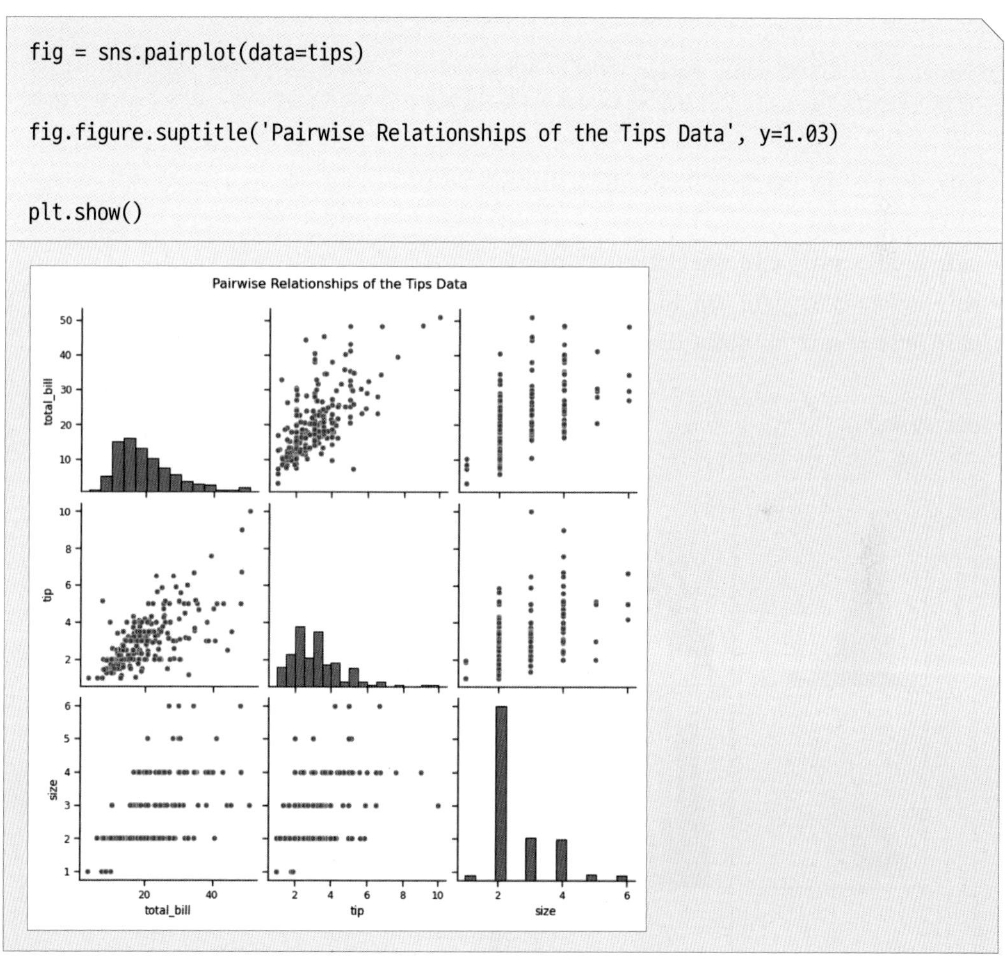

관계 그래프는 기본적으로 데이터프레임에 있는 숫자형 변수 사이의 산점도 그래프와 각 숫자형 변수의 히스토그램을 한 번에 나타냅니다. 다만 중복된 정보를 표현한다는 단점이 있습니다. 즉, 관계 그래프의 절반(대각선을 기준으로 위)은 나머지 절반(대각선을 기준으로 아래)과 나타내는 내용이 똑같습니다.

10. 관계 그래프 그리기 ②

sns.PairGrid()를 사용하면 대각선을 기준으로 위, 아래 또는 대각선을 선택하여 원하는 관계 그래프를 그릴 수 있습니다. 대각선 위는 map_upper(), 대각선 아래는 map_lower(), 대각선은 map_diag()로 선택하고 원하는 시각화 함수를 인수로 전달합니다.

예를 들어 대각선에는 히스토그램(sns.histplot)을, 대각선 위에는 회귀선이 있는 산점도 그래프(sns.regplot)를, 대각선 아래에는 이차원 밀집분포 그래프(sns.kdeplot)를 그려 볼까요?

sns.PairGrid()의 매개변수 diag_sharey는 대각선 위, 아래 또는 대각선 각 영역의 그래프를 같은 눈금 비율로 그린다는 것을 의미하며 기본값은 True입니다. 이 매개변수에 False를 인수로 전달하면 각 영역의 그래프를 서로 다른 눈금 비율로 그립니다.

```
pair_grid = sns.PairGrid(tips, diag_sharey=False)

pair_grid = pair_grid.map_upper(sns.regplot)
pair_grid = pair_grid.map_lower(sns.kdeplot)
pair_grid = pair_grid.map_diag(sns.histplot)

plt.show()
```

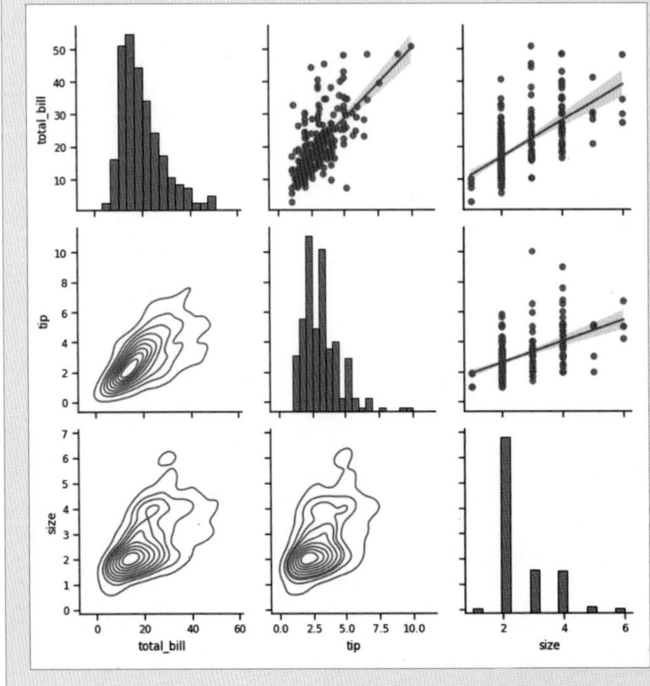

Do it! 실습 다변량 그래프 그리기

matplotlib에서 다변량 그래프를 설명할 때 언급했듯이 다변량 그래프를 그리는 정해진 방법은 없습니다. 그러므로 색상, 크기, 모양 등을 활용하여 원하는 방식으로 그래프 안의 데이터를 구분하면 됩니다.

1. 그래프에 색상 입히기

sns.violinplot()으로 바이올린 그래프를 그릴 때 매개변수 hue에 색으로 구분할 변수를 전달하면 색상을 다르게 표현할 수 있습니다. time과 total_bill의 바이올린 그래프에 흡연자인지를 나타내는 smoker 정보를 추가해 봅시다. smoker 변수는 Yes 또는 No의 값이므로 다음과 같이 색으로 데이터를 구분하는 매개변수 hue에 smoker 변수를 전달하여 서로 다른 색상으로 값을 표현합니다.

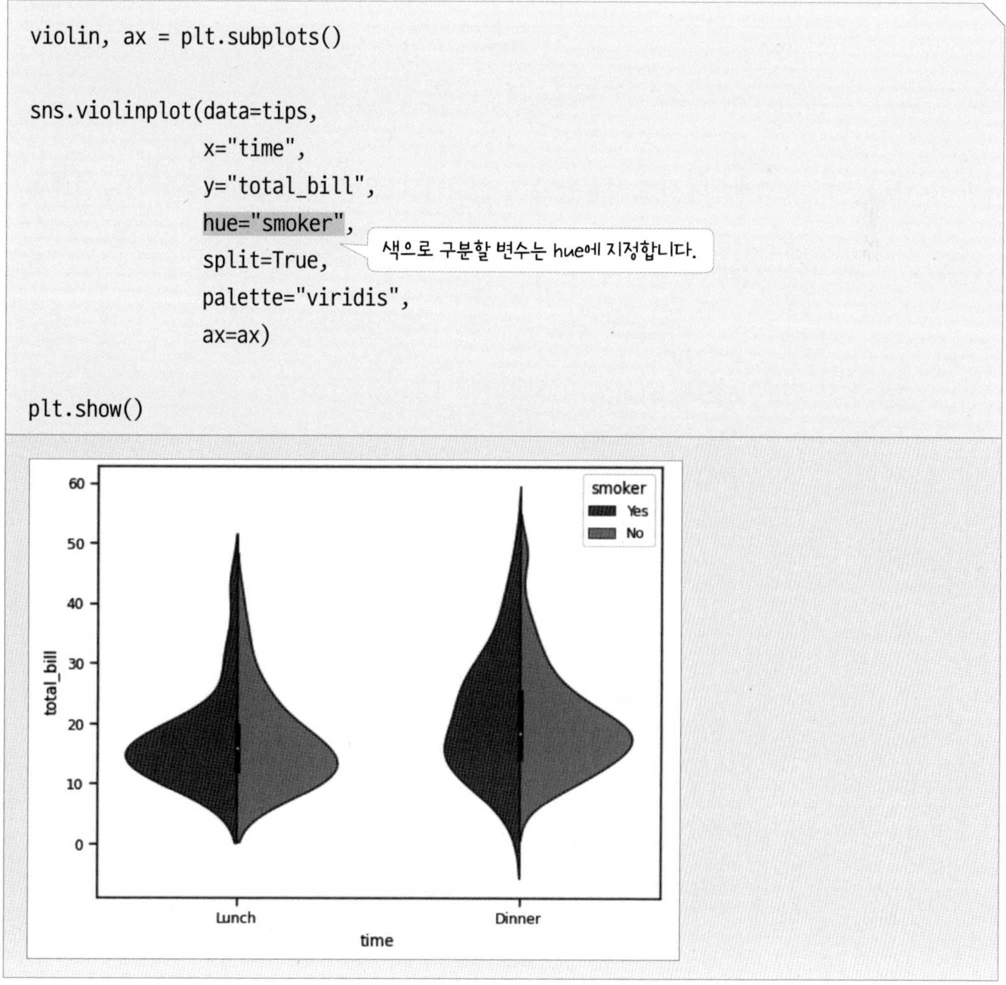

```
violin, ax = plt.subplots()

sns.violinplot(data=tips,
               x="time",
               y="total_bill",
               hue="smoker",
               split=True,
               palette="viridis",
               ax=ax)

plt.show()
```

매개변수 split를 True로 설정하면 결과와 같이 하나의 바이올린 그래프를 반으로 나누어 양쪽에 smoker 변수별로 그래프를 그립니다. 이와 달리 False로 설정하면 다음과 같이 따로 그립니다.

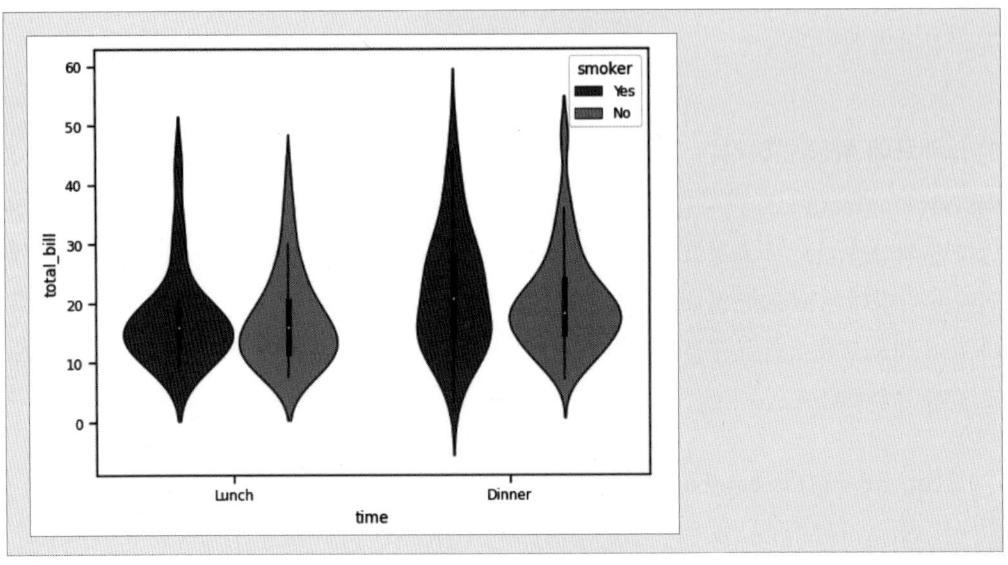

매개변수 hue는 다른 그래프에서도 사용할 수 있습니다. 다음은 산점도에 적용한 모습입니다.

```
scatter = sns.lmplot(data=tips,
                     x="total_bill",
                     y="tip",
                     hue="smoker",
                     fit_reg=False,
                     palette="viridis")

plt.show()
```

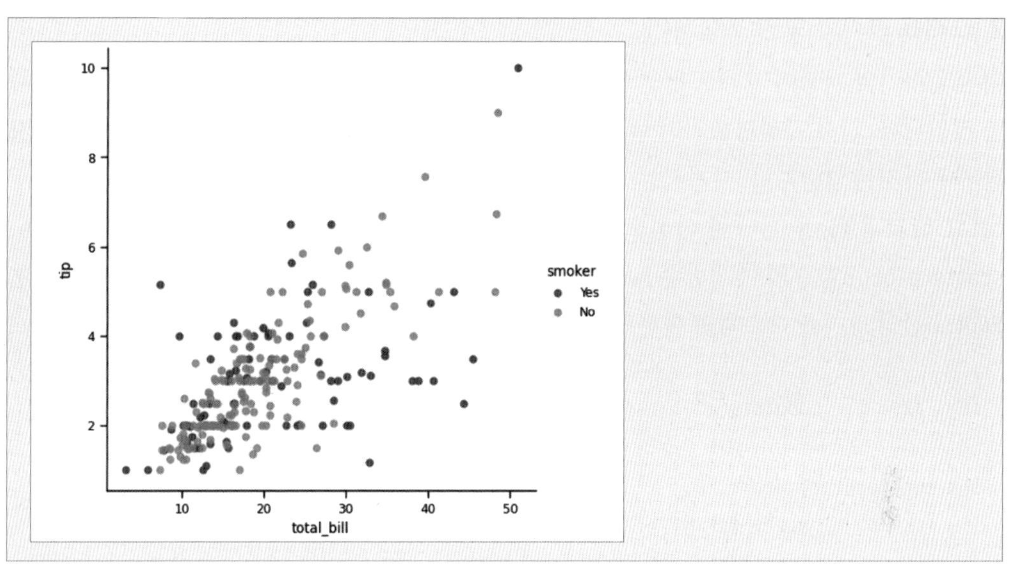

범주형 변수를 매개변수 hue에 전달하여 관계 그래프를 그릴 수도 있습니다. sns.pairplot()에 Lunch와 Dinner 중 하나인 범주형 변수 time을 매개변수 hue의 인수로 전달한 그래프는 다음과 같습니다.

```
fig = sns.pairplot(tips, hue="time", palette="viridis")
plt.show()
```

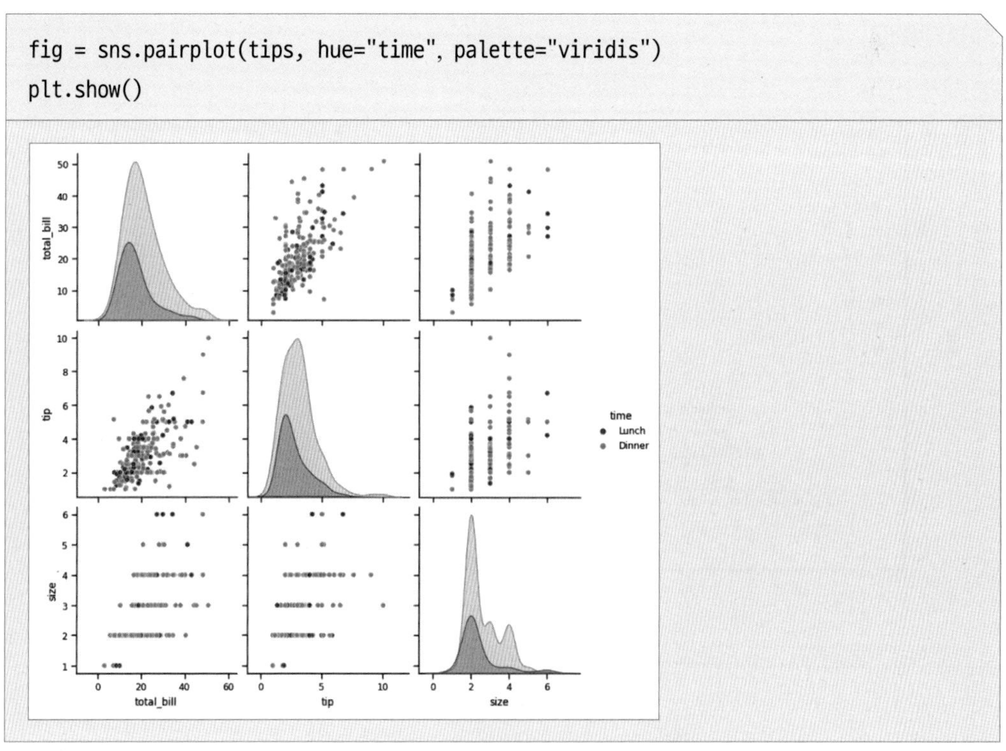

2. 그래프 크기와 모양 조절하기

색상 입히기와 더불어 그래프에 변수를 추가하는 또 다른 방법은 점의 크기를 서로 다르게 하는 것입니다. 앞서도 설명했지만 눈으로 크기를 구분하기는 쉽지 않으므로 이 방법은 그다지 잘 사용하지는 않습니다. 여기서는 크기를 적용하는 방법만 간단하게 소개합니다.

total_bill과 tip을 나타낸 산점도 그래프에 time과 size 변수를 추가해 봅시다. 먼저 sns.scatterplot() 함수의 매개변수 hue에 time 변수를 전달하여 서로 다른 색으로 표현합니다. 그리고 점의 크기를 다르게 표현하도록 매개변수 size에 size 변수를 전달합니다.

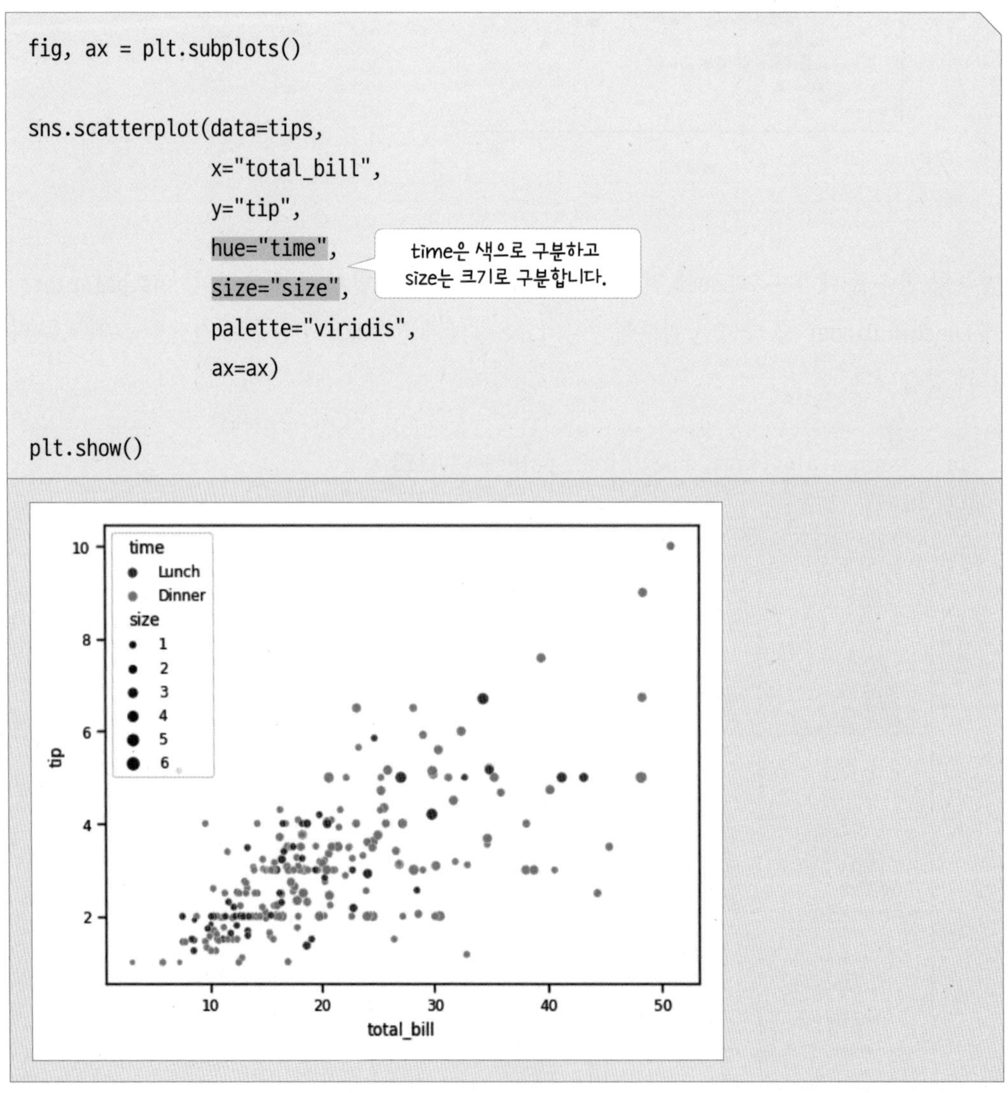

```
fig, ax = plt.subplots()

sns.scatterplot(data=tips,
                x="total_bill",
                y="tip",
                hue="time",
                size="size",
                palette="viridis",
                ax=ax)

plt.show()
```

Do it! 실습 그래프 나눠 그리기

더 많은 변수를 표현하고 싶으면 어떻게 해야 할까요? 또는 범주형 변수마다 그래프를 그리고 싶다면 어떻게 해야 할까요? 이럴 때는 그래프를 나눠 그리는 패싯facet 기능을 활용하면 좋습니다. 데이터를 추출하고 그림 영역을 만들어 하위 그래프를 그리는 대신 seaborn의 패싯 기능을 사용하면 그래프를 손쉽게 나눠서 그릴 수 있습니다.

패싯을 사용하려면 데이터셋이 이른바 깔끔한 데이터tidy data[6]여야 합니다. 깔끔한 데이터란 각 행이 하나의 관측 데이터를 나타내고 각 열이 변수를 나타내는 데이터입니다. 깔끔한 데이터는 05장에서 더 자세히 알아봅니다.

1. 1개의 범주형 변수로 그래프 나누기

앤스컴 콰르텟 데이터셋에서 4개의 서로 다른 데이터셋을 추출하여 그림 영역 객체에 4개의 하위 그래프를 그렸던 것을 기억하나요? 이번에는 seaborn의 패싯을 사용하여 각 데이터셋의 그래프를 그려 봅니다. 먼저 앤스컴 콰르텟 데이터셋을 불러옵니다.

```
anscombe = sns.load_dataset("anscombe")
```

seaborn에서 그래프를 나누어 그리는 방법은 시각화 함수에 매개변수 col 또는 row를 전달하는 것입니다. 4개의 데이터셋을 나누는 기준이었던 dataset 열 이름을 sns.relplot()의 매개변수 col에 전달하여 산점도를 그리면 다음과 같이 자동으로 그래프가 4개로 분리됩니다.

```
anscombe_plot = sns.relplot(data=anscombe,
                            x="x",
                            y="y",
                            kind="scatter",
                            col="dataset",
                            col_wrap=2,
                            height=2,
                            aspect=1.6)

anscombe_plot.figure.set_tight_layout(True)

plt.show()
```

데이터 구분 기준으로 dataset을 지정하고 한 행에 2개씩 그립니다.

6 http://vita.had.co.nz/papers/tidy-data.pdf

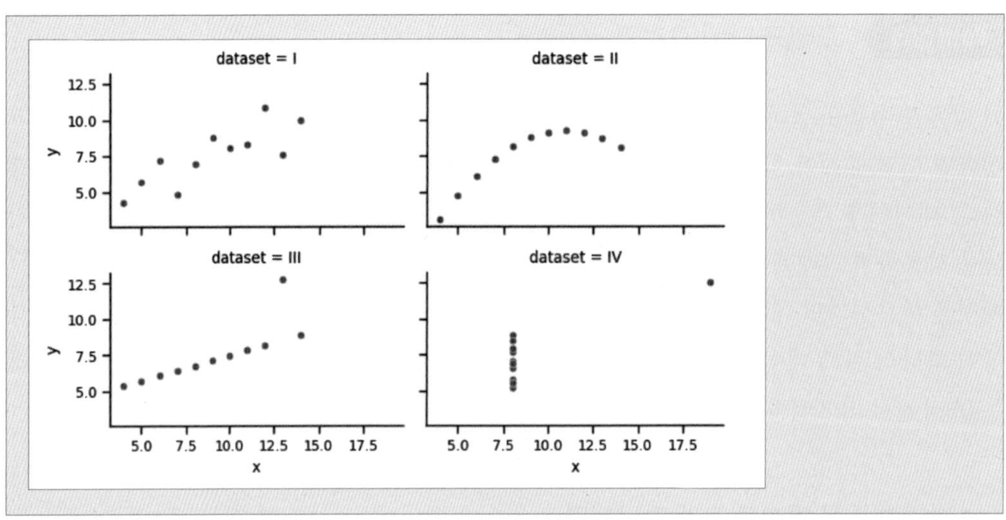

매개변수 col에는 그래프를 나누는 기준 변수를 지정합니다. col_wrap은 격자 형태를 결정하는 매개변수로, 열 개수를 설정합니다. 예제에서는 2로 지정하여 열이 2개인 그림 영역을 생성했습니다. 이 매개변수를 생략하면 4개의 그래프를 모두 같은 행에 그립니다.

height는 그래프 높이를 결정하는 매개변수입니다. 보기 좋게 출력되도록 적당한 값으로 설정했습니다. 마지막으로 aspect는 그래프의 가로세로 비율을 의미하는 매개변수입니다.

2. 여러 개의 범주형 변수로 그래프 나누기

범주형 변수를 몇 개 더 추가해 볼까요? 매개변수 col과 더불어 범주형 변수를 row, hue, style과 같은 매개변수에 전달하면 그래프에 해당 변수를 표현할 수 있습니다. 이번에는 tips 데이터셋으로 돌아가서 total_bill과 tip의 산점도 그래프를 그려 보겠습니다. 이때 요일로 열을 나누고(col="day") 시간으로 행을 나누어(row="time") 그래프를 그립니다. 여기에 흡연 여부에 따라 색을 나누고(hue="smoker") 성별에 따라 산점도의 점 모양을 다르게(style="sex") 표현하겠습니다.

sns.relplot()만 호출하면 그래프는 완성입니다. 나머지는 범주를 추가하는 등 그래프를 예쁘게 꾸미는 코드입니다. 함수 호출 한 번으로 6개 변수를 그래프로 표현할 수 있다니, 굉장히 편리하죠?

```
colors = {
    "Yes": "#f1a340", # 주황색
    "No" : "#998ec3", # 보라색
}
```

```
facet2 = sns.relplot(data=tips,
                     x="total_bill",
                     y="tip",
                     hue="smoker",
                     style="sex",
                     kind="scatter",
                     col="day",
                     row="time",
                     palette=colors,
                     height=1.7)

# 여기서부터는 그래프를 꾸미는 코드입니다.
# 나눠진 각 그래프에 제목을 붙입니다.
facet2.set_titles(row_template="{row_name}", col_template="{col_name}")

# 그래프에 범주를 추가하는 코드입니다.
sns.move_legend(facet2,
                loc="lower center",
                bbox_to_anchor=(0.5, 1),
                ncol=2,         # 범주의 열 개수
                title=None,     # 범주 제목
                frameon=False)  # 범주 테두리를 숨깁니다.

facet2.figure.set_tight_layout(True)

plt.show()
```

smoker는 색으로 구분하고 sex는 크기로 구분합니다.

요일로 열을 나누고 시간으로 행을 나눕니다.

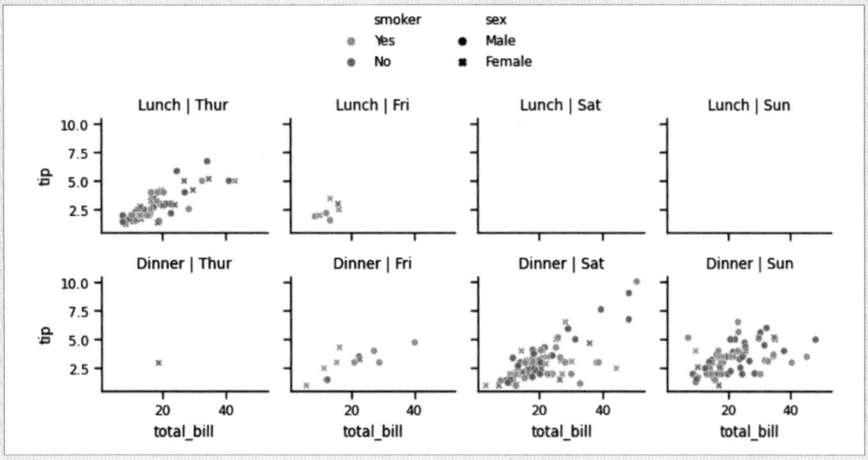

3. FacetGrid 객체로 그래프 직접 나누기

seaborn으로 그린 대부분 그래프는 하위 그래프 Axes 객체 기반의 함수를 사용합니다. 패싯 기능의 핵심인 col이나 col_wrap과 같은 매개변수는 그림 영역 객체에 기반을 둔 시각화 함수에서만 사용할 수 있기 때문에 모든 seaborn 시각화 함수에서 패싯 기능을 사용할 수 있는 것은 아닙니다. 시각화 함수에서 패싯과 관련된 매개변수를 제공하지 않는다면 이러한 매개변수를 지원하는 FacetGrid 객체를 먼저 생성한 다음, map()에 그래프의 종류와 x축으로 지정할 열 이름을 순서대로 전달합니다.

```
facet = sns.FacetGrid(tips, col='time')

facet.map(sns.histplot, 'total_bill')
plt.show()
```

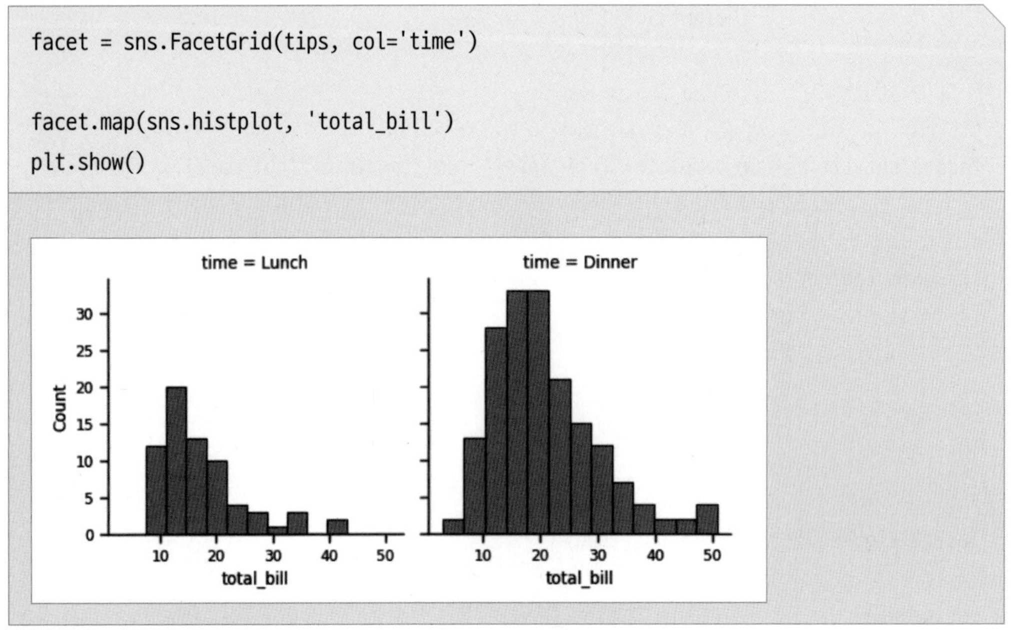

한 걸음 더! 그래프를 나눠 그릴 때는 seaborn을 이용하세요!

될 수 있으면 패싯에 row와 col 매개변수를 전달하면 그림 영역 객체를 반환하는 sns.relplot()이나 sns.catplot()과 같은 seaborn 그래프 함수를 사용하세요. FacetGrid 객체를 직접 만들어서 패싯 기능을 구현하기가 다소 까다롭기 때문입니다. 패싯 기능을 직접 구현하려면 seaborn의 다양한 함수를 능숙하게 다룰 수 있어야 합니다.

각 그래프가 꼭 일변량 그래프일 필요는 없습니다. 이변량, 다변량 그래프도 패싯으로 나누어 그릴 수 있습니다.

```
facet = sns.FacetGrid(tips,
                      col='day',
                      col_wrap=2,
                      hue='sex',
                      palette="viridis")

facet.map(plt.scatter, 'total_bill', 'tip')
facet.add_legend()
plt.show()
```

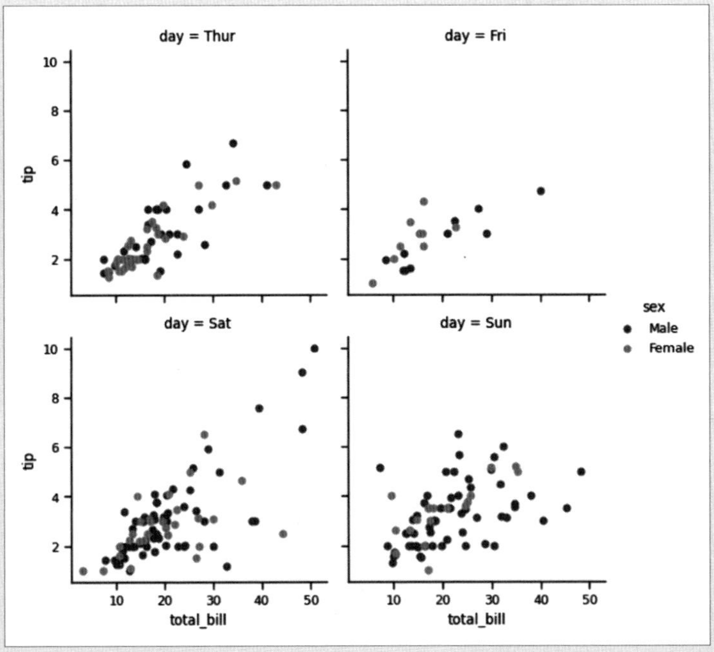

매개변수 row를 사용하여 한 변수는 x축으로, 다른 변수는 y축으로 나누어 표현할 수도 있습니다. 이때 설정한 행(row)과 열(col)에 따라 그래프가 격자로 표시되므로 열의 개수를 제한하여 행을 나누는 매개변수 col_wrap은 제외해야 합니다.

```
facet = sns.FacetGrid(tips,
                      col='time',
                      row='smoker',
```

```
                    hue='sex',
                    palette="viridis")

facet.map(plt.scatter, 'total_bill', 'tip')
plt.show()
```

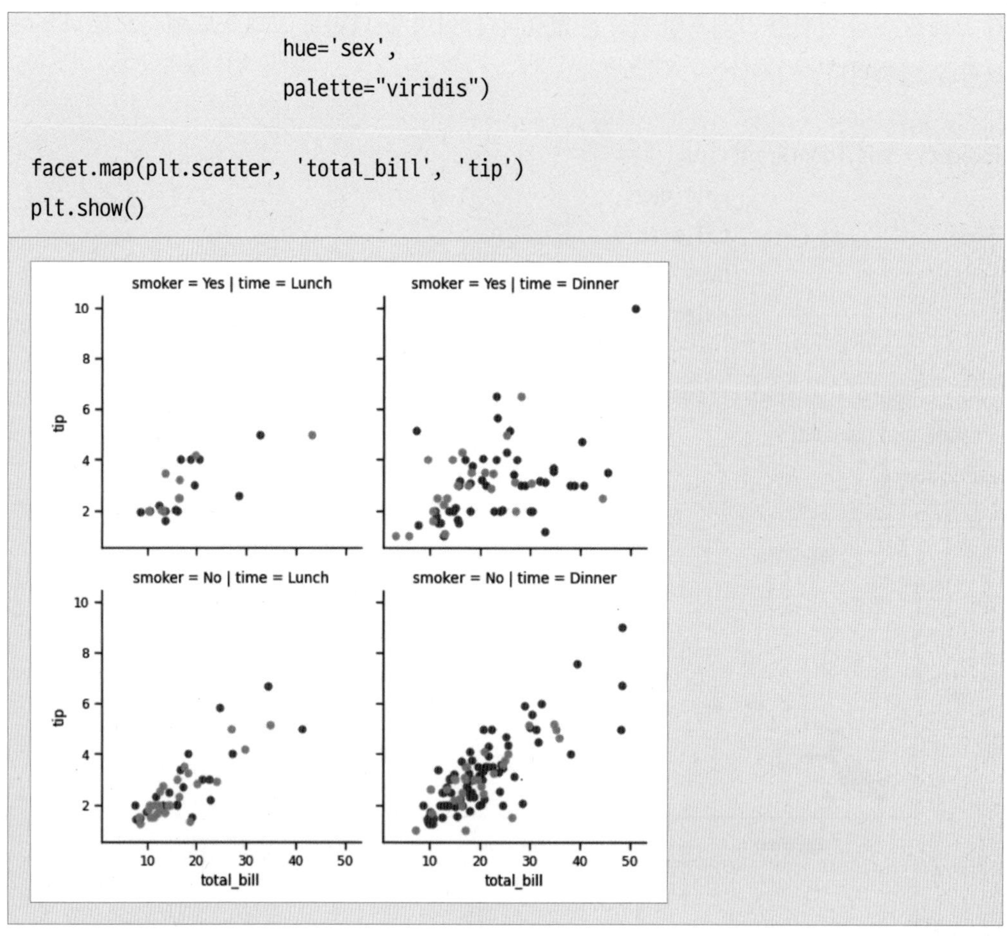

서로 다른 색의 점이 겹쳐서 구분하기가 어렵다면 sns.catplot() 함수를 사용하세요. 여기서는 바이올린 그래프로 표현했습니다.

```
facet = sns.catplot(x="day",
                    y="total_bill",
                    hue="sex",
                    data=tips,
                    row="smoker",
                    col="time",
                    kind="violin",
                    height=3)
plt.show()
```

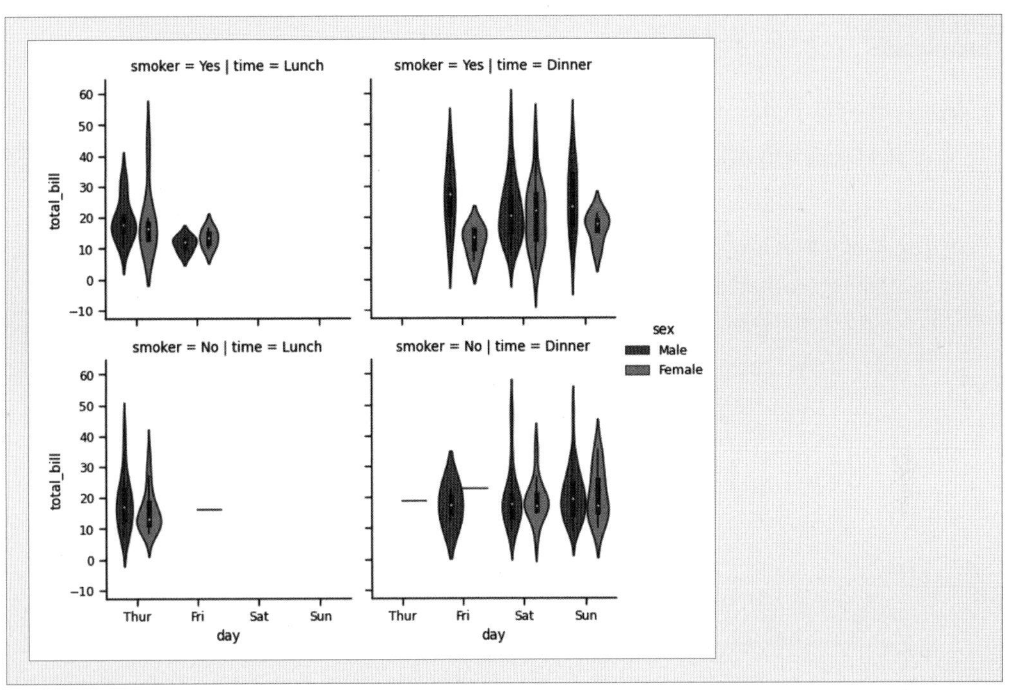

한 걸음 더!

빨셈 기호를 표시하지 못한다면?

그래프를 그릴 때 빨셈 기호를 표시하지 못한다는 오류(`UserWarning: Glyph 8722`)가 발생한다면 라이브러리를 불러온 후 다음 한 줄을 추가하세요. 이는 글꼴이 해당 기호를 지원하지 않는다면 대체 글꼴을 사용하라는 뜻입니다.

```
# 빨셈 기호 문제 해결하기
plt.rc('axes', unicode_minus=False)
```

seaborn 스타일 알아보기

지금까지 seaborn으로 그린 모든 그래프는 기본 그래프 스타일로 그렸으나 `sns.set_style()` 함수를 이용하면 스타일을 바꿀 수 있습니다. 일반적으로 이 함수는 코드의 시작 부분에서 한 번만 실행합니다. 즉, 스타일을 한 번 설정하면 모든 그래프가 해당 스타일로 그려집니다. 특정 그래프만 다른 스타일로 그리고 싶다면 `with` 구문으로 `sns.axes_style()`을 사용하면 됩니다.

Do it! 실습 스타일 알아보기

1. seaborn에서 제공하는 스타일은 darkgrid, whitegrid, dark, white, ticks 등 모두 5가지입니다. 먼저 기본 스타일 그래프부터 살펴봅시다. 간단한 바이올린 그래프를 하나 그려 볼까요?

```
fig, ax = plt.subplots()
sns.violinplot(data=tips,
               x="time",
               y="total_bill",
               hue="sex",
               split=True,
               ax=ax)

plt.show()
```

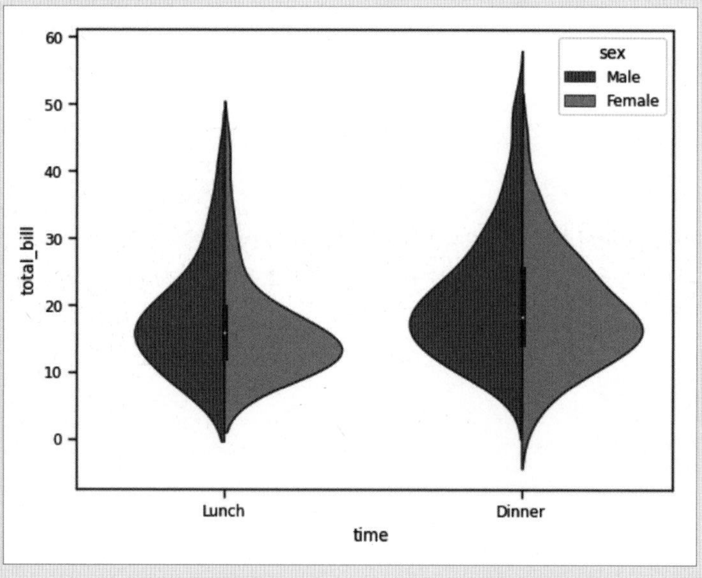

2. 이번에는 스타일을 darkgrid로 바꿔서 같은 그래프를 그리겠습니다. 결과 그래프를 보면 배경 스타일이 바뀐 것을 확인할 수 있습니다.

```
# 전체 스타일을 darkgrid로 변경하고 싶다면 아래 코드를 주석 해제하고 실행하세요.
# sns.set_style("darkgrid")
# fig, ax = plt.subplots()
# sns.violinplot(data=tips,
#                x="time",
#                y="total_bill",
#                hue="sex",
#                split=True,
#                ax=ax)

# 특정 그래프만 다른 스타일로 그리는 코드입니다.
with sns.axes_style("darkgrid"):
    fig, ax = plt.subplots()
    sns.violinplot(data=tips,
                   x="time",
                   y="total_bill",
                   hue="sex",
                   split=True,
                   ax=ax)

plt.show()
```

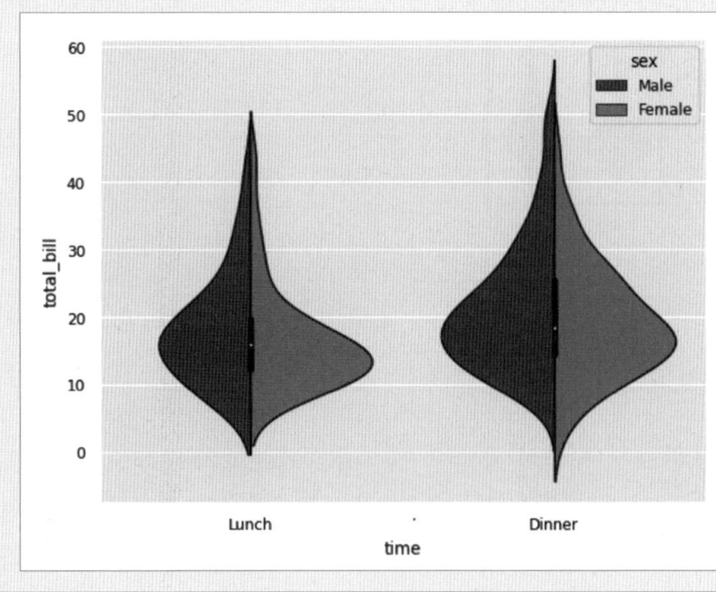

3. 그 밖의 스타일은 다음 그래프를 참고하세요.

```
seaborn_styles = ["darkgrid", "whitegrid", "dark", "white", "ticks"]

fig = plt.figure()
for idx, style in enumerate(seaborn_styles):
    plot_position = idx + 1
    with sns.axes_style(style):
        ax = fig.add_subplot(2, 3, plot_position)
        violin = sns.violinplot(data=tips, x="time", y="total_bill", ax=ax)
        violin.set_title(style)

fig.set_tight_layout(True)
plt.show()
```

darkgrid whitegrid dark white ticks
total_bill 60 40 20 0
Lunch Dinner
time

Do it! 실습 그래프 컨텍스트 설정하기

1. seaborn 라이브러리는 글자 크기, 선 굵기, 축 눈금 크기 등 그래프의 각 요소 크기 조합을 사전 정의한 설정값을 제공합니다. 이것을 컨텍스트[context]라고 합니다. 컨텍스트를 변경하면 각 요소의 크기를 한 번에 설정할 수 있습니다. 이 장에서는 paper 컨텍스트를 사용했지만 기본값은 notebook입니다. 각 컨텍스트의 요소별 설정값은 다음과 같습니다.

```
import pandas as pd

contexts = pd.DataFrame({
        "paper": sns.plotting_context("paper"),
        "notebook": sns.plotting_context("notebook"),
        "talk": sns.plotting_context("talk"),
        "poster": sns.plotting_context("poster"),
})
print(contexts)
```

❖ 출력 결과

```
                      paper  notebook    talk  poster
axes.linewidth          1.0      1.25   1.875     2.5
grid.linewidth          0.8      1.00   1.500     2.0
lines.linewidth         1.2      1.50   2.250     3.0
lines.markersize        4.8      6.00   9.000    12.0
patch.linewidth         0.8      1.00   1.500     2.0
xtick.major.width       1.0      1.25   1.875     2.5
ytick.major.width       1.0      1.25   1.875     2.5
xtick.minor.width       0.8      1.00   1.500     2.0
ytick.minor.width       0.8      1.00   1.500     2.0
xtick.major.size        4.8      6.00   9.000    12.0
ytick.major.size        4.8      6.00   9.000    12.0
xtick.minor.size        3.2      4.00   6.000     8.0
ytick.minor.size        3.2      4.00   6.000     8.0
font.size               9.6     12.00  18.000    24.0
axes.labelsize          9.6     12.00  18.000    24.0
axes.titlesize          9.6     12.00  18.000    24.0
xtick.labelsize         8.8     11.00  16.500    22.0
ytick.labelsize         8.8     11.00  16.500    22.0
legend.fontsize         8.8     11.00  16.500    22.0
legend.title_fontsize   9.6     12.00  18.000    24.0
```

2. 각 컨텍스트를 적용한 그래프는 다음과 같습니다.

```
context_styles = contexts.columns

fig = plt.figure()
```

```
for idx, context in enumerate(context_styles):
    plot_position = idx + 1
    with sns.plotting_context(context):
        ax = fig.add_subplot(2, 2, plot_position)
        violin = sns.violinplot(data=tips, x="time", y="total_bill", ax=ax)
        violin.set_title(context)

fig.set_tight_layout(True)
plt.show()
```

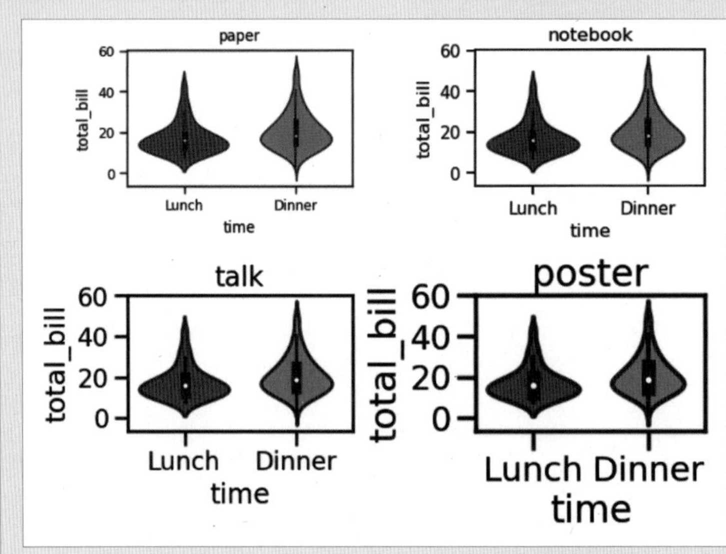

seaborn 공식 문서를 읽는 방법

seaborn 라이브러리를 살펴보면서 matplotlib 라이브러리에서 사용하는 다양한 시각화 객체(Axes와 Figure 객체)를 소개했습니다. 이러한 객체를 이해해야 matplotlib을 기반으로 만든 시각화 라이브러리의 공식 문서를 이해할 수 있고 시각화 함수를 자유자재로 활용할 수 있습니다.

바이올린 그래프와 관계 그래프를 그리는 예제를 다시 살펴보면서 객체의 공식 문서를 참고하는 방법을 알아봅니다.

matplotlib의 Axes 객체

다음은 박스 그래프와 바이올린 그래프를 비교하는 예제입니다.

```
box_violin, (ax1, ax2) = plt.subplots(nrows=1, ncols=2)

sns.boxplot(data=tips, x='time', y='total_bill', ax=ax1)
sns.violinplot(data=tips, x='time', y='total_bill', ax=ax2)

ax1.set_title('Box Plot')
ax1.set_xlabel('Time of Day')
ax1.set_ylabel('Total Bill')

ax2.set_title('Violin plot')
ax2.set_xlabel('Time of day')
ax2.set_ylabel('Total Bill')

box_violin.suptitle("Comparison of Box Plot with Violin Plot")

box_violin.set_tight_layout(True)
plt.show()
```

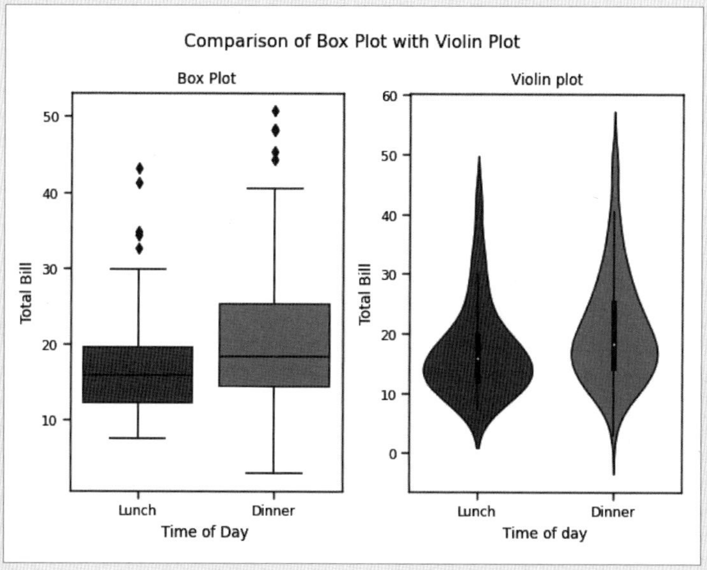

Comparison of Box Plot with Violin Plot

Box Plot | Violin plot

예제에서 사용한 sns.violinplot()을 문서에서 찾아보면 이 함수는 matplotlib의 Axes 객체를 반환한다고 합니다.

```
Returns ax : matplotlib Axes
        Returns the Axes object with the plot drawn onto it.
```

예제에서 ax2 객체가 정말 Axes 객체인지 확인해 볼까요?

```
print(type(ax2))
```

❖ 출력 결과

```
<class 'matplotlib.axes._axes.Axes'>
```

Axes 객체는 matplotlib의 객체이므로 sns.violinplot() 함수 밖에서 그래프를 조정하고 싶다면 matplotlib.axes 문서[7]를 살펴봐야 합니다. 그동안 제목을 설정할 때 사용한 set_title() 메서드를 바로 이 문서에서 확인할 수 있습니다.

matplotlib의 Figure 객체

이번에는 box_violin 객체의 type()을 살펴보겠습니다.

```
print(type(box_violin))
```

❖ 출력 결과

```
<class 'matplotlib.figure.Figure'>
```

matplotlib의 Figure 객체네요. Figure의 공식 문서에서 그동안 틀에 제목을 추가할 때 사용한 suptitle() 메서드의 설명을 찾을 수 있습니다.

seaborn의 객체

다음은 관계 그래프를 그리는 예제입니다.

```
fig = sns.pairplot(data=tips)
fig.figure.suptitle('Pairwise Relationships of the Tips Data', y=1.03)
plt.show()
```

7 https://matplotlib.org/stable/api/axes_api.html#module-matplotlib.axes

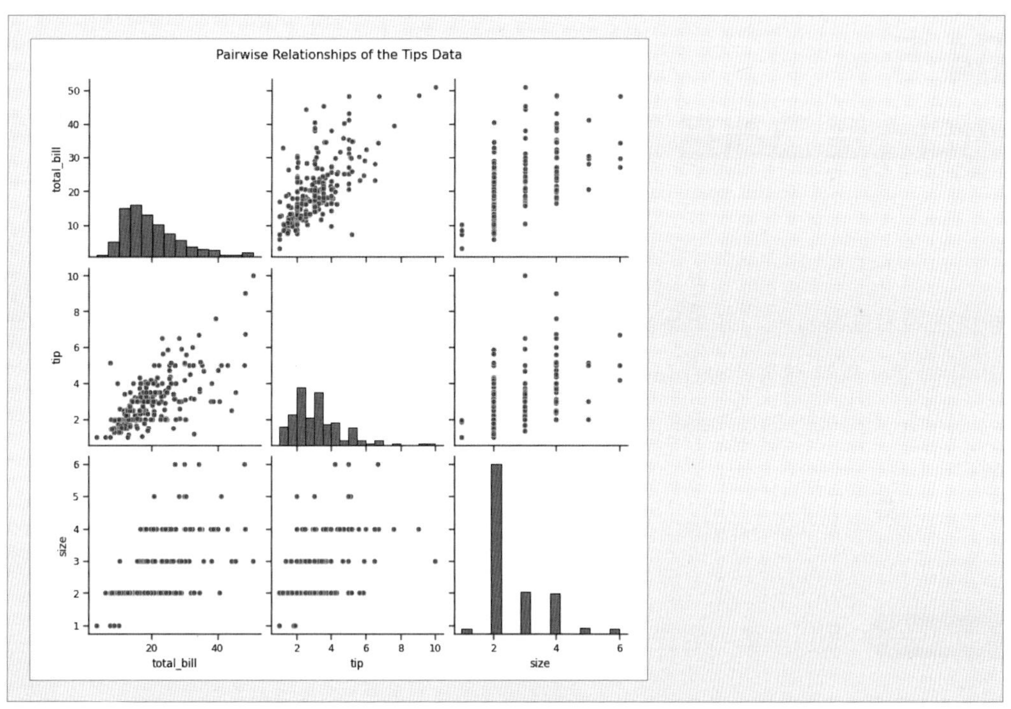

이 예제는 seaborn의 PairGrid 객체와 관련된 예제입니다. fig의 자료형을 확인해 봅시다.

```
print(type(fig))
```

❖ 출력 결과

```
<class 'seaborn.axisgrid.PairGrid'>
```

PairGrid 객체 공식 문서[8]에서 가장 아래로 내려가면 PairGrid 객체의 모든 속성과 메서드를 확인할 수 있습니다. 메서드 목록을 보면 그림 영역의 제목을 설정하는 suptitle()은 없습니다. 앞서 살펴봤듯이 suptitle()은 matplotlib.Figure의 메서드이기 때문입니다. 그 대신 PairGrid 객체 문서의 속성을 보면 figure로 Figure 객체에 접근할 수 있습니다. suptitle() 메서드를 사용하려면 sns.PairGrid 객체에서 figure로 matplotlib.Figure 객체에 접근한 다음, subtitle() 메서드에 접근하면 됩니다. 제목을 설정할 때 figure.suptitle()이라고 한 것은 이 때문입니다.

8 https://seaborn.pydata.org/generated/seaborn.PairGrid.html

04-5
판다스로 그래프 그리기

판다스 객체도 자체 시각화 기능을 제공합니다. seaborn과 마찬가지로 판다스에 내장된 시각화 함수 역시 미리 설정한 matplotlib을 사용하는 래퍼wrapper 함수입니다. 일반적으로 판다스의 시각화 메서드는 DataFrame.plot.<그래프 유형> 또는 Series.plot.<그래프 유형> 형식입니다.

래퍼 함수란 기존 함수의 기능을 확장하고자 기존 함수를 감싸 만든 함수입니다.

Do it! 실습 판다스로 다양한 그래프 그리기

1. 히스토그램 그리기

히스토그램은 Series.plot.hist() 또는 DataFrame.plot.hist()로 그립니다. 다음은 tips 데이터프레임에서 추출한 total_bill 시리즈의 히스토그램을 그리는 예제입니다.

```
fig, ax = plt.subplots()
tips['total_bill'].plot.hist(ax=ax)
plt.show()
```

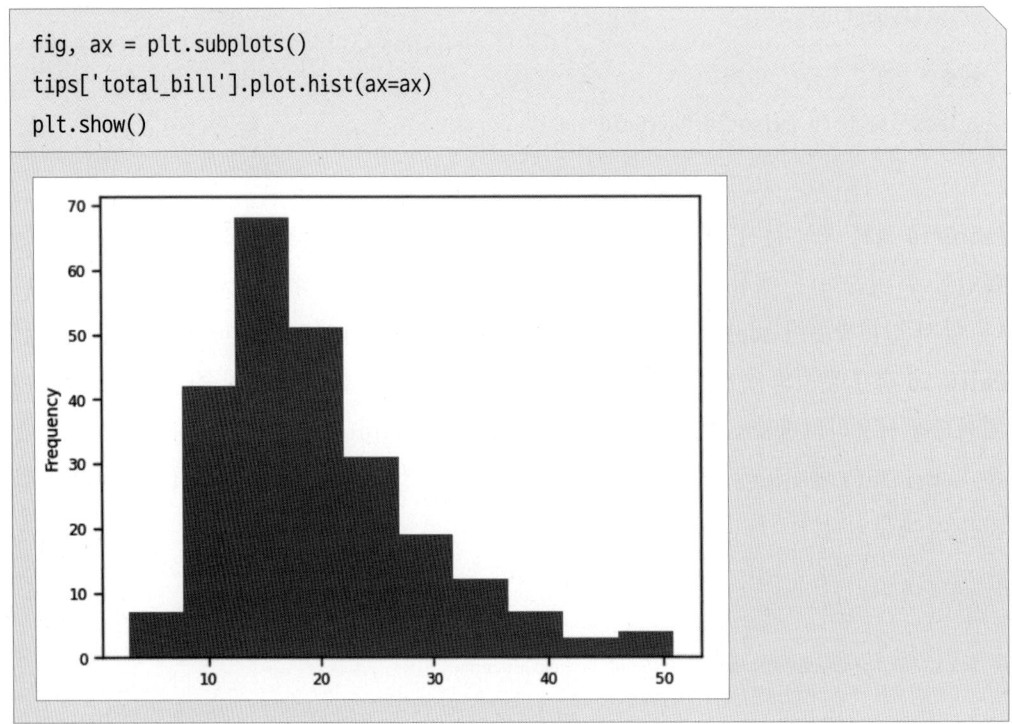

다음은 tips의 total_bill, tip 열을 추출하여 만든 데이터프레임을 히스토그램으로 그리는 예제입니다.

```
fig, ax = plt.subplots()
tips[['total_bill', 'tip']].plot.hist(alpha=0.5, bins=20, ax=ax)
plt.show()
```

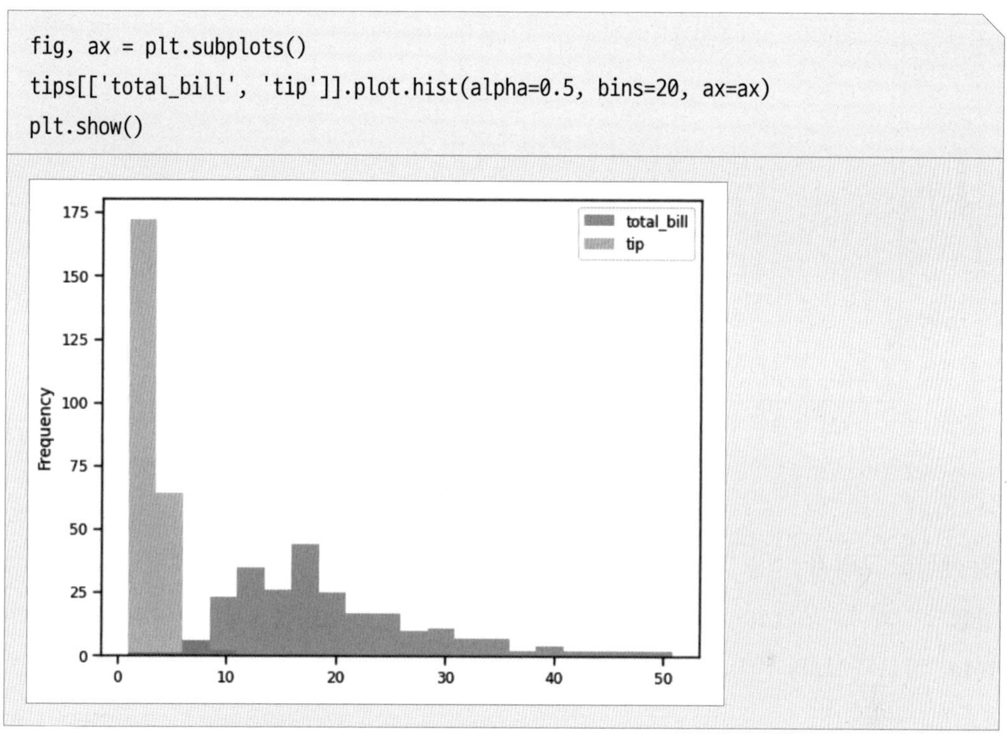

2. 밀도 분포 그래프 그리기

밀도 분포 그래프는 Series.plot.kde() 또는 DataFrame.plot.kde()로 그립니다. 다음은 tips 데이터프레임에서 추출한 tip 시리즈의 밀도 분포 그래프를 그리는 예제입니다.

```
fig, ax = plt.subplots()
tips['tip'].plot.kde(ax=ax)
plt.show()
```

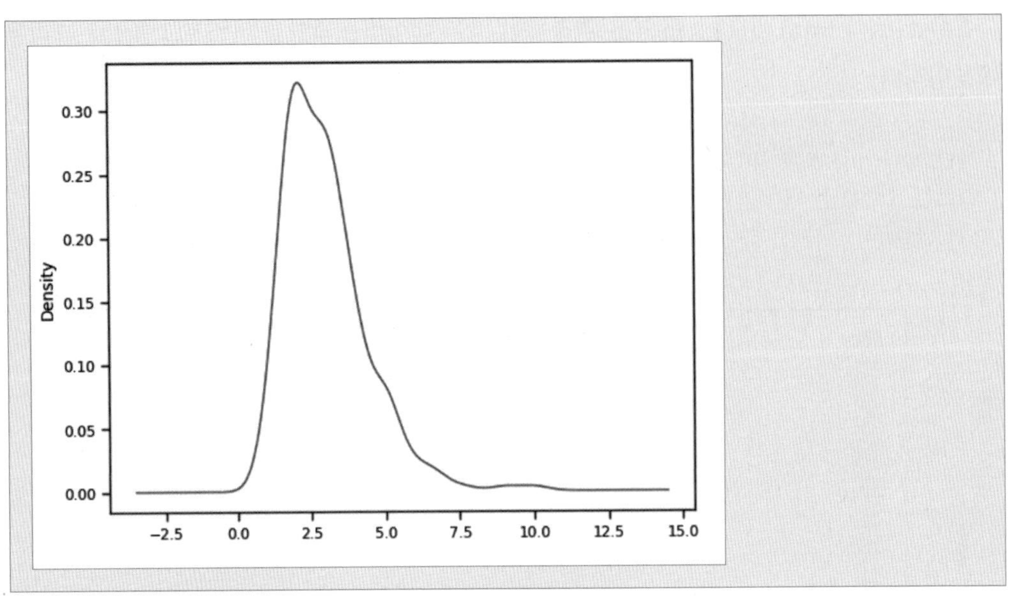

3. 산점도 그리기

산점도 그래프는 DataFrame.plot.scatter()로 그립니다. 다음은 tips 데이터프레임에서 total_bill과 tip의 산점도 그래프를 그리는 예제입니다.

```
fig, ax = plt.subplots()
tips.plot.scatter(x='total_bill', y='tip', ax=ax)
plt.show()
```

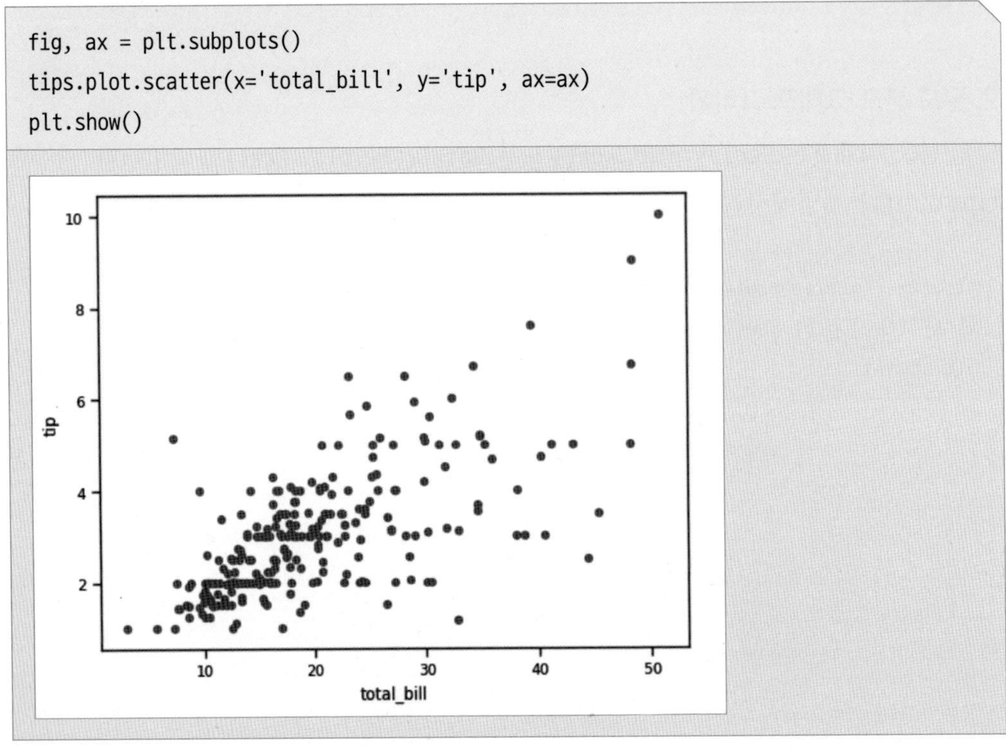

4. 육각 그래프 그리기

육각 그래프는 DataFrame.plot.hexbin()으로 그립니다. 다음은 tips 데이터프레임에서 total_bill과 tip의 육각 그래프를 그리는 예제입니다.

```
fig, ax = plt.subplots()
tips.plot.hexbin(x='total_bill', y='tip', ax=ax)
plt.show()
```

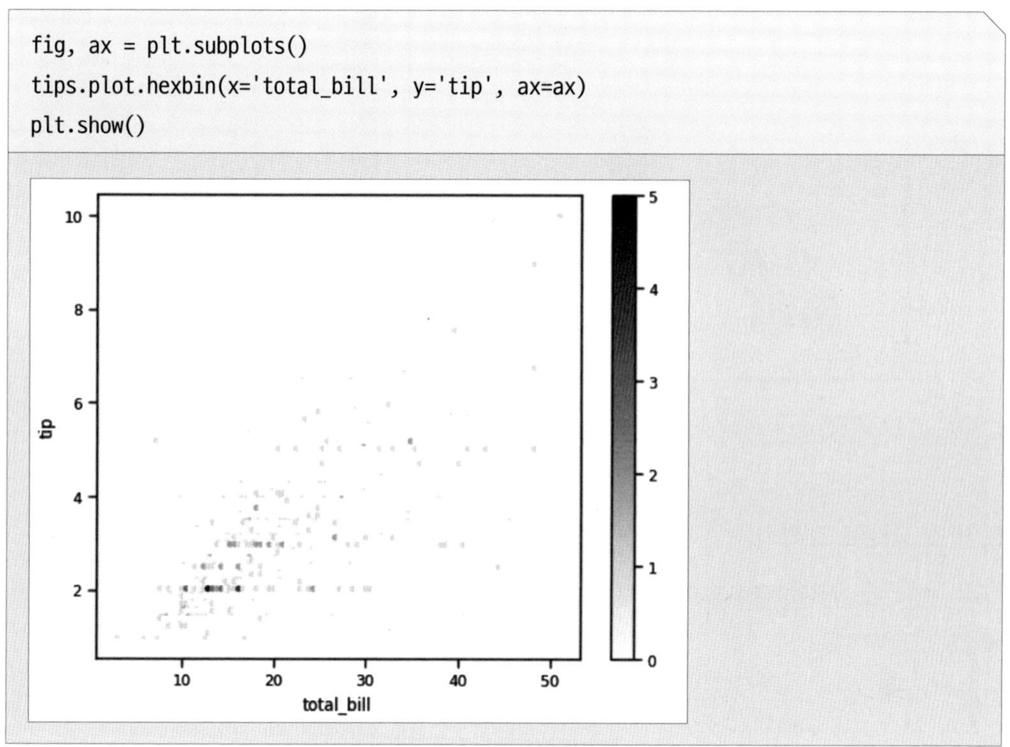

육각형의 크기는 매개변수 gridsize로 조정할 수 있습니다.

```
fig, ax = plt.subplots()
tips.plot.hexbin(x='total_bill', y='tip', gridsize=10, ax=ax)
plt.show()
```

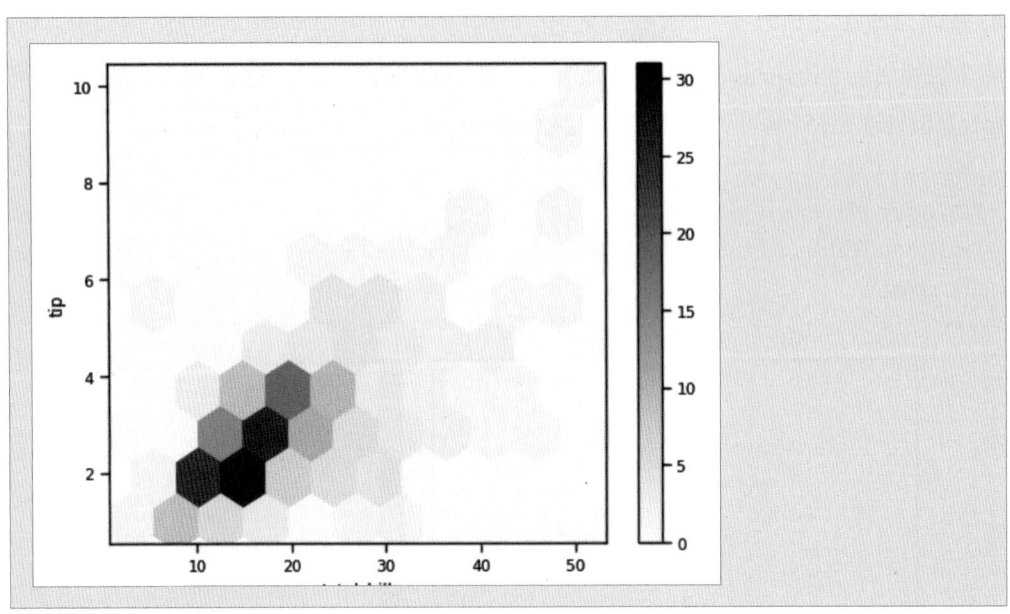

5. 박스 그래프 그리기

박스 그래프는 DataFrame.plot.box()로 그립니다. 다음은 tips 데이터프레임의 박스 그래프를 그리는 예제입니다.

```
fig, ax = plt.subplots()
tips.plot.box(ax=ax)
plt.show()
```

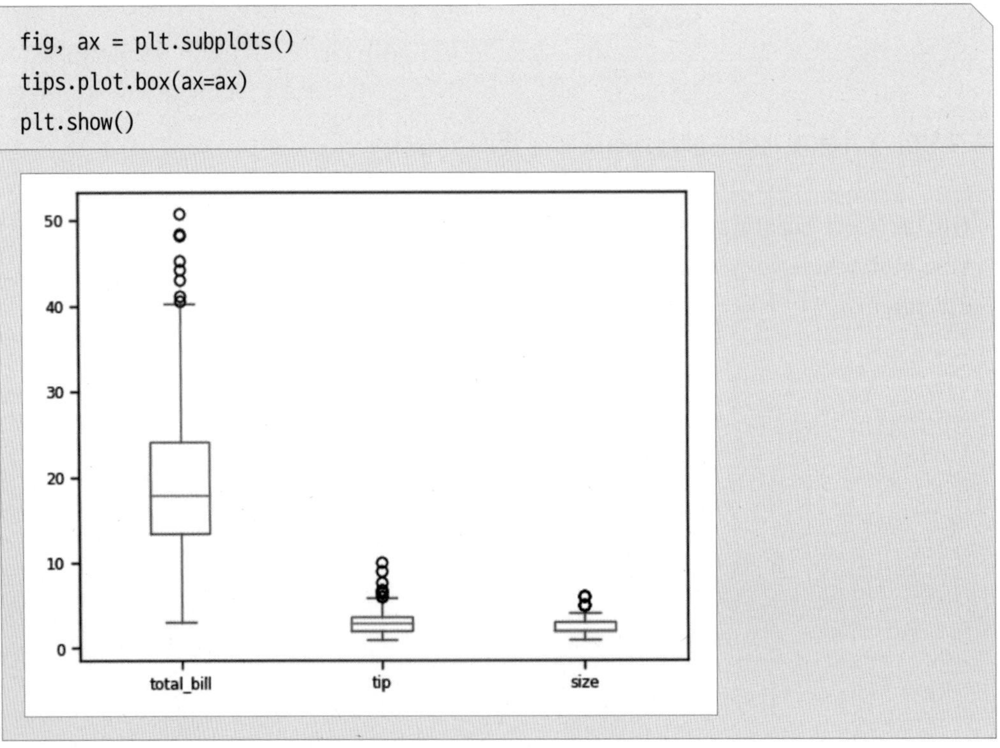

마무리하며

이 장에서는 다양한 그래프를 그리는 방법을 알아보았습니다. 데이터 시각화는 데이터를 분석하려면 반드시 알아야 하는 중요한 요소입니다. 앞으로 다룰 그래프는 더 복잡한 형태이므로 이번 장의 실습 내용을 꼭 익힌 후에 다음 장으로 넘어가세요.

이와 함께 seaborn 공식 문서, matplotlib 공식 문서, 판다스 시각화 문서 등을 참고하여 다양하게 그래프를 꾸며 보세요. 05장에서는 깔끔한 데이터가 무엇인지 알아봅니다.

05 깔끔한 데이터 만들기

데이터셋을 깔끔한 데이터로 구조화하면 분석하고 시각화하기 쉬우며, 이것이 바로 데이터를 정리하는 이유입니다. 깔끔한 데이터가 무엇인지 이해하면 데이터 분석, 시각화, 데이터 수집이 훨씬 쉬워집니다.

05-1
깔끔한 데이터란?

깔끔한 데이터tidy data는 R 커뮤니티의 해들리 위컴Hadley Wickham[1]이 한 논문[2]에서 처음 소개한 개념으로, 데이터셋을 구조화하는 프레임워크입니다. 이 프레임워크를 사용하면 데이터셋을 분석하고 시각화하기 쉽습니다. 즉, 데이터를 정리하는 가장 이상적인 목표라고 볼 수 있습니다. 이를 이해하면 데이터 분석과 시각화, 그리고 데이터 수집이 훨씬 쉬워집니다. 논문을 보면 깔끔한 데이터는 다음 조건을 만족해야 한다고 합니다.

(1) 행은 관측값을 나타내야 한다.
(2) 열은 변수를 나타내야 한다.
(3) 관측 단위별로 데이터 표를 구성해야 한다.

해들리 위컴은 저서 《R을 활용한 데이터 과학》[3]에서 하나의 데이터셋, 즉 표에 초점을 두고 깔끔한 데이터를 다음과 같이 다시 정의했습니다.

- 변수는 열로 나타내야 한다.
- 관측값은 행으로 나타내야 한다.
- 값은 셀로 나타내야 한다.

이 장에서는 논문에서 소개한 다양한 방법을 사용하여 깔끔한 데이터를 만들어 봅니다.

1 https://hadley.nz/
2 http://vita.had.co.nz/papers/tidy-data.pdf
3 https://r4ds.had.co.nz/tidy-data.html

05-2
열 이름이 값일 때

변수가 아닌 값 자체를 열 이름으로 표현할 때가 있습니다. 데이터를 수집하고 구성하기 편리한 형식이기 때문입니다. 그러나 데이터를 쉽게 분석하고 시각화하려면 깔끔한 데이터로 만들어야 합니다.

하나의 열만 남기기

퓨 리서치 센터Pew Research Center에서 공개한 미국의 소득과 종교 데이터셋을 사용하여 변수가 아닌 값을 포함한 열 이름을 처리하는 방법을 살펴봅니다.

한 걸음 더!

이 장에서 사용할 데이터에는 결측값이 있습니다!

이 장에서 사용할 데이터는 09장에서 살펴볼 결측값missing value인 NaN를 포함합니다. CSV 파일에서는 빈칸으로 나타냅니다. 평소 필자는 개념을 순서대로 소개하기를 좋아하지만 이번만은 예외로 하여 이를 설명하기 전에 결측값이 있는 데이터를 사용하여 깔끔한 데이터를 먼저 설명하고자 합니다. 데이터를 기술적으로 이해하는 데 필요한 기본 개념이기 때문입니다.

결측값이 없는 데이터를 사용하여 예제를 구성하는 방법을 고려했지만 논문 데이터를 그대로 사용하여 현실적인 데이터셋을 살펴보는 것이 좋다고 판단하여 결측값이 있는 데이터를 사용했습니다. 여기서는 깔끔한 데이터가 무엇인지에 집중해서 살펴봅니다.

Do it! 실습 넓은 데이터 확인하기

1. 먼저 pew.csv 데이터셋을 불러옵니다.

```
import pandas as pd

pew = pd.read_csv('../data/pew.csv')
```

데이터셋을 살펴보면 일부 열 이름이 변수가 아닌 값을 나타낸다는 것을 알 수 있습니다. religion을 제외한 모든 열은 <$10k, $10-20k와 같이 소득 범위를 나타내고 각 소득 범위에 해당하는 사람 수를 값으로 설정했습니다. 즉, 소득이라는 변수 하나를 여러 범위로 나뉘어 여러 열로 분산했네요.

2. 표로 데이터를 나타낼 때는 아무런 문제가 없지만 데이터를 분석할 때는 종교(religion), 소득(income), 사람 수(count)를 변수로 설정하고 각 변수가 각 열에 나타나도록 데이터를 수정하는 것이 좋습니다. 불러온 데이터셋의 처음 몇 열을 살펴봅시다.

```
print(pew.iloc[:, 0:5])
```

❖ 출력 결과

```
                   religion  <$10k  $10-20k  $20-30k  $30-40k
0                  Agnostic     27       34       60       81
1                   Atheist     12       27       37       52
2                  Buddhist     27       21       30       34
3                  Catholic    418      617      732      670
4        Don't know/refused     15       14       15       11
..                      ...    ...      ...      ...      ...
13                 Orthodox     13       17       23       32
14          Other Christian      9        7       11       13
15             Other Faiths     20       33       40       46
16    Other World Religions      5        2        3        4
17             Unaffiliated    217      299      374      365
```

변수가 아닌 값 범위로 열 이름을 만들었습니다. 이를 하나의 변수로 모아 긴 데이터로 만듭니다.

이렇게 변수 하나를 여러 개의 열로 표현한 데이터를 이 책에서는 넓은 데이터[wide data]라고 부르겠습니다. 이를 한 열로 표현한 긴 데이터[long data] 형식의 깔끔한 데이터로 바꾸려면 데이터 프레임을 변환하는 피벗 되돌리기[unpivot]가 필요합니다. 이 작업은 사용하는 통계 프로그래밍 언어에 따라 melt 또는 gather라고 표현하기도 합니다. 이렇게 하면 열 이름을 행으로 하는 새로운 열을 만들고 값으로 또 하나의 새로운 열을 채웁니다.

피벗한 열을 행으로 다시 바꾸는 것을 피벗 되돌리기라 합니다.

한 걸음 더! 길게 피벗과 넓게 피벗 이해하기

이 책에서는 R에서 사용하는 용어를 사용하여 넓은 데이터를 긴 데이터로, 또는 그 반대로 변환하는 과정을 피벗pivot이라고 하겠습니다. 그리고 다음 실습처럼 넓은 데이터를 긴 데이터로 변환하는 과정을 길게 피벗pivot longer이라 부르고 반대로 긴 데이터를 넓은 데이터로 변환하는 과정을 넓게 피벗pivot wider이라 부르겠습니다.

이 장에서 길게 피벗은 데이터프레임의 `melt()` 메서드를 나타내고 넓게 피벗은 `pivot()` 메서드를 나타냅니다.

판다스의 데이터프레임에는 깔끔한 데이터 형식으로 변환하는 `melt()` 메서드가 있습니다. 이 메서드에는 다음과 같은 매개변수를 지정합니다.

매개변수	설명
id_vars	그대로 유지할 변수를 나타내는 컨테이너(리스트, 튜플, ndarray)입니다.
value_vars	피벗 되돌리기 할 열을 나타냅니다. 기본적으로 매개변수 id_vars로 지정하지 않은 모든 열이 피벗 되돌리기 대상으로 설정됩니다.
var_name	value_vars의 열을 피벗 되돌리기 하여 구성할 새 열의 이름으로 설정할 문자열입니다. 피벗 되돌리기 한 열의 이름을 값으로 하는 새 열의 이름을 나타내며 기본값은 'variable'입니다.
value_name	var_name 열의 값을 나타내는 새로운 열 이름 문자열입니다. 기본값은 'value'입니다.

Do it! 실습 긴 데이터로 만들기

1. `religion` 열을 제외한 나머지 모든 열을 피벗 되돌리기 하겠습니다. 다음과 같이 유지할 변수 `id_vars`의 인수로 `'religion'`을 지정하세요. 나머지 모든 열은 피벗 되돌리기 할 것이므로 `value_vars`는 지정할 필요가 없습니다.

```
pew_long = pew.melt(id_vars='religion')
print(pew_long)
```

이 열만 유지하고 나머지는 긴 데이터로 만듭니다.

❖ 출력 결과

```
             religion           variable  value
0            Agnostic              <$10k     27
1             Atheist              <$10k     12
```

```
2                 Buddhist                  <$10k     27
3                 Catholic                  <$10k    418
4        Don't know/refused                 <$10k     15
..                     ...                    ...    ...
175               Orthodox  Don't know/refused        73
176        Other Christian  Don't know/refused        18
177           Other Faiths  Don't know/refused        71
178  Other World Religions  Don't know/refused         8
179           Unaffiliated  Don't know/refused       597

[180 rows x 3 columns]
```

한 걸음 더!

데이터프레임과 판다스의 melt() 메서드 이해하기

데이터프레임의 melt() 메서드와 마찬가지로 판다스의 pd.melt() 함수를 사용할 수도 있습니다. 다음 두 줄의 코드는 결과가 같습니다.

```
# melt() 메서드
pew_long = pew.melt(id_vars='religion')

# pd.melt() 함수
pew_long = pd.melt(pew, id_vars='religion')
```

melt() 메서드는 내부적으로 판다스의 pd.melt() 함수를 호출합니다. 아울러 melt() 메서드를 사용하면 메서드 체인을 활용할 수 있습니다.

2. 피벗 되돌리기 한 열의 이름은 다음과 같이 설정할 수 있습니다. var_name으로 "income"을, value_name으로 "count"를 설정해 볼까요?

```
pew_long = pew.melt(
    id_vars="religion", var_name="income", value_name="count"
)
print(pew_long)
```

❖ 출력 결과

```
                religion              income  count
0               Agnostic               <$10k     27
1                Atheist               <$10k     12
2               Buddhist               <$10k     27
3               Catholic               <$10k    418
4     Don't know/refused               <$10k     15
..                   ...                 ...    ...
175             Orthodox  Don't know/refused     73
176      Other Christian  Don't know/refused     18
177         Other Faiths  Don't know/refused     71
178  Other World Religions  Don't know/refused      8
179         Unaffiliated  Don't know/refused    597

[180 rows x 3 columns]
```

여러 개의 열 남기기

religion이라는 하나의 열만 유지했던 이전 실습과 다르게 2개 이상의 열을 유지해야 한다면 어떻게 해야 할까요? 빌보드 데이터셋을 이용하여 실습해 봅시다.

Do it! 실습 여러 개 열 유지하기

1. 먼저 billboard.csv 데이터셋을 불러와 처음 몇 행과 열을 살펴봅시다.

```
billboard = pd.read_csv('../data/billboard.csv')
print(billboard.iloc[0:5, 0:16])
```

❖ 출력 결과

```
   year        artist                    track  time date.entered  wk1   wk2  \
0  2000         2 Pac  Baby Don't Cry (Keep...  4:22   2000-02-26   87  82.0
1  2000       2Ge+her  The Hardest Part Of ...  3:15   2000-09-02   91  87.0
2  2000  3 Doors Down               Kryptonite  3:53   2000-04-08   81  70.0
3  2000  3 Doors Down                    Loser  4:24   2000-10-21   76  76.0
4  2000      504 Boyz            Wobble Wobble  3:35   2000-04-15   57  34.0

    wk3   wk4   wk5   wk6   wk7   wk8   wk9  wk10  wk11
```

```
0  72.0  77.0  87.0  94.0  99.0   NaN   NaN   NaN   NaN
1  92.0   NaN   NaN   NaN   NaN   NaN   NaN   NaN   NaN
2  68.0  67.0  66.0  57.0  54.0  53.0  51.0  51.0  51.0
3  72.0  69.0  67.0  65.0  55.0  59.0  62.0  61.0  61.0
4  25.0  17.0  17.0  31.0  36.0  49.0  53.0  57.0  64.0
```

wk는 한 주를 뜻합니다. 즉, 각 주를 열로 표현했습니다. 앞서도 말했지만 넓은 데이터에 문제가 있는 것은 아닙니다. 이렇게 데이터를 관리하면 새로운 주의 데이터를 입력하기 쉽고 직관적으로 이해할 수 있다는 장점이 있습니다. 그러나 피벗 되돌리기 해야 하는 때도 있습니다. 예를 들어 주간 평가 결과를 패싯 그래프로 나타내야 한다면 패싯 변수를 데이터프레임의 열로 표현해야 합니다.

2. 빌보드 데이터셋을 피벗 되돌리기 해볼까요? 각 주를 나타내는 열을 제외한 연도(year), 가수(artist), 곡(track), 재생 시간(time), 발표일(date.entered) 등 5개 열은 그대로 두고 주와 관련된 열만 피벗 되돌리기 하겠습니다.
하나 이상의 열을 남기려면 해당 열 이름을 id_vars에 리스트로 지정하면 됩니다. var_name으로 열 이름을 "week"로 설정하고 피벗 되돌리기 한 값의 열 이름을 value_name에 "rating"으로 설정합니다.

```
billboard_long = billboard.melt(
    id_vars=["year", "artist", "track", "time", "date.entered"],
    var_name="week",
    value_name="rating",
)
print(billboard_long)
```

유지할 열을 리스트로 지정합니다.

❖ 출력 결과

```
       year          artist                    track  time date.entered  \
0      2000           2 Pac  Baby Don't Cry (Keep...  4:22   2000-02-26
1      2000         2Ge+her  The Hardest Part Of ...  3:15   2000-09-02
2      2000    3 Doors Down               Kryptonite  3:53   2000-04-08
3      2000    3 Doors Down                    Loser  4:24   2000-10-21
4      2000        504 Boyz            Wobble Wobble  3:35   2000-04-15
...     ...             ...                      ...   ...          ...
24087  2000     Yankee Grey    Another Nine Minutes  3:10   2000-04-29
```

```
24088  2000  Yearwood, Trisha          Real Live Woman  3:55   2000-04-01
24089  2000   Ying Yang Twins  Whistle While You Tw...  4:19   2000-03-18
24090  2000     Zombie Nation             Kernkraft 400  3:30   2000-09-02
24091  2000   matchbox twenty                      Bent  4:12   2000-04-29

       week  rating
0       wk1    87.0
1       wk1    91.0
2       wk1    81.0
3       wk1    76.0
4       wk1    57.0
...     ...     ...
24087  wk76     NaN
24088  wk76     NaN
24089  wk76     NaN
24090  wk76     NaN
24091  wk76     NaN

[24092 rows x 7 columns]
```

05-3
열 이름에 변수가 여러 개일 때

열 이름이 여러 가지 뜻일 때

열에 여러 개의 변수를 포함할 때도 있습니다. 예를 들어 건강 데이터를 다룰 때 이러한 형식을 자주 사용합니다. 이번에는 에볼라 데이터셋을 살펴봅시다.

Do it! 실습 깔끔한 데이터 만들기 ①

1. 다음과 같이 country_timeseries.csv 데이터셋을 읽어 와 데이터셋에 포함된 열을 확인합니다.

```
ebola = pd.read_csv('../data/country_timeseries.csv')
print(ebola.columns)
```

❖ 출력 결과

```
Index(['Date', 'Day', 'Cases_Guinea', 'Cases_Liberia', 'Cases_SierraLeone',
       'Cases_Nigeria', 'Cases_Senegal', 'Cases_UnitedStates', 'Cases_Spain',
       'Cases_Mali', 'Deaths_Guinea', 'Deaths_Liberia', 'Deaths_SierraLeone',
       'Deaths_Nigeria', 'Deaths_Senegal', 'Deaths_UnitedStates',
       'Deaths_Spain', 'Deaths_Mali'],
      dtype='object')
```

2. 몇 개의 행과 열을 자세히 살펴보겠습니다.

```
print(ebola.iloc[:5, [0, 1, 2, 10]])
```

❖ 출력 결과

```
         Date  Day  Cases_Guinea  Deaths_Guinea
0    1/5/2015  289        2776.0         1786.0
1    1/4/2015  288        2775.0         1781.0
2    1/3/2015  287        2769.0         1767.0
3    1/2/2015  286           NaN            NaN
4  12/31/2014  284        2730.0         1739.0
```

열 이름 Cases_Guinea와 Deaths_Guinea는 사실 변수 2개를 포함합니다. Guinea는 국가 이름을 나타내고 Case는 확진 사례를, Deaths는 사망자 수를 나타냅니다. 또한 데이터가 넓은 데이터 형식이므로 melt() 메서드로 재구성해야 합니다.

3. 먼저 넓은 데이터를 깔끔한 데이터로 만드는 첫 번째 단계로 피벗 되돌리기를 수행합니다. melt() 메서드를 사용하여 Date와 Day 열을 제외한 열을 정리합니다.

```
ebola_long = ebola.melt(id_vars=['Date', 'Day'])
print(ebola_long)
```

❖ 출력 결과

```
            Date  Day      variable   value
0       1/5/2015  289  Cases_Guinea  2776.0
1       1/4/2015  288  Cases_Guinea  2775.0
2       1/3/2015  287  Cases_Guinea  2769.0
3       1/2/2015  286  Cases_Guinea     NaN
4     12/31/2014  284  Cases_Guinea  2730.0
...          ...  ...           ...     ...
1947   3/27/2014    5   Deaths_Mali     NaN
1948   3/26/2014    4   Deaths_Mali     NaN
1949   3/25/2014    3   Deaths_Mali     NaN
1950   3/24/2014    2   Deaths_Mali     NaN
1951   3/22/2014    0   Deaths_Mali     NaN

[1952 rows x 4 columns]
```

앞에서 설명했듯이 Cases_Guinea와 같은 variable값은 사망자 또는 확진 사례를 나타내는 질병 현황과 국가 정보를 모두 포함합니다. 따라서 밑줄(_)을 기준으로 분할하는 것이 좋아 보입니다.

밑줄을 기준으로 앞은 사례를 나타내는 열로, 뒤는 국가를 나타내는 열로 표현하고 싶다면 어떻게 해야 할까요?

먼저 파이썬으로 문자열을 파싱하고 분할해야 합니다. 판다스에 시리즈와 데이터프레임 객체가 있는 것과 비슷하게 파이썬에서도 문자열은 객체입니다. 03장에서 시리즈가 mean()과 같은 메서드를 지원하고 데이터프레임이 to_csv()와 같은 메서드를 지원한다고 설명했죠? 마찬가지로 문자열 객체에도 메서드가 있습니다.

주어진 예제와 같이 특정 구분 문자에 따라 문자열을 분할하고 싶다면 split() 메서드를 사용합니다. 공백을 기준으로 문자열을 분할하지만 예제와 같이 특정 구분 문자를 사용하고 싶다면 이를 인수로 지정합니다. 이번 예제에서는 밑줄을 인수로 넘기면 됩니다.
문자열 객체의 메서드에 접근하려면 str 속성을 사용해야 합니다. str은 접근자[accessor]라 부르는 특수한 유형의 속성입니다. 즉, 파이썬 문자열 객체 메서드에 접근하여 열 전체 문자열을 처리할 수 있습니다. 이 속성은 variable 열의 각 값에 포함된 여러 정보를 분리하는 핵심입니다.

열 이름 분할하고 새로운 열로 할당하기

str 접근자를 사용하여 split() 메서드를 호출해 봅시다.

Do it! 실습 깔끔한 데이터 만들기 ②

1. 먼저 에볼라 데이터프레임을 피벗 되돌리기 한 ebola_long 데이터프레임의 variable 열에 접근합니다. 그런 다음 str 속성의 문자열 메서드 split()로 구분 문자 _을 기준으로 열 이름을 분할합니다.

```
variable_split = ebola_long.variable.str.split('_')
print(variable_split[:5])
```

str.split() 메서드로 문자열을 분할합니다.

❖ 출력 결과

```
0    [Cases, Guinea]
1    [Cases, Guinea]
2    [Cases, Guinea]
3    [Cases, Guinea]
4    [Cases, Guinea]
Name: variable, dtype: object
```

split() 메서드는 분할한 문자열을 리스트로 반환합니다. 분할 결과의 자료형이 리스트인지 확인하는 방법은 다음과 같습니다.

- 기본 파이썬 문자열 객체의 split() 메서드 공식 문서[4] 참조
- variable 열에 split() 메서드를 적용한 출력 결과의 대괄호([])
- 시리즈의 한 요소에 대해 type() 확인

2. 세 번째 방법으로 split()을 적용한 열의 값 유형을 확인해 봅시다. 먼저 variable_split의 유형을 확인하면 다음과 같이 시리즈임을 알 수 있습니다.

```
print(type(variable_split))
```

❖ 출력 결과

```
<class 'pandas.core.series.Series'>
```

시리즈 첫 번째 요소의 type()을 살펴봅시다.

```
print(type(variable_split[0]))
```

❖ 출력 결과

```
<class 'list'>
```

시리즈 요소의 자료형은 리스트가 맞네요.

3. 값을 분할했다면 다음 단계는 분할한 값을 새로운 열로 할당하는 것입니다. 분할한 문자열 리스트의 각 값에 접근하려면 get() 메서드를 사용해야 합니다. 사례는 인덱스 0, 국가는 인덱스 1입니다. 각 행에서 원하는 인덱스의 값을 가져오려면 문자열 객체의 str 속성을 대상으로 get() 메서드를 호출하면 됩니다. str 속성과 get() 메서드를 사용하여 리스트의 각 요소를 사례(status_values)와 국가(country_values)로 저장해 봅시다.

```
status_values = variable_split.str.get(0)
country_values = variable_split.str.get(1)
```

잘 나뉘었는지 status_values를 출력하여 확인해 볼까요?

```
print(status_values)
```

4 https://docs.python.org/3/library/stdtypes.html#str.split

❖ 출력 결과

```
0         Cases
1         Cases
2         Cases
3         Cases
4         Cases
          ...
1947     Deaths
1948     Deaths
1949     Deaths
1950     Deaths
1951     Deaths
Name: variable, Length: 1952, dtype: object
```

4. 원하는 시리즈를 완성했다면 이를 데이터프레임에 추가합니다. 사례는 status 열로, 국가는 country 열로 추가합니다.

```
ebola_long['status'] = status_values
ebola_long['country'] = country_values
print(ebola_long)
```

❖ 출력 결과

```
            Date  Day      variable   value  status country
0       1/5/2015  289  Cases_Guinea  2776.0   Cases  Guinea
1       1/4/2015  288  Cases_Guinea  2775.0   Cases  Guinea
2       1/3/2015  287  Cases_Guinea  2769.0   Cases  Guinea
3       1/2/2015  286  Cases_Guinea     NaN   Cases  Guinea
4     12/31/2014  284  Cases_Guinea  2730.0   Cases  Guinea
...          ...  ...           ...     ...     ...     ...
1947   3/27/2014    5   Deaths_Mali     NaN  Deaths    Mali
1948   3/26/2014    4   Deaths_Mali     NaN  Deaths    Mali
1949   3/25/2014    3   Deaths_Mali     NaN  Deaths    Mali
1950   3/24/2014    2   Deaths_Mali     NaN  Deaths    Mali
1951   3/22/2014    0   Deaths_Mali     NaN  Deaths    Mali

[1952 rows x 6 columns]
```

한 번에 분할하고 합치기

여러 단계에 걸쳐 수행한 작업을 한 번에 수행하는 방법이 있습니다. str.split() 메서드의 공식 문서[5]를 보면 expand라는 매개변수가 있습니다. 이 매개변수의 기본값은 False인데 이 값을 True로 설정하면 리스트 시리즈 대신 분할 결과를 새로운 열로 만든 데이터프레임을 반환합니다.

Do it! 실습 깔끔한 데이터 한 번에 만들기

1. 먼저 원본 에볼라 데이터셋에 melt() 메서드를 사용하여 다시 피벗 되돌리기 상태로 초기화합니다.

```
ebola_long = ebola.melt(id_vars=['Date', 'Day'])
```

2. 그런 다음 str 속성을 사용하여 _ 구분 문자로 split()을 호출합니다. 매개변수 expand에는 인수 True를 전달합니다.

```
variable_split = ebola_long.variable.str.split('_', expand=True)
print(variable_split)
```

분할과 동시에 데이터프레임을 만듭니다.

❖ 출력 결과

```
          0       1
0     Cases  Guinea
1     Cases  Guinea
2     Cases  Guinea
3     Cases  Guinea
4     Cases  Guinea
...     ...     ...
1947 Deaths    Mali
1948 Deaths    Mali
1949 Deaths    Mali
1950 Deaths    Mali
1951 Deaths    Mali

[1952 rows x 2 columns]
```

5 https://pandas.pydata.org/docs/reference/api/pandas.Series.str.split.html#pandas.Series.str.split

3. 파이썬과 판다스의 다중 할당 기능multiple assignment feature을 사용하여 새로 분할한 열을 원본 데이터프레임에 바로 할당할 수도 있습니다. 새로운 두 열로 구성된 variable_split 데이터프레임을 ebola_long 데이터프레임에 새로운 두 열로 할당합니다.

```
ebola_long[['status', 'country']] = variable_split
print(ebola_long)
```

❖ 출력 결과

```
            Date  Day       variable   value  status country
0       1/5/2015  289  Cases_Guinea  2776.0   Cases  Guinea
1       1/4/2015  288  Cases_Guinea  2775.0   Cases  Guinea
2       1/3/2015  287  Cases_Guinea  2769.0   Cases  Guinea
3       1/2/2015  286  Cases_Guinea     NaN   Cases  Guinea
4     12/31/2014  284  Cases_Guinea  2730.0   Cases  Guinea
...          ...  ...           ...     ...     ...     ...
1947   3/27/2014    5   Deaths_Mali     NaN  Deaths    Mali
1948   3/26/2014    4   Deaths_Mali     NaN  Deaths    Mali
1949   3/25/2014    3   Deaths_Mali     NaN  Deaths    Mali
1950   3/24/2014    2   Deaths_Mali     NaN  Deaths    Mali
1951   3/22/2014    0   Deaths_Mali     NaN  Deaths    Mali

[1952 rows x 6 columns]
```

05-4
변수가 행과 열 모두에 있을 때

변수가 행과 열 모두에 있는 데이터도 있습니다. 즉, 앞서 살펴본 유형이 모두 나타난 형태입니다. melt() 메서드, str 접근자 속성을 사용한 문자열 파싱 등 필요한 방법은 이미 살펴보았습니다.

이 절에서는 날씨 데이터셋을 사용하여 열이 하나가 아닌 두 개의 변수를 나타낼 때는 어떻게 처리하는지 살펴봅니다. 이때는 변수를 별도의 열로 피벗해야 합니다. 즉, 긴 데이터에서 넓은 데이터로 변환해야 합니다.

Do it! 실습 행과 열 모두에 있는 변수 정리하기

1. 먼저 weather.csv 데이터셋을 불러옵니다. 처음 몇 행과 열을 살펴볼까요?

```
weather = pd.read_csv('../data/weather.csv')
print(weather.iloc[:5, :11])
```

❖ 출력 결과

```
        id  year  month element  d1    d2    d3  d4    d5  d6  d7
0  MX17004  2010      1    tmax NaN   NaN   NaN NaN   NaN NaN NaN
1  MX17004  2010      1    tmin NaN   NaN   NaN NaN   NaN NaN NaN
2  MX17004  2010      2    tmax NaN  27.3  24.1 NaN   NaN NaN NaN
3  MX17004  2010      2    tmin NaN  14.4  14.4 NaN   NaN NaN NaN
4  MX17004  2010      3    tmax NaN   NaN   NaN NaN  32.1 NaN NaN
```

날씨 데이터셋은 월(month)별 날짜(d1, d2, ..., d3)의 최저 기온(tmin)과 최고 기온(tmax)을 포함합니다. element 열은 값이 2가지이므로 넓게 피벗을 적용할 수 있으며 날짜 변수는 값으로 피벗 되돌리기 해야 합니다.

다시 한번 말하지만 넓은 데이터 자체는 아무런 문제가 없습니다. 직관적으로 읽기에는 정말 좋은 구성이지만 데이터를 분석하기 쉬운 형태가 아니므로 변환이 필요합니다.

2. 먼저 날짜를 정리합시다. 날짜 열을 제외한 열을 리스트에 담아 id_vars에 전달하고 일자 열을 행의 값으로 갖는 새로운 열의 이름은 "day"로, 피벗 되돌리기 한 열의 값은 "temp"라는 이름의 열로 변환합니다.

```
weather_melt = weather.melt(
    id_vars=["id", "year", "month", "element"],
    var_name="day",
    value_name="temp",
)
print(weather_melt)
```

❖ 출력 결과

```
          id  year  month element  day  temp
0    MX17004  2010      1    tmax   d1   NaN
1    MX17004  2010      1    tmin   d1   NaN
2    MX17004  2010      2    tmax   d1   NaN
3    MX17004  2010      2    tmin   d1   NaN
4    MX17004  2010      3    tmax   d1   NaN
..       ...   ...    ...     ...  ...   ...
677  MX17004  2010     10    tmin  d31   NaN
678  MX17004  2010     11    tmax  d31   NaN
679  MX17004  2010     11    tmin  d31   NaN
680  MX17004  2010     12    tmax  d31   NaN
681  MX17004  2010     12    tmin  d31   NaN

[682 rows x 6 columns]
```

3. 다음으로 pivot_table() 메서드를 사용하여 element 열에 저장된 변수를 피벗합니다. columns 인수에 넓게 피벗할 열 'element'를, values 인수에 새로운 열이 될 'temp'를 지정하고 그대로 유지할 나머지 열을 index 인수로 지정합니다.

```
weather_tidy = weather_melt.pivot_table(
    index=['id', 'year', 'month', 'day'],
    columns='element',
    values='temp'
)
print(weather_tidy)
```

❖ 출력 결과

```
element                  tmax  tmin
id      year month day
MX17004 2010 1     d30   27.8  14.5
             2     d11   29.7  13.4
                   d2    27.3  14.4
                   d23   29.9  10.7
                   d3    24.1  14.4
...                       ...   ...
             11    d2    31.3  16.3
                   d5    26.3   7.9
                   d27   27.7  14.2
                   d26   28.1  12.1
                   d4    27.2  12.0
             12    d1    29.9  13.8
                   d6    27.8  10.5
```

피벗 표를 보면 element 열의 각 값이 새로운 열 이름으로 설정된 것을 확인할 수 있습니다. 하지만 열의 이름을 보면 두 줄로 계층이 생긴 것을 확인할 수 있습니다.

4. 표를 이 상태로 두어도 괜찮지만 reset_index() 메서드를 사용하여 계층 열을 평면화하도록 합시다.

```
weather_tidy_flat = weather_tidy.reset_index()
print(weather_tidy_flat)
```

❖ 출력 결과

```
element       id  year  month  day  tmax  tmin
0        MX17004  2010      1  d30  27.8  14.5
1        MX17004  2010      2  d11  29.7  13.4
2        MX17004  2010      2   d2  27.3  14.4
3        MX17004  2010      2  d23  29.9  10.7
4        MX17004  2010      2   d3  24.1  14.4
...          ...   ...    ...  ...   ...   ...
28       MX17004  2010     11  d27  27.7  14.2
```

```
29        MX17004  2010     11  d26  28.1  12.1
30        MX17004  2010     11   d4  27.2  12.0
31        MX17004  2010     12   d1  29.9  13.8
32        MX17004  2010     12   d6  27.8  10.5
```

5. 다음과 같은 메서드 체인을 이용하면 element 피벗 단계를 한 번에 수행할 수 있습니다.

```
weather_tidy = (
    weather_melt
    .pivot_table(
        index=['id', 'year', 'month', 'day'],
        columns='element',
        values='temp')
    .reset_index()
)
print(weather_tidy)
```

메서드 체인으로 피벗한 테이블을 바로 평면화합니다.

❖ 출력 결과

```
element       id  year  month  day  tmax  tmin
0        MX17004  2010      1  d30  27.8  14.5
1        MX17004  2010      2  d11  29.7  13.4
2        MX17004  2010      2   d2  27.3  14.4
3        MX17004  2010      2  d23  29.9  10.7
4        MX17004  2010      2   d3  24.1  14.4
...          ...   ...    ...  ...   ...   ...
28       MX17004  2010     11  d27  27.7  14.2
29       MX17004  2010     11  d26  28.1  12.1
30       MX17004  2010     11   d4  27.2  12.0
31       MX17004  2010     12   d1  29.9  13.8
32       MX17004  2010     12   d6  27.8  10.5
```

마무리하며

이 장에서는 깔끔한 데이터를 만드는 방법을 알아보았습니다. 넓은 데이터를 분석하기 좋은 형태의 긴 데이터로 만드는 피벗 되돌리기와 중복 데이터 처리 방법, 여러 열을 하나로 합치는 실습까지 진행해 보았습니다.

데이터 분석에서 깔끔한 데이터는 매우 중요합니다. 데이터 분석, 시각화와 수집에 도움이 되기 때문입니다. 그러므로 이 장에서 배운 데이터 처리 방법을 올바르게 이해하고 다음 장으로 넘어가는 것이 좋습니다.

06 apply() 메서드로 함수 적용하기

apply()는 사용자가 작성한 함수를 데이터프레임의 각 행과 열에 적용할 수 있게 해주는 메서드로, 데이터 정리의 핵심입니다. 함수를 브로드캐스팅해야 할 때 apply() 메서드를 사용합니다. 물론 이 메서드를 사용하지 않아도 for문이나 map()을 이용하면 각 데이터에 함수를 적용할 수 있습니다. 하지만 대용량 데이터를 처리할 때는 for문보다 빠르므로 apply() 메서드 사용법은 반드시 알아야 합니다.

06-1 간단한 함수 만들기

apply() 메서드를 사용하려면 함수가 무엇인지 알아야 합니다. 함수는 파이썬 코드를 그룹화하고 재사용하는 방법입니다. 같은 코드를 복사해 붙여 넣고 일부 코드만 변경해야 하는 상황이라면 이 코드는 함수로 만들 수 있습니다. def 키워드를 사용하여 함수를 정의할 수 있으며 함수 본문은 들여쓰기로 작성해야 합니다.
함수의 기본 구조는 다음과 같습니다. 파이썬 코딩 스타일 가이드 PEP8에 따라 들여쓰기에는 공백 4개를 사용합니다.

```
def my_function():
    # 이곳에 코드를 입력합니다.
```

몇 가지 함수를 직접 만들어 볼까요?

Do it! 실습 사용자 함수 만들기

1. 주어진 숫자의 제곱을 반환하는 함수는 다음과 같이 만들 수 있습니다.

```
def my_sq(x):
    return x ** 2
```

2. 주어진 두 숫자의 평균을 구하는 함수는 다음과 같습니다.

```
def avg_2(x, y):
    return (x + y) / 2
```

3. 함수 도움말을 추가하려면 함수 이름 아래 삼중 따옴표 """ 사이에 도움말을 넣습니다.

```
def avg_2(x, y):
    """두 숫자의 평균을 구하는 함수
    """
    return (x + y) / 2
```

이를 독스트링docstring이라 부르며 함수 도움말 문서를 찾을 때 나타나는 텍스트입니다. 이것을 활용하여 여러분이 작성한 함수에 자신만의 도움말을 추가할 수 있습니다.

4. 다양한 실습에서 함수와 메서드를 사용했죠? 직접 만든 함수도 라이브러리에서 불러온 함수와 마찬가지 방법으로 호출할 수 있습니다. 앞서 만든 `my_sq()`, `avg_2()` 함수를 호출해 봅시다.

```
my_calc_1 = my_sq(4)
print(my_calc_1)
```

❖ 출력 결과

```
16
```

```
my_calc_2 = avg_2(10, 20)
print(my_calc_2)
```

❖ 출력 결과

```
15.0
```

06-2
apply() 메서드 사용하기

판다스에서 직접 만든 함수를 데이터프레임에 적용하고 싶다면 어떻게 해야 할까요? 여기서는 데이터의 행이나 열 전체에 걸쳐 함수를 적용하는 방법을 살펴봅니다.

Do it! 실습 데이터프레임에 함수 적용하기

1. 먼저 실습에 사용할 간단한 데이터프레임을 만듭시다.

```
import pandas as pd

df = pd.DataFrame({"a": [10, 20, 30],
                   "b": [20, 30, 40]})
print(df)
```

❖ 출력 결과

```
    a   b
0  10  20
1  20  30
2  30  40
```

2. 이 데이터프레임 a 열의 모든 값을 제곱해야 한다고 합시다. 물론 다음과 같이 연산자로 직접 a 열의 값을 제곱할 수도 있습니다.

```
print(df['a'] ** 2)
```

❖ 출력 결과

```
0    100
1    400
2    900
Name: a, dtype: int64
```

하지만 간단한 연산자로 구할 수 없는 특별한 연산을 적용해야 한다면 어떻게 해야 할까요? apply() 메서드를 사용하면 시리즈(예를 들어 개별 열이나 행)에 함수를 적용할 수 있습니다. 제곱 연산자 대신 앞서 만든 제곱 함수 my_sq()를 apply() 메서드로 데이터프레임에 적용하는 방법을 살펴보고 결과가 같은지 확인해 볼까요?

시리즈에 함수 적용하기

데이터프레임에 대괄호([])를 덧붙이면 단일 열이나 행 일부를 추출할 수 있습니다. 이때 반환하는 객체 유형은 판다스의 시리즈입니다.

Do it! 실습 시리즈에 함수 적용하기

1. 대괄호로 앞서 만든 데이터프레임에서 a 열을 추출하여 유형을 살펴봅시다.

```
print(type(df['a']))
```

❖ 출력 결과

```
<class 'pandas.core.series.Series'>
```

2. 판다스의 시리즈네요. 데이터프레임의 첫 번째 행은 어떨까요?

```
print(type(df.iloc[0]))
```

❖ 출력 결과

```
<class 'pandas.core.series.Series'>
```

마찬가지로 판다스의 시리즈입니다.

3. 시리즈는 apply()라는 메서드를 제공합니다. 이 메서드를 사용하면 시리즈의 모든 요소에 지정한 함수를 적용할 수 있습니다.

예를 들어 앞서 만든 제곱 함수 my_sq()를 apply() 메서드에 전달하여 a 열의 각 값을 제곱할 수 있습니다. 제곱 연산자로 구한 결과와 비교해 보세요. 결과가 같음을 알 수 있습니다.

```
sq = df['a'].apply(my_sq)
print(sq)
```

시리즈에 my_sq() 함수를 적용합니다.

❖ 출력 결과

```
0    100
1    400
2    900
Name: a, dtype: int64
```

한 걸음 더! **apply() 메서드에 함수 전달하기**

apply() 메서드에 함수를 인수로 전달할 때는 함수 이름 옆에 소괄호를 덧붙이지 않습니다. 실습에서도 my_sq()가 아닌 my_sq로 함수 이름만 apply() 메서드에 전달했습니다. 이를 함수 팩토리function factory라고 하는데, apply() 메서드로 전달하는 것은 사용할 함수의 참조로, 이 시점에는 함수를 실행하지 않습니다.

Do it! 실습 사용자 함수 만들어 데이터프레임에 적용하기

1. 이번에는 두 개의 매개변수를 사용하는 n제곱 함수 my_exp()를 만들어 볼까요? 첫 번째 매개변수는 제곱할 값이고 두 번째 매개변수는 제곱 횟수, 즉 지수입니다.

```
def my_exp(x, e):
    return x ** e
```

2. 이 함수를 사용하려면 두 개의 매개변수를 전달해야 합니다. 예를 들어 2의 3제곱을 구하는 방법은 다음과 같습니다.

```
cubed = my_exp(2, 3)
print(cubed)
```

❖ 출력 결과

```
8
```

그러므로 인수를 하나만 전달하면 다음과 같이 오류가 발생합니다.

```
my_exp(2)
```

❖ 출력 결과

```
TypeError: my_exp() missing 1 required positional argument: 'e'
```

3. 시리즈의 apply() 메서드에 함수를 전달할 때 매개변수는 어떻게 전달해야 할까요? 함수의 첫 번째 매개변수에는 데이터프레임이나 시리즈의 각 요솟값을 함수 호출 시점에 자동으로 전달합니다. 그 밖의 다른 매개변수는 키워드 매개변수keyword argument로 이름과 값을 명시하여 apply()에 전달해야 합니다.
그러므로 my_sq() 함수와 달리 my_exp() 함수를 apply() 메서드에 적용하여 시리즈 요소의 제곱을 구하는 방법은 다음과 같습니다. 함수 이름 my_exp를 먼저 전달하고 그 뒤에 키워드 매개변수로 제곱 횟수 e=2를 전달합니다.

```
ex = df['a'].apply(my_exp, e=2)
print(ex)
```

2번째 매개변수를 변수와 함께 전달합니다.

❖ 출력 결과

```
0    100
1    400
2    900
Name: a, dtype: int64
```

4. 마찬가지로 3제곱을 구하는 방법은 다음과 같습니다.

```
ex = df['a'].apply(my_exp, e=3)
print(ex)
```

❖ 출력 결과

```
0     1000
1     8000
2    27000
Name: a, dtype: int64
```

데이터프레임에 함수 적용하기

지금까지 1차원 시리즈에 함수를 적용하는 방법을 살펴보았습니다. 이번에는 데이터프레임에 함수를 적용하는 방법을 살펴볼까요? 앞서 사용한 데이터프레임을 다시 사용합니다.

```
df = pd.DataFrame({"a": [10, 20, 30],
                   "b": [20, 30, 40]})
print(df)
```

❖ 출력 결과

```
    a   b
0  10  20
1  20  30
2  30  40
```

데이터프레임은 일반적으로 2개 이상의 차원으로 구성됩니다. 따라서 데이터프레임에 함수를 적용할 때는 함수를 적용할 축을 지정해야 합니다. 즉, 열 단위로 적용할지 행 단위로 적용할지 결정해야 합니다.

먼저 하나의 값을 전달받아서 출력하는 함수를 만들겠습니다. 이 함수는 반환값이 없으므로 return문이 없습니다. 함수는 전달한 값을 그대로 출력하는 역할만 합니다.

```
def print_me(x):
    print(x)
```

이제 데이터프레임에 이 함수를 apply()로 적용해 볼까요? 데이터프레임에서 apply() 메서드를 사용하는 방법은 시리즈에서 apply() 메서드를 사용하는 방법과 비슷하지만 함수를 열 단위로 적용할지 행 단위로 적용할지 지정해야 합니다.

함수를 열 단위로 적용하고 싶다면 apply() 메서드를 호출할 때 axis 매개변수에 0 또는 "index"를 지정합니다. 반대로 행 단위로 함수를 적용하고 싶다면 axis=1 또는 axis="columns"를 전달하면 됩니다. 이 책에서는 0 또는 1을 사용하여 함수 적용 축을 지정합니다. axis의 기본값은 열 단위인 0입니다.

Do it! 실습 열 단위로 함수 적용하기

1. 열 단위로 함수를 적용하려면 apply()를 호출할 때 axis=0을 전달합니다. 예제 데이터프레임에 print_me() 함수를 각 열에 적용해 봅시다.

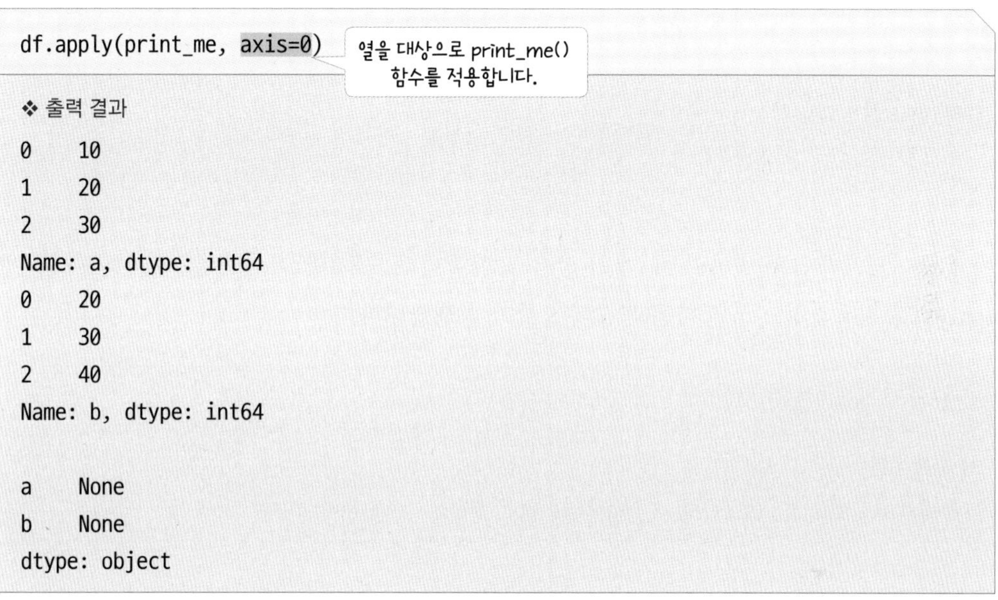
열을 대상으로 print_me()
함수를 적용합니다.

```
df.apply(print_me, axis=0)
```

❖ 출력 결과

```
0    10
1    20
2    30
Name: a, dtype: int64
0    20
1    30
2    40
Name: b, dtype: int64

a    None
b    None
dtype: object
```

2. print()로 직접 각 열을 출력한 다음 결과와 apply()로 print_me() 함수를 각 열에 적용한 결과를 비교해 보세요.

```
print(df['a'])
```

❖ 출력 결과

```
0    10
1    20
2    30
Name: a, dtype: int64
```

```
print(df['b'])
```

❖ 출력 결과

```
0    20
1    30
2    40
Name: b, dtype: int64
```

출력 결과가 완전히 같죠? 데이터프레임에 apply()로 함수를 적용하면 지정한 전체 축이 함수의 첫 번째 인수로 전달됩니다. 즉, print_me() 함수의 매개변수 x에는 데이터프레임의 각 열이 인수로 전달된다는 뜻입니다. 예를 하나 더 살펴볼까요?

3. 세 숫자의 평균을 구하는 avg_3() 함수는 다음과 같습니다.

```
def avg_3(x, y, z):
    return (x + y + z) / 3
```

예제 데이터프레임은 열마다 세 개의 값을 포함합니다. 하지만 이 함수를 데이터프레임에 apply()로 적용하려고 하면 다음과 같이 오류가 발생합니다.

```
print(df.apply(avg_3))
```

❖ 출력 결과

```
TypeError: avg_3() missing 2 required positional arguments: 'y' and 'z'
```

오류 메시지를 보면 함수에는 세 개의 인수가 필요하지만 y와 z, 즉 두 번째와 세 번째 인수가 빠졌음을 알 수 있습니다. 앞서 설명했듯이 apply()를 사용하면 함수의 첫 번째 인수로 전체 열이 전달됩니다. 이 함수를 apply() 메서드에서 사용하려면 내용을 조금 수정해야 합니다.

4. 다음과 같이 전체 열을 첫 번째 인수로 받은 후에 함수 안에서 각 값을 추출하도록 수정합니다.

```
def avg_3_apply(col):
    x = col[0]
    y = col[1]
    z = col[2]
    return (x + y + z) / 3
```

5. 수정한 avg_3_apply() 함수를 apply()로 데이터프레임에 적용하면 다음과 같은 결과를 확인할 수 있습니다.

```
print(df.apply(avg_3_apply))
```

❖ 출력 결과

```
a 20.0
b 30.0
dtype: float64
```

avg_3_apply() 함수가 각 열의 모든 값을 첫 번째 인수로 받아서 세 값의 평균을 반환합니다.

Do it! 실습 행 단위로 함수 적용하기

1. 행 단위로 함수를 적용하는 방법은 열 단위로 함수를 적용하는 방법과 같습니다. apply()의 매개변수 axis에 0 대신 1을 전달하면 함수의 첫 번째 인수로 전체 행을 전달합니다.
예제 데이터프레임에는 2개 열과 3개 행이 있습니다. 열 개수가 행 개수보다 1개 적은 2개이므로 앞에서 작성한 avg_3_apply() 함수는 행 단위로 함수를 적용하는 실습에서는 사용할 수 없습니다. 만약 함수를 그대로 행에 적용한다면 다음과 같은 오류가 발생합니다.

```
print(df.apply(avg_3_apply, axis=1))
```

❖ 출력 결과

```
IndexError: index 2 is out of bounds for axis 0 with size 2
```

인덱스가 범위를 벗어났다는 오류입니다. 첫 번째 인수로 값이 2개인 데이터의 행을 전달했지만 함수에서는 3개의 값을 추출하려고 하므로 범위를 벗어난 인덱스 접근이 발생합니다. 즉, 없는 세 번째 요소를 의미하는 인덱스 2를 사용했으므로 오류가 발생합니다. 행 단위로 평균을 계산하려면 두 개의 값을 사용하는 새로운 함수를 작성해야 합니다.

2. 행의 전체 값을 받아서 2개의 값을 추출하고 평균을 반환하는 avg_2_apply() 함수를 다음과 같이 작성합니다.

```
def avg_2_apply(row):
    x = row[0]
    y = row[1]
    return (x + y) / 2
```

이제 apply()로 avg_2_apply() 함수를 행 단위로 적용해 볼까요?

```
print(df.apply(avg_2_apply, axis=1))
```

❖ 출력 결과

```
0    15.0
1    25.0
2    35.0
dtype: float64
```

06-3
람다 함수 사용하기

apply() 메서드로 전달할 함수가 별도의 함수로 정의할 필요가 없을 만큼 간단할 때도 있을 겁니다. 이럴 때는 03-4절에서 잠시 살펴본 익명 함수인 람다 함수lambda function를 사용해 보세요.

Do it! 실습 데이터프레임에 람다 함수 사용하기

1. 먼저 간단한 데이터프레임을 하나 만듭니다.

```
df = pd.DataFrame({'a': [10, 20, 30],
                   'b': [20, 30, 40]})
print(df)
```

❖ 출력 결과

```
    a   b
0  10  20
1  20  30
2  30  40
```

2. 앞서 만들었던 my_sq() 함수를 다시 사용해 볼까요?

```
def my_sq(x):
    return x ** 2

df['a_sq'] = df['a'].apply(my_sq)
print(df)
```

❖ 출력 결과

```
    a   b  a_sq
0  10  20   100
1  20  30   400
2  30  40   900
```

my_sq()는 코드가 한 줄뿐인 간단한 함수입니다. 일반적으로 이렇게 간단한 함수는 apply() 메서드 안에서 바로 정의하곤 합니다. 즉, 람다 함수를 사용하면 코드 한 줄로 바로 정의할 수 있습니다.

3. 다음과 같이 람다 함수로 제곱 함수를 정의하면 my_sq() 함수를 사용한 코드와 같은 작업을 수행합니다.

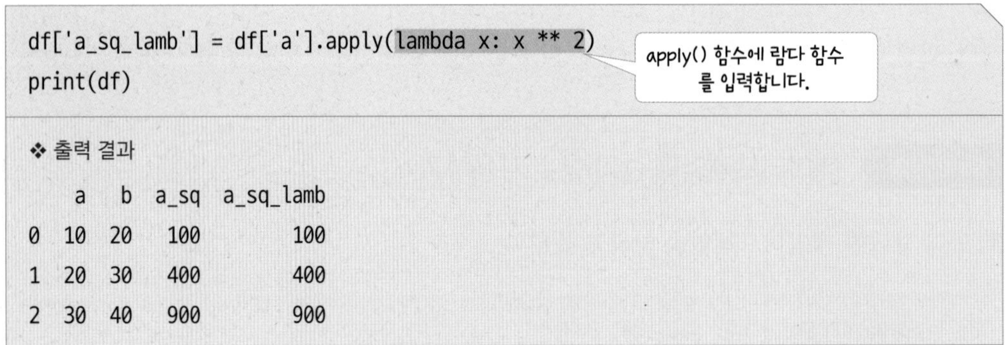

```
df['a_sq_lamb'] = df['a'].apply(lambda x: x ** 2)
print(df)
```


❖ 출력 결과

```
    a   b  a_sq  a_sq_lamb
0  10  20   100        100
1  20  30   400        400
2  30  40   900        900
```

람다 함수는 lambda 키워드로 작성합니다. 그리고 apply() 메서드는 함수에 전체 축 데이터를 첫 번째 인수로 전달하므로 실습에서 작성한 람다 함수는 x라는 하나의 매개변수만 사용합니다.

lambda x의 x는 def my_sq(x)의 x와 마찬가지로 x라는 매개변수를 나타내며 a 열의 각 값을 람다 함수에 하나씩 전달합니다. 이처럼 따로 정의하지 않아도 람다 함수로 직접 작성할 수 있으며 계산한 결과는 자동으로 반환합니다.

여러 줄의 복잡한 코드로 작성할 수도 있지만 일반적으로 한 줄짜리 함수는 람다 함수로 대체하는 때가 흔합니다. 단, 람다 함수에 너무 많은 작업을 담으려고 하면 코드가 읽기 어려워집니다.

06-4 벡터화된 함수 사용하기

apply()를 사용하면 열 단위 또는 행 단위로 함수를 적용할 수 있습니다. 하지만 전체 열이나 행을 함수의 첫 번째 인수로 전달했으므로 행과 열 크기에 따라 함수를 따로 작성해야 했습니다. 그러나 매번 행과 열의 크기에 따라 함수를 작성할 수는 없겠죠. 이럴 때는 vectorize() 함수와 데코레이터decorator를 사용하여 벡터화하면 apply() 메서드보다 효율적으로 코드를 작성하고 연산 속도도 올릴 수 있답니다.

Do it! 실습 벡터화된 함수 사용하기

1. 먼저 다음과 같은 데이터프레임을 만듭니다.

```
df = pd.DataFrame({"a": [10, 20, 30],
                   "b": [20, 30, 40]})
print(df)
```

❖ 출력 결과

```
    a   b
0  10  20
1  20  30
2  30  40
```

2. 각 행은 값이 2개이므로 다음과 같은 평균 함수를 생각할 수 있습니다.

```
def avg_2(x, y):
    return (x + y) / 2
```

벡터화된 함수는 x와 y의 값을 각각 벡터로 전달받아 같은 순서로 x와 y의 평균을 반환해야 합니다. 즉, 행 단위의 값을 구하고자 각 행을 인수로 전달하기보다는 각 행의 x, y값이 순서대로 나열된 벡터를 전달합니다. 예를 들어 avg_2(df['a'], df['b'])와 같이 작성하면 결과가 [15, 25, 35]였으면 합니다.

```
print(avg_2(df['a'], df['b']))
```

❖ 출력 결과

```
0    15.0
1    25.0
2    35.0
dtype: float64
```

벡터화된 함수가 이렇게 작동하는 것은 바로 함수 안의 연산이 벡터화되었기 때문입니다. 두 개의 숫자 열에 더하기 연산을 적용하면 판다스와 넘파이 라이브러리가 자동으로 요소별로 더하기를 수행합니다. 마찬가지로 스칼라로 나누는 것도 가능합니다. 스칼라를 브로드캐스팅하고 각 요소를 스칼라값으로 나누는 방식으로 작동합니다.

3. 벡터화할 수 없는 계산을 수행하는 함수로 수정해 봅시다. x가 20이 아니면 평균을 계산하고 x가 20이면 NaN을 반환하도록 avg_2_mod() 함수를 다음과 같이 작성합니다.

```
import numpy as np

def avg_2_mod(x, y):
    if (x == 20):
        return(np.NaN)
    else:
        return (x + y) / 2
```

avg_2() 함수와 마찬가지로 벡터를 전달하여 실행하면 다음과 같은 오류가 발생합니다.

```
print(avg_2_mod(df['a'], df['b']))
```

❖ 출력 결과

```
ValueError: The truth value of a Series is ambiguous. Use a.empty, a.bool(),
a.item(), a.any() or a.all().
```

그러나 숫자를 직접 지정하면 오류 없이 원하는 대로 작동합니다.

```
print(avg_2_mod(10, 20))
```

❖ 출력 결과

```
15.0
```

```
print(avg_2_mod(20, 30))
```

❖ 출력 결과

```
nan
```

넘파이와 넘바로 벡터화하기

Do it! 실습 넘파이로 벡터화하기

만약 avg_2_mod()와 같은 함수를 벡터 요소별로 계산하도록 수정하려면 어떻게 해야 할까요? 이럴 때는 넘파이(numpy) 라이브러리의 vectorize() 함수를 사용하여 이 작업을 수행합니다.

1. np.vectorize()에 벡터화하려는 함수를 전달하여 avg_2_mod_vec()라는 새로운 함수를 생성합니다.

```
import numpy as np

avg_2_mod_vec = np.vectorize(avg_2_mod)
```

넘파이로 벡터화합니다.

2. 이 함수에 열 벡터를 넣으면 어떻게 될까요?

```
print(avg_2_mod_vec(df['a'], df['b']))
```

❖ 출력 결과

```
[15. nan 35.]
```

오류 없이 잘 작동하네요! 이 방법은 보통 코드에 접근할 수 없는, 이미 작성한 함수를 벡터화할 때 사용합니다.

3. 함수를 직접 작성한다면 파이썬의 데코레이터를 사용하여 새 함수를 만들지 않고도 함수를 자동으로 벡터화할 수 있습니다. 데코레이터는 다른 함수를 입력으로 받아 해당 함수의 출력이 동작하는 방식을 수정하는 함수입니다.

벡터화 데코레이터는 함수 정의 전에 `@` 기호를 덧붙여서 사용합니다. 여기서는 데코레이터 `@np.vectorize`를 사용하여 `v_avg_2_mod()` 함수를 정의해 봅시다. 이 방법을 사용하면 벡터화 함수를 새로 생성하지 않아도 벡터 인수를 바로 적용할 수 있습니다.

```
@np.vectorize    데코레이터를 사용하여 벡터화합니다.
def v_avg_2_mod(x, y):
    if (x == 20):
        return(np.NaN)
    else:
        return (x + y) / 2

print(v_avg_2_mod(df['a'], df['b']))
```

❖ 출력 결과

```
[15. nan 35.]
```

Do it! 실습 넘바로 벡터화하기

1. 넘바(numba) 라이브러리[1]는 파이썬 코드, 특히 배열에 적용하는 수학 계산을 최적화하도록 설계되었습니다. 넘파이와 마찬가지로 벡터화 데코레이터를 제공합니다. 이때 `x`가 `20`인지 확인하는 조건문에서 자료형 정보를 추가해야 합니다. 다음 코드를 보세요.

```
import numba

@numba.vectorize    넘바로 벡터화합니다.
def v_avg_2_numba(x, y):
    if (int(x) == 20):    자료형 정보를 추가합니다.
```

1 https://numba.pydata.org/

```
        return(np.NaN)
    else:
        return (x + y) / 2
```

2. numba 라이브러리는 계산 최적화에 특화된 라이브러리이므로 판다스 객체를 처리하는 기능은 없습니다. 따라서 넘파이와 같이 함수에 데이터프레임의 열 벡터를 그대로 전달하면 다음과 같은 오류가 발생합니다.

```
print(v_avg_2_numba(df['a'], df['b']))
```

❖ 출력 결과

```
ValueError: Cannot determine Numba type of <class 'pandas.core.series.Series'>
```

3. 그러므로 numba 라이브러리를 사용하려면 다음과 같이 시리즈 객체의 values 속성을 사용하여 데이터를 넘파이 배열 형식으로 전달해야 합니다.

```
print(v_avg_2_numba(df['a'].values, df['b'].values))
```

❖ 출력 결과

```
[15. nan 35.]
```

마무리하며

이 장에서는 함수를 작성하고 데이터에 적용하는 방법을 살펴봤습니다. 이는 굉장히 중요한 개념으로, 내장된 기능만 사용하여 데이터를 정리하고 처리하기는 어렵습니다. 그러다 보니 요구 사항과 분석 상황에 따라 사용자 정의 함수를 직접 작성하여 데이터를 처리하고 분석해야 하는 때가 흔합니다.

여기서는 간단한 예제로 실습했지만 판다스 라이브러리를 더 공부하면 얼마든지 복잡한 형태로 응용할 수 있습니다.

07 데이터 결합하고 분해하기

이 장에서는 분석하기 좋은 데이터셋을 만들고자 여러 개의 데이터셋을 연결하거나 병합하여 정리하는 방법과 데이터를 효율적으로 관리하는 데 도움이 되는 정규화 방법을 알아봅니다.

깔끔한 데이터를 다룬 논문에서는 데이터가 깔끔하려면 관측 단위별로 데이터 표를 구성해야 한다고 합니다. 그러나 여러 데이터셋을 병합하여 하나의 표로 구성하고 분석하기도 합니다. 이렇게 하려면 한 곳에 변경이 생기더라도 모든 데이터에 올바르게 반영될 수 있도록 정규화하는 것이 좋습니다.

07-1
데이터 묶어 분석하기

05장에서 깔끔한 데이터의 조건이 무엇인지 살펴보았습니다. 이 장에서는 깔끔한 데이터 논문에서 소개한 세 번째 기준인 '관측 단위별로 데이터 표를 구성해야 합니다.'에 초점을 맞춥니다. 즉, 관측 단위별로 정리한 다양한 표를 결합하여 데이터셋을 만들고 분석을 진행합니다.

예를 들어 주식 데이터를 분석하는 과정에서 기업 정보 데이터셋과 주식 가격 데이터셋이 있을 때 첨단 산업 기업의 주식 가격 데이터를 보려면 어떻게 해야 할까요? 일단 기업 정보 데이터에서 첨단 기술을 가진 기업을 찾아야 합니다. 그리고 이 기업의 주식 가격을 찾아야겠죠. 그런 다음 찾아낸 2개의 데이터를 연결하면 됩니다.

보통 데이터의 중복을 방지하고자 데이터를 여러 개의 표로 나누어 저장하곤 합니다. 이렇게 연관이 깊은 데이터끼리 모아서 표를 구성하므로 데이터를 묶어 필요한 데이터를 만드는 과정이 반드시 필요합니다.

하나의 데이터셋을 여러 부분으로 분할하여 관리할 때도 있습니다. 예를 들어 시계열 데이터를 날짜별로 분리해서 파일을 관리할 수 있습니다. 또는 데이터의 크기가 너무 커서 적당한 크기의 데이터 파일로 나누어 관리할 수도 있습니다. 이럴 때도 여러 데이터를 묶어 단일 데이터프레임으로 결합하고 데이터를 분석합니다.

07-2
데이터 연결하기

데이터를 결합하는 가장 쉬운 방법은 데이터를 연결[concatenation]하는 것입니다. 데이터에 행이나 열을 추가하는 것이죠. 여러 부분으로 나눈 데이터를 결합하거나 기존 데이터셋에 다른 데이터셋을 추가할 때 데이터를 연결합니다.

몇 가지 예제 데이터로 데이터를 연결하는 과정을 자세히 살펴봅시다. 먼저 concat_1.csv, concat_2.csv, concat_3.csv의 세 가지 데이터셋을 df1, df2, df3으로 불러와서 각 데이터셋이 어떻게 구성되었는지 확인해 볼까요?

```
import pandas as pd

df1 = pd.read_csv('../data/concat_1.csv')
df2 = pd.read_csv('../data/concat_2.csv')
df3 = pd.read_csv('../data/concat_3.csv')
print(df1)
```

❖ 출력 결과

```
    A   B   C   D
0  a0  b0  c0  d0
1  a1  b1  c1  d1
2  a2  b2  c2  d2
3  a3  b3  c3  d3
```

```
print(df2)
```

❖ 출력 결과

```
    A   B   C   D
0  a4  b4  c4  d4
1  a5  b5  c5  d5
2  a6  b6  c6  d6
3  a7  b7  c7  d7
```

```
print(df3)
```

❖ 출력 결과

```
     A    B    C    D
0   a8   b8   c8   d8
1   a9   b9   c9   d9
2  a10  b10  c10  d10
3  a11  b11  c11  d11
```

데이터프레임 살펴보기

03-3절에서 index, columns, values 속성이 무엇인지 살펴봤죠? 이번 장의 실습에서는 index와 columns를 자주 사용합니다. index는 데이터프레임의 왼쪽에 있는 행 번호를 참조하며 기본적으로 0부터 시작하는 번호로 설정됩니다. df1의 각 속성을 살펴봅시다.

```
print(df1.index)
```

❖ 출력 결과

```
RangeIndex(start=0, stop=4, step=1)
```

index는 데이터프레임의 축입니다. 판다스는 축을 기준으로 작동하므로 이런 용어가 매우 중요합니다. 인덱스와 다른 축은 columns로 얻을 수 있는 열입니다.

```
print(df1.columns)
```

❖ 출력 결과

```
Index(['A', 'B', 'C', 'D'], dtype='object')
```

이는 데이터프레임의 열 이름을 나타냅니다. 마지막으로 데이터프레임의 values는 값으로 구성된 넘파이 배열을 반환합니다.

```
print(df1.values)
```

❖ 출력 결과

```
[['a0' 'b0' 'c0' 'd0']
 ['a1' 'b1' 'c1' 'd1']
 ['a2' 'b2' 'c2' 'd2']
 ['a3' 'b3' 'c3' 'd3']]
```

행 연결하기

판다스의 concat() 함수를 사용하면 데이터프레임을 연결할 수 있습니다.

Do it! 실습 행 방향 연결하기

1. 연결할 모든 데이터프레임을 concat() 함수에 리스트로 전달합니다.

```
row_concat = pd.concat([df1, df2, df3])
print(row_concat)
```

❖ 출력 결과

```
     A    B    C    D
0   a0   b0   c0   d0
1   a1   b1   c1   d1
2   a2   b2   c2   d2
3   a3   b3   c3   d3
0   a4   b4   c4   d4
..  ...  ...  ...  ...
3   a7   b7   c7   d7
0   a8   b8   c8   d8
1   a9   b9   c9   d9
2  a10  b10  c10  d10
3  a11  b11  c11  d11
```

결과에서 알 수 있듯이 concat()은 데이터프레임을 단순하게 이어 붙입니다. 그러므로 행 이름(인덱스)을 보면 0부터 3까지의 숫자가 반복되는 것을 알 수 있습니다. 이는 세 데이터프레임의 인덱스를 단순히 누적했다는 것을 나타냅니다.

2. 연결한 데이터프레임도 일반 데이터프레임과 마찬가지로 원하는 데이터를 추출할 수 있습니다. 예를 들어 네 번째 행은 다음과 같이 추출합니다.

```
print(row_concat.iloc[3, :])
```

❖ 출력 결과

```
A    a3
B    b3
```

```
C    c3
D    d3
Name: 3, dtype: object
```

3. 시리즈를 하나 생성하여 데이터프레임에 연결하면 어떻게 될까요? 다음과 같이 간단한 시리즈를 하나 생성해 봅시다.

```
new_row_series = pd.Series(['n1', 'n2', 'n3', 'n4'])
print(new_row_series)
```

❖ 출력 결과

```
0    n1
1    n2
2    n3
3    n4
dtype: object
```

4. 이 시리즈를 새로운 행으로 `df1`에 추가하려고 `concat()`을 사용하면 다음과 같이 의도한 결과와 다른 데이터프레임이 생성됩니다.

```
print(pd.concat([df1, new_row_series]))
```

❖ 출력 결과

```
     A    B    C    D    0
0   a0   b0   c0   d0  NaN
1   a1   b1   c1   d1  NaN
2   a2   b2   c2   d2  NaN
3   a3   b3   c3   d3  NaN
0  NaN  NaN  NaN  NaN   n1
1  NaN  NaN  NaN  NaN   n2
2  NaN  NaN  NaN  NaN   n3
3  NaN  NaN  NaN  NaN   n4
```

먼저 눈에 띄는 것은 결측값을 나타내는 `NaN`입니다. 시리즈를 데이터프레임의 새로운 행으로 추가하려고 했지만 뜻대로 되지 않았네요. 심지어 기존에 있던 값과 어긋난 새로운 열이 생성되었습니다.

무슨 일이 일어난 건지 살펴봅시다. 우선 시리즈에 데이터프레임과 일치하는 열이 없으므로 시리즈가 새로운 열로 추가됩니다. 이를 새로운 행으로 데이터프레임 가장 아래에 덧붙이고 기존 인덱스는 그대로 유지합니다.

5. 이 문제를 해결하려면 시리즈를 데이터프레임으로 바꿔야 합니다. 이 데이터프레임은 하나의 데이터 행을 포함하고 열 이름은 데이터가 덧붙여질 각 위치의 열 이름으로 설정합니다. 다음과 같이 데이터프레임을 생성합시다. 데이터 행을 생성할 때는 두 겹의 대괄호 쌍을 사용해야 한다는 점에 조심하세요.

```
new_row_df = pd.DataFrame(
    data=[["n1", "n2", "n3", "n4"]],
    columns=["A", "B", "C", "D"],
)
print(new_row_df)
```

❖ 출력 결과

```
    A   B   C   D
0  n1  n2  n3  n4
```

6. 생성한 데이터프레임을 df1에 연결합니다.

```
print(pd.concat([df1, new_row_df]))
```

❖ 출력 결과

```
    A   B   C   D
0  a0  b0  c0  d0
1  a1  b1  c1  d1
2  a2  b2  c2  d2
3  a3  b3  c3  d3
0  n1  n2  n3  n4
```

concat()은 여러 데이터프레임을 한 번에 연결할 때 가장 자주 사용하는 함수입니다.

Do it! 실습 새로운 인덱스 설정하기

이전 실습에서는 행 인덱스를 단순히 덧붙이면서 중복 값이 생겼습니다. 기존 데이터의 행 인덱스를 무시하고 새로운 인덱스를 부여하려면 매개변수 ignore_index를 사용하면 됩니다. 이 매개변수를 True로 설정하면 인덱스가 0부터 시작하는 정수로 중복값 없이 다시 설정됩니다.

데이터를 단순히 덧붙이는 것이 목적이라면 매개변수 ignore_index를 사용하여 데이터를 연결한 후에 인덱스를 다시 설정할 수 있습니다.

```
row_concat_i = pd.concat([df1, df2, df3], ignore_index=True)
print(row_concat_i)
```

기존 인덱스는 무시하고 새롭게 설정합니다.

❖ 출력 결과

```
     A    B    C    D
0   a0   b0   c0   d0
1   a1   b1   c1   d1
2   a2   b2   c2   d2
3   a3   b3   c3   d3
4   a4   b4   c4   d4
5   a5   b5   c5   d5
6   a6   b6   c6   d6
7   a7   b7   c7   d7
8   a8   b8   c8   d8
9   a9   b9   c9   d9
10  a10  b10  c10  d10
11  a11  b11  c11  d11
```

열 연결하기

열을 연결하는 것은 행을 연결하는 방법과 비슷합니다. 가장 큰 차이점은 concat() 함수의 매개변수 axis입니다. axis의 기본값은 0(또는 "index")이므로 매개변수를 따로 지정하지 않으면 데이터를 기본값인 행 방향으로 덧붙여 연결합니다. 그러나 axis를 1 또는 "columns"로 설정하면 열 방향으로 연결합니다.

Do it! 실습 열 방향 연결하기

1. df1, df2, df3를 열 방향으로 연결해 봅시다.

```
col_concat = pd.concat([df1, df2, df3], axis="columns")
print(col_concat)
```

❖ 출력 결과

```
    A   B   C   D   A   B   C   D    A    B    C    D
0  a0  b0  c0  d0  a4  b4  c4  d4   a8   b8   c8   d8
1  a1  b1  c1  d1  a5  b5  c5  d5   a9   b9   c9   d9
2  a2  b2  c2  d2  a6  b6  c6  d6  a10  b10  c10  d10
3  a3  b3  c3  d3  a7  b7  c7  d7  a11  b11  c11  d11
```

결과 데이터프레임을 보면 행을 기준으로 데이터를 연결했을 때 행 인덱스가 그대로 덧붙여진 것과 마찬가지로 열 이름이 단순히 덧붙여진 것을 알 수 있습니다. 이 데이터프레임에서 열 이름을 기준으로 데이터를 추출하면 이름이 같은 모든 열을 추출합니다.

```
print(col_concat['A'])
```

❖ 출력 결과

```
    A   A    A
0  a0  a4   a8
1  a1  a5   a9
2  a2  a6  a10
3  a3  a7  a11
```

2. 특별한 판다스 함수를 사용하지 않더라도 데이터프레임에 열을 추가할 수 있습니다. 새 열 이름을 대괄호 사이에 넣어 리스트를 할당하면 됩니다. 예를 들어 ['n1', 'n2', 'n3', 'n4']를 new_col_list라는 이름의 새로운 열로 추가해 봅시다.

```
col_concat['new_col_list'] = ['n1', 'n2', 'n3', 'n4']
print(col_concat)
```

❖ 출력 결과

```
    A   B   C   D   A   B   C   D    A    B    C    D new_col_list
```

```
0  a0  b0  c0  d0  a4  b4  c4  d4   a8   b8   c8   d8            n1
1  a1  b1  c1  d1  a5  b5  c5  d5   a9   b9   c9   d9            n2
2  a2  b2  c2  d2  a6  b6  c6  d6  a10  b10  c10  d10            n3
3  a3  b3  c3  d3  a7  b7  c7  d7  a11  b11  c11  d11            n4
```

3. 비슷한 방법으로 시리즈를 추가할 수도 있습니다.

```
col_concat['new_col_series'] = pd.Series(['n1', 'n2', 'n3', 'n4'])
print(col_concat)
```

```
❖ 출력 결과
    A   B   C   D   A   B   C   D    A    B    C    D new_col_list  \
0  a0  b0  c0  d0  a4  b4  c4  d4   a8   b8   c8   d8            n1
1  a1  b1  c1  d1  a5  b5  c5  d5   a9   b9   c9   d9            n2
2  a2  b2  c2  d2  a6  b6  c6  d6  a10  b10  c10  d10            n3
3  a3  b3  c3  d3  a7  b7  c7  d7  a11  b11  c11  d11            n4

  new_col_series
0             n1
1             n2
2             n3
3             n4
```

4. 데이터프레임이라면 concat() 함수를 사용할 수 있습니다. 그러나 이 함수를 사용하려면 몇 가지를 추가로 설정해야 합니다.

마지막으로, 행 방향으로 연결할 때와 마찬가지로 ignore_index를 True로 설정하면 열 이름이 중복되지 않도록 다시 설정할 수 있습니다.

```
print(pd.concat([df1, df2, df3], axis="columns", ignore_index=True))
```

열 이름을 다시 설정합니다.

```
❖ 출력 결과
    0   1   2   3   4   5   6   7    8    9   10   11
0  a0  b0  c0  d0  a4  b4  c4  d4   a8   b8   c8   d8
1  a1  b1  c1  d1  a5  b5  c5  d5   a9   b9   c9   d9
2  a2  b2  c2  d2  a6  b6  c6  d6  a10  b10  c10  d10
3  a3  b3  c3  d3  a7  b7  c7  d7  a11  b11  c11  d11
```

인덱스나 열 이름이 다른 데이터 연결하기

지금까지 행 또는 열을 연결하는 방법을 살펴보았습니다. 새로 추가하는 행이나 열이 기존 데이터와 인덱스나 열 이름이 같다고 가정하여 실습을 진행했습니다.
여기서는 열 이름이나 인덱스가 서로 다를 때는 어떻게 연결하는지 살펴봅니다.

Do it! 실습 열 이름이 다른 데이터 행 방향 연결하기

1. 먼저 연결하려는 데이터의 열 이름이 서로 다르도록 df1, df2, df3의 열 이름을 각각 다음과 같이 바꿉니다.

```
df1.columns = ['A', 'B', 'C', 'D']
df2.columns = ['E', 'F', 'G', 'H']
df3.columns = ['A', 'C', 'F', 'H']
print(df1)
```

❖ 출력 결과

```
    A   B   C   D
0  a0  b0  c0  d0
1  a1  b1  c1  d1
2  a2  b2  c2  d2
3  a3  b3  c3  d3
```

```
print(df2)
```

❖ 출력 결과

```
    E   F   G   H
0  a4  b4  c4  d4
1  a5  b5  c5  d5
2  a6  b6  c6  d6
3  a7  b7  c7  d7
```

```
print(df3)
```

❖ 출력 결과

```
     A    C    F    H
0   a8   b8   c8   d8
1   a9   b9   c9   d9
2  a10  b10  c10  d10
3  a11  b11  c11  d11
```

2. concat() 함수를 사용하여 데이터를 연결하면 함수는 앞의 실습처럼 단순히 데이터프레임을 쌓지 않고 이번에는 열을 자동으로 정렬하고 결측값은 NaN으로 채웁니다.

```
row_concat = pd.concat([df1, df2, df3])
print(row_concat)
```

❖ 출력 결과

```
     A    B    C    D    E    F    G    H
0   a0   b0   c0   d0  NaN  NaN  NaN  NaN
1   a1   b1   c1   d1  NaN  NaN  NaN  NaN
2   a2   b2   c2   d2  NaN  NaN  NaN  NaN
3   a3   b3   c3   d3  NaN  NaN  NaN  NaN
0  NaN  NaN  NaN  NaN   a4   b4   c4   d4
1  NaN  NaN  NaN  NaN   a5   b5   c5   d5
2  NaN  NaN  NaN  NaN   a6   b6   c6   d6
3  NaN  NaN  NaN  NaN   a7   b7   c7   d7
0   a8  NaN   b8  NaN  NaN   c8  NaN   d8
1   a9  NaN   b9  NaN  NaN   c9  NaN   d9
2  a10  NaN  b10  NaN  NaN  c10  NaN  d10
3  a11  NaN  b11  NaN  NaN  c11  NaN  d11
```

3. NaN값을 포함하지 않는 한 가지 방법은 연결할 객체 사이에 공통인 열만 유지하는 것입니다. 이때 매개변수 join을 사용합니다. 기본값은 모든 열을 유지하는 'outer'이므로 데이터셋 사이에 공통인 열만 유지하려면 'inner'로 설정합니다.
이번 예에서는 데이터프레임 3개 모두에 공통인 열은 없으므로 'inner'로 설정하면 빈 데이터프레임만 남습니다.

```
print(pd.concat([df1, df2, df3], join='inner'))
```

공통인 열만 연결합니다.

❖ 출력 결과

```
Empty DataFrame
Columns: []
Index: [0, 1, 2, 3, 0, 1, 2, 3, 0, 1, 2, 3]
```

4. 이와 달리 공통인 열이 있는 데이터프레임을 사용하면 공통인 열만 반환합니다. 예를 들어 df1과 df3은 A와 C 열이 공통이므로 두 데이터프레임을 join='inner'로 연결하면 다음과 같은 결과를 얻을 수 있습니다.

```
print(pd.concat([df1, df3], ignore_index=False, join='inner'))
```

❖ 출력 결과

```
     A    C
0   a0   c0
1   a1   c1
2   a2   c2
3   a3   c3
0   a8   b8
1   a9   b9
2  a10  b10
3  a11  b11
```

Do it! 실습 인덱스가 다른 데이터 열 방향 연결하기

1. 이번에는 데이터프레임 3개가 서로 다른 인덱스가 되도록 수정합니다. 이전 실습에서 변경한 열 이름은 그대로 사용하겠습니다.

```
df1.index = [0, 1, 2, 3]
df2.index = [4, 5, 6, 7]
df3.index = [0, 2, 5, 7]
print(df1)
```

❖ 출력 결과

```
    A   B   C   D
0  a0  b0  c0  d0
1  a1  b1  c1  d1
2  a2  b2  c2  d2
3  a3  b3  c3  d3
```

```
print(df2)
```

❖ 출력 결과

```
    E   F   G   H
4  a4  b4  c4  d4
5  a5  b5  c5  d5
6  a6  b6  c6  d6
7  a7  b7  c7  d7
```

```
print(df3)
```

❖ 출력 결과

```
     A    C    F    H
0   a8   b8   c8   d8
2   a9   b9   c9   d9
5  a10  b10  c10  d10
7  a11  b11  c11  d11
```

2. axis=1 또는 axis="columns"로 데이터프레임을 연결하면 새로운 데이터프레임을 열 방향으로 연결하고 인덱스가 같은 행끼리 연결합니다. 이때 인덱스가 다른 데이터는 결측값으로 표시합니다.

```
col_concat = pd.concat([df1, df2, df3], axis="columns")
print(col_concat)
```

❖ 출력 결과

```
     A    B    C    D    E    F    G    H    A    C    F    H
0   a0   b0   c0   d0  NaN  NaN  NaN  NaN   a8   b8   c8   d8
1   a1   b1   c1   d1  NaN  NaN  NaN  NaN  NaN  NaN  NaN  NaN
2   a2   b2   c2   d2  NaN  NaN  NaN  NaN   a9   b9   c9   d9
3   a3   b3   c3   d3  NaN  NaN  NaN  NaN  NaN  NaN  NaN  NaN
4  NaN  NaN  NaN  NaN   a4   b4   c4   d4  NaN  NaN  NaN  NaN
5  NaN  NaN  NaN  NaN   a5   b5   c5   d5  a10  b10  c10  d10
6  NaN  NaN  NaN  NaN   a6   b6   c6   d6  NaN  NaN  NaN  NaN
7  NaN  NaN  NaN  NaN   a7   b7   c7   d7  a11  b11  c11  d11
```

3. 행 방향으로 연결할 때와 마찬가지로 join="inner"로 지정하면 인덱스가 공통인 데이터만 연결합니다. 다음은 데이터프레임 df1과 df3 중 인덱스가 공통인 0행과 2행만 열 방향으로 연결한 모습입니다.

```
print(pd.concat([df1, df3], axis="columns", join='inner'))
```

❖ 출력 결과

```
    A   B   C   D   A   C   F   H
0  a0  b0  c0  d0  a8  b8  c8  d8
2  a2  b2  c2  d2  a9  b9  c9  d9
```

07-3
분할된 데이터 연결하기

데이터를 여러 개로 분할하는 이유 중 하나는 파일 크기 때문입니다. 즉, 데이터를 분할할수록 데이터 파일 하나의 크기가 작아집니다. 많은 서비스에서 조회하거나 공유할 수 있는 파일의 크기를 제한하곤 하므로 인터넷이나 이메일을 통해 데이터를 공유할 때는 데이터를 분할할 때가 흔합니다.

데이터를 여러 개로 분할하는 또 다른 이유로 데이터 수집 과정을 들 수 있습니다. 예를 들어 주식 정보를 매일 저장한다면 날짜별로 주식 데이터셋이 나뉠 수 있습니다.

지금까지 데이터를 연결하는 방법을 살펴보았다면 이번 절에서는 여러 데이터 파일을 빠르게 불러와 연결하는 방법을 중심으로 알아봅니다.

Do it! 실습 여러 개의 파일로 분할된 데이터 연결하기

1. 이번에는 파일 이름 규칙이 다음과 같은 빌보드 차트 데이터를 예제로 사용합니다.

```
data/billboard-by_week/billboard-XX.csv
```

XX는 03과 같이 해당 파일이 몇 주째 데이터인지를 나타냅니다. 파이썬 내장 pathlib 모듈을 사용하면 특정 파일 이름 규칙의 모든 파일을 불러올 수 있습니다.

```
from pathlib import Path

billboard_data_files = (
    Path(".")
    .glob("../data/billboard-by_week/billboard-*.csv")
)

billboard_data_files = sorted(list(billboard_data_files))
print(billboard_data_files)
```

billboard-로 시작하는 모든 csv 파일을 불러옵니다.

❖ 출력 결과

```
[PosixPath('../data/billboard-by_week/billboard-01.csv'),
PosixPath('../data/billboard-by_week/billboard-02.csv'),
PosixPath('../data/billboard-by_week/billboard-03.csv'),
.. ... ... ... ...
PosixPath('../data/billboard-by_week/billboard-74.csv'),
PosixPath('../data/billboard-by_week/billboard-75.csv'),
PosixPath('../data/billboard-by_week/billboard-76.csv')]
```

운영체제가 윈도우라면 PosixPath가 아닌 WindowsPath를 출력합니다.

2. billboard_data_files를 type() 함수로 확인하면 제너레이터임을 알 수 있습니다. 따라서 한 번 사용하면 내용이 사라집니다. 그러므로 전체 파일 목록을 확인하고 싶다면 다음과 같이 리스트로 변환하세요.

```
billboard_data_files = list(billboard_data_files)
```

3. 이제 불러올 파일 이름 리스트를 구했으므로 각 파일을 데이터프레임으로 불러옵니다. 지금까지 해왔던 것처럼 각 파일을 불러올 수 있습니다. 데이터프레임에 어떤 데이터가 담겼는지 간단하게 확인해 봅시다.

```
billboard01 = pd.read_csv(billboard_data_files[0])
billboard02 = pd.read_csv(billboard_data_files[1])
billboard03 = pd.read_csv(billboard_data_files[2])
print(billboard01)
```

❖ 출력 결과

```
     year          artist                    track  time date.entered week  \
0    2000           2 Pac  Baby Don't Cry (Keep...  4:22   2000-02-26  wk1
1    2000         2Ge+her  The Hardest Part Of ...  3:15   2000-09-02  wk1
2    2000    3 Doors Down               Kryptonite  3:53   2000-04-08  wk1
3    2000    3 Doors Down                    Loser  4:24   2000-10-21  wk1
4    2000        504 Boyz            Wobble Wobble  3:35   2000-04-15  wk1
..    ...             ...                      ...   ...          ...  ...
312  2000     Yankee Grey     Another Nine Minutes  3:10   2000-04-29  wk1
```

```
313  2000  Yearwood, Trisha          Real Live Woman  3:55  2000-04-01  wk1
314  2000   Ying Yang Twins  Whistle While You Tw...  4:19  2000-03-18  wk1
315  2000     Zombie Nation            Kernkraft 400  3:30  2000-09-02  wk1
316  2000   matchbox twenty                     Bent  4:12  2000-04-29  wk1

     rating
0      87.0
1      91.0
2      81.0
3      76.0
4      57.0
..      ...
312    86.0
313    85.0
314    95.0
315    99.0
316    60.0

[317 rows x 7 columns]
```

4. 앞서와 마찬가지 방법으로 데이터를 연결해 볼까요? 먼저 데이터를 확인합니다.

```
# 각 데이터프레임의 shape 확인
print(billboard01.shape)
print(billboard02.shape)
print(billboard03.shape)
```

❖ 출력 결과

```
(317, 7)
(317, 7)
(317, 7)
```

그런 다음, concat() 함수로 불러온 데이터를 연결합니다.

```
billboard = pd.concat([billboard01, billboard02, billboard03])
# 연결한 데이터프레임의 shape 확인
print(billboard.shape)
```

❖ 출력 결과

```
(951, 7)
```

5. 데이터프레임이 올바르게 연결되었는지 assert문으로 행의 개수를 비교하여 확인합니다.

```
assert (
    billboard01.shape[0]
    + billboard02.shape[0]
    + billboard03.shape[0]
    == billboard.shape[0]
)
```

그러나 분할한 데이터가 많을수록 이렇게 직접 각 데이터프레임을 저장하는 것은 번거로운 작업입니다. 이럴 때는 루프 구문이나 리스트 컴프리헨션list comprehensions을 사용하여 데이터 불러오기 작업을 자동화하는 것이 좋습니다.

Do it! 실습 루프 구문으로 여러 개의 파일 불러오기

1. 루프 구문으로 여러 개의 파일을 불러오는 방법은 다음과 같습니다. 먼저 빈 리스트를 만들고 루프를 사용하여 각 CSV 파일을 순회하면서 판다스 데이터프레임으로 불러온 다음, 마지막으로 데이터프레임을 리스트에 추가합니다. concat() 함수에는 데이터프레임 리스트를 전달하므로 여기서 원하는 결과도 데이터프레임 리스트 형식입니다.

```
from pathlib import Path

billboard_data_files = (
    Path(".")
    .glob("../data/billboard-by_week/billboard-*.csv")
)

# 빈 리스트를 생성합니다.
list_billboard_df = []

# CSV 파일명 리스트를 순회합니다.
for csv_filename in billboard_data_files:
```

```
    # 아래 코드를 주석 해제하면 CSV 파일 이름을 확인할 수 있습니다.
    # print(csv_filename)

    # CSV 파일을 데이터프레임으로 불러옵니다.
    df = pd.read_csv(csv_filename)

    # 데이터프레임을 리스트에 추가합니다.
    list_billboard_df.append(df)

# 데이터프레임 개수를 출력합니다.
print(len(list_billboard_df))
```

❖ 출력 결과

```
76
```

한 걸음 더!

필요하다면 제너레이터는 리스트로 변환하자!

Path.glob() 메서드는 제너레이터를 반환합니다. 즉, 각 요소를 순회할 때 해당 항목은 사라진다는 의미입니다. 이러한 동작은 파이썬이 메모리에 모든 요소를 저장하지 않도록 하므로 컴퓨팅 리소스를 절약하기 좋습니다. 하지만 필요할 때마다 제너레이터를 다시 생성해야 한다는 단점이 있습니다. 제너레이터의 요소에 자주 접근해야 한다면 list() 함수를 사용하여 list(billboard_data_files)처럼 제너레이터를 일반 파이썬 리스트로 변환하는 것이 좋습니다. 그러면 모든 요소를 리스트로 저장하므로 여러 번 접근할 수 있습니다.

2. list_billboard_df의 첫 번째 요소의 유형을 살펴봅시다.

```
print(type(list_billboard_df[0]))
```

❖ 출력 결과

```
<class 'pandas.core.frame.DataFrame'>
```

데이터프레임이네요. 그렇다면 어떤 데이터가 들었는지도 한번 살펴볼까요?

```
print(list_billboard_df[0])
```

❖ 출력 결과

```
     year            artist                    track time date.entered week  \
0    2000             2 Pac  Baby Don't Cry (Keep...  4:22   2000-02-26  wk1
1    2000           2Ge+her  The Hardest Part Of ...  3:15   2000-09-02  wk1
2    2000      3 Doors Down               Kryptonite  3:53   2000-04-08  wk1
3    2000      3 Doors Down                    Loser  4:24   2000-10-21  wk1
4    2000          504 Boyz            Wobble Wobble  3:35   2000-04-15  wk1
..    ...               ...                      ...   ...          ...  ...
312  2000       Yankee Grey     Another Nine Minutes  3:10   2000-04-29  wk1
313  2000  Yearwood, Trisha          Real Live Woman  3:55   2000-04-01  wk1
314  2000   Ying Yang Twins  Whistle While You Tw...  4:19   2000-03-18  wk1
315  2000     Zombie Nation            Kernkraft 400  3:30   2000-09-02  wk1
316  2000   matchbox twenty                     Bent  4:12   2000-04-29  wk1

     rating
0      87.0
1      91.0
2      81.0
3      76.0
4      57.0
..      ...
312    86.0
313    85.0
314    95.0
315    99.0
316    60.0

[317 rows x 7 columns]
```

3. 데이터프레임 리스트를 확보했다면 concat() 함수로 연결할 차례입니다.

```
billboard_loop_concat = pd.concat(list_billboard_df)
print(billboard_loop_concat.shape)
```

❖ 출력 결과

```
(24092, 7)
```

Do it! 실습 리스트 컴프리헨션으로 여러 개 파일 불러오기

1. 파이썬에는 리스트 컴프리헨션이라 부르는 구문이 있는데, 이 구문은 루프를 돌면서 항목을 리스트에 추가합니다. CSV 파일을 데이터프레임으로 저장하는 이전 실습 코드는 다음과 같이 리스트 컴프리헨션으로 대체할 수 있습니다.

```
billboard_data_files = (
    Path(".")
    .glob("../data/billboard-by_week/billboard-*.csv")
)

list_billboard_df = []
for csv_filename in billboard_data_files:
    df = pd.read_csv(csv_filename)
    list_billboard_df.append(df)

billboard_data_files = (
    Path(".")
    .glob("../data/billboard-by_week/billboard-*.csv")
)

billboard_dfs = [pd.read_csv(data) for data in billboard_data_files]
```

루프를 돌며 리스트를 만드는 리스트 컴프리헨션

ValueError: No object to concatenate 오류 메시지가 표시된다면 billboard_data_files 제너레이터가 반환할 값이 없다는 뜻입니다. 제너레이터가 반환한 값은 사라지므로 다시 사용하려면 새로 생성해야 한다는 점을 잊지 마세요.

2. 리스트 컴프리헨션은 이전에 살펴본 루프 예제와 마찬가지로 데이터프레임 리스트를 결과로 반환합니다. type()과 len()으로 유형과 크기를 살펴보세요.

```
print(type(billboard_dfs))
```

❖ 출력 결과

```
<class 'list'>
```

```
print(len(billboard_dfs))
```

❖ 출력 결과

```
76
```

3. 루프를 이용한 실습과 마찬가지로 이 리스트를 사용하여 concat()을 호출하면 데이터를 연결할 수 있습니다.

```
billboard_concat_comp = pd.concat(billboard_dfs)
print(billboard_concat_comp)
```

❖ 출력 결과

```
     year            artist                    track  time date.entered  week  \
0    2000             2 Pac  Baby Don't Cry (Keep...  4:22   2000-02-26   wk1
1    2000           2Ge+her  The Hardest Part Of ...  3:15   2000-09-02   wk1
2    2000      3 Doors Down               Kryptonite  3:53   2000-04-08   wk1
3    2000      3 Doors Down                    Loser  4:24   2000-10-21   wk1
4    2000          504 Boyz            Wobble Wobble  3:35   2000-04-15   wk1
..    ...               ...                      ...   ...          ...   ...
312  2000       Yankee Grey     Another Nine Minutes  3:10   2000-04-29  wk76
313  2000  Yearwood, Trisha          Real Live Woman  3:55   2000-04-01  wk76
314  2000   Ying Yang Twins  Whistle While You Tw...  4:19   2000-03-18  wk76
315  2000     Zombie Nation            Kernkraft 400  3:30   2000-09-02  wk76
316  2000   matchbox twenty                     Bent  4:12   2000-04-29  wk76

     rating
0      87.0
1      91.0
2      81.0
3      76.0
4      57.0
..      ...
312     NaN
313     NaN
314     NaN
315     NaN
316     NaN

[24092 rows x 7 columns]
```

07-4
여러 데이터셋 병합하기

앞서 07-2절에서는 데이터베이스에서 사용하는 개념을 잠시 살펴봤습니다. 바로 매개변수 join="inner"와 join="outer"가 데이터베이스에서 테이블을 병합할 때 사용하는 방식에서 가져온 것입니다.

단순히 값을 행 또는 열을 기준으로 연결하기보다는 2개 이상의 데이터프레임에서 공통된 데이터를 기준으로 연결하고 싶을 때가 있습니다. 이러한 작업을 데이터베이스 분야에서는 병합^merge 또는 조인^join이라고 합니다.

판다스는 내부적으로 merge()를 사용하는 join() 메서드를 제공합니다. join() 메서드는 인덱스를 기준으로 데이터프레임 객체를 병합하지만 merge() 메서드는 훨씬 더 명시적이고 유연한 병합 기능을 제공합니다. 행 인덱스를 기준으로 데이터프레임을 병합하고 싶다면 join() 메서드를 사용하세요(자세한 내용은 공식 문서[1] 참고).

이번 절에서는 관측 데이터셋을 사용합니다. 먼저 다음과 같이 데이터셋을 불러옵니다. person은 관측자 이름, site는 관측 위치, visited는 관측 날짜, survey는 관측 정보를 담은 데이터셋입니다.

```
person = pd.read_csv('../data/survey_person.csv')
site = pd.read_csv('../data/survey_site.csv')
survey = pd.read_csv('../data/survey_survey.csv')
visited = pd.read_csv('../data/survey_visited.csv')
print(person)
```

❖ 출력 결과

```
      ident   personal    family
0      dyer    William      Dyer
1        pb      Frank   Pabodie
2      lake   Anderson      Lake
3       roe  Valentina   Roerich
4  danforth      Frank  Danforth
```

1 https://pandas.pydata.org/docs/reference/api/pandas.DataFrame.join.html

```python
print(site)
```

❖ 출력 결과

visited 데이터프레임의 site 열과 공통입니다.

```
    name    lat    long
0   DR-1 -49.85 -128.57
1   DR-3 -47.15 -126.72
2  MSK-4 -48.87 -123.40
```

```python
print(visited)
```

❖ 출력 결과

site 데이터프레임의 name 열과 공통입니다.

```
   ident   site       dated
0    619   DR-1  1927-02-08
1    622   DR-1  1927-02-10
2    734   DR-3  1939-01-07
3    735   DR-3  1930-01-12
4    751   DR-3  1930-02-26
5    752   DR-3         NaN
6    837  MSK-4  1932-01-14
7    844   DR-1  1932-03-22
```

```python
print(survey)
```

❖ 출력 결과

```
    taken person quant  reading
0     619   dyer   rad     9.82
1     619   dyer   sal     0.13
2     622   dyer   rad     7.80
3     622   dyer   sal     0.09
4     734     pb   rad     8.41
..    ...    ...   ...      ...
16    752    roe   sal    41.60
17    837   lake   rad     1.46
18    837   lake   sal     0.21
19    837    roe   sal    22.50
20    844    roe   rad    11.25
```

이 데이터셋은 각 부분이 관측 단위인 여러 개의 부분으로 분할되었습니다. 만약 해당 위치의 위도·경도 정보와 함께 날짜를 확인하고 싶다면 여러 데이터프레임을 결합해야 합니다. 판다스의 merge() 메서드를 사용하면 이 작업을 수행할 수 있습니다.

이 메서드를 호출한 데이터프레임은 왼쪽에 있는 데이터프레임이 됩니다. 그리고 merge() 메서드의 첫 번째 매개변수는 오른쪽에 있는 데이터프레임을 나타냅니다. 따라서 left.merge(right)와 같이 메서드를 호출할 수 있습니다. 다음 매개변수 how는 최종 병합된 결과의 형태를 결정합니다.

다음 표는 판다스의 매개변수 how의 인수가 각각 SQL의 어떤 개념을 나타내는지 보여 줍니다.

판다스	SQL	설명
left	왼쪽 외부 조인	왼쪽 테이블의 모든 키를 유지합니다.
right	오른쪽 외부 조인	오른쪽 테이블의 모든 키를 유지합니다.
outer	완전 외부 조인	왼쪽과 오른쪽 테이블의 모든 키를 유지합니다.
inner	내부 조인	왼쪽과 오른쪽 테이블의 공통 키를 유지합니다.

다음으로, 매개변수 on을 지정합니다. 이 매개변수는 병합 기준이 되는 열을 지정합니다. 왼쪽과 오른쪽 데이터프레임의 열 이름이 서로 다르다면 on 대신 매개변수 left_on과 right_on을 사용합니다.

Do it! 실습 일대일 병합하기

간단한 병합 실습을 해봅시다. 두 개의 데이터프레임이 있고 병합하고 싶은 공통 열이 있으며 병합하려는 열에는 중복값이 없다고 가정하겠습니다.

1. visited 데이터프레임의 site 열에 중복값이 없도록 일부 데이터만 떼어 실습에 사용하겠습니다.

```
visited_subset = visited.loc[[0, 2, 6], :]
print(visited_subset)
```

❖ 출력 결과

```
   ident   site       dated
0    619   DR-1  1927-02-08
2    734   DR-3  1939-01-07
6    837  MSK-4  1932-01-14
```

site 열에 있는 값의 개수를 살펴보면 중복이 없다는 점을 알 수 있습니다.

```
print(visited_subset["site"].value_counts())
```

❖ 출력 결과

```
DR-1     1
DR-3     1
MSK-4    1
Name: site, dtype: int64
```

2. merge() 메서드는 매개변수 how의 기본값이 "inner"이므로 내부 조인을 실행하며 메서드를 호출한 데이터프레임 site를 왼쪽으로, 인수로 전달한 visited_subset을 오른쪽으로 지정합니다. 매개변수 left_on, right_on에는 값이 일치해야 할 왼쪽과 오른쪽 데이터프레임의 열을 지정합니다.
즉, 왼쪽 데이터프레임 site의 name 열과 오른쪽 데이터프레임 visited_subset의 site 열 값이 같으면 왼쪽 데이터프레임을 기준으로 연결합니다.

SQL에서는 공통인 열, 즉 병합 기준이 되는 열을 키key라고 합니다.

```
o2o_merge = site.merge(visited_subset, left_on="name", right_on="site")
print(o2o_merge)
```

❖ 출력 결과

같은 값끼리 묶어 병합합니다.

```
    name    lat    long  ident   site       dated
0   DR-1 -49.85 -128.57    619   DR-1  1927-02-08
1   DR-3 -47.15 -126.72    734   DR-3  1939-01-07
2  MSK-4 -48.87 -123.40    837  MSK-4  1932-01-14
```

Do it! 실습 다대일 병합하기

이번에는 visited 데이터프레임의 일부가 아닌 전체를 대상으로 병합해 볼까요? 왼쪽 데이터프레임에 중복된 site값이 있으므로 다대일 병합이 일어납니다. 다대일 병합에서는 한쪽 데이터프레임의 키를 여러 번 사용합니다.

1. 일대일 병합하기 실습과 마찬가지로 먼저 visited의 site 열에 있는 중복값의 개수를 살펴봅시다.

```
print(visited["site"].value_counts())
```

❖ 출력 결과

```
DR-3     4
DR-1     3
MSK-4    1
Name: site, dtype: int64
```

2. 병합 기준이 되는 name 열에 관측값이 하나씩만 있는 데이터프레임 site는 site 열에 중복값이 있는 visited 데이터프레임과 병합할 때 값을 여러 번 반복합니다.

```
m2o_merge = site.merge(visited, left_on='name', right_on='site')
print(m2o_merge)
```

❖ 출력 결과

visited 데이터프레임의 site 열 개수만큼 name 열의 값을 반복합니다.

```
    name    lat    long  ident   site       dated
0   DR-1 -49.85 -128.57    619   DR-1  1927-02-08
1   DR-1 -49.85 -128.57    622   DR-1  1927-02-10
2   DR-1 -49.85 -128.57    844   DR-1  1932-03-22
3   DR-3 -47.15 -126.72    734   DR-3  1939-01-07
4   DR-3 -47.15 -126.72    735   DR-3  1930-01-12
5   DR-3 -47.15 -126.72    751   DR-3  1930-02-26
6   DR-3 -47.15 -126.72    752   DR-3         NaN
7  MSK-4 -48.87 -123.40    837  MSK-4  1932-01-14
```

site 정보인 name 열, lat 열, long 열이 visited 데이터의 중복값 때문에 여러 번 반복 입력된 것을 알 수 있습니다.

Do it! 실습 다대다 병합하기

마지막으로 여러 열을 기준으로 병합하는 경우를 살펴봅시다. 예를 들어 survey와 person을 병합한 데이터프레임과 survey와 visited를 병합한 데이터프레임 2개가 있다고 가정해 볼까요?

1. person의 ident 열과 survey의 person 열의 값을 기준으로 두 데이터프레임을 병합하고 visited의 ident 열과 survey의 taken 열의 값을 기준으로 두 데이터프레임을 병합합니다.

```
ps = person.merge(survey, left_on='ident', right_on='person')
vs = visited.merge(survey, left_on='ident', right_on='taken')
print(ps)
```

❖ 출력 결과

병합 기준 열에 중복값이 있습니다.

```
   ident   personal   family  taken person quant  reading
0   dyer    William     Dyer    619   dyer   rad     9.82
1   dyer    William     Dyer    619   dyer   sal     0.13
2   dyer    William     Dyer    622   dyer   rad     7.80
3   dyer    William     Dyer    622   dyer   sal     0.09
4     pb      Frank  Pabodie    734     pb   rad     8.41
..   ...        ...      ...    ...    ...   ...      ...
14  lake   Anderson     Lake    837   lake   rad     1.46
15  lake   Anderson     Lake    837   lake   sal     0.21
16   roe  Valentina  Roerich    752    roe   sal    41.60
17   roe  Valentina  Roerich    837    roe   sal    22.50
18   roe  Valentina  Roerich    844    roe   rad    11.25
```

```
print(vs)
```

❖ 출력 결과

병합 기준 열에 중복값이 있습니다.

```
    ident   site       dated  taken person quant  reading
0     619   DR-1  1927-02-08    619   dyer   rad     9.82
1     619   DR-1  1927-02-08    619   dyer   sal     0.13
2     622   DR-1  1927-02-10    622   dyer   rad     7.80
3     622   DR-1  1927-02-10    622   dyer   sal     0.09
4     734   DR-3  1939-01-07    734     pb   rad     8.41
..    ...    ...         ...    ...    ...   ...      ...
16    752   DR-3         NaN    752    roe   sal    41.60
17    837  MSK-4  1932-01-14    837   lake   rad     1.46
18    837  MSK-4  1932-01-14    837   lake   sal     0.21
19    837  MSK-4  1932-01-14    837    roe   sal    22.50
20    844   DR-1  1932-03-22    844    roe   rad    11.25
```

2. ps를 왼쪽 데이터프레임, vs를 오른쪽 데이터프레임으로 하여 quant 열을 기준으로 병합하면 어떻게 될까요? 양쪽 데이터프레임 모두 quant 열에 중복값이 있으므로 다대다 병합이 일어납니다. 각 데이터프레임의 quant 열에 중복값이 얼마나 있는지 살펴봅시다.

```
print(ps["quant"].value_counts())
```

❖ 출력 결과

```
rad     8
sal     8
temp    3
Name: quant, dtype: int64
```

```
print(vs["quant"].value_counts())
```

❖ 출력 결과

```
sal     9
rad     8
temp    4
Name: quant, dtype: int64
```

3. 파이썬 리스트로 병합 기준이 되는 열 목록을 전달하여 다대다 병합을 수행합니다. 이번 실습에서는 quant 열 하나만 대상으로 지정했지만 여러 개의 열을 전달할 수도 있습니다.

```
ps_vs = ps.merge(
    vs,
    left_on=["quant"],
    right_on=["quant"],
)
```

병합한 데이터의 첫 번째 행을 살펴볼까요?

```
print(ps_vs.loc[0, :])
```

❖ 출력 결과

```
ident_x           dyer
personal       William
```

```
family              Dyer
taken_x              619
person_x            dyer
quant                rad
reading_x           9.82
ident_y              619
site                DR-1
dated         1927-02-08
taken_y              619
person_y            dyer
reading_y           9.82
Name: 0, dtype: object
```

판다스는 병합한 데이터에 중복된 열 이름이 생기면 자동으로 접미사를 추가합니다. 출력 결과를 보면 ident, taken, person, reading 열에 _x와 _y가 덧붙여진 것을 볼 수 있습니다. _x는 왼쪽 데이터프레임의 값을 나타내고 _y는 오른쪽 데이터프레임의 값을 나타냅니다.

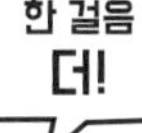

중복 키가 있다면 다대다 병합은 피합니다!

병합 실습 코드는 모두 merge() 메서드를 사용합니다. 이때 왼쪽과 오른쪽 데이터프레임 한쪽 또는 양쪽에 중복 키가 있는지에 따라 결과가 달라집니다.
일반적으로 실무에서는 다대다 병합은 하지 않으려고 합니다. 모든 키의 곱집합만큼 병합이 일어나니까요. 즉, 중복된 값의 모든 조합이 생깁니다.

Do it! 실습 assert문으로 병합 결과 확인하기

병합 전후의 결과를 확인하는 간단한 방법은 데이터 행의 개수를 확인하는 것입니다. 병합한 데이터프레임의 모든 행 개수보다 결과 데이터프레임의 행 개수가 더 많다면 다대다 병합이 발생한 것으로, 보통은 바람직하지 않은 상황입니다.

1. 왼쪽 데이터프레임 ps와 오른쪽 데이터프레임 vs, 그리고 이 둘을 병합한 데이터프레임 ps_vs의 shape를 살펴볼까요?

```
print(ps.shape)
```

❖ 출력 결과

```
(19, 7)
```

```
print(vs.shape)
```

❖ 출력 결과

```
(21, 7)
```

병합 후는 148행으로, 다대다 병합임을 알 수 있습니다.

```
print(ps_vs.shape)
```

❖ 출력 결과

```
(148, 13)
```

2. 코드가 의도한 대로 잘 실행되었는지 확인하는 방법은 원하는 조건이 아닐 때 오류를 발생시키는 것입니다. 파이썬은 assert문을 사용하여 조건을 검사할 수 있습니다. 조건이 True라면 assert는 아무것도 반환하지 않고 다음 코드를 이어서 실행합니다.
예를 들어 앞에서 살펴본 내용에 따라 vs의 행 개수가 21개라면 다음 assert문은 아무것도 반환하지 않습니다.

```
assert vs.shape[0] == 21
```

그러나 조건이 False이면 AssertionError가 발생하고 코드 실행은 멈춥니다.

```
assert ps_vs.shape[0] <= vs.shape[0]
```

❖ 출력 결과

```
AssertionError
```

assert문은 결과를 직접 보지 않아도 코드를 수행하면서 자동으로 결과를 검수하는 좋은 방법입니다. 또한 assert문은 함수의 단위 테스트unit test를 작성하는 기반 기술이기도 합니다.

07-5
데이터 정규화하기

관찰 단위가 데이터 표에 여러 개 나타나는지 확인하는 간단한 방법은 각 행을 보면서 여러 행에 걸쳐 반복되는 셀이나 값이 있는지 확인하는 것입니다. 예를 들어 학생의 인구 통계 정보를 수집하는 교육 행정 데이터나 시간에 따른 값을 추적하는 데이터셋에서 이렇게 값이 반복되는 경우가 많습니다.

정규화normalization란 중복과 불필요한 데이터를 없애 정보를 재구성하는 과정을 일컫습니다.

Do it! 실습 표 분할하여 데이터 정규화하기

1. 05-2절에서 피벗 되돌리기 하여 긴 데이터로 만든 빌보드 데이터셋을 다시 한번 볼까요?

```
import pandas as pd

billboard = pd.read_csv('../data/billboard.csv')

billboard_long = billboard.melt(
    id_vars=["year", "artist", "track", "time", "date.entered"],
    var_name="week",
    value_name="rating",
)

print(billboard_long)
```

❖ 출력 결과

```
      year         artist                    track  time date.entered  \
0     2000          2 Pac  Baby Don't Cry (Keep...  4:22   2000-02-26
1     2000        2Ge+her  The Hardest Part Of ...  3:15   2000-09-02
2     2000   3 Doors Down               Kryptonite  3:53   2000-04-08
3     2000   3 Doors Down                    Loser  4:24   2000-10-21
4     2000       504 Boyz            Wobble Wobble  3:35   2000-04-15
...    ...            ...                      ...   ...          ...
```

```
24087  2000        Yankee Grey     Another Nine Minutes  3:10   2000-04-29
24088  2000  Yearwood, Trisha           Real Live Woman  3:55   2000-04-01
24089  2000   Ying Yang Twins  Whistle While You Tw...  4:19   2000-03-18
24090  2000     Zombie Nation             Kernkraft 400  3:30   2000-09-02
24091  2000   matchbox twenty                      Bent  4:12   2000-04-29

       week  rating
0       wk1    87.0
1       wk1    91.0
2       wk1    81.0
3       wk1    76.0
4       wk1    57.0
...     ...     ...
24087  wk76     NaN
24088  wk76     NaN
24089  wk76     NaN
24090  wk76     NaN
24091  wk76     NaN

[24092 rows x 7 columns]
```

2. 데이터양이 많으니 'Loser'라는 특정 곡 데이터만 추출해 살펴봅시다.

```
print(billboard_long.loc[billboard_long.track == 'Loser'])
```

반복되는 곡 정보와 주별 순위 정보로 구성됩니다.

❖ 출력 결과

```
       year       artist  track  time date.entered  week  rating
3      2000  3 Doors Down  Loser  4:24   2000-10-21   wk1    76.0
320    2000  3 Doors Down  Loser  4:24   2000-10-21   wk2    76.0
637    2000  3 Doors Down  Loser  4:24   2000-10-21   wk3    72.0
954    2000  3 Doors Down  Loser  4:24   2000-10-21   wk4    69.0
1271   2000  3 Doors Down  Loser  4:24   2000-10-21   wk5    67.0
...     ...          ...    ...   ...          ...   ...     ...
22510  2000  3 Doors Down  Loser  4:24   2000-10-21  wk72     NaN
22827  2000  3 Doors Down  Loser  4:24   2000-10-21  wk73     NaN
23144  2000  3 Doors Down  Loser  4:24   2000-10-21  wk74     NaN
23461  2000  3 Doors Down  Loser  4:24   2000-10-21  wk75     NaN
23778  2000  3 Doors Down  Loser  4:24   2000-10-21  wk76     NaN

[76 rows x 7 columns]
```

데이터 표를 보면 곡 정보와 순위 정보라는 두 가지 부분의 데이터로 나눌 수 있다는 것을 알 수 있습니다. 그렇다면 곡 정보만 모아 별도의 데이터 표로 분리하면 어떨까요? 이렇게 하면 연도(year), 가수(artist), 곡(track), 재생 시간(time), 발표일(date.entered) 열에 저장된 정보가 데이터셋에서 중복되지 않을 수 있습니다.
데이터를 수동으로 입력해야 하는 상황에서는 가능한 한 중복 데이터를 피하는 방법을 고민해야 합니다. 같은 값을 계속 입력하다 보면 잘못 입력하는 실수가 발생할 가능성이 크기 때문입니다.
새로운 데이터프레임으로 year 열, artist 열, track 열, time 열, date.entered 열 등 곡 정보를 옮기고 각 곡에 고유한 ID를 할당합니다. 그런 다음, 주(week), 순위(rating) 등 순위 정보를 저장한 두 번째 데이터프레임에 이 ID를 이용하여 곡을 나타냅니다. 이렇게 데이터를 분할하는 일련의 과정은 앞서 데이터를 연결하고 병합하는 단계를 거꾸로 진행하는 것과 같습니다.

3. 실제로 데이터를 분할해 볼까요? 먼저 원본 빌보드 데이터프레임에서 새로운 데이터프레임으로 옮길 4개의 열 데이터를 추출합니다. shape로 데이터의 크기를 살펴보니 24,092개의 행이 있네요.

```
billboard_songs = billboard_long[
    ["year", "artist", "track", "time", "date.entered"]
]
print(billboard_songs.shape)
```

새로운 데이터프레임으로 곡 정보를 옮깁니다.

❖ 출력 결과

```
(24092, 5)
```

4. 이 데이터프레임은 중복된 곡 정보를 담고 있으므로 중복된 행을 삭제해야 합니다. drop_duplicates() 메서드로 중복된 값을 제거하고 다시 shape를 살펴봅니다.

```
billboard_songs = billboard_songs.drop_duplicates()
print(billboard_songs.shape)
```

❖ 출력 결과

```
(317, 5)
```

5. 그런 다음 각 데이터 행에 고유한 값을 할당합니다. 고유한 값을 할당하는 방법은 여러 가지입니다. 여기서는 인덱스값에 1을 더한 값으로 고유한 값 id를 할당하겠습니다. 이렇게 하면 인덱스값이 0부터 시작하지 않고 1부터 시작하는 정수로 설정됩니다.

```
billboard_songs['id'] = billboard_songs.index + 1
print(billboard_songs)
```

곡마다 고유한 ID를 할당합니다.

❖ 출력 결과

```
     year            artist                    track  time date.entered   id
0    2000             2 Pac  Baby Don't Cry (Keep...  4:22   2000-02-26    1
1    2000           2Ge+her  The Hardest Part Of ...  3:15   2000-09-02    2
2    2000      3 Doors Down               Kryptonite  3:53   2000-04-08    3
3    2000      3 Doors Down                    Loser  4:24   2000-10-21    4
4    2000          504 Boyz            Wobble Wobble  3:35   2000-04-15    5
..    ...               ...                      ...   ...          ...  ...
312  2000       Yankee Grey     Another Nine Minutes  3:10   2000-04-29  313
313  2000  Yearwood, Trisha          Real Live Woman  3:55   2000-04-01  314
314  2000   Ying Yang Twins  Whistle While You Tw...  4:19   2000-03-18  315
315  2000     Zombie Nation            Kernkraft 400  3:30   2000-09-02  316
316  2000   matchbox twenty                     Bent  4:12   2000-04-29  317

[317 rows x 6 columns]
```

순위 정보에 곡을 표시할 ID입니다.

곡 정보를 담은 별도의 데이터프레임을 생성했습니다.

6. 이 데이터프레임의 id 열을 사용하여 곡을 주별 순위 정보에 표시합니다. merge()를 사용하여 곡 정보와 관련된 4개 열을 기준으로 두 데이터프레임을 병합하면 됩니다.

```
billboard_ratings = billboard_long.merge(
    billboard_songs, on=["year", "artist", "track", "time", "date.entered"]
)
print(billboard_ratings.shape)
```

두 데이터프레임에 공통인 곡 정보를 기준으로 병합합니다.

❖ 출력 결과

```
(24092, 8)
```

```
print(billboard_ratings)
```

❖ 출력 결과

```
       year           artist                    track  time date.entered  \
0      2000            2 Pac  Baby Don't Cry (Keep...  4:22   2000-02-26
1      2000            2 Pac  Baby Don't Cry (Keep...  4:22   2000-02-26
2      2000            2 Pac  Baby Don't Cry (Keep...  4:22   2000-02-26
3      2000            2 Pac  Baby Don't Cry (Keep...  4:22   2000-02-26
4      2000            2 Pac  Baby Don't Cry (Keep...  4:22   2000-02-26
...     ...              ...                      ...   ...          ...
24087  2000  matchbox twenty                     Bent  4:12   2000-04-29
24088  2000  matchbox twenty                     Bent  4:12   2000-04-29
24089  2000  matchbox twenty                     Bent  4:12   2000-04-29
24090  2000  matchbox twenty                     Bent  4:12   2000-04-29
24091  2000  matchbox twenty                     Bent  4:12   2000-04-29

       week  rating   id
0       wk1    87.0    1
1       wk2    82.0    1
2       wk3    72.0    1
3       wk4    77.0    1
4       wk5    87.0    1
...     ...     ...  ...
24087  wk72     NaN  317
24088  wk73     NaN  317
24089  wk74     NaN  317
24090  wk75     NaN  317
24091  wk76     NaN  317

[24092 rows x 8 columns]
```

7. 마지막으로 곡 정보와 관련된 열을 제외한 나머지 열만 추출하여 주별 순위 데이터프레임을 완성합니다.

```
billboard_ratings = billboard_ratings[
    ["id", "week", "rating"]
]
print(billboard_ratings)
```

곡 ID와 순위 정보만 남깁니다.

❖ 출력 결과

이후 id 열을 기준으로 두 데이터 프레임을 병합합니다.

```
         id   week  rating
0         1    wk1    87.0
1         1    wk2    82.0
2         1    wk3    72.0
3         1    wk4    77.0
4         1    wk5    87.0
...     ...    ...     ...
24087   317   wk72     NaN
24088   317   wk73     NaN
24089   317   wk74     NaN
24090   317   wk75     NaN
24091   317   wk76     NaN

[24092 rows x 3 columns]
```

마무리하며

이 장에서는 데이터를 효율적으로 저장하고 관리하고자 데이터를 묶어 중복 정보량을 줄이는 방법과 데이터를 분해하여 정규화하는 방법을 살펴보았습니다. 데이터 정규화는 분석, 시각화, 모델 학습 등에서 데이터를 준비하는 과정과 반대되는 처리 과정이라 생각하면 됩니다.

일반적으로 데이터 분석에서는 이렇게 정규화한 여러 데이터셋을 하나의 데이터셋으로 병합해서 사용합니다. 이처럼 분석해야 할 데이터와 실제 저장된 데이터의 형태가 일치하지 않을 수 있다는 점을 꼭 명심하세요.

마지막 정규화 실습에서 사용한 관측 데이터는 병합해서 분석해야 하는 4개의 분리된 데이터셋으로 구성됩니다. 테이블을 병합했더니 방법에 따라 행 전체에 걸쳐 중복 정보가 많이 생긴다는 것도 확인했습니다.

데이터 저장과 수집 관점에서 보면 이러한 중복 데이터는 오류나 불일치의 원인이 되곤 합니다. 해들리 위컴이 말한 깔끔한 데이터 조건에 따라 관측 단위별로 데이터 표를 구성하는 것은 이 때문입니다.

08 그룹으로 묶어 연산하기

판다스의 그룹 연산은 데이터를 집계, 변환하거나 필터링하는 등의 작업을 한 번에 처리할 수 있는 강력한 기능입니다. 보통 그룹 연산에서는 데이터를 분할하고 적용하고 결합하는 과정을 거치는데, 분할은 특정 기준으로 데이터를 나누는 것이고 적용은 함수 등을 적용하여 데이터를 처리하는 것입니다. 그리고 결합은 처리한 결과를 다시 합치는 것이죠. 이 과정을 하나로 묶어 '분할-적용-결합[split-apply-combine]'이라고 합니다.
혹시 데이터베이스를 공부한 적이 있나요? 그러면 판다스의 groupby() 메서드가 SQL의 GROUP BY 구문과 비슷하다는 것을 알 겁니다. 사실 분할-적용-결합은 오래전부터 분산 컴퓨팅 분야에서도 빅데이터를 처리하고자 사용했던 방법입니다. 물론 그룹 연산을 사용하지 않아도 개별 과정으로 데이터를 분할, 적용, 결합할 수 있습니다. 하지만 그룹 연산을 사용하면 더 큰 데이터도 손쉽게 처리할 수 있으므로 반드시 알아야 합니다.

08-1
데이터 집계하기

02-4절에서 갭마인더 데이터셋과 groupby() 메서드를 사용하여 연도별 평균 수명을 구했던 것을 기억하나요? 이렇게 수집한 데이터를 바탕으로 평균이나 합계 등을 구하여 의미 있는 값을 도출해 내는 것을 '집계aggregation'라고 합니다. 데이터를 집계하면 전체 데이터를 요약, 정리하여 볼 수 있으므로 데이터 분석이 훨씬 편해지죠.
그러면 groupby() 메서드로 평균값을 구하는 과정을 통해 데이터 집계가 무엇인지 알아봅시다.

Do it! 실습 groupby() 메서드로 데이터 집계하기

1. 먼저 갭마인더 데이터셋을 불러옵니다.

```
import pandas as pd

df = pd.read_csv('../data/gapminder.tsv', sep='\t')
```

2. 그런 다음 groupby() 메서드로 연도를 나타내는 year 열을 기준으로 데이터를 그룹화하고 mean() 메서드로 기대 수명을 나타내는 lifeExp 열의 평균을 구합니다.

```
avg_life_exp_by_year = df.groupby('year')["lifeExp"].mean()
print(avg_life_exp_by_year)
```

year 열을 기준으로 그룹화하고 lifeExp 열의 평균을 구합니다.

❖ 출력 결과

```
year
1952    49.057620
1957    51.507401
1962    53.609249
1967    55.678290
1972    57.647386
```

```
...
1987    63.212613
1992    64.160338
1997    65.014676
2002    65.694923
2007    67.007423
Name: lifeExp, dtype: float64
```

groupby() 메서드는 열의 고윳값 또는 여러 열을 조합한 고윳값의 하위 집합을 생성하는 역할을 합니다. unique() 메서드로 확인한 year 열의 고윳값은 다음과 같습니다.

```
years = df.year.unique()
print(years)
```

❖ 출력 결과

```
[1952 1957 1962 1967 1972 1977 1982 1987 1992 1997 2002 2007]
```

3. 그러면 고윳값별로 데이터의 하위 집합을 추출해 볼까요? year 열의 고윳값 하나를 골라 해당 연도의 데이터를 살펴봅시다. 예를 들어 1952년 데이터는 다음과 같이 확인합니다.

```
y1952 = df.loc[df.year == 1952, :]
print(y1952)
```

❖ 출력 결과

```
                country continent  year  lifeExp       pop    gdpPercap
0           Afghanistan      Asia  1952   28.801   8425333   779.445314
12              Albania    Europe  1952   55.230   1282697  1601.056136
24              Algeria    Africa  1952   43.077   9279525  2449.008185
36               Angola    Africa  1952   30.015   4232095  3520.610273
48            Argentina  Americas  1952   62.485  17876956  5911.315053
...                 ...       ...   ...      ...       ...          ...
1644            Vietnam      Asia  1952   40.412  26246839   605.066492
1656 West Bank and Gaza      Asia  1952   43.160   1030585  1515.592329
1668        Yemen, Rep.      Asia  1952   32.548   4963829   781.717576
1680             Zambia    Africa  1952   42.038   2672000  1147.388831
```

```
1692            Zimbabwe    Africa  1952    48.451    3080907    406.884115

[142 rows x 6 columns]
```

4. 이렇게 추출한 하위 집합에도 메서드를 적용할 수 있습니다. lifeExp 열의 평균을 구해 봅시다.

```
y1952_mean = y1952["lifeExp"].mean()
print(y1952_mean)
```

❖ 출력 결과

```
49.057619718309866
```

groupby() 메서드는 year 열의 모든 고윳값에 대해 이 작업을 반복합니다. 고윳값을 기준으로 하위 집합을 구하고(데이터 분할), 평균값을 계산(함수 연산 결과 적용)한 결과를 하나의 데이터 프레임에 담아(데이터 결합) 반환합니다.
평균 말고도 다양한 판다스 내장 메서드를 groupby() 메서드와 함께 사용할 수 있습니다.
다음은 판다스에 내장된 집계 메서드를 정리한 표입니다. 이후에 실습에서 자주 등장하는 메서드이므로 읽어 보고 넘어갑시다.

판다스 메서드	넘파이/사이파이 함수	설명
count()	np.count_nonzero()	NaN값을 제외한 데이터 개수
size()		NaN값을 포함한 데이터 개수
mean()	np.mean()	평균
std()	np.std()	표준편차
min()	np.min()	최솟값
quantile(q=0.25)	np.percentile(q=0.25)	25%
quantile(q=0.50)	np.percentile(q=0.50)	50%
quantile(q=0.75)	np.percentile(q=0.75)	75%
max()	np.max()	최댓값
sum()	np.sum()	합계
var()	np.var()	비편향 분산

sem()	scipy.stats.sem()	평균의 비편향 표준편차
describe()	scipy.stats.describe()	개수, 평균, 표준편차, 최솟값, 25%, 50%, 75%, 최댓값
first()		첫 번째 행 반환
last()		마지막 행 반환
nth()		n번째 행 반환

groupby() 메서드와 함께 사용하는 집계 메서드

describe()를 사용하면 여러 요약 통계를 한 번에 확인할 수 있습니다. 예를 들어 대륙을 나타내는 continent 열로 그룹화하고 describe() 메서드를 호출하면 대륙별 요약 통계를 확인할 수 있습니다.

```
continent_describe = df.groupby('continent')["lifeExp"].describe()
print(continent_describe)
```

❖ 출력 결과

```
           count       mean        std     min       25%      50%       75%  \
continent
Africa     624.0  48.865330   9.150210  23.599  42.37250  47.7920  54.41150
Americas   300.0  64.658737   9.345088  37.579  58.41000  67.0480  71.69950
Asia       396.0  60.064903  11.864532  28.801  51.42625  61.7915  69.50525
Europe     360.0  71.903686   5.433178  43.585  69.57000  72.2410  75.45050
Oceania     24.0  74.326208   3.795611  69.120  71.20500  73.6650  77.55250

              max
continent
Africa     76.442
Americas   80.653
Asia       82.603
Europe     81.757
Oceania    81.235
```

agg() 메서드와 groupby() 메서드 조합하기

판다스에 내장된 메서드가 아닌 다른 라이브러리의 집계 함수를 사용할 수도 있습니다. agg() 또는 aggregate() 메서드에 원하는 함수를 전달하면 됩니다.

agg() 메서드는 aggregate()를 줄인 것입니다. 판다스 공식 문서에서는 agg()를 사용하라고 권장합니다.

Do it! 실습 다른 라이브러리의 집계 함수 사용하기

agg() 메서드에 넘파이 라이브러리에서 제공하는 mean() 함수를 전달하여 평균을 구할 수 있습니다. 앞에서 구했던 continent별 평균 수명을 np.mean()으로 구해 봅시다.

```
import numpy as np

cont_le_agg = df.groupby('continent')["lifeExp"].agg(np.mean)
print(cont_le_agg)
```

넘파이의 평균 함수로 집계합니다.

❖ 출력 결과

```
continent
Africa      48.865330
Americas    64.658737
Asia        60.064903
Europe      71.903686
Oceania     74.326208
Name: lifeExp, dtype: float64
```

agg() 메서드에 함수를 인수로 전달할 때는 함수 객체를 전달합니다. 이것은 함수를 호출하는 것과는 다릅니다. 예제 코드를 보면 np.mean()이 아닌 np.mean을 인수로 넘긴다는 점을 알 수 있습니다. 06-2절 apply() 메서드 사용하기 절을 참고하세요.

Do it! 실습 사용자 집계 함수 사용하기

판다스나 다른 라이브러리에서 제공하는 집계 메서드로는 원하는 값을 계산할 수 없다면 직접 함수를 만들어서 사용합니다. 즉, 넘파이 예제처럼 사용자 정의 함수를 agg()에 전달합니다.

1. 평균을 구하는 함수를 직접 만들어 볼까요? 숫자 개수를 n, 각 숫자를 $x_1, x_2, \ldots, x_n$이라고 할 때 평균을 구하는 식은 다음과 같습니다.

$$평균 = \bar{x} = \frac{1}{n}\sum_{i=1}^{n} x_i$$

이를 사용자 함수로는 다음과 같이 구현합니다.

```
def my_mean(values):
    n = len(values)   # 숫자 개수를 구합니다.
    sum = 0           # 합계를 0으로 초기화합니다.
```

```
    for value in values:
        sum += value  # 각 값을 더합니다.
    return sum / n    # 합계를 숫자 개수로 나눈 값을 반환합니다.
```

직접 구현한 평균 함수는 매개변수를 하나만 받는데, 매개변수 values는 평균을 구하고자 하는 값을 모두 포함한 시리즈를 인수로 받습니다. 따라서 값의 전체 합을 구하려면 for문으로 각 값을 순회하여 더합니다.
values.sum()을 사용하여 시리즈의 합을 구할 수도 있습니다. 실습 코드의 for문은 결측값을 처리하지 않지만 sum() 메서드를 사용하면 결측값을 안전하게 처리할 수 있습니다.

2. 이제 직접 작성한 사용자 정의 함수 my_mean()을 agg() 또는 aggregate()에 my_mean과 같은 형태로 전달하여 열 평균을 구할 수 있습니다. 예를 들어 year 열의 lifeExp 평균을 구해 봅시다.

```
agg_my_mean = df.groupby('year')["lifeExp"].agg(my_mean)
print(agg_my_mean)
```

사용자 함수로 평균을 집계합니다.

❖ 출력 결과

```
year
1952    49.057620
1957    51.507401
1962    53.609249
1967    55.678290
1972    57.647386
...
1987    63.212613
1992    64.160338
1997    65.014676
2002    65.694923
2007    67.007423
Name: lifeExp, dtype: float64
```

3. 매개변수가 여러 개인 사용자 함수도 agg()에 전달할 수 있을까요? 이렇게 하려면 사용자 함수의 첫 번째 매개변수가 데이터프레임에서 추출한 값의 시리즈여야 하고 나머지 인수는

매개변수 이름과 함께 agg() 메서드에 전달합니다. 예제를 살펴볼까요?

다음은 연도나 대륙과 상관없이 전체 기대 수명의 평균인 diff_value와 각 그룹 평균 수명의 차이를 계산하는 my_mean_diff() 함수입니다.

```
def my_mean_diff(values, diff_value):
    n = len(values)
    sum = 0
    for value in values:
        sum += value
    mean = sum / n
    return(mean - diff_value)
```

첫 번째 매개변수는 시리즈여야 합니다.

4. 먼저 모든 기대 수명의 평균을 구합니다.

```
global_mean = df["lifeExp"].mean()
print(global_mean)
```

❖ 출력 결과

```
59.474439366197174
```

5. 그런 다음 여러 개의 매개변수가 있는 my_mean_diff() 함수를 agg() 메서드에 전달합니다. 이때 첫 번째 매개변수에는 함수 이름을 전달하고 두 번째 매개변수에는 사용자 함수의 매개변수인 diff_value 이름과 함께 값을 전달합니다.

```
agg_mean_diff = (
    df
    .groupby("year")
    ["lifeExp"]
    .agg(my_mean_diff, diff_value=global_mean)
)

print(agg_mean_diff)
```

첫 번째 매개변수는 함수 이름입니다.

두 번째부터는 함수의 매개변수 이름과 함께 전달합니다.

❖ 출력 결과

```
year
1952   -10.416820
```

```
1957    -7.967038
1962    -5.865190
1967    -3.796150
1972    -1.827053
1977     0.095718
1982     2.058758
1987     3.738173
1992     4.685899
1997     5.540237
2002     6.220483
2007     7.532983
Name: lifeExp, dtype: float64
```

여러 개의 집계 함수 한 번에 사용하기

여러 개의 집계 함수를 한 번에 사용하고 싶다면 어떻게 해야 할까요? 이럴 때는 집계 함수를 리스트 형식으로 agg() 또는 aggregate() 메서드에 전달하면 됩니다.

예를 들어 넘파이 함수 몇 가지를 리스트로 묶어 다음과 같이 agg() 메서드로 넘길 수 있습니다.

```
gdf = (
    df
    .groupby("year")
    ["lifeExp"]
    .agg([np.count_nonzero, np.mean, np.std])
)

print(gdf)
```

함수 이름을 리스트로 만들어 전달합니다.

❖ 출력 결과

```
      count_nonzero       mean        std
year
1952            142  49.057620  12.225956
1957            142  51.507401  12.231286
1962            142  53.609249  12.097245
1967            142  55.678290  11.718858
1972            142  57.647386  11.381953
...             ...        ...        ...
```

```
1987           142  63.212613  10.556285
1992           142  64.160338  11.227380
1997           142  65.014676  11.559439
2002           142  65.694923  12.279823
2007           142  67.007423  12.073021
```

Do it! 실습 agg()나 aggregate() 메서드에 딕셔너리 사용하기

딕셔너리에 함수 정보를 담아 agg()나 aggregate() 메서드에 전달하는 방법도 있습니다. 단, 데이터프레임에 바로 적용하는지, 시리즈에 적용하는지에 따라 결과가 다릅니다.

1. 데이터프레임에 사용하기

그룹화된 데이터프레임에 딕셔너리를 활용할 때는 데이터프레임의 열을 키로, 집계 함수를 값으로 설정합니다. 이 방법을 사용하면 하나 이상의 변수를 그룹화하고 열별로 서로 다른 집계 함수를 적용할 수 있습니다.

예를 들어 year 열을 기준으로 그룹화하여 lifeExp의 평균, pop의 중앙값, gdpPercap의 중앙값을 다음과 같이 구합니다.

```
gdf_dict = df.groupby("year").agg(
    {
        "lifeExp": "mean",
        "pop": "median",
        "gdpPercap": "median"
    }
)

print(gdf_dict)
```

데이터프레임이라면 {"열 이름": "함수"} 형식의 딕셔너리를 전달할 수 있습니다.

❖ 출력 결과

```
        lifeExp        pop   gdpPercap
year
1952  49.057620  3943953.0  1968.528344
1957  51.507401  4282942.0  2173.220291
1962  53.609249  4686039.5  2335.439533
1967  55.678290  5170175.5  2678.334740
```

```
1972  57.647386   5877996.5  3339.129407
...             ...          ...           ...
1987  63.212613   7774861.5  4280.300366
1992  64.160338   8688686.5  4386.085502
1997  65.014676   9735063.5  4781.825478
2002  65.694923  10372918.5  5319.804524
2007  67.007423  10517531.0  6124.371108
```

2. 시리즈에 사용하기

시리즈에서는 열 이름을 지정한 딕셔너리를 agg()로 전달할 수 없습니다. 그 대신 이름을 변경하려면 원하는 함수 목록을 agg()에 전달하고 나서 rename() 메서드로 결과 열의 이름을 변경합니다.

```
gdf = (
    df
    .groupby("year")
    ["lifeExp"]
    .agg(
        [
            np.count_nonzero,
            np.mean,          # 시리즈에서는 먼저 집계합니다.
            np.std,
        ]
    )
    .rename(
        columns={
            "count_nonzero": "count",
            "mean": "avg",       # 집계하고 나서 열 이름을 바꿉니다.
            "std": "std_dev",
            }
    )
    .reset_index() # 평탄화한 데이터프레임 반환하기
)

print(gdf)
```

❖ 출력 결과

```
    year  count        avg    std_dev
0   1952    142  49.057620  12.225956
1   1957    142  51.507401  12.231286
2   1962    142  53.609249  12.097245
3   1967    142  55.678290  11.718858
..   ...    ...        ...        ...
9   1997    142  65.014676  11.559439
10  2002    142  65.694923  12.279823
11  2007    142  67.007423  12.073021
```

08-2 데이터 변환하기

이번에는 데이터 변환 메서드를 알아봅시다. 데이터 변환 메서드는 데이터와 메서드를 일대일로 대응하여 계산하므로 데이터양은 줄지 않습니다. 말 그대로 데이터를 변환하는 데 사용합니다.

표준점수 계산하기

통계 분야에서는 평균과의 차이를 표준편차로 나눈 값을 표준점수[z-score]라고 합니다. 표준점수를 구하면 변환한 데이터의 평균은 0이 되고 표준편차는 1이 됩니다. 그러면 데이터가 표준화되어 데이터끼리 쉽게 비교할 수 있게 되죠. 표준점수는 대학수학능력시험 등 통계에서 자주 사용하는 지표입니다.

year별 기대 수명의 표준점수를 구해 봅시다. 먼저 표준점수를 구하는 식은 다음과 같습니다.

$$z = \frac{x - \mu}{\sigma}$$

- x는 데이터셋 하나의 값입니다.
- μ는 데이터셋의 평균입니다.
- σ는 표준편차로, 구하는 식은 다음과 같습니다.

$$\sigma = \sqrt{\frac{1}{n}\sum_{i=1}^{n}(x_i - \mu)^2}$$

Do it! 실습 표준점수 계산 함수 만들기

1. 먼저 표준점수를 계산하는 사용자 함수를 만듭니다.

```
def my_zscore(x):
    return((x - x.mean()) / x.std())
```

판다스의 평균 함수와 표준편차 함수로 표준점수를 구합니다.

매개변수 x는 값의 시리즈 또는 벡터를 의미합니다.

2. 이제 transform() 메서드를 사용하여 my_zscore() 함수로 year 열의 lifeExp를 변환해 볼까요?

```
transform_z = df.groupby('year')["lifeExp"].transform(my_zscore)
print(transform_z)
```

이번에는 transform() 메서드를 이용했습니다.

❖ 출력 결과

```
0      -1.656854
1      -1.731249
2      -1.786543
3      -1.848157
4      -1.894173
          ...
1699   -0.081621
1700   -0.336974
1701   -1.574962
1702   -2.093346
1703   -1.948180
Name: lifeExp, Length: 1704, dtype: float64
```

my_zscore() 함수는 데이터를 표준화할 뿐 집계는 하지 않습니다. 즉, 데이터양은 줄지 않습니다.

주로 집계에 사용하는 agg() 메서드와 달리 transform() 메서드는 요소별로 변환할 때 사용합니다.

3. 다음은 원본 데이터프레임 df의 크기와 변환한 데이터프레임 transform_z의 크기를 비교한 것입니다. 데이터의 행 개수가 줄지 않음을 알 수 있습니다.

```
print(df.shape)
```

❖ 출력 결과

```
(1704, 6)
```

```
print(transform_z.shape)
```

❖ 출력 결과

```
(1704,)
```

4. scipy 라이브러리는 zscore() 함수를 제공합니다. groupby()와 transform()에 zscore()를 적용하고 그룹화하지 않고 특정 열에 zscore()를 적용한 결과를 비교합시다.
먼저 zscore() 함수를 불러옵니다.

```
from scipy.stats import zscore
```

그런 다음 year 열로 그룹화하고 lifeExp 열에 transform() 메서드로 zscore()를 적용한 결과를 sp_z_grouped에 저장합니다.

```
sp_z_grouped = df.groupby('year')["lifeExp"].transform(zscore)
```

이번에는 데이터를 그룹화하지 않고 데이터프레임의 lifeExp 열에 zscore()를 적용한 결과를 sp_z_nogroup에 저장합니다.

```
sp_z_nogroup = zscore(df["lifeExp"])
```

직접 작성한 표준점수 계산 함수를 그룹화한 데이터프레임에 적용한 결과 transform_z와 sp_z_grouped, sp_z_nogroup의 결과를 비교하면 값이 다르다는 것을 알 수 있습니다.

```
print(transform_z.head())
```

❖ 출력 결과

```
0   -1.656854
1   -1.731249
2   -1.786543
3   -1.848157
4   -1.894173
Name: lifeExp, dtype: float64
```

```
print(sp_z_grouped.head())
```

❖ 출력 결과

```
0   -1.662719
1   -1.737377
```

```
2   -1.792867
3   -1.854699
4   -1.900878
Name: lifeExp, dtype: float64
```

```
print(sp_z_nogroup[:5])
```

❖ 출력 결과

```
0   -2.375334
1   -2.256774
2   -2.127837
3   -1.971178
4   -1.811033
Name: lifeExp, dtype: float64
```

그룹화한 데이터프레임에 my_zscore() 함수를 적용한 결과와 scipy의 zscore() 함수를 적용한 결과는 비슷합니다.

차이가 나는 이유는 표준편차를 구하는 방식의 차이 때문입니다. 표준편차를 계산할 때 zscore()는 표본수 n으로 나누지만, 판다스의 std()는 n-1로 나눈 비편향 표준편차를 계산합니다. 둘 다 매개변수 ddof를 이용하여 n에서 뺄 값을 지정할 수 있습니다. 즉, my_zscore() 함수를 x.std(ddof=0)로 수정하면 결과는 같아집니다.

이와 달리 groupby()로 그룹으로 묶어 계산한 zscore()와 전체 데이터셋에 zscore()를 적용한 결과는 차이가 큽니다.

평균값으로 결측값 채우기

09장에서는 결측값이 무엇인지 살펴보고 결측값을 채우는 방법을 살펴볼 겁니다. 에볼라 데이터셋을 이용하여 interpolate() 메서드로 결측값을 채우거나 앞쪽이나 뒤쪽으로 데이터를 채우는 방법입니다. 자세한 내용은 09장에서 살펴보기로 하고 여기서는 결측값을 요약 통계로 채우는 방법을 알아봅니다.

예를 들어 특정 그룹을 기반으로 결측값을 채워 봅니다. 실습에는 seaborn 라이브러리에서 제공하는 tips 데이터셋을 사용합니다.

Do it! 실습 평균값으로 결측값 채우기

1. seaborn과 numpy 라이브러리를 불러오고 tips 데이터셋에서 10개 행을 추출합니다. sample()을 사용하면 무작위로 데이터를 추출하지만 np.random.seed()를 설정하면 매번 같은 결과를 얻을 수 있습니다.

```
import seaborn as sns
import numpy as np

np.random.seed(42)

tips_10 = sns.load_dataset("tips").sample(10)
```

실행할 때마다 같은 결과를 얻도록 설정합니다.

2. 추출한 10개 행 중에 4개의 total_bill값을 무작위로 선택하여 결측값 np.NaN으로 변경합니다.

```
tips_10.loc[
    np.random.permutation(tips_10.index)[:4],
    "total_bill"
] = np.NaN

print(tips_10)
```

❖ 출력 결과

```
     total_bill   tip     sex smoker   day    time  size
24        19.82  3.18    Male     No   Sat  Dinner     2
6          8.77  2.00    Male     No   Sun  Dinner     2
153         NaN  2.00    Male     No   Sun  Dinner     4
211         NaN  5.16    Male    Yes   Sat  Dinner     4
198         NaN  2.00  Female    Yes  Thur   Lunch     2
176         NaN  2.00    Male    Yes   Sun  Dinner     2
192       28.44  2.56    Male    Yes  Thur   Lunch     2
124       12.48  2.52  Female     No  Thur   Lunch     2
9         14.78  3.23    Male     No   Sun  Dinner     2
101       15.38  3.00  Female    Yes   Fri  Dinner     2
```

단순하게 total_bill의 평균으로 결측값을 채울 수도 있습니다. 하지만 성별(sex)에 따라 지출 습관이 다를 수도 있고 시간(time)이나 일행 수(size)에 따라 total_bill값이 다를 수도 있으므로 이럴 때를 고려하여 결측값을 채워 봅시다.

3. groupby() 메서드를 사용하면 결측값을 채울 통곗값을 구할 수 있습니다. 여기서는 agg() 대신 transform() 메서드를 사용합니다. 먼저 sex 열의 각 값에서 결측값이 아닌 값의 개수를 확인합니다.

```
count_sex = tips_10.groupby('sex').count()
print(count_sex)
```

❖ 출력 결과

```
        total_bill  tip  smoker  day  time  size
sex
Male             4    7       7    7     7     7
Female           2    3       3    3     3     3
```

Male은 결측값이 3개이고 Female은 1개이네요.

4. 이제 그룹화된 평균을 계산하고 이 값으로 결측값을 채웁니다. 결측값은 fillna() 메서드를 사용하여 원하는 값으로 채울 수 있습니다.

```
def fill_na_mean(x):
    avg = x.mean()
    return x.fillna(avg)

total_bill_group_mean = (
    tips_10
    .groupby("sex")
    .total_bill
    .transform(fill_na_mean)
)
```

원본 데이터에 fill_total_bill이라는 새로운 열을 할당하여 결측값을 채운 결과를 추가합니다.

```
tips_10["fill_total_bill"] = total_bill_group_mean
```

5. 결측값이 있는 total_bill 열과 이를 채운 fill_total_bill을 비교해 보세요. 성별에 따라 다른 값으로 채운 것을 알 수 있습니다.

```
print(tips_10[['sex', 'total_bill', 'fill_total_bill']])
```

❖ 출력 결과

```
        sex  total_bill  fill_total_bill
24     Male       19.82          19.8200
6      Male        8.77           8.7700
153    Male         NaN          17.9525
211    Male         NaN          17.9525
198  Female         NaN          13.9300
176    Male         NaN          17.9525
192    Male       28.44          28.4400
124  Female       12.48          12.4800
9      Male       14.78          14.7800
101  Female       15.38          15.3800
```

08-3
원하는 데이터 걸러 내기

그룹화한 데이터에서 원하는 데이터를 걸러 내고 싶다면 어떻게 해야 할까요? 이럴 때는 데이터 필터링을 사용합니다. 데이터 필터링을 사용하면 기준에 맞는 데이터만 걸러낼 수 있습니다. 다음 실습을 통해 데이터 필터링이 무엇인지 알아봅시다.

Do it! 실습 데이터 필터링하기

1. 다음과 같이 tips 데이터셋을 불러와 데이터 크기를 확인합니다.

```
tips = sns.load_dataset('tips')
print(tips.shape)
```

❖ 출력 결과

```
(244, 7)
```

2. 그런 다음 size 열 각 값의 빈도수를 살펴봅니다.

```
print(tips['size'].value_counts())
```

❖ 출력 결과

```
2    156
3     38
4     37
5      5
1      4
6      4
Name: size, dtype: int64
```

출력 결과를 보면 일행이 1, 5, 6명인 데이터가 적다는 점을 알 수 있습니다.
그러면 특정 기준으로 데이터를 필터링해 봅시다. 예를 들어 관측값이 30개 이상인 데이터만 필터링합니다.

3. `filter()` 메서드를 사용하면 그룹화한 데이터를 다음과 같이 필터링할 수 있습니다.

```
tips_filtered = (
    tips
    .groupby("size")
    .filter(lambda x: x["size"].count() >= 30)
)
```

람다 함수로 데이터를 필터링합니다.

결과 데이터프레임의 shape를 보면 크기가 줄어들었다는 것을 알 수 있습니다. 일행이 1, 5, 6명인 총 13개의 데이터가 제외되었네요.

```
print(tips_filtered.shape)
```

❖ 출력 결과

```
(231, 7)
```

```
print(tips_filtered['size'].value_counts())
```

❖ 출력 결과

```
2    156
3     38
4     37
Name: size, dtype: int64
```

08-4
그룹 객체 활용하기

aggregate(), transform(), filter() 메서드는 그룹 객체에서 가장 일반적으로 사용하는 메서드입니다. 즉, groupby() 메서드가 반환한 객체에서 자주 사용하는 메서드입니다. 그렇다면 groupby() 메서드가 반환하는 객체는 무엇일까요?

그룹 객체란?

지금까지는 모든 실습에서 agg(), transform(), filter() 메서드를 groupby() 바로 뒤에 연결해서 사용했습니다(메서드 체인). 이번에는 groupby()의 결과를 따로 저장하여 메서드가 무엇을 반환하는지 살펴봅니다.
tips 데이터셋을 다시 불러와서 sample() 함수로 10개 행을 무작위로 추출합니다.

```
tips_10 = sns.load_dataset('tips').sample(10, random_state=42)
print(tips_10)
```

❖ 출력 결과

```
     total_bill   tip     sex smoker   day    time  size
24        19.82  3.18    Male     No   Sat  Dinner     2
6          8.77  2.00    Male     No   Sun  Dinner     2
153       24.55  2.00    Male     No   Sun  Dinner     4
211       25.89  5.16    Male    Yes   Sat  Dinner     4
198       13.00  2.00  Female    Yes  Thur   Lunch     2
176       17.89  2.00    Male    Yes   Sun  Dinner     2
192       28.44  2.56    Male    Yes  Thur   Lunch     2
124       12.48  2.52  Female     No  Thur   Lunch     2
9         14.78  3.23    Male     No   Sun  Dinner     2
101       15.38  3.00  Female    Yes   Fri  Dinner     2
```

agg(), transform(), filter() 메서드를 호출하지 않고 groupby() 메서드만 호출하고 결과를 저장합니다.

sample() 함수는 지정한 크기만큼 무작위로 데이터를 추출합니다. 이때 매개변수 random_state를 고정값으로 지정하면 실행할 때마다 같은 결과를 얻습니다.

```
grouped = tips_10.groupby('sex')
print(grouped)
```

❖ 출력 결과

```
<pandas.core.groupby.generic.DataFrameGroupBy object at 0x0000017DC0B0B7D0>
```

groupby() 메서드의 결과를 보면 판다스 DataFrameGroupBy 객체 주소를 확인할 수 있습니다. 아직 아무런 계산을 적용하지 않았으므로 내부에서 계산한 내용은 없습니다.
그룹에 속한 데이터를 확인하고 싶다면 groups 속성을 사용하세요.

```
print(grouped.groups)
```

❖ 출력 결과

```
{'Male': [24, 6, 153, 211, 176, 192, 9], 'Female': [198, 124, 101]}
```

groups 속성을 사용하면 각 그룹에 속한 데이터프레임의 인덱스를 확인할 수 있습니다. 이 인덱스는 행 번호를 나타냅니다. 전체 데이터를 사용하지 않고 인덱스만 사용하는 이유는 성능을 최적화하기 위해서입니다. 다시 말하지만, 아직 아무것도 계산하지 않았습니다.
grouped는 그룹화한 결과를 단순히 저장한 객체입니다. 이 객체를 여러 번 사용하여 agg(), transform(), filter() 메서드를 적용할 수 있습니다.

Do it! 실습 그룹 객체로 여러 열에 집계 함수 적용하기

지금까지 모든 실습에서는 하나의 열에 대해 groupby() 계산을 수행했습니다. 그러나 특정 열을 지정하지 않고 groupby() 뒤에 바로 계산을 수행하면 해당 계산을 적용할 수 있는 열만 계산하고 나머지 열은 건너뜁니다. 여기서는 numeric_only=True를 지정하여 숫자인 열만 평균을 구하고자 합니다.
예를 들어 sex를 기준으로 그룹화한 데이터의 평균을 구하면 다음과 같은 결과를 확인할 수 있습니다.

```
avgs = grouped.mean(numeric_only=True)
print(avgs)
```

```
❖ 출력 결과
        total_bill       tip      size
sex
Male         20.02  2.875714  2.571429
Female       13.62  2.506667  2.000000
```

결과로 확인할 수 있듯이 일부 열만 평균값을 계산합니다. 전체 열은 7개지만 숫자로 이루어진 total_bill, tip, size 열만 평균을 구했네요.

```
print(tips_10.columns)
```

```
❖ 출력 결과
Index(['total_bill', 'tip', 'sex', 'smoker', 'day', 'time', 'size'], dtype='object')
```

평균값을 구할 수 없는 smoker, day, time 열을 보면 숫자형이 아닌 범주형이라는 공통점이 있습니다. 예를 들어 time 열의 값은 'Dinner'와 'Lunch'인데 이러한 변수의 산술 평균을 계산할 수는 없겠죠?

Do it! 실습 그룹 추출하고 순회하기

1. get_group() 메서드를 사용하여 원하는 그룹을 추출할 수 있습니다. 예를 들어 sex를 기준으로 그룹화한 데이터에서 Female인 값만 추출하고 싶다면 다음과 같이 그룹을 추출합니다.

```
female = grouped.get_group('Female')
print(female)
```

```
❖ 출력 결과
     total_bill   tip     sex smoker   day    time  size
198       13.00  2.00  Female    Yes  Thur   Lunch     2
124       12.48  2.52  Female     No  Thur   Lunch     2
101       15.38  3.00  Female    Yes   Fri  Dinner     2
```

2. groupby 객체를 저장하면 그룹을 하나씩 순회할 수 있습니다. 때로는 agg(), transform(), filter() 메서드를 사용하여 결과를 확인하는 것보다 for문이 더 직관적일 때도 있습니다. 파이썬의 다른 컨테이너와 마찬가지로 그룹화한 값 역시 for문으로 순회해 봅시다. 예를 들어 grouped를 순회하면 다음과 같습니다.

```
for sex_group in grouped:
    print(sex_group)
```

❖ 출력 결과

```
('Male',      total_bill   tip    sex smoker  day    time  size
24         19.82  3.18  Male     No   Sat  Dinner     2
6           8.77  2.00  Male     No   Sun  Dinner     2
153        24.55  2.00  Male     No   Sun  Dinner     4
211        25.89  5.16  Male    Yes   Sat  Dinner     4
176        17.89  2.00  Male    Yes   Sun  Dinner     2
192        28.44  2.56  Male    Yes  Thur   Lunch     2
9          14.78  3.23  Male     No   Sun  Dinner     2)
('Female',      total_bill   tip      sex smoker  day    time  size
198        13.00  2.00  Female    Yes  Thur   Lunch     2
124        12.48  2.52  Female     No  Thur   Lunch     2
101        15.38  3.00  Female    Yes   Fri  Dinner     2)
```

3. grouped 객체의 첫 번째 인덱스를 추출하려고 대괄호 문법을 사용하면 다음과 같은 오류 메시지가 발생합니다. 반복문으로 순회할 수는 있지만 grouped는 컨테이너가 아닌 판다스의 DataFrameGroupBy 객체이기 때문입니다.

```
print(grouped[0])
```

❖ 출력 결과

```
KeyError: 'Column not found: 0'
```

4. for문에 break문을 추가하여 첫 번째 그룹만 출력해 봅시다. grouped 객체를 순회하면서 살펴볼 수 있는 여러 가지 요소를 알 수 있습니다.

```
for sex_group in grouped:
    # 객체 자료형: 튜플
    print(f'the type is: {type(sex_group)}\n')

    # 객체 길이: 2
    print(f'the length is: {len(sex_group)}\n')

    # 첫 번째 요소
    first_element = sex_group[0]
    print(f'the first element is: {first_element}\n')

    # 첫 번째 요소의 자료형: 문자열
    print(f'it has a type of: {type(sex_group[0])}\n')

    # 두 번째 요소
    second_element = sex_group[1]
    print(f'the second element is:\n{second_element}\n')

    # 두 번째 요소의 자료형: 데이터프레임
    print(f'it has a type of: {type(second_element)}\n')

    # 그룹 출력
    print(f'what we have:')
    print(sex_group)

    # for문 중단
    break
```

❖ 출력 결과

```
the type is: <class 'tuple'>

the length is: 2

the first element is: Male

it has a type of: <class 'str'>

the second element is:
     total_bill   tip   sex smoker   day    time  size
24        19.82  3.18  Male     No   Sat  Dinner     2
```

```
6          8.77  2.00  Male    No   Sun  Dinner    2
153       24.55  2.00  Male    No   Sun  Dinner    4
211       25.89  5.16  Male   Yes   Sat  Dinner    4
176       17.89  2.00  Male   Yes   Sun  Dinner    2
192       28.44  2.56  Male   Yes  Thur   Lunch    2
9         14.78  3.23  Male    No   Sun  Dinner    2

it has a type of: <class 'pandas.core.frame.DataFrame'>

what we have:
('Male',      total_bill   tip   sex smoker   day    time  size
24        19.82  3.18  Male    No   Sat  Dinner    2
6          8.77  2.00  Male    No   Sun  Dinner    2
153       24.55  2.00  Male    No   Sun  Dinner    4
211       25.89  5.16  Male   Yes   Sat  Dinner    4
176       17.89  2.00  Male   Yes   Sun  Dinner    2
192       28.44  2.56  Male   Yes  Thur   Lunch    2
9         14.78  3.23  Male    No   Sun  Dinner    2)
```

sex_grouped은 첫 번째 요소가 Male 키를 나타내는 문자열 str이고 두 번째 요소가 Male 데이터를 나타내는 데이터프레임인 두 개의 요소로 구성된 튜플입니다.

Do it! 실습 여러 개의 변수로 그룹화하고 결과 평탄화하기

지금까지는 groupby() 메서드에 하나의 변수만 전달했습니다. 이와 달리 여러 개의 변수로 그룹화하고 싶다면 변수가 담긴 리스트를 전달합니다.

1. 예를 들어 성별(sex), 시간(time)별로 tips 데이터의 평균을 계산하고 싶다면 groupby() 메서드에 ['sex', 'time']을 전달합니다.

```
bill_sex_time = tips_10.groupby(['sex', 'time'])   그룹화할 변수를 리스트로 전달합니다.

group_avg = bill_sex_time.mean(numeric_only=True)
```

2. sex와 time으로 그룹화한 결과 group_avg를 살펴볼까요?

```
print(type(group_avg))
```

```
❖ 출력 결과
<class 'pandas.core.frame.DataFrame'>
```

자료형은 데이터프레임이지만 실제로 데이터프레임을 출력해 보면 우리가 알던 데이터프레임 모양과는 살짝 다른 것을 확인할 수 있습니다.

```
print(group_avg)
```

```
❖ 출력 결과
              total_bill       tip      size
sex    time
Male   Lunch    28.440000  2.560000  2.000000
       Dinner   18.616667  2.928333  2.666667
Female Lunch    12.740000  2.260000  2.000000
       Dinner   15.380000  3.000000  2.000000
```

데이터프레임의 두 번째 줄을 보면 마치 값이 빈 것처럼 보이는 공간이 있습니다.

3. columns로 열 이름을 한번 살펴볼까요?

```
print(group_avg.columns)
```

```
❖ 출력 결과
Index(['total_bill', 'tip', 'size'], dtype='object')
```

그룹화한 sex와 time을 제외한 total_bill, tip, size 열이 있는 것을 확인할 수 있네요. 의도한 결과대로 데이터프레임이 구성된 것으로 보입니다.

4. 이번에는 index로 인덱스를 살펴봅시다.

```
print(group_avg.index)
```

❖ 출력 결과

```
MultiIndex([(  'Male',  'Lunch'),
            (  'Male', 'Dinner'),
            ('Female',  'Lunch'),
            ('Female', 'Dinner')],
           names=['sex', 'time'])
```

MultiIndex라는 이름의 인덱스를 확인할 수 있습니다. MultiIndex는 여러 인덱스를 담은 인덱스를 뜻합니다.

5. 일반 데이터프레임처럼 평탄화하고 싶다면 reset_index() 메서드를 호출합니다.

```
group_method = tips_10.groupby(['sex',
                                'time']).mean(numeric_only=True).reset_index()
print(group_method)
```

데이터를 평탄화합니다.

❖ 출력 결과

```
      sex    time  total_bill       tip      size
0    Male   Lunch   28.440000  2.560000  2.000000
1    Male  Dinner   18.616667  2.928333  2.666667
2  Female   Lunch   12.740000  2.260000  2.000000
3  Female  Dinner   15.380000  3.000000  2.000000
```

또는 groupby() 메서드에서 매개변수 as_index를 False로 지정하면 결과 데이터프레임을 평탄화합니다.

```
group_param = tips_10.groupby(['sex', 'time'],
                              as_index=False).mean(numeric_only=True)
print(group_param)
```

데이터를 평탄화합니다.

❖ 출력 결과

```
      sex    time  total_bill       tip      size
0    Male   Lunch   28.440000  2.560000  2.000000
1    Male  Dinner   18.616667  2.928333  2.666667
2  Female   Lunch   12.740000  2.260000  2.000000
3  Female  Dinner   15.380000  3.000000  2.000000
```

08-5
다중 인덱스 다루기

groupby() 메서드에 이어서 계산을 수행하고 싶다고 합시다. 만약 결과가 MultiIndex로 구성되어 있다면 평탄화한 다음, 다른 groupby() 메서드를 실행할 수도 있지만 조금 번거로울 겁니다.

여기서는 시카고의 인플루엔자 사례를 다룬 역학 시뮬레이션 데이터셋으로 실습합니다. 참고로 이 데이터셋은 상당히 크답니다.

Do it! 실습 다중 인덱스 다루기

1. 먼저 데이터셋을 불러옵니다.

```
intv_df = pd.read_csv('../data/epi_sim.zip')
print(intv_df)
```

❖ 출력 결과

```
        ig_type  intervened        pid  rep  sid        tr
0             3          40  294524448    1  201  0.000135
1             3          40  294571037    1  201  0.000135
2             3          40  290699504    1  201  0.000135
3             3          40  288354895    1  201  0.000135
4             3          40  292271290    1  201  0.000135
...         ...         ...        ...  ...  ...       ...
9434648       2          87  345636694    2  201  0.000166
9434649       3          87  295125214    2  201  0.000166
9434650       2          89  292571119    2  201  0.000166
9434651       3          89  292528142    2  201  0.000166
9434652       2          95  291956763    2  201  0.000166

[9434653 rows x 6 columns]
```

데이터셋에는 6개의 열이 있습니다.

- ig_type: 간선 유형('학교', '직장'과 같은 네트워크에서 두 노드 사이의 관계 유형)
- intervened: 시뮬레이션 동안 특정 대상(pid)에게 개입한 시간
- pid: 시뮬레이션 대상 ID
- rep: 동일한 환경의 반복 실험(각 시뮬레이션 매개변수 집합이 여러 번 실행됨)
- sid: 시뮬레이션 ID
- tr: 인플루엔자 바이러스의 전염성 수치

이 데이터셋은 Indemics라는 프로그램을 사용하여 실행한 시뮬레이션을 바탕으로 구성한 역학 시뮬레이션 데이터셋입니다. 버지니아 공대의 네트워크 역학과 시뮬레이션 과학 연구소에서 개발했습니다.

2. 각 반복 실험(rep), 개입 시간(intervened), 전염성 수치(tr)의 개입 횟수를 계산해 볼까요? 이때 개입 횟수는 ig_type으로 계산합니다. 각 그룹의 관측값 개수만 구하면 되니까요.

```
count_only = (
    intv_df
    .groupby(["rep", "intervened", "tr"])
    ["ig_type"]
    .count()
)

print(count_only)
```

3개 열로 그룹화하고 이를 다중 인덱스로 만듭니다.

❖ 출력 결과

```
rep  intervened  tr
0    8           0.000166    1
     9           0.000152    3
                 0.000166    1
     10          0.000152    1
                 0.000166    1
                            ..
2    193         0.000135    1
                 0.000152    1
     195         0.000135    1
     198         0.000166    1
     199         0.000135    1
Name: ig_type, Length: 1196, dtype: int64
```

3. groupby()와 count()로 관측값 개수를 구했다면 이번에는 이 결과에 groupby() 메서드를 이용하여 평균을 구해 봅니다. groupby()와 count()로 구한 결과 데이터프레임은 일반적인 데이터프레임(평탄화된 데이터프레임)이 아닙니다. 결과 유형과 인덱스를 살펴볼까요?

```
print(type(count_only))
```

❖ 출력 결과

```
<class 'pandas.core.series.Series'>
```

```
print(count_only.index)
```

❖ 출력 결과

```
MultiIndex([(0,   8, 0.000166),
            (0,   9, 0.000152),
            (0,   9, 0.000166),
            (0,  10, 0.000152),
...
            (2, 193, 0.000152),
            (2, 195, 0.000135),
            (2, 198, 0.000166),
            (2, 199, 0.000135)],
           names=['rep', 'intervened', 'tr'], length=1196)
```

count_only는 MultiIndex로 구성된 시리즈네요. 여기에 groupby()를 적용하려면 다중 인덱스 수준을 참조할 수 있도록 매개변수 level을 전달해야 합니다.

4. 이번 실습에서는 모두 세 개의 인덱스 수준 rep, intervened, tr이 있으므로 첫 번째, 두 번째, 세 번째 인덱스 수준을 뜻하는 [0, 1, 2]를 전달합니다.

```
count_mean = count_only.groupby(level=[0, 1, 2]).mean()
print(count_mean.head())
```

❖ 출력 결과

```
rep  intervened  tr
0    8           0.000166    1.0
     9           0.000152    3.0
```

```
                0.000166    1.0
     10         0.000152    1.0
                0.000166    1.0
Name: ig_type, dtype: float64
```

5. 지금까지의 모든 과정은 다음과 같은 하나의 명령으로 수행할 수 있습니다.

```
count_mean = (
    intv_df
    .groupby(["rep", "intervened", "tr"])["ig_type"]
    .count()
    .groupby(level=[0, 1, 2])
    .mean()
)
print(count_mean.head())
```

번호가 아닌 열 이름을 리스트로 지정할 수도 있습니다.

❖ 출력 결과

```
rep  intervened  tr
0    8           0.000166    1.0
     9           0.000152    3.0
                 0.000166    1.0
     10          0.000152    1.0
                 0.000166    1.0
Name: ig_type, dtype: float64
```

6. 결과를 시각화한 모습은 다음과 같습니다.

```
import seaborn as sns
import matplotlib.pyplot as plt

fig = sns.lmplot(
    data=count_mean.reset_index(),
    x="intervened",
    y="ig_type",
    hue="rep",
    col="tr",
```

```
    fit_reg=False,
    palette="viridis"
)

plt.show()
```

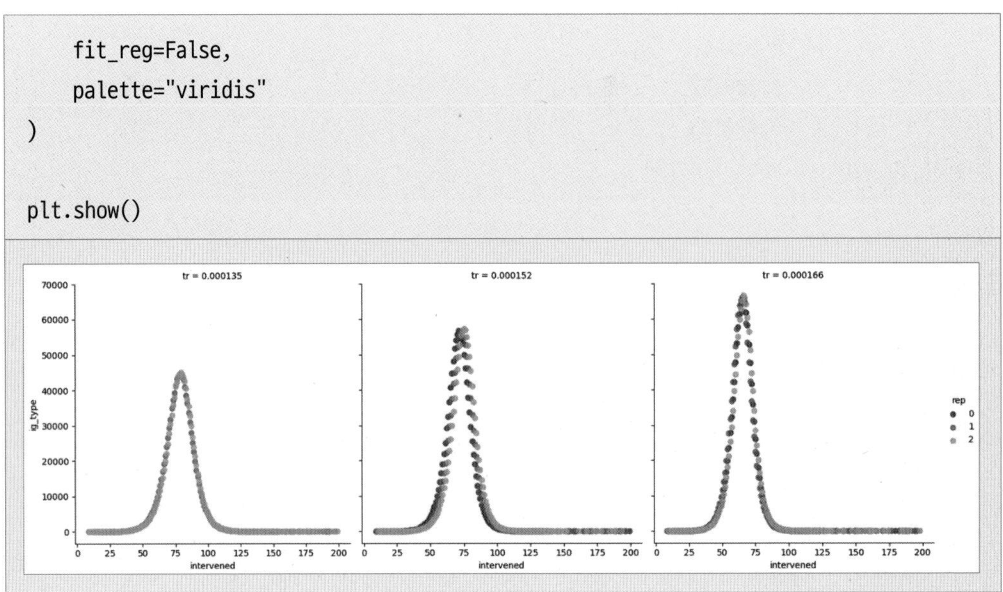

매개변수 level에 위치를 나타내는 정수가 아닌 열 이름 문자열을 전달할 수도 있습니다. 어떤 열을 선택했는지 보다 직관적으로 파악할 수 있다는 점에서 코드의 가독성을 높이는 방법입니다.

lmplot() 함수는 04-4절 산점도 그래프 그리기 부분을 참고하세요.

7. 이번에는 평균을 계산하는 mean() 대신 누적 합계를 구하는 cumsum()을 사용합니다. 결과를 확인해 보세요.

```
cumulative_count = (
    intv_df
    .groupby(["rep", "intervened", "tr"])["ig_type"]
    .count()
    .groupby(level=["rep"])
    .cumsum()        누적 합계를 구합니다.
    .reset_index()
)

fig = sns.lmplot(
    data=cumulative_count,
    x="intervened",
    y="ig_type",
```

```
    hue="rep",
    col="tr",
    fit_reg=False,
    palette="viridis"
)

plt.show()
```

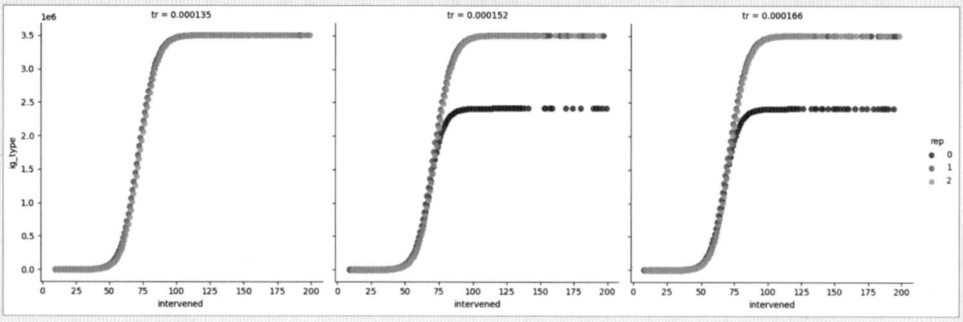

마무리하며

이 장에서는 groupby() 메서드를 이용한 분할-적용-결합 과정을 자세하게 살펴보고 데이터를 집계, 변환, 필터링하는 방법을 알아보았습니다. 또 여러 가지 방법으로 그룹 객체를 만들고 계산하는 방법도 살펴보았습니다. 데이터를 그룹화하여 계산하는 작업은 실무에서도 자주 사용하므로 반드시 알아야 합니다.

분할-적용-결합은 데이터를 분석하는 과정을 단계별로 바라보고 다양한 방법을 시도하도록 생각을 열어 주는 강력한 개념입니다. 특히 빅데이터와 분산 시스템에서 그 힘을 발휘합니다.

09 결측값 알아보기

대부분의 데이터셋에는 결측값이 있으며 이러한 데이터를 표현하는 방법은 다양합니다. 데이터베이스에서는 NULL값으로 표현하고 어떤 프로그래밍 언어에서는 NA로 표현합니다. 데이터를 취합하는 방식에 따라 빈 문자열 또는 88이나 99와 같은 숫자를 쓰기도 합니다. 판다스에서는 NaN으로 결측값을 표현합니다.

09-1
결측값이란?

판다스의 NaN은 넘파이의 결측값에서 유래했으며 결측값은 NaN, NAN 또는 nan과 같이 표시할 수 있습니다. 그러면 바로 실습을 진행해 보면서 결측값이 무엇인지 알아봅시다.
먼저 numpy 라이브러리에서 결측값을 불러옵니다.

```
from numpy import NaN, NAN, nan
```

결측값은 0, ''과는 다른 개념이라는 것에 주의해야 합니다. 결측값은 말 그대로 데이터 자체가 없다는 것을 의미합니다. 그래서 '같다'라는 개념도 없죠. 다음은 결측값과 True, 0, '', NaN 등을 비교한 결과입니다.

```
print(NaN == True)
print(NaN == 0)
print(NaN == '')
print(NaN == NaN)
print(NaN == NAN)
print(NaN == nan)
print(nan == NAN)
```

❖ 출력 결과

```
False
False
False
False
False
False
False
```

그러면 결측값은 어떻게 확인할까요? 다행히 판다스에는 결측값을 확인하는 isnull() 메서드가 있습니다. 이 메서드를 사용하면 다음과 같이 결측값인지를 확인할 수 있습니다.

```
import pandas as pd

print(pd.isnull(NaN))
print(pd.isnull(nan))
print(pd.isnull(NAN))
```

❖ 출력 결과

```
True
True
True
```

이와 달리 결측값이 아닌지를 검사하는 notnull() 메서드도 있습니다.

```
print(pd.notnull(NaN))
print(pd.notnull(42))
print(pd.notnull('missing'))
```

❖ 출력 결과

```
false
True
True
```

09-2
결측값은 왜 생길까?

결측값은 왜 생길까요? 처음부터 값이 없는 데이터를 불러오거나 데이터를 처리하는 과정에서 값이 빠질 때 결측값이 생길 수 있습니다.

데이터를 불러올 때 생기는 결측값

07-4절에서 사용한 관측 데이터셋에 결측값이 있었죠? 데이터를 불러올 때 판다스는 자동으로 빠진 데이터를 NaN으로 대체한 데이터프레임을 반환합니다. read_csv() 함수에는 결측값을 읽어 오는 방법을 결정하는 세 가지 매개변수 na_values, keep_default_na, na_filter가 있습니다.

매개변수 na_values를 사용하면 데이터의 특정 값을 결측값 또는 NaN값으로 처리할 수 있습니다. 파일을 읽을 때 na_values로 지정한 값을 결측값으로 대체하도록 파이썬 문자열이나 리스트 형식의 객체를 전달할 수 있습니다. 물론 데이터에서 결측값을 NA, NaN, nan 등 기본값으로 나타내는 때가 잦으므로 이 매개변수를 사용하는 경우는 드뭅니다. 하지만 몇몇 건강 데이터에서는 결측값을 99로 표현하곤 합니다. 이처럼 값이 99인 데이터를 결측값으로 불러오려면 na_values=[99]로 설정하면 됩니다.

매개변수 keep_default_na를 사용하면 결측값으로 처리해야 하는 값의 종류에 기본 결측값을 포함할지 True, False로 설정할 수 있습니다. 즉, 매개변수 na_values로 지정한 값과 더불어 빈 문자열 등 기본적으로 결측값으로 간주하는 값을 모두 결측값으로 처리할 것인지 결정합니다. 이 매개변수는 기본값이 True입니다. 만약 keep_default_na를 False로 설정하면 na_values에 지정한 값만 결측값으로 처리합니다.

마지막으로, 매개변수 na_filter는 결측값을 처리할지 결정하는 매개변수입니다. 기본값은 True이며 결측값을 NaN으로 대체하겠다는 뜻입니다. na_filter를 False로 설정하면 어떤 값도 결측값으로 처리하지 않습니다. 이 매개변수는 na_values, keep_default의 설정과 상관없이 결측값을 처리하지 않는 용도로 사용하기도 하지만, 주로 데이터를 빠르게 불러오고자 사용합니다. 결측값을 처리하지 않으면 데이터를 불러오는 속도가 빨라지기 때문입니다.

실습을 하면서 각 매개변수가 어떤 역할을 하는지 간단하게 살펴볼까요? 먼저 관측 데이터의 하나인 survey_visited.csv를 불러옵니다. read_csv()에 데이터 파일 위치를 전달하고 나머지 매개변수는 설정하지 않고 기본값을 사용하여 데이터를 불러옵니다.

```
visited_file = '../data/survey_visited.csv'
print(pd.read_csv(visited_file))
```

❖ 출력 결과

```
   ident   site       dated
0    619   DR-1  1927-02-08
1    622   DR-1  1927-02-10
2    734   DR-3  1939-01-07
3    735   DR-3  1930-01-12
4    751   DR-3  1930-02-26
5    752   DR-3         NaN
6    837  MSK-4  1932-01-14
7    844   DR-1  1932-03-22
```

불러온 데이터에 결측값이 있습니다.

데이터셋에 NaN값이 포함되어 있네요. 기본적으로 결측값으로 보는 값이 데이터에 포함되었다는 사실을 알 수 있습니다. 이번에는 keep_default_na를 False로 설정하여 기본적으로 결측값으로 보는 값을 처리하지 않도록 설정하고 결과를 살펴봅시다.

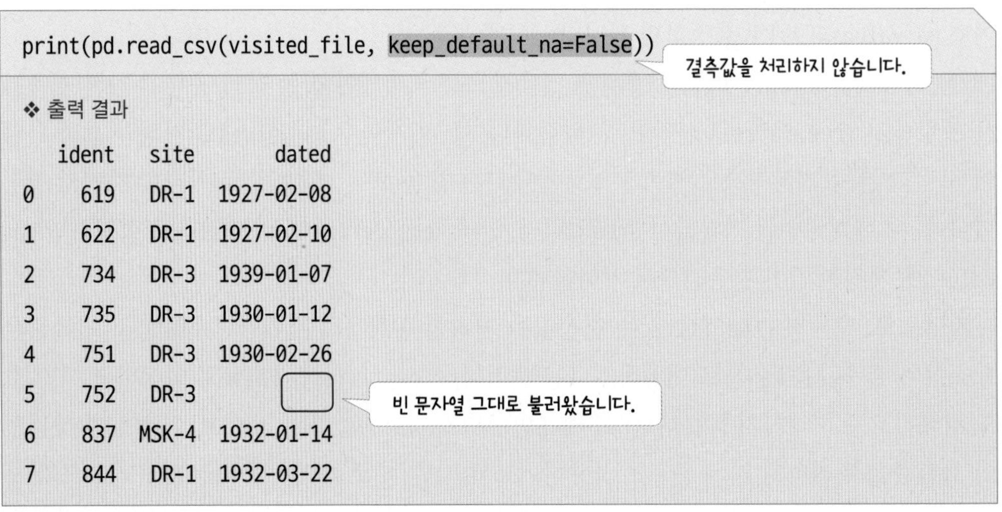

```
print(pd.read_csv(visited_file, keep_default_na=False))
```

❖ 출력 결과

```
   ident   site       dated
0    619   DR-1  1927-02-08
1    622   DR-1  1927-02-10
2    734   DR-3  1939-01-07
3    735   DR-3  1930-01-12
4    751   DR-3  1930-02-26
5    752   DR-3            
6    837  MSK-4  1932-01-14
7    844   DR-1  1932-03-22
```

결측값을 처리하지 않습니다.
빈 문자열 그대로 불러왔습니다.

데이터의 빈 문자열을 그대로 불러온 것을 알 수 있습니다. na_values로 결측값으로 처리할 값으로 빈 문자열을 지정하면 어떻게 될까요?

```
print(
    pd.read_csv(visited_file, na_values=[""], keep_default_na=False)
)
```

빈 문자열은 결측값으로 처리합니다.

❖ 출력 결과

```
   ident   site       dated
0    619   DR-1  1927-02-08
1    622   DR-1  1927-02-10
2    734   DR-3  1939-01-07
3    735   DR-3  1930-01-12
4    751   DR-3  1930-02-26
5    752   DR-3         NaN
6    837  MSK-4  1932-01-14
7    844   DR-1  1932-03-22
```

그러면 빈 문자열이 결측값 NaN으로 바뀝니다.

데이터를 연결할 때 생기는 결측값

07-2절에서 데이터를 연결하는 방법을 실습하면서 NaN값을 자주 봤습니다. 관측 데이터 survey_visited.csv, survey_survey.csv 데이터셋을 연결한 결과를 다시 살펴볼까요?

```
visited = pd.read_csv('../data/survey_visited.csv')
survey = pd.read_csv('../data/survey_survey.csv')
print(visited)
```

❖ 출력 결과

```
   ident   site       dated
0    619   DR-1  1927-02-08
1    622   DR-1  1927-02-10
2    734   DR-3  1939-01-07
3    735   DR-3  1930-01-12
4    751   DR-3  1930-02-26
5    752   DR-3         NaN
6    837  MSK-4  1932-01-14
7    844   DR-1  1932-03-22
```

```
print(survey)
```

❖ 출력 결과

```
    taken person quant  reading
0     619   dyer   rad     9.82
1     619   dyer   sal     0.13
2     622   dyer   rad     7.80
3     622   dyer   sal     0.09
4     734     pb   rad     8.41
5     734   lake   sal     0.05
6     734     pb  temp   -21.50
7     735     pb   rad     7.22
8     735    NaN   sal     0.06
9     735    NaN  temp   -26.00
..    ...    ...   ...      ...
```

왼쪽 visited 데이터프레임의 indent 열과 survey 데이터프레임의 taken 열을 기준으로 병합했더니 여러 개의 결측값 NaN이 생겼습니다.

```
vs = visited.merge(survey, left_on='ident', right_on='taken')
print(vs)
```

❖ 출력 결과

```
    ident   site       dated  taken person quant  reading
0     619   DR-1  1927-02-08    619   dyer   rad     9.82
1     619   DR-1  1927-02-08    619   dyer   sal     0.13
..    ...    ...         ...    ...    ...   ...      ...
8     735   DR-3  1930-01-12    735    NaN   sal     0.06
9     735   DR-3  1930-01-12    735    NaN  temp   -26.00
10    751   DR-3  1930-02-26    751     pb   rad     4.35
11    751   DR-3  1930-02-26    751     pb  temp   -18.50
12    751   DR-3  1930-02-26    751   lake   sal     0.10
13    752   DR-3         NaN    752   lake   rad     2.19
14    752   DR-3         NaN    752   lake   sal     0.09
15    752   DR-3         NaN    752   lake  temp   -16.00
16    752   DR-3         NaN    752    roe   sal    41.60
..    ...    ...         ...    ...    ...   ...      ...
```

데이터를 병합하는 과정에서 결측값이 생겼습니다.

직접 입력한 결측값

데이터를 입력할 때 결측값을 NaN, nan 등을 사용하여 직접 입력할 수도 있습니다. 결측값을 포함한 시리즈 또는 데이터프레임은 다음과 같이 만들 수 있습니다.

```
num_legs = pd.Series({'goat': 4, 'amoeba': nan})
print(num_legs)
```

❖ 출력 결과

```
goat      4.0
amoeba    NaN
dtype: float64
```

```
scientists = pd.DataFrame(
    {
        "Name": ["Rosaline Franklin", "William Gosset"],
        "Occupation": ["Chemist", "Statistician"],
        "Born": ["1920-07-25", "1876-06-13"],
        "Died": ["1958-04-16", "1937-10-16"],
        "missing": [NaN, nan],
    }
)

print(scientists)
```

❖ 출력 결과

```
                Name    Occupation        Born        Died  missing
0  Rosaline Franklin       Chemist  1920-07-25  1958-04-16      NaN
1     William Gosset  Statistician  1876-06-13  1937-10-16      NaN
```

scientists 데이터프레임에 결측값을 입력한 missing 열의 데이터형을 보면 float64입니다. 이것은 넘파이의 NaN 결측값이 부동 소수점이기 때문입니다.

```
print(scientists.dtypes)
```

❖ 출력 결과

```
Name          object
Occupation    object
```

```
Born          object
Died          object
missing      float64
dtype: object
```

데이터프레임에 다음과 같이 모든 값이 NaN인 열을 할당할 수도 있습니다.

```
scientists = pd.DataFrame(
    {
        "Name": ["Rosaline Franklin", "William Gosset"],
        "Occupation": ["Chemist", "Statistician"],
        "Born": ["1920-07-25", "1876-06-13"],
        "Died": ["1958-04-16", "1937-10-16"],
    }
)

scientists["missing"] = nan
print(scientists)
```

missing 열을 결측값으로 채웁니다.

❖ 출력 결과

```
                Name    Occupation        Born        Died  missing
0  Rosaline Franklin       Chemist  1920-07-25  1958-04-16      NaN
1     William Gosset  Statistician  1876-06-13  1937-10-16      NaN
```

인덱스를 다시 설정할 때 생기는 결측값

데이터프레임의 인덱스를 다시 설정할 때도 결측값이 생길 수 있습니다. 예를 들어 데이터프레임의 기존 값을 유지하면서 새로운 인덱스를 추가할 때 결측값이 생길 수 있습니다. 일반적으로 특정 구간의 시간에만 데이터가 있다면 새로운 날짜를 추가하는 등 값이 아직 없는 상태로 인덱스만 추가하고 싶을 때 이 방법을 활용합니다.

갭마인더 데이터셋을 불러와서 연도별 평균 기대 수명을 살펴봅시다.

```
gapminder = pd.read_csv('../data/gapminder.tsv', sep='\t')

life_exp = gapminder.groupby(['year'])['lifeExp'].mean()
print(life_exp)
```

❖ 출력 결과

```
year
1952    49.057620
1957    51.507401
1962    53.609249
1967    55.678290
1972    57.647386
1977    59.570157
1982    61.533197
1987    63.212613
1992    64.160338
1997    65.014676
2002    65.694923
2007    67.007423
Name: lifeExp, dtype: float64
```

2000년 이후의 데이터만 추출해 볼까요?

```
y2000 = life_exp[life_exp.index > 2000]
print(y2000)
```

❖ 출력 결과

```
year
2002    65.694923
2007    67.007423
Name: lifeExp, dtype: float64
```

현재 데이터에는 2002년과 2007년 데이터만 있네요. 이를 2000년부터 2010년까지의 데이터로 표현하고 싶으므로 reindex() 메서드를 사용하여 2000부터 2010까지의 범위로 연도를 다시 인덱싱합니다. 그러면 2002와 2007을 제외한 나머지 인덱스에 결측값 NaN이 자동으로 나타납니다.

```
print(y2000.reindex(range(2000, 2010)))
```

❖ 출력 결과

```
year
2000          NaN
2001          NaN
2002    65.694923
2003          NaN
2004          NaN
2005          NaN
2006          NaN
2007    67.007423
2008          NaN
2009          NaN
Name: lifeExp, dtype: float64
```

09-3
결측값 다루기

지금까지 결측값이 생기는 이유를 알아보았습니다. 이번에는 데이터를 처리할 때 결측값을 어떻게 다루는지 알아봅니다.

결측값 처리하기

결측값을 처리하는 방법은 다양합니다. 예를 들어 결측값을 다른 값으로 바꾸거나 기존 데이터로 채울 수도 있으며 아예 삭제하는 방법도 있습니다. 먼저 처리할 결측값 개수부터 확인해 봅니다.

Do it! 실습 결측값 개수 구하기

1. 결측값 개수를 구하는 방법에는 여러 가지가 있습니다. 먼저 결측값이 아닌 값 개수를 구하는 count()를 활용하여 개수를 확인합니다. country_timeseries.csv 데이터셋을 불러오고 count() 메서드를 호출하여 각 열에서 NaN이 아닌 값의 개수를 확인해 볼까요?

```
ebola = pd.read_csv('../data/country_timeseries.csv')

print(ebola.count())
```

❖ 출력 결과

```
Date                   122
Day                    122
Cases_Guinea            93
Cases_Liberia           83
Cases_SierraLeone       87
...
Deaths_Nigeria          38
Deaths_Senegal          22
Deaths_UnitedStates     18
Deaths_Spain            16
Deaths_Mali             12
dtype: int64
```

2. 전체 행 개수에서 이 count() 값을 빼면 열별 결측값 개수를 구할 수 있습니다. shape의 첫 번째 값이 행 개수이므로 shape[0]에서 count()를 뺍니다.

```
num_rows = ebola.shape[0]
num_missing = num_rows - ebola.count()
print(num_missing)
```

❖ 출력 결과

```
Date                    0
Day                     0
Cases_Guinea           29
Cases_Liberia          39
Cases_SierraLeone      35
...
Deaths_Senegal        100
Deaths_UnitedStates   104
Deaths_Spain          106
Deaths_Mali           110
dtype: int64
```

3. 모든 결측값 개수를 구하거나 특정 열의 결측값 개수를 구하고 싶다면 isnull() 메서드와 numpy의 count_nonzero() 함수를 다음처럼 조합합니다.

```
import numpy as np

print(np.count_nonzero(ebola.isnull()))
```

❖ 출력 결과

```
1214
```

```
print(np.count_nonzero(ebola['Cases_Guinea'].isnull()))
```

❖ 출력 결과

```
29
```

4. 결측값 개수를 구하는 또 다른 방법은 시리즈의 value_counts() 메서드를 이용하는 것입니다. 이 메서드는 각 값의 빈도수를 반환합니다. 이를 응용하여 매개변수 dropna를 False로 설정하면 결측값 NaN의 개수도 확인할 수 있습니다.

```
cnts = ebola.Cases_Guinea.value_counts(dropna=False)
print(cnts)
```

❖ 출력 결과

```
NaN       29
86.0       3
495.0      2
112.0      2
390.0      2
          ..
1199.0     1
1298.0     1
1350.0     1
1472.0     1
49.0       1
Name: Cases_Guinea, Length: 89, dtype: int64
```

5. value_counts()가 반환하는 결과 시리즈는 각 값이 인덱스입니다. 판다스의 isnull() 함수와 loc을 사용하여 NaN의 개수만 확인할 수도 있습니다.

```
print(cnts.loc[pd.isnull(cnts.index)])
```

❖ 출력 결과

```
NaN    29
Name: Cases_Guinea, dtype: int64
```

6. 파이썬에서 True는 정수 1과 같고 False는 정수 0과 같습니다. 이 특징을 활용하면 isnull()의 결과 불리언 벡터와 sum() 메서드를 조합하여 결측값 개수를 구할 수 있습니다.

```
print(ebola.Cases_Guinea.isnull().sum())
```

❖ 출력 결과

```
29
```

Do it! 실습 결측값 대체하기

fillna() 메서드를 사용하여 결측값을 다른 값으로 대체할 수 있습니다. 예를 들어 결측값을 0으로 기록해 볼까요? 이럴 때는 fillna() 메서드에 0을 전달하여 결측값을 모두 0으로 바꿀 수 있습니다.

```
print(ebola.fillna(0).iloc[:, 0:5])
```

❖ 출력 결과

```
           Date  Day  Cases_Guinea  Cases_Liberia  Cases_SierraLeone
0      1/5/2015  289        2776.0            0.0            10030.0
1      1/4/2015  288        2775.0            0.0             9780.0
2      1/3/2015  287        2769.0         8166.0             9722.0
3      1/2/2015  286           0.0         8157.0                0.0
4    12/31/2014  284        2730.0         8115.0             9633.0
..          ...  ...           ...            ...                ...
117   3/27/2014    5         103.0            8.0                6.0
118   3/26/2014    4          86.0            0.0                0.0
119   3/25/2014    3          86.0            0.0                0.0
120   3/24/2014    2          86.0            0.0                0.0
121   3/22/2014    0          49.0            0.0                0.0

[122 rows x 5 columns]
```

Do it! 실습 정방향 채우기

데이터를 위에서 아래로 훑으면서 결측값 직전에 찾은 값(마지막으로 찾은 NaN이 아닌 값)으로 결측값을 대체하는 방식을 '정방향 채우기forward fill'라고 합니다. fillna() 메서드의 매개변수 method에 'ffill'을 전달하여 정방향 채우기를 적용합니다.

```
print(ebola.fillna(method='ffill').iloc[:, 0:5])
```

❖ 출력 결과

```
           Date  Day  Cases_Guinea  Cases_Liberia  Cases_SierraLeone
0      1/5/2015  289        2776.0            NaN            10030.0
1      1/4/2015  288        2775.0            NaN             9780.0
2      1/3/2015  287        2769.0         8166.0             9722.0
3      1/2/2015  286        2769.0         8157.0             9722.0
```

위 값인 2769.0으로 채웁니다.

```
4    12/31/2014  284          2730.0         8115.0            9633.0
..          ...  ...             ...            ...               ...
117   3/27/2014    5           103.0            8.0               6.0
118   3/26/2014    4            86.0            8.0               6.0
119   3/25/2014    3            86.0            8.0               6.0
120   3/24/2014    2            86.0            8.0               6.0
121   3/22/2014    0            49.0            8.0               6.0

[122 rows x 5 columns]
```

열의 첫 행이 결측값이면 채울 값이 없으므로 해당 데이터는 결측값으로 유지합니다.

Do it! 실습 역방향 채우기

반대로 데이터를 아래에서 위로 훑으면서 결측값 직전에 찾은 값(마지막으로 찾은 NaN이 아닌 값)으로 결측값을 대체하는 방식을 '역방향 채우기[backward fill]'라고 합니다. `fillna()` 메서드의 매개변수 method에 `'bfill'`을 전달하면 역방향 채우기를 적용합니다.

```
print(ebola.fillna(method='bfill').iloc[:, 0:5])
```

❖ 출력 결과

```
           Date  Day  Cases_Guinea  Cases_Liberia  Cases_SierraLeone
0      1/5/2015  289        2776.0         8166.0           10030.0
1      1/4/2015  288        2775.0         8166.0            9780.0
2      1/3/2015  287        2769.0         8166.0            9722.0
3      1/2/2015  286        2730.0         8157.0            9633.0
4    12/31/2014  284        2730.0         8115.0            9633.0
..          ...  ...           ...            ...               ...
117   3/27/2014    5         103.0            8.0               6.0
118   3/26/2014    4          86.0            NaN               NaN
119   3/25/2014    3          86.0            NaN               NaN
120   3/24/2014    2          86.0            NaN               NaN
121   3/22/2014    0          49.0            NaN               NaN

[122 rows x 5 columns]
```

아래 값인 2730.0으로 채웁니다.

열 마지막 행이 결측값이면 채울 값이 없기 때문에 해당 데이터는 결측값으로 유지합니다.

Do it! 실습 보간법으로 채우기

보간법interpolation으로 결측값을 채울 때는 기존 값을 사용합니다. 채우는 방법에는 여러 가지가 있으며 판다스에서는 기본적으로 결측값 양쪽 값의 중간값으로 채웁니다. 이렇게 하면 데이터가 일정한 차이를 보이는 것처럼 처리할 수 있습니다. 보간법은 interpolate() 메서드로 적용합니다.

```
print(ebola.interpolate().iloc[:, 0:5])
```

❖ 출력 결과

```
           Date  Day  Cases_Guinea  Cases_Liberia  Cases_SierraLeone
0      1/5/2015  289        2776.0            NaN            10030.0
1      1/4/2015  288        2775.0            NaN             9780.0
2      1/3/2015  287        2769.0         8166.0             9722.0
3      1/2/2015  286        2749.5         8157.0             9677.5
4    12/31/2014  284        2730.0         8115.0             9633.0
..          ...  ...           ...            ...                ...
117   3/27/2014    5         103.0            8.0                6.0
118   3/26/2014    4          86.0            8.0                6.0
119   3/25/2014    3          86.0            8.0                6.0
120   3/24/2014    2          86.0            8.0                6.0
121   3/22/2014    0          49.0            8.0                6.0

[122 rows x 5 columns]
```

위와 아래의 중간값으로 채웁니다.

얼핏 보면 정방향 채우기와 비슷해 보이지만 마지막으로 찾은 NaN이 아닌 값 대신 값 사이의 중간값으로 결측값을 채웁니다.

interpolate() 메서드는 채우는 방법을 변경할 수 있는 매개변수 method가 있습니다. 인수로 사용할 수 있는 값은 다음과 같습니다. 자세한 내용은 interpolate() 공식 문서[1]를 확인하세요.

	채우는 방법	설명
1	linear	인덱스를 무시하고 값을 같은 간격(선형으로 비례하는 간격)으로 처리합니다. 다중 인덱스에 적용할 수 있는 유일한 보간법입니다.

1 https://pandas.pydata.org/docs/reference/api/pandas.Series.interpolate.html

2	time	날짜별 또는 시간 단위로 차이를 고려하여 간격을 처리합니다.
3	index, values	인덱스 숫자를 사용합니다.
4	pad	기존 값을 사용합니다.
5	nearest, zero, slinear, quadratic, cubic, spline, barycentric, polynomial	scipy.interpolate.interp1d로 처리합니다. 인덱스 숫자를 사용합니다.
6	krogh, piecewise_polynomial, spline, pchip, akima, cubicspline	scipy의 interpolate() 메서드로 처리합니다.
7	from_derivatives	scipy.interpolate.BPoly로 처리합니다.

Do it! 실습 결측값 삭제하기

필요 없다면 결측값은 삭제해도 됩니다. 하지만 무작정 삭제하면 데이터가 너무 편향되거나 개수가 너무 적어질 수도 있습니다. 그러므로 삭제할 때는 분석하는 사람이 잘 판단해야 합니다. dropna() 메서드를 사용하면 결측값을 삭제할 수 있습니다. 이때 몇 가지 매개변수를 사용하여 삭제 방법을 변경할 수 있습니다. 예를 들어 매개변수 how는 행 또는 열 데이터 중 하나라도 결측값일 때 삭제하려면 any로, 모든 값이 결측값일 때만 삭제하려면 all을 지정합니다. 매개변수 thresh는 지정한 개수보다 값이 적은 축을 삭제하고 싶을 때 사용합니다.
먼저 실습에 사용할 ebola의 데이터 크기를 확인해 볼까요?

```
print(ebola.shape)
```

❖ 출력 결과

```
(122, 18)
```

dropna() 메서드를 사용하여 결측값이 하나도 없는 행만 남기도록 ebola를 처리하고 원본 데이터의 크기와 크기를 비교해 봅시다.

```
ebola_dropna = ebola.dropna()
print(ebola_dropna.shape)
```

❖ 출력 결과

```
(1, 18)
```

데이터가 딱 한 행 남았네요. 행 대부분에 결측값이 있음을 알 수 있습니다.

```
print(ebola_dropna)
```

❖ 출력 결과

```
         Date  Day  Cases_Guinea  Cases_Liberia  Cases_SierraLeone  \
19 11/18/2014  241        2047.0         7082.0             6190.0

   Cases_Nigeria  Cases_Senegal  Cases_UnitedStates  Cases_Spain  Cases_Mali  \
19          20.0            1.0                 4.0          1.0         6.0

   Deaths_Guinea  Deaths_Liberia  Deaths_SierraLeone  Deaths_Nigeria  \
19        1214.0          2963.0              1267.0             8.0

   Deaths_Senegal  Deaths_UnitedStates  Deaths_Spain  Deaths_Mali
19            0.0                  1.0           0.0          6.0
```

결측값이 있는 데이터 계산하기

데이터에 결측값이 있을 때 계산하면 어떤 결과가 나오는지 알아봅니다. ebola 데이터셋에서 여러 지역에서 발생한 확진자 수를 취합하고 싶다고 합시다.

먼저 세 지역의 확진자 수를 나타내는 열을 합한 새로운 열 Cases_multiple을 생성합니다.

```
ebola["Cases_multiple"] = (
    ebola["Cases_Guinea"]
    + ebola["Cases_Liberia"]
    + ebola["Cases_SierraLeone"]
)
```

세 지역과 새로 계산한 열의 처음 10개 행을 보면서 계산 결과를 확인해 볼까요?

```
ebola_subset = ebola.loc[
    :,
    [
        "Cases_Guinea",
        "Cases_Liberia",
        "Cases_SierraLeone",
```

```
        "Cases_multiple",
    ],
]

print(ebola_subset.head(n=10))
```

❖ 출력 결과

```
   Cases_Guinea  Cases_Liberia  Cases_SierraLeone  Cases_multiple
0        2776.0            NaN            10030.0             NaN
1        2775.0            NaN             9780.0             NaN
2        2769.0         8166.0             9722.0         20657.0
3           NaN         8157.0                NaN             NaN
4        2730.0         8115.0             9633.0         20478.0
5        2706.0         8018.0             9446.0         20170.0
6        2695.0            NaN             9409.0             NaN
7        2630.0         7977.0             9203.0         19810.0
8        2597.0            NaN             9004.0             NaN
9        2571.0         7862.0             8939.0         19372.0
```

앞의 세 열은 세 지역의 확진자 수를 나타내고 마지막 열은 이를 합한 결과입니다. 결과 열을 보면 세 지역 모두에 결측값이 없을 때만 합을 계산한 것을 알 수 있습니다. 즉, 세 지역 열 중 하나라도 결측값이 있으면 NaN으로 기록합니다. 계산에 사용한 함수나 메서드가 결측값을 무시하도록 설정하지 않으면 일반적으로 데이터에 결측값이 있을 때 이렇게 반환합니다.

결측값을 무시하도록 설정된 내장 메서드에는 mean()과 sum() 등이 있습니다. 보통 이런 메서드에는 결측값을 건너뛰고 값을 계산하도록 설정하는 매개변수 skipna가 있습니다.

```
print(ebola.Cases_Guinea.sum(skipna=True))
```

❖ 출력 결과

```
84729.0
```

```
print(ebola.Cases_Guinea.sum(skipna=False))
```

❖ 출력 결과

```
nan
```

09-4 판다스 내장 NA 결측값 살펴보기

판다스 1.0 버전에는 내장 NA값인 pd.NA가 추가되었습니다. 다양한 자료형에 사용할 수 있는 결측값을 제공할 목적으로 개발된 요소이며 계속 발전 중입니다. 자세한 내용이 궁금하다면 NA 문서[1]를 참고하세요.

앞서 사용했던 scientists 데이터프레임을 다시 만들어 봅시다. 그리고 dtypes로 데이터형을 살펴봅니다.

```
scientists = pd.DataFrame(
    {
        "Name": ["Rosaline Franklin", "William Gosset"],
        "Occupation": ["Chemist", "Statistician"],
        "Born": ["1920-07-25", "1876-06-13"],
        "Died": ["1958-04-16", "1937-10-16"],
        "Age": [37, 61]
    }
)

print(scientists)
```

❖ 출력 결과

```
                Name    Occupation        Born        Died  Age
0  Rosaline Franklin       Chemist  1920-07-25  1958-04-16   37
1     William Gosset  Statistician  1876-06-13  1937-10-16   61
```

```
print(scientists.dtypes)
```

❖ 출력 결과

```
Name          object
Occupation    object
```

1 https://pandas.pydata.org/docs/user_guide/missing_data.html#experimental-na-scalar-to-denote-missing-values

```
Born          object
Died          object
Age            int64
dtype: object
```

데이터형이 int64인 Age와 object인 Name 열의 1번 행을 pd.NA로 변경하고 열의 데이터형을 다시 확인하면 Age의 데이터형이 float64로 변경된다는 것을 알 수 있습니다.

```
scientists.loc[1, "Name"] = pd.NA
scientists.loc[1, "Age"] = pd.NA
print(scientists)
```

판다스 결측값

❖ 출력 결과

```
                Name    Occupation        Born        Died   Age
0  Rosaline Franklin       Chemist  1920-07-25  1958-04-16  37.0
1               <NA>  Statistician  1876-06-13  1937-10-16   NaN
```

```
print(scientists.dtypes)
```

❖ 출력 결과

```
Name           object
Occupation     object
Born           object
Died           object
Age           float64
dtype: object
```

Age의 데이터형이 float64로 바뀌었습니다.

np.NaN으로 설정했을 때와 pd.NA로 설정했을 때의 결과를 비교해 보세요.

```
scientists = pd.DataFrame(
    {
        "Name": ["Rosaline Franklin", "William Gosset"],
        "Occupation": ["Chemist", "Statistician"],
        "Born": ["1920-07-25", "1876-06-13"],
        "Died": ["1958-04-16", "1937-10-16"],
        "Age": [37, 61]
```

```
    }
)

scientists.loc[1, "Name"] = np.NaN
scientists.loc[1, "Age"] = np.NaN

print(scientists.dtypes)
```

넘파이 결측값

❖ 출력 결과

```
Name          object
Occupation    object
Born          object
Died          object
Age          float64
dtype: object
```

마찬가지로 int64에서 float64로 바뀝니다.

기능이 끊임없이 업데이트되므로 pd.NA를 사용할 때는 공식 문서를 참조하여 변경된 기능을 확인하고 사용하는 것이 좋습니다.

마무리하며

이 장에서는 결측값을 확인하고 처리하는 다양한 방법을 알아보았습니다. 대부분의 데이터셋에는 결측값이 있습니다. 또한 결측값이 없는 데이터셋을 다루더라도 데이터를 처리하는 과정에서 생길 수 있으므로 데이터 분석 분야에서 결측값을 처리하는 능력은 무척 중요합니다. 데이터를 이용하여 의사 결정이나 추론을 하려면 필요한 능력이므로 결측값 처리 방법은 꼭 알아 둡시다.

10 자료형 더 알아보기

데이터의 자료형에 따라 변수에 적용한 연산 결과가 달라집니다. 예를 들어 숫자형에 더하기 연산을 적용하면 결과는 값의 총합이 됩니다. 이와 달리 판다스에서 object형 또는 string형인 문자열에 더하기 연산을 적용하면 문자열을 연결한 결과를 반환합니다.

이 장에서는 판다스의 다양한 자료형을 소개하고 이를 변환하는 방법을 설명합니다.

10-1
자료형 살펴보기

이 장 실습에서는 seaborn 라이브러리의 tips 데이터셋을 사용합니다. 먼저 다음과 같이 라이브러리와 데이터셋을 불러오세요.

```
import pandas as pd
import seaborn as sns

tips = sns.load_dataset("tips")
```

데이터프레임 각 열 데이터의 자료형을 알고 싶다면 dtypes 속성을 확인합니다.

```
print(tips.dtypes)
```

❖ 출력 결과

```
total_bill     float64
tip            float64
sex           category
smoker        category
day           category
time          category
size             int64
dtype: object
```

데이터프레임의 열에 저장할 수 있는 자료형 종류는 02-2절에서 소개했습니다. tips 데이터셋에는 int64형, float64형, category형 데이터가 있습니다. int64는 소수점이 없는 숫자이고 float64는 소수점이 있는 숫자입니다. 숫자형 이름에 있는 숫자(예를 들어 int64의 64)는 한 숫자를 나타낼 때 사용하는 비트 개수를 의미합니다.

category형은 범주형 변수를 나타냅니다. 이 자료형은 파이썬의 객체(일반적으로 문자열)를 저장하는 object형과 다릅니다. tips 데이터셋은 깔끔하게 정리된 데이터셋으로, 결측값이나 잘못된 값이 없으므로 문자열 저장 변수를 category형으로 설정했습니다. category형과 object형의 차이는 잠시 후 알아봅니다.

10-2
자료형 변환하기

저장한 자료형에 따라 해당 열의 데이터에 적용할 수 있는 함수나 계산이 달라집니다. 따라서 특정 열에 적용하고 싶은 연산과 자료형이 맞지 않다면 자료형을 변환하는 방법을 알아야 합니다.

데이터를 처음 불러올 때도 자료형을 변환할 수 있지만, 데이터를 불러오고 분석을 진행하다가 자료형을 변환하고 싶다면 어떻게 해야 할까요?

Do it! 실습 문자열로 변환하기

tips 데이터셋을 보면 sex, smoker, day, time 변수는 category형입니다. 일반적으로는 변수가 숫자형이 아니라면 문자열로 취급하는 것이 좋습니다. 하지만 category형을 사용하면 문자열보다 성능이 좋습니다.

변수가 숫자여도 문자열로 처리하는 것이 유리할 때가 있습니다. 예를 들어 데이터의 고유 번호를 나타내는 id 열이 있는 데이터셋이 있다고 가정하겠습니다. id 열은 숫자형 변수를 저장하지만 평균을 계산하는 등 산술 연산을 적용하는 것이 무의미합니다. 이렇게 숫자 연산을 적용할 필요가 없는 변수라면 필요에 따라 문자열을 나타내는 object형으로 변환할 수 있습니다.

값을 문자열로 변환하고 싶다면 열(시리즈)에서 astype() 메서드를 호출합니다. astype() 메서드의 매개변수 dtype에 변환할 자료형을 전달합니다.

예를 들어 category형인 sex 열을 문자열을 나타내는 object형으로 변경할 수 있습니다. 파이썬의 내장 자료형에는 str, float, int, complex, bool이 있습니다. 이 내장 자료형을 매개변수 dtype에 전달할 수 있습니다. 또는 numpy 라이브러리에서 제공하는 dtype을 사용할 수도 있습니다.

astype() 메서드에 'str'을 전달하여 자료형을 변환한 결과 열을 새로운 열 sex_str로 저장합니다.

```
tips['sex_str'] = tips['sex'].astype('str')
print(tips.dtypes)
```

❖ 출력 결과

```
total_bill     float64
tip            float64
sex           category
smoker        category
day           category
time          category
size             int64
sex_str         object
dtype: object
```

Do it! 실습 숫자로 변환하기

astype() 메서드는 데이터프레임의 열을 대상으로 호출할 수 있으며 원하는 dtype으로 변환할 때 사용하는 메서드입니다.

데이터프레임의 각 열은 판다스의 시리즈 객체입니다. astype()의 공식 문서[1]를 보면 pandas.Series.astype처럼 시리즈 객체의 하위 요소임을 알 수 있습니다. 물론 데이터프레임의 열이 아닌 단독 시리즈 객체에서도 astype() 메서드를 사용하여 자료형을 변환할 수 있습니다.

이번에는 astype() 메서드를 사용하여 float64형의 total_bill 열을 문자열을 나타내는 object형으로 변환하고 다시 원래 자료형인 float64형으로 되돌려 봅니다. 문자열로 변환할 때는 'str'을 사용하고 float64형으로 변환할 때는 'float'를 astype() 메서드에 전달합니다.

```
tips['total_bill'] = tips['total_bill'].astype('str')
print(tips.dtypes)
```

❖ 출력 결과

```
total_bill      object
tip            float64
sex           category
smoker        category
day           category
time          category
size             int64
sex_str         object
dtype: object
```

'str'을 지정하면 object형이 됩니다.

1 https://pandas.pydata.org/pandas-docs/version/2.1.1/reference/api/pandas.Series.astype.html

```
tips['total_bill'] = tips['total_bill'].astype('float')
print(tips.dtypes)
```

❖ 출력 결과

```
total_bill     float64
tip            float64
sex           category
smoker        category
day           category
time          category
size             int64
sex_str         object
dtype: object
```

'float'를 지정하면 float64형이 됩니다.

Do it! 실습 숫자형으로 변환하는 to_numeric() 함수 사용하기

변수를 int나 float와 같은 숫자형으로 변환할 때는 판다스의 to_numeric() 함수를 사용할 수도 있습니다.

데이터프레임의 각 열은 dtype이 모두 같아야 합니다. 대부분 숫자인 열에 문자열이 일부 있다면 전체 열의 자료형은 숫자형이 아닌 문자열이 됩니다. 예를 들어 숫자 열에서 NaN이 아니라 'missing' 또는 'null'과 같은 문자열로 결측값을 나타낸다면 전체 열의 자료형은 object가 됩니다. 이때 어떻게 to_numeric() 함수를 활용할 수 있는지 알아봅시다.

1. tips 데이터셋의 첫 10개 행을 추출하여 tips_sub_miss에 저장하고 total_bill 열의 몇 개 값을 'missing'으로 바꿉니다.

```
tips_sub_miss = tips.head(10).copy()
tips_sub_miss.loc[[1, 3, 5, 7], 'total_bill'] = 'missing'

print(tips_sub_miss)
```

새로운 데이터프레임으로 복사합니다.

❖ 출력 결과

```
  total_bill   tip     sex smoker  day    time  size sex_str
0      16.99  1.01  Female     No  Sun  Dinner     2  Female
1    missing  1.66    Male     No  Sun  Dinner     3    Male
```

```
2     21.01  3.50    Male    No  Sun  Dinner    3    Male
3   missing  3.31    Male    No  Sun  Dinner    2    Male
4     24.59  3.61  Female    No  Sun  Dinner    4  Female
5   missing  4.71    Male    No  Sun  Dinner    4    Male
6      8.77  2.00    Male    No  Sun  Dinner    2    Male
7   missing  3.12    Male    No  Sun  Dinner    4    Male
8     15.04  1.96    Male    No  Sun  Dinner    2    Male
9     14.78  3.23    Male    No  Sun  Dinner    2    Male
```

데이터가 훼손되지 않도록 copy() 메서드를 사용하여 새로운 변수에 데이터프레임을 저장하겠습니다. 이 메서드를 사용하지 않고 추출한 데이터를 바로 수정하면 SettingWithCopyWarning 경고 메시지가 발생할 수 있습니다.

2. dtypes를 출력하면 total_bill 열이 float64형에서 object형으로 변경된 것을 알 수 있습니다.

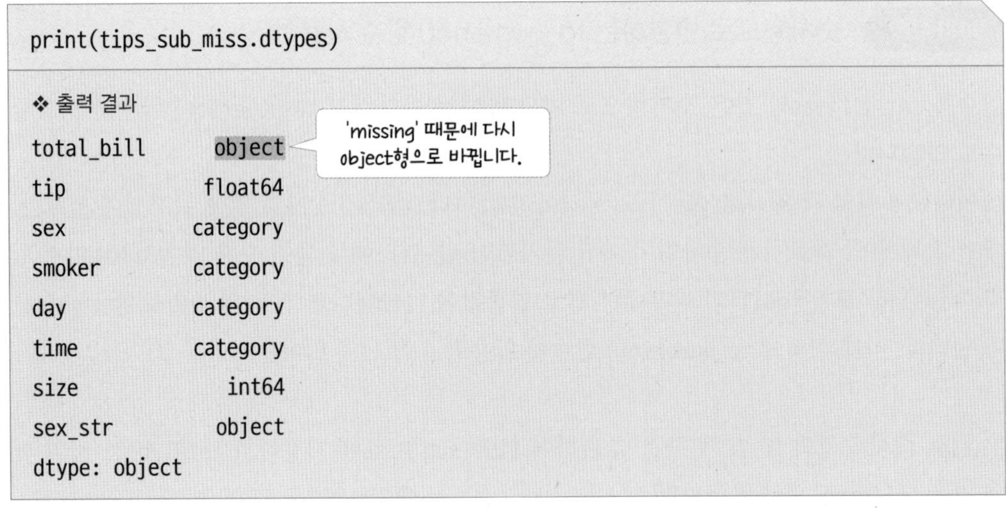

```
print(tips_sub_miss.dtypes)
```

❖ 출력 결과

```
total_bill      object
tip            float64
sex           category
smoker        category
day           category
time          category
size             int64
sex_str         object
dtype: object
```

'missing' 때문에 다시 object형으로 바뀝니다.

astype() 메서드를 사용하여 total_bill 열을 다시 float64형으로 변환하려고 하면 다음과 같은 오류가 발생합니다. 판다스는 'missing'이라는 문자열을 부동 소수점으로 변환하는 방법을 모르기 때문입니다.

```
pd.to_numeric(tips_sub_miss['total_bill'])
```

❖ 출력 결과

```
ValueError: Unable to parse string "missing" at position 1
```

3. to_numeric() 함수에는 숫자로 변환할 수 없는 값이 있을 때 대처하는 방법을 설정할 수 있는 매개변수 errors가 있습니다. 기본값은 raise로, 이것은 숫자로 변환할 수 없는 값을 발견하면 오류가 발생한다는 뜻입니다.
공식 문서[2]를 보면 매개변수 errors에 설정할 수 있는 값은 다음과 같습니다.

- 'raise': 변환할 수 없는 값이 있을 때 오류를 발생시킵니다.
- 'coerce': 변환할 수 없는 값이 있을 때 NaN으로 값을 설정합니다.
- 'ignore': 변환할 수 없는 값이 있을 때 해당 값을 그대로 사용합니다.

'ignore'부터 실습해 볼까요? errors에 이 값을 인수로 전달하면 오류가 발생하지 않지만 열의 자료형도 변하지 않습니다. 말 그대로 오류를 무시하는 것이죠. 여전히 total_bill은 'missing'을 포함하며 자료형은 문자열입니다.

```
tips_sub_miss['total_bill'] = pd.to_numeric(tips_sub_miss['total_bill'],
                                             errors='ignore')
print(tips_sub_miss)
```

❖ 출력 결과

```
  total_bill   tip     sex smoker  day    time  size sex_str
0      16.99  1.01  Female     No  Sun  Dinner     2  Female
1    missing  1.66    Male     No  Sun  Dinner     3    Male
2      21.01  3.50    Male     No  Sun  Dinner     3    Male
3    missing  3.31    Male     No  Sun  Dinner     2    Male
4      24.59  3.61  Female     No  Sun  Dinner     4  Female
5    missing  4.71    Male     No  Sun  Dinner     4    Male
6       8.77  2.00    Male     No  Sun  Dinner     2    Male
7    missing  3.12    Male     No  Sun  Dinner     4    Male
8      15.04  1.96    Male     No  Sun  Dinner     2    Male
9      14.78  3.23    Male     No  Sun  Dinner     2    Male
```

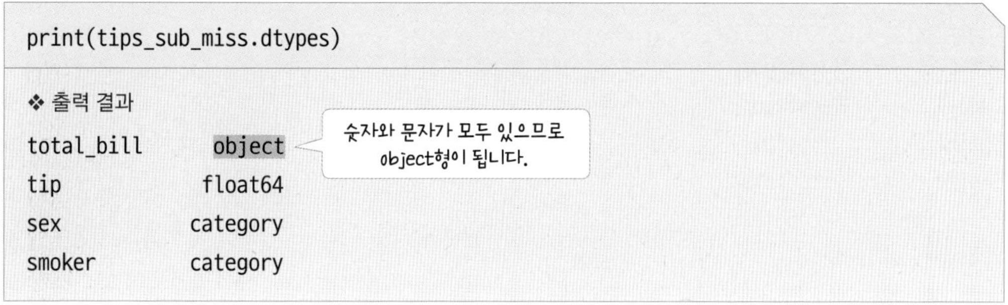

```
print(tips_sub_miss.dtypes)
```

❖ 출력 결과

```
total_bill      object
tip            float64
sex           category
smoker        category
```

숫자와 문자가 모두 있으므로
object형이 됩니다.

2 https://pandas.pydata.org/docs/reference/api/pandas.to_numeric.html

```
day             category
time            category
size               int64
sex_str           object
dtype: object
```

4. 이와 달리 'coerce'를 인수로 전달하면 'missing' 문자열이 모두 NaN으로 대체되고 total_bill의 자료형이 float64형으로 바뀝니다.

```
tips_sub_miss['total_bill'] = pd.to_numeric(tips_sub_miss['total_bill'],
                                            errors='coerce')
print(tips_sub_miss)
```

❖ 출력 결과

```
   total_bill   tip     sex smoker  day    time  size sex_str
0       16.99  1.01  Female     No  Sun  Dinner     2  Female
1         NaN  1.66    Male     No  Sun  Dinner     3    Male
2       21.01  3.50    Male     No  Sun  Dinner     3    Male
3         NaN  3.31    Male     No  Sun  Dinner     2    Male
4       24.59  3.61  Female     No  Sun  Dinner     4  Female
5         NaN  4.71    Male     No  Sun  Dinner     4    Male
6        8.77  2.00    Male     No  Sun  Dinner     2    Male
7         NaN  3.12    Male     No  Sun  Dinner     4    Male
8       15.04  1.96    Male     No  Sun  Dinner     2    Male
9       14.78  3.23    Male     No  Sun  Dinner     2    Male
```

```
print(tips_sub_miss.dtypes)
```

❖ 출력 결과

```
total_bill       float64
tip              float64
sex             category
smoker          category
day             category
time            category
size               int64
sex_str           object
dtype: object
```

문자를 결측값으로 처리했으므로 float64형이 됩니다.

이처럼 열에 숫자가 아닌 다른 값이 섞였다면 to_numeric() 함수로 이를 처리합니다.

10-3 범주형 데이터 알아보기

판다스 라이브러리는 범주를 나타내도록 유한한 범위의 값만 가지는 category[3]라는 특수한 자료형이 있습니다. 10종류의 과일 이름을 저장한 열이 있다고 할 때 문자형보다 category형을 사용하는 것이 용량과 속도 면에서 더 효율적입니다.
다음과 같은 상황에서 category형이 유용합니다.

- 같은 문자열이 반복되어 데이터를 구성할 때는 category형을 사용하면 메모리를 효율적으로 관리하고 데이터를 빠르게 처리할 수 있습니다.
- 열의 값에 순서가 있다면 category형이 적합합니다.
- 통계 모델을 사용하는 등 일부 파이썬 라이브러리에서 범주형 데이터를 활용할 때 category형이 적합합니다.

Do it! 실습 범주형으로 변환하기

1. 열의 자료형을 범주형으로 변환하려면 'category'를 astype() 메서드에 인수로 전달하면 됩니다. 예를 들어 tips 데이터셋의 sex 열을 문자열로 변환했다가 다시 범주형으로 변환해 보겠습니다. 먼저 astype() 메서드에 'str'을 전달하여 sex 열을 문자열로 변환합니다. 그리고 tips의 info() 메서드를 사용하여 각 열의 자료형과 함께 메모리 사용량을 확인합니다.

```
tips['sex'] = tips['sex'].astype('str')
print(tips.info())
```

❖ 출력 결과

```
<class 'pandas.core.frame.DataFrame'>
RangeIndex: 244 entries, 0 to 243
Data columns (total 8 columns):
```

3 https://pandas.pydata.org/docs/user_guide/categorical.html

```
 #   Column      Non-Null Count  Dtype
---  ------      --------------  -----
 0   total_bill  244 non-null    float64
 1   tip         244 non-null    float64
 2   sex         244 non-null    object
 3   smoker      244 non-null    category
 4   day         244 non-null    category
 5   time        244 non-null    category
 6   size        244 non-null    int64
 7   sex_str     244 non-null    object
dtypes: category(3), float64(2), int64(1), object(2)
memory usage: 10.8+ KB
None
```

메모리 효율을 확인하고자 object형으로 변환했습니다.

sex 열의 자료형이 object형으로 변경되었네요.

2. 이제 다시 astype()에 'category'를 전달하여 sex 열의 자료형을 범주형으로 변환합니다.

```
tips['sex'] = tips['sex'].astype('category')
print(tips.info())
```

❖ 출력 결과

```
<class 'pandas.core.frame.DataFrame'>
RangeIndex: 244 entries, 0 to 243
Data columns (total 8 columns):
 #   Column      Non-Null Count  Dtype
---  ------      --------------  -----
 0   total_bill  244 non-null    float64
 1   tip         244 non-null    float64
 2   sex         244 non-null    category
 3   smoker      244 non-null    category
 4   day         244 non-null    category
 5   time        244 non-null    category
 6   size        244 non-null    int64
 7   sex_str     244 non-null    object
dtypes: category(4), float64(2), int64(1), object(1)
memory usage: 9.3+ KB
None
```

범주형은 메모리 효율성도 좋습니다.

sex 열의 자료형이 다시 category형으로 변경되었습니다. 메모리 사용량을 나타내는 memory usage 부분도 비교해 보세요. sex 열의 자료형이 object형에서 category형으로 바뀌면 메모리 사용량이 감소한 것을 알 수 있습니다.

범주형 데이터 다루기

다음은 범주형 시리즈에서 사용할 수 있는 API 목록입니다. cat 접근자[4]는 시리즈의 범주형 데이터 정보에 접근할 수 있는 속성입니다. 다음 표를 참고하세요.

속성 또는 메서드	설명
Series.cat.categories	범주(고윳값 목록)
Series.cat.ordered	범주의 정렬 여부
Series.cat.codes	범주의 정수 코드
Series.cat.rename_categories()	범주의 이름 변경
Series.cat.reorder_categories()	범주 재정렬
Series.cat.add_categories()	새 범주 추가
Series.cat.remove_categories()	범주 제거
Series.cat.remove_unused_categories()	사용하지 않는 범주 제거
Series.cat.set_categories()	새 범주 설정
Series.cat.as_ordered()	범주 정렬
Series.cat.as_unordered()	범주 뒤섞기

마무리하며

이 장에서는 자료형을 변환하는 방법을 알아봤습니다. 데이터 자료형은 적용할 수 있는 연산을 결정하는 중요한 역할을 합니다. 내용은 짧지만, 데이터를 다루거나 분석할 때는 데이터를 원하는 자료형으로 변환하는 기술을 자주 활용하므로 자료형 변환 방법은 꼭 알아 두세요.

4 https://pandas.pydata.org/docs/reference/series.html#categorical-accessor

11 문자열 처리하기

판다스에서 다루는 데이터 대부분은 문자열로 저장합니다. 때로는 정수, 실수와 같은 숫자 데이터도 문자열로 저장합니다. 그만큼 우리 주변에는 문자열로 저장된 데이터가 많습니다. 그러니 유능한 데이터 분석가가 되려면 문자열을 잘 처리할 수 있어야 합니다.

이 장에서는 판다스가 아니라 파이썬으로 문자열을 처리하는 방법을 알아봅니다. 그리고 문자열 처리가 판다스, 데이터 분석과 어떤 상관이 있는지도 함께 살펴봅니다.

11-1
문자열 다루기

파이썬에서 string(문자열)은 일련의 문자를 의미합니다. 문자열은 작은따옴표나 큰따옴표로 감싸서 만듭니다. 다음은 작은따옴표로 'grail', 'a scratch'라는 문자열을 생성하여 각각 변수 word, sent에 저장한 것입니다.

```
word = 'grail'
sent = 'a scratch'
```

판다스의 시리즈 또는 데이터프레임에서 문자열을 저장한 열의 자료형은 object로 표현합니다.

인덱스로 문자열 추출하기

문자열은 문자를 담는 컨테이너로 생각할 수 있습니다. 그러므로 리스트나 시리즈와 같은 다른 파이썬 컨테이너와 마찬가지로 인덱스로 문자열의 하위 집합을 추출할 수 있습니다.
다음은 앞서 살펴본 'grail', 'a scratch' 문자열과 인덱스의 관계를 나타낸 표입니다. 인덱스를 사용하면 문자열의 각 문자를 추출할 수 있습니다.

인덱스	0	1	2	3	4
문자열	g	r	a	i	l
음수 인덱스	-5	-4	-3	-2	-1

인덱스	0	1	2	3	4	5	6	7	8
문자열	a		s	c	r	a	t	c	h
음수 인덱스	-9	-8	-7	-6	-5	-4	-3	-2	-1

Do it! 실습 문자 추출하기

1. 문자 1개 추출하기

문자열의 첫 번째 문자를 추출하려면 대괄호 표기법([])을 사용하면 됩니다. 데이터프레임에서 대괄호 표기법을 사용하여 데이터를 추출했던 방법과 마찬가지로 대괄호에 원하는 인덱스를 넣어 데이터를 추출할 수 있습니다.

```
print(word[0])
```

❖ 출력 결과

```
g
```

```
print(sent[3])
```

❖ 출력 결과

```
c
```

2. 문자 여러 개 추출하기

슬라이싱 구문을 사용하면 여러 개의 문자를 한 번에 추출할 수 있습니다. 예를 들어 word의 처음 3개 문자는 다음과 같이 추출합니다.

```
print(word[0:3])
```

❖ 출력 결과

```
gra
```

슬라이싱 구문을 보면 콜론(:) 기호 왼쪽 인덱스 0은 추출하는 범위에 포함하고 오른쪽 인덱스 3은 포함하지 않습니다. 즉, 인덱스가 0, 1, 2인 문자 3개를 추출합니다. 슬라이싱 구문을 사용할 때는 왼쪽 인덱스는 범위에 포함하고 오른쪽 인덱스는 범위에 포함하지 않는다는 점을 꼭 기억하세요.

Do it! 실습 음수 인덱스로 추출하기

1. 파이썬에서는 음수로 문자를 추출할 수도 있습니다. 음수 인덱스 -1은 가장 마지막 문자를 나타내고 시작 문자까지 1씩 작아집니다. 예를 들어 sent의 마지막 문자는 다음과 같이 추출할 수 있습니다.

```
print(sent[-1])
```

❖ 출력 결과

```
h
```

2. 음수 인덱스는 슬라이싱 구문에 사용할 수도 있습니다. sent의 첫 번째 문자는 다음과 같은 슬라이싱 구문으로 추출할 수 있습니다.

```
print(sent[-9:-8])
```

❖ 출력 결과

```
a
```

3. 일반 인덱스와 음수 인덱스를 함께 사용할 수도 있습니다.

```
print(sent[0:-8])
```

❖ 출력 결과

```
a
```

4. 문자열의 마지막 문자를 추출할 때 인덱스 -1을 사용했습니다. 마찬가지로 슬라이싱 구문의 오른쪽 인덱스를 -1로 지정하면 마지막 문자를 추출할 수 있을까요? 답은 '아니요.'입니다. 앞서 말한 것처럼 슬라이싱 구문의 오른쪽 인덱스는 추출 범위에 포함하지 않으므로 마지막 문자는 추출하지 않는다는 점을 꼭 명심하세요.

```
print(sent[2:-1])
```

❖ 출력 결과

```
scratc
```

```
print(sent[-7:-1])
```

❖ 출력 결과

```
scratc
```

슬라이싱 구문으로 마지막 문자 추출하기

그렇다면 슬라이싱 구문에서 마지막 문자는 어떻게 추출할 수 있을까요? 앞에서 살펴보았듯이 마지막 문자를 나타내는 음수 인덱스 -1을 슬라이싱 구문의 오른쪽 인덱스로 사용해도 마지막 문자는 추출할 수 없었습니다.

파이썬은 슬라이싱 구문의 오른쪽 인덱스를 추출하는 범위에 포함하지 않기 때문에 마지막 인덱스보다 하나 큰 인덱스를 오른쪽 인덱스로 지정해야 합니다. 문자열의 길이를 반환하는 len() 함수를 사용하여 전체 문자열의 길이를 가져와서 해당 값을 슬라이싱 구문에 전달하면 마지막 문자를 포함하여 추출할 수 있습니다.

파이썬의 인덱스는 0부터 시작하므로 마지막 인덱스는 전체 문자열 길이에서 1을 뺀 값이 되며, 전체 길이는 마지막 인덱스보다 하나 큰 값이 됩니다. len(sent)로 sent의 전체 길이를 구하여 슬라이싱 구문으로 마지막 문자를 포함한 문자 범위를 추출해 봅시다.

```
s_len = len(sent)
print(s_len)
```

❖ 출력 결과

```
9
```

```
print(sent[2:s_len])
```

인덱스 2부터 8까지의 문자를 추출합니다.

❖ 출력 결과

```
scratch
```

Do it! 실습 슬라이딩 구문에서 왼쪽이나 오른쪽 인덱스를 지정하지 않고 문자 추출하기

1. 만약 슬라이싱 구문에서 왼쪽 인덱스나 오른쪽 인덱스 중 하나만 지정하면 어떻게 될까요? 왼쪽 인덱스가 비어 있으면 문자열의 첫 번째 위치부터 문자열을 추출합니다. 반대로 오른쪽 인덱스가 비어 있으면 문자열의 마지막 위치까지 문자열을 추출합니다. 즉, word[0:3]과 word[:3]은 같은 범위의 문자열을 추출합니다. 이 성질을 이용하여 문자열을 추출해 볼까요?

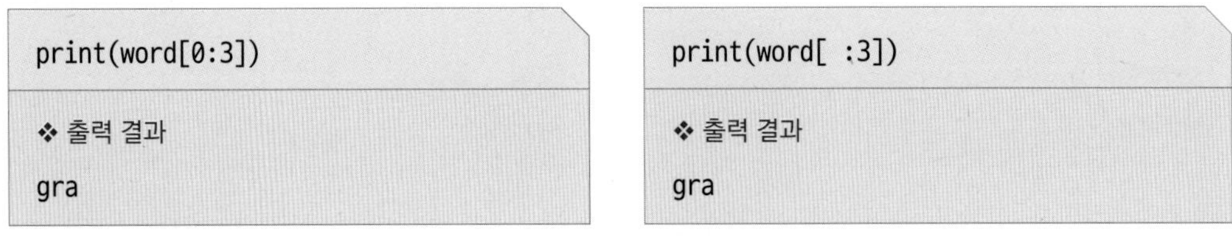

```
print(word[0:3])
```

❖ 출력 결과

```
gra
```

```
print(word[ :3])
```

❖ 출력 결과

```
gra
```

2. 이번에는 오른쪽 인덱스를 생략하여 특정 인덱스부터 마지막 인덱스까지 문자열을 추출해 봅시다.

```
print(sent[2:len(sent)])
```

❖ 출력 결과

```
scratch
```

```
print(sent[2: ])
```

❖ 출력 결과

```
scratch
```

3. 왼쪽과 오른쪽 인덱스를 모두 생략할 수도 있습니다. 그러면 전체 문자열을 추출합니다.

```
print(sent[ : ])
```

❖ 출력 결과

```
a scratch
```

Do it! 실습 슬라이싱 간격 설정하기

슬라이싱 구문에 왼쪽 인덱스, 오른쪽 인덱스와 더불어 콜론(:)을 하나 더 사용하여 슬라이싱으로 추출할 문자의 간격을 설정할 수 있습니다. 간격을 설정하지 않으면 기본적으로 모든 문자를 추출하며 이것은 간격을 1로 설정한 결과와 같습니다.

1. 예를 들어 문자를 하나씩 건너뛰어 2개 간격으로 추출하고 싶다면 다음과 같이 슬라이싱 간격을 설정하면 됩니다.

```
print(sent[::2])
```

2개 간격으로 문자열을 추출합니다.

❖ 출력 결과

```
asrth
```

2. 그 밖에도 원하는 정수로 슬라이싱 간격을 설정할 수 있습니다. 다음은 문자열 3개 간격으로 추출한 모습입니다.

```
print(sent[::3])
```

3개 간격으로 문자열을 추출합니다.

❖ 출력 결과

```
act
```

11-2 자주 사용하는 문자열 메서드

지금까지 인덱스 슬라이싱으로 문자열을 추출하는 방법을 알아보았습니다. 그런데 문자열이 너무 길어서 원하는 문자가 몇 번째 인덱스에 있는지 알기 어렵거나 문자열에 포함된 소문자를 모두 대문자로 바꾸고 싶다면 어떻게 해야 할까요? 이럴 때는 문자열 메서드를 사용하면 됩니다. 자주 사용하는 문자열 메서드를 표로 정리했습니다. 이어서 실습 코드를 정리한 표도 함께 참고하세요.

메서드	설명
capitalize()	첫 문자를 대문자로 변환한 문자열을 반환합니다.
count()	지정한 문자 개수를 반환합니다.
startswith()	문자열이 특정 문자로 시작하면 True를 반환합니다.
endswith()	문자열이 특정 문자로 끝나면 True를 반환합니다.
find()	찾을 문자열의 첫 번째 인덱스를 반환합니다. 실패 시 -1을 반환합니다.
index()	find() 메서드와 같은 역할을 하지만, 실패 시 ValueError를 반환합니다.
isalpha()	모든 문자가 알파벳이면 True를 반환합니다.
isdecimal()	모든 문자가 숫자면 True를 반환합니다.
isalnum()	모든 문자가 알파벳이거나 숫자면 True를 반환합니다.
lower()	모든 문자를 소문자로 변환한 문자열을 반환합니다.
upper()	모든 문자를 대문자로 변환한 문자열을 반환합니다.
replace()	문자열의 문자를 다른 문자로 교체한 문자열을 반환합니다.
strip()	문자열의 맨 앞과 맨 뒤에 있는 빈칸을 제거한 문자열을 반환합니다.
split()	구분 문자를 기준으로 문자열을 나눈 리스트를 반환합니다.
partition()	split() 메서드와 비슷한 역할을 하지만, 구분 기호도 함께 반환합니다.
center()	지정한 너비로 문자열을 늘이고 가운데 정렬합니다.
zfill()	문자열 빈칸을 '0'으로 채웁니다.

실습 코드	실행 결과
"black Knight".capitalize()	'Black knight'
"It's just a flesh wound!".count('u')	2
"Halt! Who goes there?".startswith('Halt')	True
"coconut".endswith('nut')	True
"It's just a flesh wound!".find('u')	6
"It's just a flesh wound!".index('scratch')	ValueError
"old woman".isalpha()	False
"37".isdecimal()	True
"I'm 37".isalnum()	False
"Black Knight".lower()	'black knight'
"Black Knight".upper()	'BLACK KNIGHT'
"flesh wound!".replace('flesh wound', 'scratch')	'scratch!'
" I'm not dead. ".strip()	"I'm not dead."
"NI! NI! NI! NI!".split(sep=' ')	['NI!', 'NI!', 'NI!', 'NI!']
"3,4".partition(',')	('3', ',', '4')
"nine".center(10)	' nine '
"9".zfill(5)	'00009'

11-3
문자열 메서드 더 알아보기

join()과 splitlines() 등 몇 가지 문자열 메서드는 실습하면서 자세히 알아봅시다.

Do it! 실습 join() 메서드

1. join() 메서드는 리스트와 같은 컨테이너를 인수로 받아 컨테이너의 각 요소를 결합한 새 문자열을 반환합니다. 예를 들어 다음과 같이 좌표 데이터(도, 분, 초)를 결합할 수 있습니다. 이때 join() 메서드 앞에 ' '와 같은 문자를 지정하면 해당 문자를 컨테이너 요소 사이에 넣어 문자열을 연결합니다.

```
d1 = '40°'
m1 = "46'"
s1 = '52.837"'
u1 = 'N'

d2 = '73°'
m2 = "58'"
s2 = '26.302"'
u2 = 'W'
                  공백 1개를 구분 문자로 하여 결합합니다.
coords = ' '.join([d1, m1, s1, u1, d2, m2, s2, u2])
print(coords)
```

❖ 출력 결과

```
40° 46' 52.837" N 73° 58' 26.302" W
```

2. join() 메서드를 사용하여 특정 문자를 사이에 넣어 합친 문자열은 나중에 split() 메서드로 다시 분리하기 쉽습니다. 예를 들어 join() 메서드로 좌표 데이터 사이에 공백 1개를 넣어 합친 문자열을 다시 split() 메서드로 나눠 봅시다. 이때 구분 문자는 join() 메서드에서 사용한 공백입니다.

```
coords.split(" ")
print(coords)
```

❖ 출력 결과

```
['40°', "46'", '52.837"', 'N', '73°', "58'", '26.302"', 'W']
```

Do it! 실습 splitlines() 메서드

1. splitlines() 메서드는 split() 메서드와 비슷합니다. 일반적으로 여러 줄로 구성된 긴 문자열을 처리할 때 사용하며 문자열의 각 줄이 요소인 리스트를 반환합니다.

삼중 따옴표(''' 또는 """)로 문자열을 감싸면 여러 줄 문자열을 만들 수 있습니다.

```
multi_str = """Guard: What? Ridden on a horse?
King Arthur: Yes!
Guard: You're using coconuts!
King Arthur: What?
Guard: You've got ... coconut[s] and you're bangin' 'em together.
"""
print(multi_str)
```

❖ 출력 결과

```
Guard: What? Ridden on a horse?
King Arthur: Yes!
Guard: You're using coconuts!
King Arthur: What?
Guard: You've got ... coconut[s] and you're bangin' 'em together.
```

splitlines()를 사용하면 문자열의 각 줄(예제에서는 각 대화 문장)을 나누어 요소로 저장한 리스트를 만들 수 있습니다.

```
multi_str_split = multi_str.splitlines()
print(multi_str_split)
```

❖ 출력 결과

```
['Guard: What? Ridden on a horse?', 'King Arthur: Yes!', "Guard: You're using
coconuts!", 'King Arthur: What?', "Guard: You've got ... coconut[s] and you're
bangin' 'em together. "]
```

2. Guard:로 시작하는 대화 문장만 추출하고 싶다면 어떻게 해야 할까요? 예제를 보면 King Arthur와 Guard가 대화한 문장이 번갈아 나타나는데 이것을 리스트에서 보면 각 인물의 대화 문장이 2의 간격으로 저장되어 있다는 점을 확인할 수 있습니다. 앞에서 공부했던 슬라이싱 구문으로 간격을 설정하여 Guard의 대화 문장만 추출해 봅시다.

```
guard = multi_str_split[::2]
print(guard)
```

❖ 출력 결과

```
['Guard: What? Ridden on a horse?', "Guard: You're using coconuts!", "Guard:
You've got ... coconut[s] and you're bangin' 'em together. "]
```

3. 추출한 모든 대화 문장에는 Guard:가 문장의 가장 앞에 있습니다. 이러한 인물 정보를 제외한 문장만 추출하고 싶다면 replace() 메서드를 활용할 수 있습니다.

먼저 원본 문자열에서 replace() 메서드를 사용하여 Guard: 문자열을 빈 문자열('')로 대체하고 splitlines() 메서드로 문장을 나누어 리스트로 만듭니다. 마지막으로 슬라이싱 구문을 사용하여 Guard가 말한 문장만 추출하면 됩니다.

```
guard = multi_str.replace("Guard: ", "").splitlines()[::2]
print(guard)
```

❖ 출력 결과

```
['What? Ridden on a horse?', "You're using coconuts!", "You've got ... coconut[s]
and you're bangin' 'em together. "]
```

11-4
문자열 포매팅 알아보기

문자열 포매팅은 문자열을 편리하게 출력하는 기능입니다. 문자열에 일련의 규칙이 있다면 그 규칙을 기반으로 템플릿을 만들어 활용하거나 소수를 부동 소수점으로 표시하거나 백분율로 표시하는 등 출력 형식을 지정할 수도 있습니다.

예를 들어 문자열 포매팅을 사용하면 어떤 변수를 그대로 출력하는 대신 추가 정보를 포함한 형식으로 출력할 수 있습니다.

이 장에서는 파이썬 3.6에 도입된 f-문자열[f-string]이라고 하는 문자열 포매팅 기법을 소개합니다.

Do it! 실습 f-문자열을 이용하여 포매팅하기

1. f-문자열은 문자열의 따옴표 기호 앞에 f를 덧붙여 만듭니다.

```
s = f"hello"
print(s)
```

문자열 앞에 f를 붙여 f-문자열을 만듭니다.

❖ 출력 결과

```
hello
```

2. 이렇게 f-문자열을 선언하면 문자열 안에서 {}를 사용하여 파이썬 변수를 삽입하거나 계산식을 넣을 수 있습니다. 예를 들어 숫자 7을 저장한 변수 num을 f-문자열에 포함해 볼까요? 다음과 같이 중괄호({}) 사이에 num을 넣어 원하는 위치에 변수의 값을 넣습니다.

```
num = 7
s = f"I only know {num} digits of pi."
print(s)
```

중괄호로 감싼 변수를 넣습니다.

❖ 출력 결과

```
I only know 7 digits of pi.
```

이 방법을 이용하면 파이썬 변수를 사용한 문자열을 구성할 수 있습니다.

3. f-문자열에는 숫자 변수 말고도 다양한 변수를 넣을 수 있습니다.

```
const = "e"
value = 2.718
s = f"Some digits of {const}: {value}"
print(s)
```

문자열 안에 중괄호로 감싼 변수를 바로 넣습니다.

❖ 출력 결과

```
Some digits of e: 2.718
```

```
lat = "40.7815° N"
lon = "73.9733° W"
s = f"Hayden Planetarium Coordinates: {lat}, {lon}"
print(s)
```

❖ 출력 결과

```
Hayden Planetarium Coordinates: 40.7815° N, 73.9733° W
```

4. 하나의 f-문자열 안에 같은 변수를 여러 번 삽입할 수도 있습니다.

```
word = "scratch"
s = f"""Black Knight: 'Tis but a {word}.
King Arthur: A {word}? Your arm's off!
"""
print(s)
```

❖ 출력 결과

```
Black Knight: 'Tis but a scratch.
King Arthur: A scratch? Your arm's off!
```

Do it! 실습 숫자 포매팅하기

1. 숫자 형식도 지정할 수 있습니다. 먼저 숫자를 그대로 넣어 봅시다.

```
p = 3.14159265359
print(f"Some digits of pi: {p}")
```

❖ 출력 결과

```
Some digits of pi: 3.14159265359
```

중괄호에 콜론(:) 문자를 추가하여 출력할 숫자 양식을 지정할 수도 있습니다. 지정할 수 있는 양식의 종류가 궁금하다면 공식 문서[1]를 참조하세요. 여기서는 몇 가지 예만 소개합니다.

2. 다음은 쉼표를 사용하여 천 단위로 쉼표를 찍어서 숫자를 표현하도록 중괄호에 콜론과 쉼표를 사용한 예입니다.

```
digits = 67890
s = f"In 2005, Lu Chao of China recited {67890:,} digits of pi."
print(s)
```

천 단위로 쉼표를 넣습니다.

❖ 출력 결과

```
In 2005, Lu Chao of China recited 67,890 digits of pi.
```

3. 점을 사용하여 표시할 소수 길이를 지정할 수 있으며 % 기호로 백분율을 나타낼 수도 있습니다.

```
prop = 7 / 67890
s = f"I remember {prop:.4} or {prop:.4%} of what Lu Chao recited."
print(s)
```

소수 길이를 지정하거나 해당 소수를 백분율로 표시합니다.

❖ 출력 결과

```
I remember 0.0001031 or 0.0103% of what Lu Chao recited.
```

1 https://docs.python.org/3.11/library/string.html#format-string-syntax

4. 숫자와 d 기호를 사용하면 원하는 숫자 자릿수를 지정하고 빈자리는 `0`으로 채울 수 있습니다.

```
id = 42
print(f"My ID number is {id:05d}")
```

빈칸은 0으로 채운 5자리로 숫자를 표시합니다.

❖ 출력 결과

```
My ID number is 00042
```

`:05d`에서 콜론은 형식을 지정할 것임을 의미하고 `0`은 빈자리를 채울 문자를 나타냅니다. 마지막으로 5d는 5자리로 숫자를 표현하도록 지정합니다.

5. 중괄호 문법 대신 내장된 문자열 메서드로 형식을 지정할 수도 있습니다. `zfill()` 메서드로 미리 `00042` 형식의 문자열을 만들고 f-문자열에 삽입해 봅시다.

```
id_zfill = "42".zfill(5)
print(f"My ID number is {id_zfill}")
```

❖ 출력 결과

```
My ID number is 00042
```

6. 문자열을 미리 만들어 삽입하지 않고 f-문자열의 중괄호 안에 바로 파이썬 문법을 작성할 수도 있습니다.

```
print(f"My ID number is {'42'.zfill(5)}")
```

중괄호 안에서 바로 메서드를 호출합니다.

❖ 출력 결과

```
My ID number is 00042
```

11-5
정규식으로 문자열 처리에 날개 달기

정규식이란?

수만 개의 문자열 중에서 내가 원하는 패턴의 문자열만 추출하려면 어떻게 해야 할까요? 예를 들어 `'I like apple, I like to make application.'`이라는 문자열에서 `app`을 포함하는 문자열만 추출하려면 어떻게 해야 할까요? `find()` 메서드를 사용해도 되지만 이럴 때는 정규식을 사용하면 더 편리합니다. 그러면 정규식이 무엇인지 자세히 알아볼까요?

정규식 표현: 문법과 특수 문자

정규식 표현에 사용하는 문법과 특수 문자를 표로 정리했습니다. 정규식을 사용하려면 다음 표를 참고하여 찾고자 하는 문자열의 정규식 패턴을 만들어야 합니다.
정규식 패턴에 익숙하지 않다면 https://regex101.com 사이트에서 정규식 패턴을 실습해 보는 것을 추천합니다. 이 사이트는 정규식 패턴의 결과를 바로 볼 수 있어 많은 도움이 됩니다. 다음 표를 참고하여 다양한 패턴을 만들고 그 결과를 확인해 보세요.

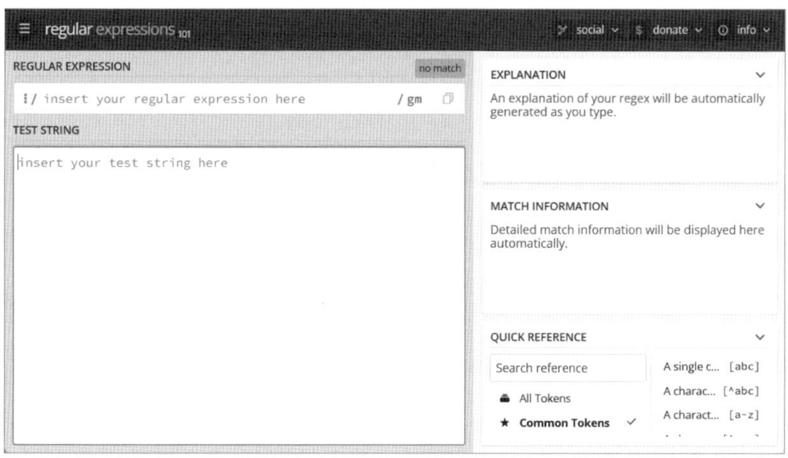

다음은 정규식 문법을 정리한 표입니다.

문법	설명
.	임의의 문자 1개를 나타냅니다.
^	문자열 처음부터 일치하는 패턴을 찾습니다.
$	문자열 끝부터 일치하는 패턴을 찾습니다.
*	* 앞의 문자가 0개 이상인 패턴을 찾습니다.
+	+ 앞의 문자가 1개 이상인 패턴을 찾습니다.
?	? 앞의 문자가 있거나 없는 패턴을 찾습니다.
{m}	앞의 문자가 m개 반복되는 패턴을 찾습니다.
{m, n}	앞의 문자가 m개 이상, n개 이하로 반복되는 패턴을 찾습니다.
\	*, ?, +와 같은 특수 문자를 검색할 때 이스케이프 문자(₩)를 사용합니다.
[ ]	[ ] 사이의 문자 중 하나와 일치하는 패턴을 찾습니다. 예를 들어 [a-z]는 a부터 z까지 범위의 알파벳 중 하나와 일치하는 패턴을 찾습니다.
¦	OR 연산을 나타냅니다. A ¦ B는 A 또는 B와 일치하는 패턴을 찾습니다.
( )	( )에 지정한 패턴을 찾을 때 사용합니다.

다음은 정규식에서 사용하는 특수 문자를 정리한 표입니다.

특수 문자	설명
\d	숫자 1개를 의미합니다([0-9]와 같음).
\D	숫자 이외의 문자 1개를 의미합니다([^0-9]와 같음).
\s	공백이나 탭 등의 공백 문자 1개를 의미합니다.
\S	\s에 해당하지 않는 문자 1개를 의미합니다.
\w	알파벳 또는 숫자, 밑줄 1개를 의미합니다.
\W	\w에 해당하지 않는 문자 1개를 의미합니다.

정규식 표현: 메서드

다음은 정규식 메서드를 정리한 표입니다. 정규식 메서드는 정규식 패턴을 사용하지 않아도 메서드를 호출하는 방법으로 원하는 패턴의 문자열을 찾을 수 있도록 해줍니다.

메서드	설명
search()	첫 번째로 찾은 패턴의 양쪽 끝 인덱스를 반환합니다.
match()	문자열의 처음부터 검색하여 찾아낸 패턴의 양쪽 끝 인덱스를 반환합니다.
fullmatch()	전체 문자열이 일치하는지 검사합니다.
split()	지정한 패턴으로 나눈 문자열을 리스트로 반환합니다.
findall()	지정한 패턴을 찾아 리스트로 반환합니다.
finditer()	findall() 메서드와 기능이 같지만, 이터레이터를 반환합니다.
sub()	첫 번째 인자로 전달한 패턴을 두 번째 인자로 전달한 문자열로 교체합니다.

Do it! 실습 정규식으로 패턴 찾기

re 모듈을 사용하여 문자열에서 찾고 싶은 정규식 패턴을 작성할 수 있습니다. 정규식으로 패턴을 찾는 방법을 실습해 봅시다.

1. 10자리 전화번호를 찾는 정규식을 만들어 볼까요? 먼저 re 모듈을 불러오고 전화번호 문자열을 다음과 같이 작성하세요.

```
import re

tele_num = '1234567890'
```

2. 연속된 숫자 10개를 찾는 방법은 여러 가지입니다. 앞에서 소개한 특수 문자 중에서 숫자를 나타내는 \d 기호를 사용해 봅시다. re의 match() 함수에 \d 기호를 10개 덧붙인 패턴과 tele_num을 전달하여 예제 문자열이 패턴에 맞는지 확인해 봅시다. 먼저 match() 함수를 다음과 같이 호출합니다. 이때 함수는 Match 객체를 반환합니다.

```
m = re.match(pattern='\d\d\d\d\d\d\d\d\d\d', string=tele_num)
print(type(m))
```

```
❖ 출력 결과
<class 're.Match'>
```

3. m에 어떤 값이 들었는지 출력해 봅시다.

```
print(m)
```

❖ 출력 결과

```
<re.Match object; span=(0, 10), match='1234567890'>
```

출력 결과를 보면 Match 객체는 주어진 문자열에 주어진 패턴과 일치하는 부분이 있다면 해당 부분의 처음과 끝 인덱스를 확인하고 일치하는 문자열을 추출합니다.
만약 패턴과 일치하는 문자열이 있는지를 True 또는 False라는 값으로 확인하고 싶다면 파이썬 내장 함수 bool()에 Match 객체를 전달하면 됩니다.

```
print(bool(m))
```

❖ 출력 결과

```
True
```

4. 조건문에서 일치한 문자열의 존재 여부를 활용하고 싶다면 굳이 bool() 함수를 사용하여 부울로 변환할 필요는 없습니다. Match 객체를 그대로 조건문에 사용할 수 있습니다.

```
if m:
    print('match')
else:
    print('no match')
```

❖ 출력 결과

```
match
```

5. Match 객체는 찾아낸 패턴의 정보를 확인할 수 있는 다양한 메서드를 제공합니다. start()와 end() 메서드는 첫 번째와 마지막 인덱스를 반환합니다. span() 메서드는 찾은 패턴의 첫 번째와 마지막 인덱스를 한 번에 반환합니다. group() 메서드는 찾은 패턴을 반환합니다.

```
print(m.start())
```

❖ 출력 결과

```
0
```

```
print(m.end())
```

❖ 출력 결과

```
10
```

```
print(m.span())
```

❖ 출력 결과

```
(0, 10)
```

```
print(m.group())
```

❖ 출력 결과

```
1234567890
```

6. 지금까지는 전화번호가 숫자 10개가 연속된 패턴이라고 가정했지만 사실 전화번호는 여러 가지 방법으로 표현할 수 있습니다. 예를 들어 띄어쓰기를 전화번호에 포함할 수도 있습니다.

```
tele_num_spaces = '123 456 7890'
```

앞에서 정의한 패턴을 그대로 사용하면 어떻게 될까요?

```
m = re.match(pattern='\d{10}', string=tele_num_spaces)
print(m)
```

연속한 숫자 10개를 찾는 패턴입니다.

❖ 출력 결과

```
None
```

Match 객체가 None을 반환했네요. 이것은 문자열에 패턴과 일치하는 부분이 없다는 것을 의미합니다. Match 객체를 조건문에 활용한 예제를 다시 실행해 보면 이전 예제와 다르게 no match가 출력됩니다.

```
if m:
    print('match')
else:
    print('no match')
```

❖ 출력 결과

```
no match
```

7. 이제 3개의 숫자, 공백, 3개의 숫자, 공백, 마지막으로 4개의 숫자가 이어지는 패턴이 전화번호에 포함된다고 가정하고 패턴을 수정하겠습니다. 숫자 10개가 연속된 이전의 패턴도 그대로 찾고 싶다면 공백은 있을 수도 있고 없을 수도 있도록 설정해야 합니다. 새로운 정규식은 다음과 같이 정의할 수 있습니다.

```
p = '\d{3}\s?\d{3}\s?\d{4}'   공백 1개 또는 0개를 찾는 패턴입니다.
m = re.match(pattern=p, string=tele_num_spaces)
print(m)
```

❖ 출력 결과

```
<re.Match object; span=(0, 12), match='123 456 7890'>
```

공백을 포함한 전화번호도 잘 찾을 수 있게 되었네요.

8. 지역 번호를 괄호로 감싸서 표현할 때도 있습니다. 전화번호 사이에 하이픈(-) 기호가 있을 수도 있죠. 정규식을 다시 수정해 볼까요?

```
tele_num_space_paren_dash = '(123) 456-7890'
p = '\(?\d{3}\)?\s?\d{3}\s?-?\d{4}'
m = re.match(pattern=p, string=tele_num_space_paren_dash)
print(m)
```

❖ 출력 결과

```
<re.Match object; span=(0, 14), match='(123) 456-7890'>
```

9. 마지막으로 전화번호의 가장 앞에 국가 코드를 포함할 때도 고려해서 정규식을 수정해 봅시다.

```
cnty_tele_num_space_paren_dash = '+1 (123) 456-7890'
p = '\+?1\s?\(?\d{3}\)?\s?\d{3}\s?-?\d{4}'
m = re.match(pattern=p, string=cnty_tele_num_space_paren_dash)
print(m)
```

❖ 출력 결과

```
<re.Match object; span=(0, 17), match='+1 (123) 456-7890'>
```

예제로 알 수 있듯이 정규식은 문자열에서 패턴을 찾을 때 매우 유용하지만 고려해야 하는 규칙이 많을수록 다루기 어렵습니다. 전화번호처럼 단순한 것조차도 다양한 기호와 양식을 고려해야 했죠. 하지만 정규식은 원하는 패턴의 문자열을 가장 효율적으로 찾는 방법입니다. 따라서 데이터 분석이 필요한 분야에서는 정규식을 알아 두면 좋습니다.

Do it! 실습 알기 쉬운 정규식 만들기

전화번호 실습에서 마지막으로 작성한 최종 정규식은 매우 복잡합니다. 이렇게 복잡하게 작성한 패턴은 나중에 다시 보면 작성한 당사자도 어떤 의도였는지 헷갈리는 경우가 많습니다. 그러다 보니 정규식의 의도를 파악하느라 불필요한 시간을 낭비하기도 합니다.

1. 파이썬 언어의 특징을 활용하여 관리하기 쉬운 방식으로 마지막 예제의 정규식을 수정해 봅시다.

파이썬에서는 긴 문자열을 여러 줄로 나누어 표현할 수 있는 기능을 제공합니다. 소괄호를 사용하여 여러 문자열을 묶으면 하나의 문자열로 처리할 수 있습니다.

예를 들어 다음과 같이 긴 정규식을 작은 단위로 쪼개어 여러 문자열로 표현하고 이를 소괄호로 묶어 p라는 변수에 저장합니다. 이때 문자열을 각 줄로 표현하고 중간에 쉼표를 사용하지 않았다는 점에 주목하세요. 문자열 사이에 쉼표를 입력하면 문자열이 아닌 튜플이 되기 때문입니다.

```
p = (
    '\+?'
    '1'
    '\s?'
    '\(?'
    '\d{3}'
    '\)?'
    '\s?'
    '\d{3}'
    '\s?'
    '-?'
    '\d{4}'
)
print(p)
```

❖ 출력 결과

```
\+?1\s?\(?\d{3}\)?\s?\d{3}\s?-?\d{4}
```

여러 줄에 걸쳐서 문자열을 표현할 때의 장점은 줄별로 주석을 남길 수 있다는 것입니다.

```python
p = (
    '\+?'     # +가 0개 또는 1개
    '1'       # 숫자 1
    '\s?'     # 공백 문자가 0개 또는 1개
    '\(?'     # ( 문자가 0개 또는 1개
    '\d{3}'   # 숫자 3개
    '\)?'     # ) 문자가 0개 또는 1개
    '\s?'     # 공백 문자가 0개 또는 1개
    '\d{3}'   # 숫자 3개
    '\s?'     # 공백 문자가 0개 또는 1개
    '-?'      # -가 0개 또는 1개
    '\d{4}'   # 숫자 4개
)
print(p)
```

❖ 출력 결과

```
\+?1\s?\(?\d{3}\)?\s?\d{3}\s?-?\d{4}
```

이렇게 주석을 남기면 정규식의 각 요소가 어떤 의도로 작성되었는지 기록할 수 있습니다. 또한 기대와 다르게 프로그램이 작동할 때 어떤 패턴에서 문제가 있는지 확인하기도 쉽습니다.

2. 이제 정의한 패턴 문자열 p를 match() 함수에 전달합니다. 그러면 이전 실습과 같은 결과를 확인할 수 있습니다.

```python
cnty_tele_num_space_paren_dash = '+1 (123) 456-7890'
m = re.match(pattern=p, string=cnty_tele_num_space_paren_dash)
print(m)
```

❖ 출력 결과

```
<re.Match object; span=(0, 17), match='+1 (123) 456-7890'>
```

Do it! 실습 패턴과 일치하는 모든 문자열 찾기

findall() 함수를 사용하면 패턴과 일치하는 모든 부분을 찾을 수 있습니다.

1. 다음과 같이 여러 줄에 걸친 긴 문자열을 하나 선언합니다.

```
s = (
    "14 Ncuti Gatwa, "
    "13 Jodie Whittaker, war John Hurt, 12 Peter Capaldi, "
    "11 Matt Smith, 10 David Tennant, 9 Christopher Eccleston"
)
print(s)
```

❖ 출력 결과

```
14 Ncuti Gatwa, 13 Jodie Whittaker, war John Hurt, 12 Peter Capaldi, 11 Matt
Smith, 10 David Tennant, 9 Christopher Eccleston
```

2. 이 문자열에 있는 모든 숫자를 찾아봅시다. \d와 + 기호를 사용한 패턴으로 findall()을 호출하여 문자열에서 숫자가 1개 이상 연속된 모든 부분을 찾습니다.

```
p = "\d+"
m = re.findall(pattern=p, string=s)
print(m)
```

❖ 출력 결과

```
['14', '13', '12', '11', '10', '9']
```

Do it! 실습 패턴과 일치하는 문자열 대체하기

앞에서 파이썬 문자열의 replace() 메서드를 소개했죠? Guard와 King Arthur의 대화에서 Guard가 한 말을 추출하려고 replace()를 사용하여 Guard: 문자열을 모두 빈 문자열로 대체했습니다. 이번에는 정규식을 사용하여 문자열에 있는 모든 인물 정보를 제거해 보겠습니다.

1. 이름 뒤에 콜론 기호가 포함된다는 규칙을 활용하여 정규식을 만듭니다.

```
multi_str = """Guard: What? Ridden on a horse?
King Arthur: Yes!
Guard: You're using coconuts!
King Arthur: What?
Guard: You've got ... coconut[s] and you're bangin' 'em together.
"""
```

```
p = '\w+\s?\w+:\s?'
s = re.sub(pattern=p, string=multi_str, repl='')
print(s)
```

❖ 출력 결과

```
What? Ridden on a horse?
Yes!
You're using coconuts!
What?
You've got ... coconut[s] and you're bangin' 'em together.
```

2. 이제 슬라이싱 구문을 활용하여 Guard와 King Arthur가 한 말을 각각 추출합니다.

```
guard = s.splitlines()[ ::2]
kinga = s.splitlines()[1::2]
print(guard)
```

❖ 출력 결과

```
['What? Ridden on a horse?', "You're using coconuts!", "You've got ... coconut[s]
and you're bangin' 'em together."]
```

```
print(kinga)
```

❖ 출력 결과

```
['Yes!', 'What?']
```

정규식은 문자열 메서드와 조합하여 다양한 방법으로 활용할 수 있습니다.

compile() 함수

데이터를 처리하다 보면 패턴을 반복해서 사용해야 하는 경우가 많습니다. 파이썬의 re 모듈에서는 compile() 함수로 패턴을 재사용할 수 있는 기능을 제공합니다. 크기가 큰 데이터를 다룰 때는 compile() 함수를 활용하여 성능을 크게 향상시킬 수 있습니다.
사용 방법은 간단합니다. 정규식을 변수에 직접 저장하는 대신 compile() 함수로 패턴을 컴파일한 다음, 변수에 저장하여 사용하면 됩니다. 그런 다음 컴파일된 패턴에 다른 re 모듈 함수를 적용합니다. 또한 패턴을 이미 컴파일했으므로 re 모듈 함수를 호출할 때 매개변수 pattern을 전달하지 않아도 된다는 편리함도 있습니다. 다음은 앞에서 실습한 내용을 compile() 함수로 처리한 것입니다. match() 함수부터 활용해 볼까요?

```
p = re.compile('\d{10}')
s = '1234567890'
m = p.match(s)
print(m)
```

❖ 출력 결과

```
<re.Match object; span=(0, 10), match='1234567890'>
```

findall()을 사용할 수도 있습니다.

```
p = re.compile('\d+')
s = (
    "14 Ncuti Gatwa, "
    "13 Jodie Whittaker, war John Hurt, 12 Peter Capaldi, "
    "11 Matt Smith, 10 David Tennant, 9 Christopher Eccleston"
)
m = p.findall(s)
print(m)
```

❖ 출력 결과

```
['14', '13', '12', '11', '10', '9']
```

찾은 문자열을 원하는 문자열로 바꾸는 sub()도 사용해 봅시다.

```
p = re.compile('\w+\s?\w+:\s?')
s = "Guard: You're using coconuts!"
m = p.sub(string=s, repl='')
print(m)
```

패턴 일치 문자열을 찾아 공백으로 바꿉니다.

❖ 출력 결과

```
You're using coconuts!
```

11-6
regex 라이브러리 활용하기

re 라이브러리는 파이썬과 함께 제공되는 기본 라이브러리입니다. 많은 사람이 이 라이브러리를 활용하여 정규식을 다룹니다. 조금 더 심화한 정규식 기능을 활용하고 싶다면 다음과 같이 regex 라이브러리를 사용해 보세요. re 모듈 실습에서 사용한 정규식을 그대로 적용할 수 있습니다.

```
import regex

p = regex.compile('\d+')
s = (
    "14 Ncuti Gatwa, "
    "13 Jodie Whittaker, war John Hurt, 12 Peter Capaldi, "
    "11 Matt Smith, 10 David Tennant, 9 Christopher Eccleston"
)
m = p.findall(s)
print(m)
```

❖ 출력 결과

```
['14', '13', '12', '11', '10', '9']
```

자세한 내용은 PyPI 공식 문서[2]에서 확인해 보세요.

마무리하며

세상에는 문자열로 이루어진 데이터가 너무나도 많습니다. 그래서 데이터 과학자는 문자열을 처리하는 방법을 매우 중요하게 생각합니다. 파이썬은 문자열을 처리하는 다양한 메서드와 라이브러리를 제공합니다. 이 장에서 살펴본 내용을 참고로 하여 문자열을 자유자재로 다룰 수 있도록 반복해서 연습하는 것이 좋습니다.

2 https://pypi.python.org/pypi/regex

12 시계열 데이터 알아보기

시계열 데이터는 데이터 분석 분야에서 중요하게 다룹니다. 지금까지 다른 날씨 관측 데이터, 에볼라 전염병 사망자 수 관측 데이터, 빌보드 차트 데이터에는 모두 시계열 데이터가 포함되어 있었죠. 즉, 일정 시간 간격으로 어떤 값을 기록한 데이터라면 시계열 데이터가 매우 중요합니다. 따라서 시계열 데이터를 자유자재로 다룰 줄 알아야 유능한 데이터 분석가라고 할 수 있습니다.
먼저 시계열 데이터가 무엇인지 알아볼까요?

12-1
datetime 객체 활용하기

datetime 라이브러리는 날짜와 시간을 처리하는 다양한 기능을 제공하는 파이썬 라이브러리입니다. datetime 라이브러리의 datetime 객체를 사용하면 날짜와 시간을 편리하게 처리할 수 있습니다. 라이브러리부터 불러와 실습해 봅시다.

```
from datetime import datetime
```

datetime 객체의 now() 메서드를 사용하여 현재 날짜와 시간 정보를 확인할 수 있습니다. 여러분이 실습하는 시간이 출력되므로 결과는 실행 시간에 따라 달라집니다.

```
now = datetime.now()
print(now)
```

❖ 출력 결과

```
2023-10-06 09:54:26.318757
```

원하는 날짜와 시간으로 datetime 객체를 생성할 수도 있습니다. 1970년 1월 1일로 datetime 객체를 생성하고 now()와 비교해 봅시다. now()를 t1에, 날짜를 지정한 객체를 t2에 저장합니다.

```
t1 = datetime.now()
t2 = datetime(1970, 1, 1)
print(t1)
print(t2)
```

❖ 출력 결과

```
2023-10-06 09:57:39.039202
1970-01-01 00:00:00
```

두 날짜 사이의 시간 차이는 얼마나 날까요? datetime 객체는 수학 연산자로 시간 차이를 계산할 수 있는 기능을 제공합니다. t1에서 t2를 빼서 시간 차이를 구해 볼까요?

```
diff = t1 - t2
print(diff)
```

❖ 출력 결과

```
19636 days, 9:59:47.950191
```

실행 시간과 비교했더니 19,636일 차이가 나네요! 여러분도 현재 시간과 1970년 1월 1일이 얼마만큼 차이가 나는지 비교해 보세요.
datetime 객체를 사용하여 계산한 시간의 차이는 timedelta 객체로 표현됩니다.

```
print(type(diff))
```

❖ 출력 결과

```
<class 'datetime.timedelta'>
```

판다스 데이터프레임에서 날짜와 시간을 다룰 때 datetime 객체를 활용하면 시간을 편리하게 처리할 수 있습니다.

12-2
datetime으로 변환하기

판다스의 to_datetime() 함수를 사용하면 object형 문자열 datetime 객체로 변환할 수 있습니다. 에볼라 데이터셋을 불러와서 날짜 정보가 담긴 Date 열을 datetime 객체로 변환해 봅시다. 먼저 데이터셋을 불러와서 Date 열이 포함된 왼쪽 5개 열을 살펴볼까요?

```
import pandas as pd

ebola = pd.read_csv('../data/country_timeseries.csv')
print(ebola.iloc[:5, :5])
```

❖ 출력 결과

```
         Date  Day  Cases_Guinea  Cases_Liberia  Cases_SierraLeone
0    1/5/2015  289        2776.0            NaN            10030.0
1    1/4/2015  288        2775.0            NaN             9780.0
2    1/3/2015  287        2769.0         8166.0             9722.0
3    1/2/2015  286           NaN         8157.0                NaN
4  12/31/2014  284        2730.0         8115.0             9633.0
```

Date 열을 보면 날짜 정보를 확인할 수 있습니다. info() 메서드로 이 날짜 정보가 어떤 자료형인지 확인합니다.

```
print(ebola.info())
```

❖ 출력 결과

```
<class 'pandas.core.frame.DataFrame'>
RangeIndex: 122 entries, 0 to 121
Data columns (total 18 columns):
 #   Column               Non-Null Count  Dtype
---  ------               --------------  -----
 0   Date                 122 non-null    object
 1   Day                  122 non-null    int64
```

날짜 정보는 object형입니다.

```
 2   Cases_Guinea        93 non-null     float64
 3   Cases_Liberia       83 non-null     float64
 4   Cases_SierraLeone   87 non-null     float64
 5   Cases_Nigeria       38 non-null     float64
 6   Cases_Senegal       25 non-null     float64
 7   Cases_UnitedStates  18 non-null     float64
 8   Cases_Spain         16 non-null     float64
 9   Cases_Mali          12 non-null     float64
 10  Deaths_Guinea       92 non-null     float64
 11  Deaths_Liberia      81 non-null     float64
 12  Deaths_SierraLeone  87 non-null     float64
 13  Deaths_Nigeria      38 non-null     float64
 14  Deaths_Senegal      22 non-null     float64
 15  Deaths_UnitedStates 18 non-null     float64
 16  Deaths_Spain        16 non-null     float64
 17  Deaths_Mali         12 non-null     float64
dtypes: float64(16), int64(1), object(1)
memory usage: 17.3+ KB
None
```

Date 열은 object형이네요. to_datetime() 함수를 사용하여 Date 열의 값을 datetime형으로 변환하여 새로운 열 date_dt로 저장합니다.

```
ebola['date_dt'] = pd.to_datetime(ebola['Date'])
```

데이터를 datetime 객체로 변환하는 방법을 좀 더 명확하게 지정할 수도 있습니다. to_datetime() 함수는 데이터의 날짜 형식을 지정할 수 있는 매개변수 format을 지원합니다. Date 열의 데이터가 월/일/년 형식이므로 각 요소를 나타내는 %m, %d, %Y와 슬래시 기호(/)를 사용하여 format을 다음과 같이 지정합니다.

```
ebola['date_dt'] = pd.to_datetime(ebola['Date'], format='%m/%d/%Y')
```

이제 info()를 사용하여 새로 생성한 date_dt 열의 자료형을 확인합니다.

```
print(ebola.info())
```

❖ 출력 결과

```
<class 'pandas.core.frame.DataFrame'>
RangeIndex: 122 entries, 0 to 121
Data columns (total 19 columns):
 #   Column               Non-Null Count  Dtype
---  ------               --------------  -----
 0   Date                 122 non-null    object
 1   Day                  122 non-null    int64
 2   Cases_Guinea         93 non-null     float64
 3   Cases_Liberia        83 non-null     float64
 4   Cases_SierraLeone    87 non-null     float64
 5   Cases_Nigeria        38 non-null     float64
 6   Cases_Senegal        25 non-null     float64
 7   Cases_UnitedStates   18 non-null     float64
 8   Cases_Spain          16 non-null     float64
 9   Cases_Mali           12 non-null     float64
 10  Deaths_Guinea        92 non-null     float64
 11  Deaths_Liberia       81 non-null     float64
 12  Deaths_SierraLeone   87 non-null     float64
 13  Deaths_Nigeria       38 non-null     float64
 14  Deaths_Senegal       22 non-null     float64
 15  Deaths_UnitedStates  18 non-null     float64
 16  Deaths_Spain         16 non-null     float64
 17  Deaths_Mali          12 non-null     float64
 18  date_dt              122 non-null    datetime64[ns]
dtypes: datetime64[ns](1), float64(16), int64(1), object(1)
memory usage: 18.2+ KB
None
```

format을 지정하면 날짜형으로 바뀝니다.

출력 결과를 보면 date_dt 열의 자료형은 datetime64[ns]라는 것을 알 수 있습니다.

시간 형식을 직접 설정하지 않고 to_datetime()에서 제공하는 매개변수를 사용하여 간단하게 형식을 전달할 수도 있습니다. 예를 들어 31-03-2014와 같이 일이 가장 앞에 나오는 형식은 dayfirst를 True로 설정하고 2014-03-31과 같이 연도가 가장 앞에 나오는 형식은 yearfirst를 True로 설정하면 됩니다.

이전 실습에서 살펴본 내용과 같이 시간 형식을 직접 지정하고 싶다면 문자열을 날짜로 바꾸는 파이썬 strptime() 함수에 정의된 시간 형식 지정자를 설정하면 됩니다. 다음은 시간 형식 지정자를 정리한 표입니다. 더 자세한 내용이 궁금하다면 파이썬의 공식 문서[1]를 참고하세요.

시간 형식 지정자	의미	결과
%a	요일 이름(약자)	Sun, Mon, …, Sat
%A	요일 이름	Sunday, Monday, …, Saturday
%w	요일(숫자, 0부터 일요일)	0, 1, …, 6
%d	날짜(2자리로 표시)	01, 02, …, 31
%b	월 이름(약자)	Jan, Feb, …, Dec
%B	월 이름	January, February, …, December
%m	월(숫자)	01, 02, …, 12
%y	연(2자리로 표시)	00, 01, …, 99
%Y	연(4자리로 표시)	0001, 0002, …, 2013, 2014, …, 9999
%H	시간(24시간 단위)	00, 01, …, 23
%I	시간(12시간 단위)	01, 02, …, 12
%p	AM 또는 PM	AM, PM
%M	분(2자리로 표시)	00, 01, …, 59
%S	초(2자리로 표시)	00, 01, …, 59
%f	마이크로초	000000, 000001, …, 999999
%z	UTC 차이(+HHMM이나 -HHMM 형태)	(empty), +0000, -0400, +1030
%Z	기준 지역 이름	(empty), UTC, EST, CST
%j	올해의 지난 일 수(1일, 2일, …)	001, 002, …, 366
%U	올해의 지난 주 수(일요일 기준 1주, 2주, …)	00, 01, …, 53
%W	올해의 지난 주 수(월요일 기준 1주, 2주, …)	00, 01, …, 53
%c	날짜와 시간	Tue Aug 16 21:30:00 1988
%x	날짜	08/16/88 (None);08/16/1988
%X	시간	21:30:00
%%	% 문자	%
%G	연(ISO 8601 형식)	0001, 0002, …, 2013, 2014, …, 9999
%u	요일(ISO 8601 형식)	1, 2, …, 7
%V	주(ISO 8601 형식)	01, 02, …, 53

1 https://docs.python.org/3/library/datetime.html#strftime-and-strptime-behavior

12-3
시계열 데이터 불러오기

read_csv() 함수는 parse_dates, inher_datetime_format, keep_date_col, date_parser, dayfirst, cache_dates처럼 시계열 데이터를 처리하는 다양한 매개변수를 제공합니다.
예를 들어 매개변수 parse_dates에 원하는 열을 지정하면 데이터를 가져올 때 datetime형으로 열 데이터를 처음부터 변환하여 불러옵니다.
에볼라 데이터셋의 Date 열을 매개변수 parse_dates에 전달하여 바로 datetime으로 변환해 봅시다.

```
ebola = pd.read_csv('../data/country_timeseries.csv', parse_dates=["Date"])
print(ebola.info())
```

데이터를 불러오면서 바로 변환합니다.

❖ 출력 결과

```
<class 'pandas.core.frame.DataFrame'>
RangeIndex: 122 entries, 0 to 121
Data columns (total 18 columns):
 #   Column               Non-Null Count  Dtype
---  ------               --------------  -----
 0   Date                 122 non-null    datetime64[ns]
 1   Day                  122 non-null    int64
 2   Cases_Guinea         93 non-null     float64
 3   Cases_Liberia        83 non-null     float64
 4   Cases_SierraLeone    87 non-null     float64
 5   Cases_Nigeria        38 non-null     float64
 6   Cases_Senegal        25 non-null     float64
 7   Cases_UnitedStates   18 non-null     float64
 8   Cases_Spain          16 non-null     float64
 9   Cases_Mali           12 non-null     float64
 10  Deaths_Guinea        92 non-null     float64
 11  Deaths_Liberia       81 non-null     float64
 12  Deaths_SierraLeone   87 non-null     float64
```

```
 13  Deaths_Nigeria       38 non-null     float64
 14  Deaths_Senegal       22 non-null     float64
 15  Deaths_UnitedStates  18 non-null     float64
 16  Deaths_Spain         16 non-null     float64
 17  Deaths_Mali          12 non-null     float64
dtypes: datetime64[ns](1), float64(16), int64(1)
memory usage: 17.3 KB
None
```

info()의 결과를 보면 데이터를 불러올 때 Date 열을 바로 datetime형으로 변환한 것을 확인할 수 있습니다.

12-4
시간 정보 추출하기

datetime 객체에서 연, 월, 일과 같은 시간 정보 요소를 따로 추출할 수 있습니다. datetime 객체를 하나 만들고 시간 요소를 추출하는 방법을 알아봅시다.

판다스의 to_datetime()에 일시를 나타내는 문자열을 전달하면 Timestamp 객체를 반환합니다. Timestamp는 파이썬의 datetime 클래스를 상속하여 판다스에서 구현한 클래스로, datetime과 기능이 같습니다. '2021-12-14'를 to_datetime()에 전달하여 Timestamp 객체를 생성하고 연, 월, 일을 추출해 봅시다.

```
d = pd.to_datetime('2021-12-14')
print(d)
```

❖ 출력 결과

```
2021-12-14 00:00:00
```

```
print(type(d))
```

❖ 출력 결과

```
<class 'pandas._libs.tslibs.timestamps.Timestamp'>
```

연, 월, 일은 각각 year, month, day 속성으로 추출할 수 있습니다.

```
print(d.year)
```

❖ 출력 결과

```
2021
```

```
print(d.month)
```

❖ 출력 결과

```
12
```

```
print(d.day)
```

❖ 출력 결과

```
14
```

05-3절에서 str 속성으로 문자열 메서드에 접근하여 활용하는 방법을 살펴보았습니다. 예를 들어 split() 메서드를 사용하여 여러 정보를 담은 문자열 데이터를 처리했죠. 마찬가지로 dt 속성[2]으로 datetime 객체의 메서드에 접근할 수 있습니다.

먼저 에볼라 데이터셋의 Date 열을 datetime으로 변환하여 date_dt 열에 저장합니다.

```
ebola['date_dt'] = pd.to_datetime(ebola['Date'])
print(ebola[['Date', 'date_dt']])
```

❖ 출력 결과

```
           Date    date_dt
0    2015-01-05 2015-01-05
1    2015-01-04 2015-01-04
2    2015-01-03 2015-01-03
3    2015-01-02 2015-01-02
4    2014-12-31 2014-12-31
..          ...        ...
117  2014-03-27 2014-03-27
118  2014-03-26 2014-03-26
119  2014-03-25 2014-03-25
120  2014-03-24 2014-03-24
121  2014-03-22 2014-03-22

[122 rows x 2 columns]
```

str 속성으로 처리했던 것처럼 dt 속성을 사용하면 전체 열을 대상으로 datetime 객체의 메서드를 적용할 수 있습니다. 예를 들어 date_dt 열에서 dt 속성의 year 속성을 호출하여 연도를 저장하는 새로운 열 year를 만들 수 있습니다.

2 https://pandas.pydata.org/docs/reference/series.html#datetimelike-properties

```
ebola['year'] = ebola['date_dt'].dt.year
print(ebola[['Date', 'date_dt', 'year']])
```

❖ 출력 결과

```
           Date    date_dt  year
0    2015-01-05 2015-01-05  2015
1    2015-01-04 2015-01-04  2015
2    2015-01-03 2015-01-03  2015
3    2015-01-02 2015-01-02  2015
4    2014-12-31 2014-12-31  2014
..          ...        ...   ...
117  2014-03-27 2014-03-27  2014
118  2014-03-26 2014-03-26  2014
119  2014-03-25 2014-03-25  2014
120  2014-03-24 2014-03-24  2014
121  2014-03-22 2014-03-22  2014

[122 rows x 3 columns]
```

마찬가지 방법으로 월과 일도 추출하여 month, day 열에 저장합니다.

```
ebola = ebola.assign(
    month=ebola["date_dt"].dt.month,
    day=ebola["date_dt"].dt.day
)
```

❖ 출력 결과

```
print(ebola[['Date', 'date_dt', 'year', 'month', 'day']])
           Date    date_dt  year  month  day
0    2015-01-05 2015-01-05  2015      1    5
1    2015-01-04 2015-01-04  2015      1    4
2    2015-01-03 2015-01-03  2015      1    3
3    2015-01-02 2015-01-02  2015      1    2
4    2014-12-31 2014-12-31  2014     12   31
..          ...        ...   ...    ...  ...
117  2014-03-27 2014-03-27  2014      3   27
118  2014-03-26 2014-03-26  2014      3   26
```

```
119 2014-03-25 2014-03-25  2014      3   25
120 2014-03-24 2014-03-24  2014      3   24
121 2014-03-22 2014-03-22  2014      3   22

[122 rows x 5 columns]
```

info() 메서드로 새로 생성한 세 열의 자료형을 살펴봅시다.

```
print(ebola.info())
```

❖ 출력 결과

```
<class 'pandas.core.frame.DataFrame'>
RangeIndex: 122 entries, 0 to 121
Data columns (total 22 columns):
 #   Column               Non-Null Count  Dtype
---  ------               --------------  -----
 0   Date                 122 non-null    datetime64[ns]
 1   Day                  122 non-null    int64
 2   Cases_Guinea         93 non-null     float64
 3   Cases_Liberia        83 non-null     float64
 4   Cases_SierraLeone    87 non-null     float64
 5   Cases_Nigeria        38 non-null     float64
 6   Cases_Senegal        25 non-null     float64
 7   Cases_UnitedStates   18 non-null     float64
 8   Cases_Spain          16 non-null     float64
 9   Cases_Mali           12 non-null     float64
 10  Deaths_Guinea        92 non-null     float64
 11  Deaths_Liberia       81 non-null     float64
 12  Deaths_SierraLeone   87 non-null     float64
 13  Deaths_Nigeria       38 non-null     float64
 14  Deaths_Senegal       22 non-null     float64
 15  Deaths_UnitedStates  18 non-null     float64
 16  Deaths_Spain         16 non-null     float64
 17  Deaths_Mali          12 non-null     float64
 18  date_dt              122 non-null    datetime64[ns]
 19  year                 122 non-null    int32
```

추출한 요소는 datetime형이 아닌 int32형입니다.

```
 20  month                  122 non-null    int32
 21  day                    122 non-null    int32
dtypes: datetime64[ns](2), float64(16), int32(3), int64(1)
memory usage: 19.7 KB
None
```

year, month, day 열의 자료형은 int32입니다. datetime 객체에서 추출한 연, 월, 일의 각 요소는 datetime이 아닌 int라는 점에 조심하세요.

12-5
시간 간격 계산하기

datetime 객체를 사용하면 시간 차이를 계산할 수 있습니다. 에볼라 데이터셋은 발병 이후 날짜에 따라 전염병의 현황을 집계한 데이터셋입니다. 즉, 데이터셋의 Day 열은 전염병이 처음 발생한 날로부터 며칠이 지났는지를 나타냅니다. 데이터셋의 왼쪽 아래에 있는 5개의 행, 열 데이터를 살펴볼까요?

```
print(ebola.iloc[-5:, :5])
```

❖ 출력 결과

```
           Date  Day  Cases_Guinea  Cases_Liberia  Cases_SierraLeone
117 2014-03-27    5         103.0            8.0                6.0
118 2014-03-26    4          86.0            NaN                NaN
119 2014-03-25    3          86.0            NaN                NaN
120 2014-03-24    2          86.0            NaN                NaN
121 2014-03-22    0          49.0            NaN                NaN
```

발병 첫날, 즉 이 데이터셋에서 가장 오래된 날짜와 Date 열의 각 날짜의 차이를 계산하면 Day 열과 같은 값을 구할 수 있습니다. date_dt 열에서 min() 메서드를 호출하여 가장 오래된 날짜를 구해 봅시다.

```
print(ebola['date_dt'].min())
```

❖ 출력 결과

```
2014-03-22 00:00:00
```

2014-03-22이 발병 첫날이네요. date_dt 열에서 이 값을 빼면 발병 이후 며칠이 지난 데이터인지 계산할 수 있습니다. 새로운 열 outbreak_d에 계산한 값을 넣어 Day 열과 비교해 봅시다.

```
ebola['outbreak_d'] = ebola['date_dt'] - ebola['date_dt'].min()
print(ebola[['Date', 'Day', 'outbreak_d']])
```

```
❖ 출력 결과
          Date  Day outbreak_d
0   2015-01-05  289   289 days
1   2015-01-04  288   288 days
2   2015-01-03  287   287 days
3   2015-01-02  286   286 days
4   2014-12-31  284   284 days
..         ...  ...        ...
117 2014-03-27    5     5 days
118 2014-03-26    4     4 days
119 2014-03-25    3     3 days
120 2014-03-24    2     2 days
121 2014-03-22    0     0 days
[122 rows x 3 columns]
```

두 열의 값이 같음을 알 수 있습니다. info()로 outbreak_d 열의 자료형을 볼까요?

```
print(ebola.info())
```

```
❖ 출력 결과
<class 'pandas.core.frame.DataFrame'>
RangeIndex: 122 entries, 0 to 121
Data columns (total 23 columns):
 #   Column               Non-Null Count  Dtype
---  ------               --------------  -----
 0   Date                 122 non-null    datetime64[ns]
 1   Day                  122 non-null    int64
 2   Cases_Guinea         93 non-null     float64
 3   Cases_Liberia        83 non-null     float64
 ..                 ...            ...             ...
 19  year                 122 non-null    int32
 20  month                122 non-null    int32
 21  day                  122 non-null    int32
 22  outbreak_d           122 non-null    timedelta64[ns]
dtypes: datetime64[ns](2), float64(16), int32(3), int64(1), timedelta64[ns](1)
memory usage: 20.6 KB
None
```

연산 결과는 timedelta형입니다.

outbreak_d는 timedelta형이네요. 이처럼 datetime 객체로 산술 연산하면 timedelta 객체를 반환합니다.

12-6 datetime 객체의 메서드 활용하기

datetime 객체는 시간 정보를 처리하는 다양한 메서드를 제공합니다. 여기서는 파산한 은행 정보를 담은 banklist 데이터셋을 이용합니다.

```
banks = pd.read_csv('../data/banklist.csv')
print(banks.head())
```

❖ 출력 결과

```
                                            Bank Name         City  ST   CERT  \
0              Washington Federal Bank for Savings      Chicago  IL  30570
1  The Farmers and Merchants State Bank of Argonia      Argonia  KS  17719
2                              Fayette County Bank   Saint Elmo  IL   1802
3  Guaranty Bank, (d/b/a BestBank in Georgia & Mi...    Milwaukee  WI  30003
4                                   First NBC Bank  New Orleans  LA  58302

                Acquiring Institution Closing Date Updated Date
0                  Royal Savings Bank    15-Dec-17    20-Dec-17
1                         Conway Bank    13-Oct-17    20-Oct-17
2           United Fidelity Bank, fsb    26-May-17    26-Jul-17
3  First-Citizens Bank & Trust Company     5-May-17    26-Jul-17
4                       Whitney Bank    28-Apr-17     5-Dec-17
```

read_csv()의 매개변수 parse_dates에 날짜 정보가 담긴 Closing Date 열과 Updated Date 열을 전달하면 데이터를 불러올 때 두 열을 datetime형으로 불러올 수 있습니다.

```
banks = pd.read_csv(
    "../data/banklist.csv", parse_dates=["Closing Date", "Updated Date"]
)
print(banks.info())
```

❖ 출력 결과

```
<class 'pandas.core.frame.DataFrame'>
```

```
RangeIndex: 555 entries, 0 to 554
Data columns (total 7 columns):
 #   Column                 Non-Null Count  Dtype
---  ------                 --------------  -----
 0   Bank Name              555 non-null    object
 1   City                   555 non-null    object
 2   ST                     555 non-null    object
 3   CERT                   555 non-null    int64
 4   Acquiring Institution  555 non-null    object
 5   Closing Date           555 non-null    datetime64[ns]
 6   Updated Date           555 non-null    datetime64[ns]
dtypes: datetime64[ns](2), int64(1), object(4)
memory usage: 30.5+ KB
None
```

날짜 형식은 datetime형이 됩니다.

은행이 파산한 분기와 연도를 기반으로 데이터를 분석해 봅시다. dt 속성의 quarter, year를 사용하여 Closing Date 열의 분기와 연도를 새로운 열 closing_quarter, closing_year에 저장합니다.

```
banks = banks.assign(
    closing_quarter=banks['Closing Date'].dt.quarter,
    closing_year=banks['Closing Date'].dt.year
)
```

이제 파산한 연도를 나타내는 closing_year 열을 기준으로 데이터셋을 그룹화하고 연도별 파산한 은행 개수를 size()로 계산한 시리즈를 closing_year 변수에 저장합니다.

```
closing_year = banks.groupby(['closing_year']).size()
print(closing_year)
```

❖ 출력 결과

```
closing_year
2000     2
2001     4
2002    11
...
```

```
2015      8
2016      5
2017      8
dtype: int64
```

매년 각 분기에 몇 개의 은행이 파산했는지 궁금하다면 closing_year와 closing_quarter를 기준으로 데이터셋을 그룹화하고 size()로 해당하는 은행의 개수를 구할 수 있습니다.

```
closing_year_q = (
    banks
    .groupby(['closing_year', 'closing_quarter'])
    .size()
)
print(closing_year_q)
```

❖ 출력 결과

```
closing_year  closing_quarter
2000          4                  2
2001          1                  1
              2                  1
              3                  2
2002          1                  6
              2                  2
              3                  1
              4                  2
...
2015          1                  4
              2                  1
              3                  1
              4                  2
2016          1                  1
              2                  2
              3                  2
2017          1                  3
              2                  3
              4                  2
dtype: int64
```

이렇게 구한 연도별, 분기별 파산 은행 개수는 다음과 같이 그래프로 시각화할 수 있습니다.

```
import matplotlib.pyplot as plt

fig, ax = plt.subplots()
ax = closing_year.plot()
plt.show()
```

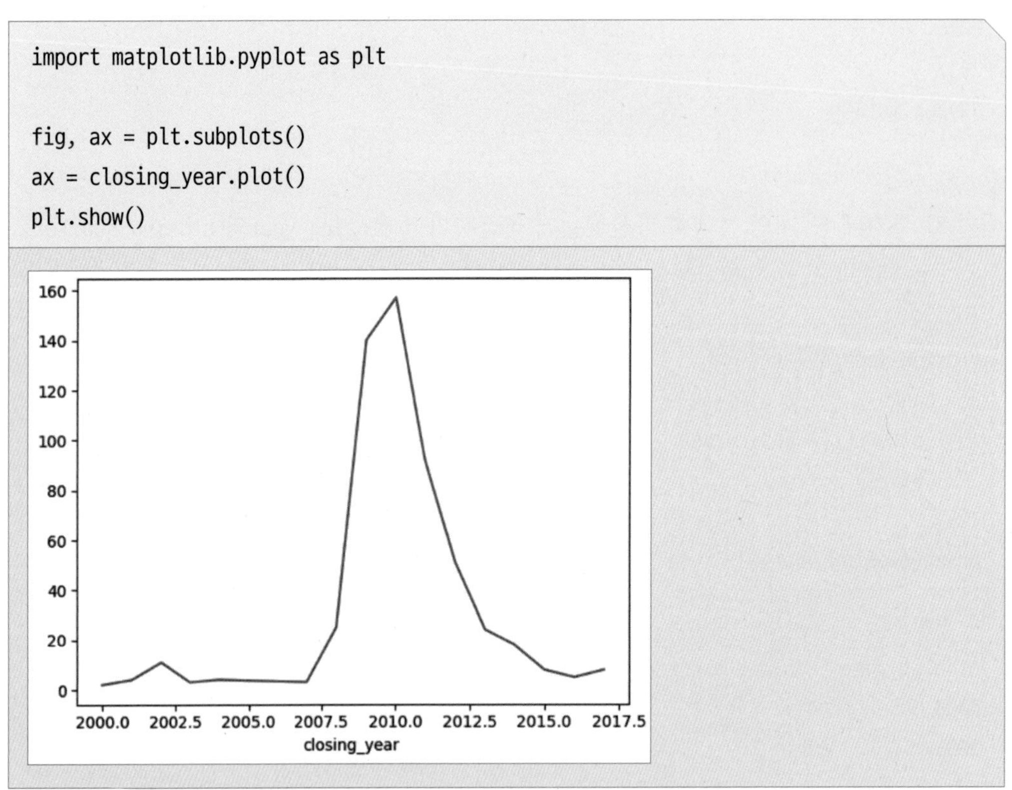


```
fig, ax = plt.subplots()
ax = closing_year_q.plot()
plt.show()
```

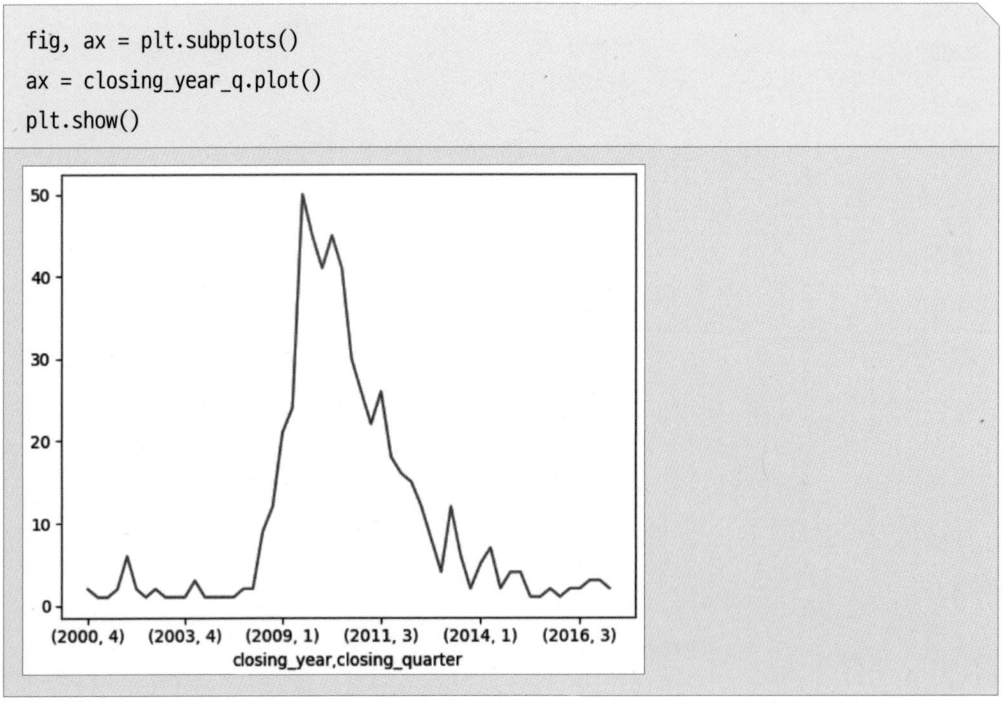

12-7 주식 데이터 다루기

주식 데이터는 시계열 데이터를 대표하는 데이터 중 하나입니다. 파이썬의 pandas-datareader 라이브러리에서 테슬라의 주식 데이터를 불러올 수 있습니다. 이 라이브러리는 지금까지 설치한 적이 없는 라이브러리입니다. 아나콘다 프롬프트에 다음 명령어를 입력하여 pandas-datareader 라이브러리를 설치하세요.

```
pip install pandas-datareader
```

!pip install pandas-datareader처럼 !와 함께 입력하면 주피터 노트북에서도 설치할 수 있습니다.

설치가 끝났다면 테슬라 주식 데이터를 불러옵니다.

```
import pandas_datareader.data as web

tesla = web.DataReader('TSLA', 'stooq')
print(tesla)
```

❖ 출력 결과

```
                Open      High       Low     Close     Volume
Date
2023-10-05  260.0000  263.6000  256.2500  260.0500  119159214
2023-10-04  248.1400  261.8600  247.6000  261.1600  129721567
2023-10-03  248.6100  250.0200  244.4500  246.5300  101985305
2023-10-02  244.8100  254.2799  242.6200  251.6000  123810402
2023-09-29  250.0000  254.7700  246.3500  250.2200  128522729
...              ...       ...       ...       ...        ...
2018-10-12   17.4000   17.4660   16.8007   17.2520  108021060
2018-10-11   17.1687   17.4833   16.6020   16.8153  122516070
2018-10-10   17.6407   17.7007   16.5180   17.1253  192229170
2018-10-09   17.0167   17.7847   16.8867   17.5200  180908610
2018-10-08   17.6347   17.8507   16.6000   16.7040  202089795

[1257 rows x 5 columns]
```

Date 열이 인덱스이고 Open, High, Low 등의 열이 있네요. 조금 더 자세하게 살펴봅시다.

```
tesla.info()
```

❖ 출력 결과

```
<class 'pandas.core.frame.DataFrame'>
DatetimeIndex: 1257 entries, 2023-10-05 to 2018-10-08
Data columns (total 5 columns):
 #   Column  Non-Null Count  Dtype
---  ------  --------------  -----
 0   Open    1257 non-null   float64
 1   High    1257 non-null   float64
 2   Low     1257 non-null   float64
 3   Close   1257 non-null   float64
 4   Volume  1257 non-null   int64
dtypes: float64(4), int64(1)
memory usage: 58.9 KB
```

인덱스가 DatetimeIndex 객체입니다.

```
print(tesla.index)
```

❖ 출력 결과

```
DatetimeIndex(['2023-10-05', '2023-10-04', '2023-10-03', '2023-10-02',
               '2023-09-29', '2023-09-28', '2023-09-27', '2023-09-26',
               '2023-09-25', '2023-09-22',
               ...
               '2018-10-19', '2018-10-18', '2018-10-17', '2018-10-16',
               '2018-10-15', '2018-10-12', '2018-10-11', '2018-10-10',
               '2018-10-09', '2018-10-08'],
              dtype='datetime64[ns]', name='Date', length=1257, freq=None)
```

데이터프레임의 인덱스가 DatetimeIndex라는 객체로 설정되었네요. dtype을 보면 인덱스가 datetime형이라는 것을 알 수 있습니다. DatetimeIndex는 datetime 객체를 데이터프레임의 인덱스로 설정할 때 사용하는 객체입니다.

지금까지 살펴본 정보를 바탕으로 종합하면 pandas-datareader 라이브러리로 불러온 데이터셋 tesla는 datetime형의 Date 열이 인덱스로 설정된 데이터프레임으로 구성된다는 것을 알 수 있습니다.

이번에는 이 책에서 제공하는 tesla_stack_yahoo.csv 파일을 read_csv()로 불러와서 살펴봅니다.

```
tesla = pd.read_csv('../data/tesla_stock_yahoo.csv')
print(tesla.head())
```

❖ 출력 결과

```
         Date       Open   High        Low      Close  Adj Close    Volume
0  2010-06-29  19.000000  25.00  17.540001  23.889999  23.889999  18766300
1  2010-06-30  25.790001  30.42  23.299999  23.830000  23.830000  17187100
2  2010-07-01  25.000000  25.92  20.270000  21.959999  21.959999   8218800
3  2010-07-02  23.000000  23.10  18.709999  19.200001  19.200001   5139800
4  2010-07-06  20.000000  20.00  15.830000  16.110001  16.110001   6866900
```

날짜 형식의 Date 열이 있네요. read_csv()의 parse_date에 Date 열을 전달하여 datetime형으로 다시 불러옵니다.

```
tesla = pd.read_csv(
    '../data/tesla_stock_yahoo.csv', parse_dates=["Date"]
)
```

info()를 호출하여 Date 열이 datetime형으로 바뀌었는지 확인합니다.

```
print(tesla.info())
```

❖ 출력 결과

```
<class 'pandas.core.frame.DataFrame'>
RangeIndex: 1791 entries, 0 to 1790
Data columns (total 7 columns):
 #   Column     Non-Null Count  Dtype
---  ------     --------------  -----
 0   Date       1791 non-null   datetime64[ns]
 1   Open       1791 non-null   float64
 2   High       1791 non-null   float64
 3   Low        1791 non-null   float64
 4   Close      1791 non-null   float64
```

datetime형으로 바뀌었습니다.

```
 5   Adj Close  1791 non-null   float64
 6   Volume     1791 non-null   int64
dtypes: datetime64[ns](1), float64(5), int64(1)
memory usage: 98.1 KB
```

다음 절에서는 pandas-datareader 라이브러리로 불러온 데이터프레임과 같이 datetime형을 인덱스로 설정하는 방법을 알아봅니다.

12-8 시간별 데이터 추출하기

dt 속성을 사용하면 연과 월 정보를 알 수 있으므로 이 정보를 바탕으로 데이터를 추출할 수 있습니다.

예를 들어 주식 데이터셋에서 2010년 6월 데이터만 추출하고 싶다면 다음과 같은 조건식을 사용합니다.

```
print(
    tesla.loc[
        (tesla.Date.dt.year == 2010) & (tesla.Date.dt.month == 6)
    ]
)
```

❖ 출력 결과

```
        Date       Open   High        Low      Close  Adj Close    Volume
0 2010-06-29  19.000000  25.00  17.540001  23.889999  23.889999  18766300
1 2010-06-30  25.790001  30.42  23.299999  23.830000  23.830000  17187100
```

여러 날짜의 데이터를 추출하고 싶다면 매번 이렇게 조건문을 작성하기는 번거로울 겁니다. 조건문을 일일이 작성하는 대신 인덱스를 활용하면 시간별 데이터를 간단하게 추출할 수 있습니다.

Do it! 실습 DatetimeIndex 객체로 추출하기

시계열 데이터를 처리할 때 보통 시간을 기준으로 데이터를 분석할 때가 흔합니다. 이럴 때는 datetime 객체를 데이터프레임의 인덱스로 설정하면 편리합니다. 지금까지 데이터셋을 데이터프레임으로 처리할 때 행 번호를 인덱스로 사용했습니다. 그러나 규칙이 같은 행 번호 인덱스를 설정한 데이터프레임을 연결할 때 인덱스 중복 등의 문제가 발생할 수 있으므로 데이터에 적합한 인덱스를 설정하는 것이 중요합니다.

1. tesla 데이터셋의 Date 열을 인덱스로 설정해 봅시다.

```
tesla.index = tesla['Date']
print(tesla.index)
```

❖ 출력 결과

```
DatetimeIndex(['2010-06-29', '2010-06-30', '2010-07-01', '2010-07-02',
               '2010-07-06', '2010-07-07', '2010-07-08', '2010-07-09',
               '2010-07-12', '2010-07-13',
               ...
               '2017-07-26', '2017-07-27', '2017-07-28', '2017-07-31',
               '2017-08-01', '2017-08-02', '2017-08-03', '2017-08-04',
               '2017-08-07', '2017-08-08'],
              dtype='datetime64[ns]', name='Date', length=1791, freq=None)
```

2. datetime 객체를 인덱스로 설정하면 원하는 날짜의 데이터를 쉽게 추출할 수 있습니다. 예를 들어 다음과 같이 특정 연도의 데이터를 간단하게 추출할 수 있습니다.

```
print(tesla.loc['2015'])
```

❖ 출력 결과

```
                 Date        Open        High         Low       Close  \
Date
2015-01-02 2015-01-02  222.869995  223.250000  213.259995  219.309998
2015-01-05 2015-01-05  214.550003  216.500000  207.160004  210.089996
2015-01-06 2015-01-06  210.059998  214.199997  204.210007  211.279999
...               ...         ...         ...         ...         ...
2015-12-29 2015-12-29  230.059998  237.720001  229.550003  237.190002
2015-12-30 2015-12-30  236.600006  243.630005  235.669998  238.089996
2015-12-31 2015-12-31  238.509995  243.449997  238.369995  240.009995

             Adj Close   Volume
Date
2015-01-02  219.309998  4764400
2015-01-05  210.089996  5368500
2015-01-06  211.279999  6261900
...                ...      ...
```

```
2015-12-29  237.190002  2406300
2015-12-30  238.089996  3697900
2015-12-31  240.009995  2683200

[252 rows x 7 columns]
```

3. 특정 연과 월을 기준으로 데이터를 추출할 수도 있습니다.

```
print(tesla.loc['2010-06'])
```

❖ 출력 결과

```
                 Date       Open   High        Low      Close  Adj Close  \
Date
2010-06-29 2010-06-29  19.000000  25.00  17.540001  23.889999  23.889999
2010-06-30 2010-06-30  25.790001  30.42  23.299999  23.830000  23.830000

              Volume
Date
2010-06-29  18766300
2010-06-30  17187100
```

Do it! 실습 TimedeltaIndex 객체로 추출하기

datetime을 인덱스로 설정하면 DatetimeIndex 객체가 생성되듯이 timedelta를 인덱스로 설정하면 TimedeltaIndex 객체가 생성됩니다.

1. 데이터셋에 있는 가장 오래된 날짜를 Date 열의 min()으로 구하고 Date 열의 값과 차이를 계산하여 ref_date라는 새로운 열을 생성합니다.

```
tesla['ref_date'] = tesla['Date'] - tesla['Date'].min()
```

2. 앞에서 datetime을 뺄셈으로 계산하면 timedelta 객체가 된다고 설명했죠? timedelta형의 ref_date 열을 인덱스로 설정해 봅시다.

```
tesla.index = tesla['ref_date']
print(tesla.index)
```

❖ 출력 결과

```
TimedeltaIndex([   '0 days',    '1 days',    '2 days',    '3 days',
                   '7 days',    '8 days',    '9 days',   '10 days',
                  '13 days',   '14 days',
                ...
                '2584 days', '2585 days', '2586 days', '2589 days',
                '2590 days', '2591 days', '2592 days', '2593 days',
                '2596 days', '2597 days'],
               dtype='timedelta64[ns]', name='ref_date', length=1791, freq=None)
```

3. 인덱스가 TimedeltaIndex 객체로 설정되었음을 알 수 있습니다. 그럼 전체 데이터를 한번 살펴볼까요?

```
print(tesla)
```

❖ 출력 결과

```
                 Date        Open        High         Low       Close  \
ref_date
0 days     2010-06-29   19.000000   25.000000   17.540001   23.889999
1 days     2010-06-30   25.790001   30.420000   23.299999   23.830000
2 days     2010-07-01   25.000000   25.920000   20.270000   21.959999
...               ...         ...         ...         ...         ...
2593 days 2017-08-04  347.000000  357.269989  343.299988  356.910004
2596 days 2017-08-07  357.350006  359.480011  352.750000  355.170013
2597 days 2017-08-08  357.529999  368.579987  357.399994  365.220001

            Adj Close    Volume  ref_date
ref_date
0 days      23.889999  18766300    0 days
1 days      23.830000  17187100    1 days
2 days      21.959999   8218800    2 days
...               ...       ...       ...
2593 days  356.910004   9198400 2593 days
2596 days  355.170013   6276900 2596 days
```

```
2597 days  365.220001   7449837 2597 days

[1791 rows x 8 columns]
```

4. 마지막으로 시간 간격이 0일부터 10일까지인 데이터를 추출해 봅시다.

```
print(tesla.loc['0 day': '10 day'])
```

❖ 출력 결과

```
               Date       Open       High        Low      Close  Adj Close  \
ref_date
0 days   2010-06-29  19.000000  25.000000  17.540001  23.889999  23.889999
1 days   2010-06-30  25.790001  30.420000  23.299999  23.830000  23.830000
2 days   2010-07-01  25.000000  25.920000  20.270000  21.959999  21.959999
3 days   2010-07-02  23.000000  23.100000  18.709999  19.200001  19.200001
7 days   2010-07-06  20.000000  20.000000  15.830000  16.110001  16.110001
8 days   2010-07-07  16.400000  16.629999  14.980000  15.800000  15.800000
9 days   2010-07-08  16.139999  17.520000  15.570000  17.459999  17.459999
10 days  2010-07-09  17.580000  17.900000  16.549999  17.400000  17.400000

            Volume ref_date
ref_date
0 days    18766300   0 days
1 days    17187100   1 days
2 days     8218800   2 days
3 days     5139800   3 days
7 days     6866900   7 days
8 days     6921700   8 days
9 days     7711400   9 days
10 days    4050600  10 days
```

12-9 시간 범위 다루기

앞서 사용한 주식 데이터는 매일 주가를 기록한 것입니다. 하지만 가끔은 데이터를 수집하지 못한 날도 있을 수 있겠죠. 이처럼 특정 일이 빠진 데이터도 포함하여 데이터를 살펴보려면 어떻게 해야 할까요? 이럴 때는 원하는 시간 범위를 생성하고 이를 인덱스로 지정해야 합니다.
먼저 에볼라 데이터셋을 불러와서 처음 5개 행을 살펴보겠습니다.

```
ebola = pd.read_csv(
    '../data/country_timeseries.csv', parse_dates=["Date"]
)
print(ebola.iloc[:, :5])
```

❖ 출력 결과

```
          Date  Day  Cases_Guinea  Cases_Liberia  Cases_SierraLeone
0   2015-01-05  289        2776.0            NaN            10030.0
1   2015-01-04  288        2775.0            NaN             9780.0
2   2015-01-03  287        2769.0         8166.0             9722.0
3   2015-01-02  286           NaN         8157.0                NaN
4   2014-12-31  284        2730.0         8115.0             9633.0
..         ...  ...           ...            ...                ...
117 2014-03-27    5         103.0            8.0                6.0
118 2014-03-26    4          86.0            NaN                NaN
119 2014-03-25    3          86.0            NaN                NaN
120 2014-03-24    2          86.0            NaN                NaN
121 2014-03-22    0          49.0            NaN                NaN

[122 rows x 5 columns]
```

출력 결과를 보면 날짜가 2015-01-01인 데이터가 없습니다.
판다스의 date_range() 함수를 사용하여 시작 날짜와 끝 날짜를 지정하면 해당 범위의 모든 날짜를 포함한 DatetimeIndex를 생성할 수 있습니다.

```
head_range = pd.date_range(start='2014-12-31', end='2015-01-05')
print(head_range)
```

❖ 출력 결과

```
DatetimeIndex(['2014-12-31', '2015-01-01', '2015-01-02', '2015-01-03',
               '2015-01-04', '2015-01-05'],
              dtype='datetime64[ns]', freq='D')
```

freq='D'는 주기가 매일 단위라는 뜻입니다.

생성한 날짜 범위에 맞게 에볼라 데이터셋의 처음 5개 행을 추출합니다.

```
ebola_5 = ebola.head()
```

head_range를 인덱스로 설정하려면 먼저 Date 열을 인덱스로 설정해야 합니다.

```
ebola_5.index = ebola_5['Date']
```

이제 reindex()에 head_range를 전달하여 새로 생성한 DatetimeIndex로 인덱스를 다시 설정합니다.

```
ebola_5 = ebola_5.reindex(head_range)
print(ebola_5.iloc[:, :5])
```

❖ 출력 결과

```
Date       Day  Cases_Guinea  Cases_Liberia  Cases_SierraLeone
2014-12-31 2014-12-31   284.0        2730.0           8115.0          9633.0
2015-01-01        NaT     NaN           NaN              NaN             NaN
2015-01-02 2015-01-02   286.0           NaN           8157.0             NaN
2015-01-03 2015-01-03   287.0        2769.0           8166.0          9722.0
2015-01-04 2015-01-04   288.0        2775.0              NaN          9780.0
2015-01-05 2015-01-05   289.0        2776.0              NaN         10030.0
```

인덱스 외에는 값이 없습니다.

그러면 날짜 2015-01-01 이외 모든 데이터를 NaN으로 설정합니다.

NaT는 Not a Time의 줄임말로, datetime형 결측값을 뜻합니다.

시간 범위의 주기 설정하기

head_range를 출력한 결과를 보면 DatetimeIndex에 freq라는 매개변수가 있다는 것을 알 수 있습니다. head_range는 freq의 값이 'D'로 설정되어 있죠. 이 값은 일이라는 뜻으로, head_range가 일을 기준으로 시간 범위의 날짜를 생성했다는 의미입니다.

다음은 freq에 사용할 수 있는 시간 주기를 정리한 표입니다.

시간 주기	설명
B	평일
C	사용자가 정의한 평일
D	달력 일자 단위
W	주 단위
M	월 마지막 날
SM	15일과 월 마지막 날
BM	M 주기의 값이 휴일이면 이를 제외한 평일만
CBM	BM에 사용자 정의 평일을 적용
MS	월 시작일
SMS	월 시작일과 15일
BMS	MS 주기의 값이 휴일이면 이를 제외한 평일만
CBMS	BMS에 사용자 정의 평일 적용
Q	3, 6, 9, 12월 분기 마지막 날
BQ	3, 6, 9, 12월 분기 마지막 날이 휴일이면 이를 제외한 평일만
QS	3, 6, 9, 12월 분기 시작일
BQS	3, 6, 9, 12월 분기 시작일이 휴일이면 이를 제외한 평일만
A	연 마지막 날
BA	연 마지막 날이 휴일이면 이를 제외한 평일만
AS	연 시작일
BAS	연 시작일이 휴일이면 이를 제외한 평일만
BH	업무 시간 단위
H	시간 단위
T	분 단위

S	초 단위
L	밀리초 단위
U	마이크로초 단위
N	나노초 단위

예를 들어 주말과 공휴일을 제외한 평일 주기로 시간 범위의 날짜를 생성하고 싶다면 다음과 같이 freq에 'B'를 전달하면 됩니다.

```
print(pd.date_range('2022-01-01', '2022-01-07', freq='B'))
```

❖ 출력 결과

```
DatetimeIndex(['2022-01-03', '2022-01-04', '2022-01-05', '2022-01-06',
               '2022-01-07'],
              dtype='datetime64[ns]', freq='B')
```

Do it! 실습 시간 범위의 주기 간격 설정하기

시간 범위의 주기 간격도 설정할 수 있습니다. 예를 들어 평일 주기로 간격을 설정할 때 격일로 데이터를 생성하도록 설정할 수 있습니다.

1. freq에 'B' 대신 두 배 주기를 의미하는 '2B'를 전달합니다.

```
print(pd.date_range('2022-01-01', '2022-01-07', freq='2B'))
```

❖ 출력 결과

```
DatetimeIndex(['2022-01-03', '2022-01-05', '2022-01-07'],
              dtype='datetime64[ns]', freq='2B')
```

시간 주기 앞에 배수를 덧붙여 간격을 설정했습니다.

2. 다양한 시간 주기와 조합하여 주기 간격을 설정할 수도 있습니다. 예를 들어 2022년 매월 첫 번째 목요일은 다음과 같이 설정합니다. 'WOM'은 Week Of Month의 머리글자입니다.

```
print(pd.date_range('2022-01-01', '2022-12-31', freq='WOM-1THU'))
```

❖ 출력 결과

```
DatetimeIndex(['2022-01-06', '2022-02-03', '2022-03-03', '2022-04-07',
               '2022-05-05', '2022-06-02', '2022-07-07', '2022-08-04',
               '2022-09-01', '2022-10-06', '2022-11-03', '2022-12-01'],
              dtype='datetime64[ns]', freq='WOM-1THU')
```

또는 매월 세 번째 금요일로 설정할 수도 있습니다.

```
print(pd.date_range('2022-01-01', '2022-12-31', freq='WOM-3FRI'))
```

❖ 출력 결과

```
DatetimeIndex(['2022-01-21', '2022-02-18', '2022-03-18', '2022-04-15',
               '2022-05-20', '2022-06-17', '2022-07-15', '2022-08-19',
               '2022-09-16', '2022-10-21', '2022-11-18', '2022-12-16'],
              dtype='datetime64[ns]', freq='WOM-3FRI')
```

다양한 시간 주기 설정은 공식 문서[3]를 참고하세요.

3 https://pandas.pydata.org/docs/user_guide/timeseries.html#offset-aliases

12-10
열 방향으로 값 옮기기

나라별로 에볼라의 확산 속도를 비교하고 싶다면 어떻게 해야 할까요? 나라별로 확산이 시작된 날짜가 서로 다르므로 단순히 시간을 기준으로 데이터를 분석하면 확산 속도를 비교하기 어렵습니다. 이럴 때는 시작 날짜를 맞추는 것이 좋습니다.

먼저 에볼라 데이터셋의 Date 열을 기준으로 나라별 확산 경향을 그래프로 그려 볼까요?

```
import matplotlib.pyplot as plt

ebola.index = ebola['Date']

fig, ax = plt.subplots()
ax = ebola.plot(ax=ax)
ax.legend(fontsize=7, loc=2, borderaxespad=0.0)
plt.show()
```

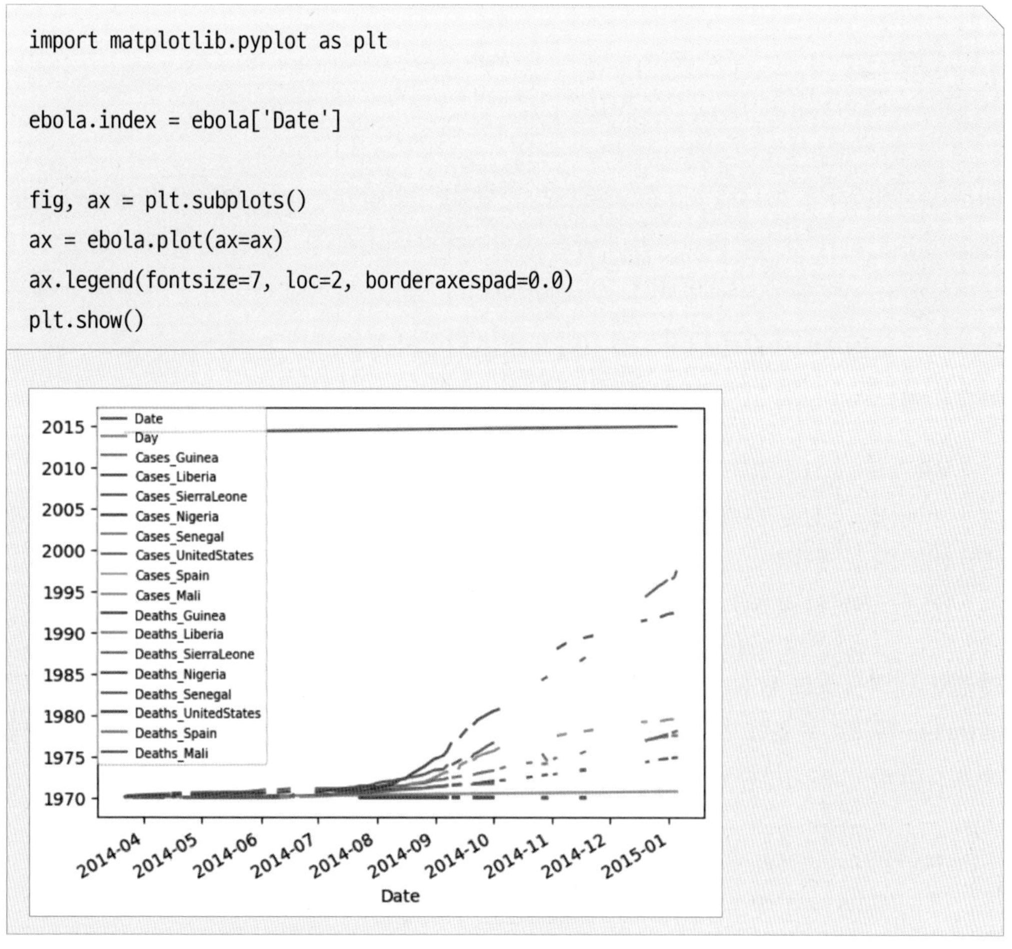

나라별로 에볼라 발병일이 달라 그래프가 그려지기 시작한 날짜가 모두 다릅니다. 예를 들어 에볼라 데이터셋의 Guinea와 Liberia 열을 추출하여 비교해 봅시다.

```
ebola_sub = ebola[['Day', 'Cases_Guinea', 'Cases_Liberia']]
print(ebola_sub.tail(10))
```

❖ 출력 결과

```
            Day  Cases_Guinea  Cases_Liberia
Date
2014-04-04   13         143.0           18.0
2014-04-01   10         127.0            8.0
2014-03-31    9         122.0            8.0
2014-03-29    7         112.0            7.0
2014-03-28    6         112.0            3.0
2014-03-27    5         103.0            8.0
2014-03-26    4          86.0            NaN
2014-03-25    3          86.0            NaN
2014-03-24    2          86.0            NaN
2014-03-22    0          49.0            NaN
```

Guinea는 에볼라가 2014년 3월 22일부터 발병했지만 Liberia는 2014년 3월 27일부터 발병했습니다. 달리기 속도를 비교하려면 같은 출발선에서 시작하여 시간을 측정해야 하듯이 에볼라의 확산 속도도 같은 방법으로 측정해야 합니다. 즉, 각 나라의 발병일을 가장 먼저 에볼라가 발병한 Guinea와 같은 위치로 옮겨야 나라별 확산 속도를 제대로 비교할 수 있습니다. 날짜를 옮기는 단계는 다음과 같습니다.

- 날짜가 결측값일 수 있으므로 시간 범위를 날짜별로 생성하여 인덱스를 다시 설정합니다.
- 데이터셋의 가장 오래된 날짜와 각 열의 가장 오래된 유효 데이터(NaN이 아닌 데이터)의 날짜 차이를 계산합니다.
- 계산된 차이만큼 각 열을 옮깁니다.

에볼라 데이터셋을 다시 불러와서 초기화합니다. Date 열을 parse_dates에 전달하여 datetime 객체로 변환하고 이 열을 인덱스로 설정합니다. read_csv()에서 이 모든 과정을 다음과 같이 한 번에 처리할 수 있습니다.

```
ebola = pd.read_csv(
    "../data/country_timeseries.csv",
    parse_dates=["Date"],
    index_col="Date",
)
print(ebola.iloc[:, :4])
```

Date 열을 datetime 객체로 변환하고 이를 인덱스로 설정합니다.

```
❖ 출력 결과
            Day  Cases_Guinea  Cases_Liberia  Cases_SierraLeone
Date
2015-01-05  289        2776.0            NaN            10030.0
2015-01-04  288        2775.0            NaN             9780.0
2015-01-03  287        2769.0         8166.0             9722.0
2015-01-02  286           NaN         8157.0                NaN
...         ...           ...            ...                ...
2014-03-26    4          86.0            NaN                NaN
2014-03-25    3          86.0            NaN                NaN
2014-03-24    2          86.0            NaN                NaN
2014-03-22    0          49.0            NaN                NaN

[122 rows x 4 columns]
```

다음으로, 데이터에 없는 날짜를 모두 채울 수 있도록 시간 범위를 생성합니다. 모든 날짜가 있는 DatetimeIndex로 인덱스를 설정하면 날짜의 차이가 곧 이동해야 하는 행의 수와 같아지므로 처리하기 쉽습니다.

```
new_idx = pd.date_range(ebola.index.min(), ebola.index.max())
print(new_idx)
```

```
❖ 출력 결과
DatetimeIndex(['2014-03-22', '2014-03-23', '2014-03-24', '2014-03-25',
               '2014-03-26', '2014-03-27', '2014-03-28', '2014-03-29',
               '2014-03-30', '2014-03-31',
               ...
               '2014-12-27', '2014-12-28', '2014-12-29', '2014-12-30',
               '2014-12-31', '2015-01-01', '2015-01-02', '2015-01-03',
               '2015-01-04', '2015-01-05'],
              dtype='datetime64[ns]', length=290, freq='D')
```

new_idx를 보면 날짜의 순서가 데이터셋과 다르게 가장 오래된 날짜부터 오름차순으로 정렬되었습니다. 이를 뒤집어 데이터셋과 같은 순서로 만듭니다.

```
new_idx = reversed(new_idx)
print(new_idx)
```

❖ 출력 결과

```
<reversed object at 0x0000027BF6CD9240>
```

이제 데이터의 인덱스를 다시 설정합니다. 해당 인덱스에 데이터가 없다면 나머지 값을 NaN으로 입력한 행을 만듭니다.

```
ebola = ebola.reindex(new_idx)
```

결과 데이터의 head()와 tail()을 보면 기존에 없던 날짜는 NaN 행으로 데이터에 추가된 것을 알 수 있습니다.

```
print(ebola.iloc[:, :4])
```

❖ 출력 결과

```
              Day  Cases_Guinea  Cases_Liberia  Cases_SierraLeone
Date
2015-01-05  289.0        2776.0            NaN            10030.0
2015-01-04  288.0        2775.0            NaN             9780.0
2015-01-03  287.0        2769.0         8166.0             9722.0
2015-01-02  286.0           NaN         8157.0                NaN
2015-01-01    NaN           NaN            NaN                NaN
...           ...           ...            ...                ...
2014-03-26    4.0          86.0            NaN                NaN
2014-03-25    3.0          86.0            NaN                NaN
2014-03-24    2.0          86.0            NaN                NaN
2014-03-23    NaN           NaN            NaN                NaN
2014-03-22    0.0          49.0            NaN                NaN
[290 rows x 4 columns]
```

시간 범위를 생성하고 인덱스를 다시 설정했다면 다음 단계는 데이터셋에서 가장 오래된 날짜와 각 열의 NaN이 아닌 가장 오래된 유효 날짜와의 차이를 계산하는 것입니다. 이때 결측값이 아니거나 null이 아닌 마지막 값의 인덱스 이름을 반환하는 last_valid_index() 메서드를 활용할 수 있습니다.

반대로 결측값이 아니거나 null이 아닌 첫 번째 값을 반환하는 first_valid_index() 메서드도 있습니다. last_valid_index() 메서드는 시리즈의 메서드이므로 데이터프레임의 모든 열에 적용하려면 apply() 메서드를 이용합니다.

```
last_valid = ebola.apply(pd.Series.last_valid_index)
print(last_valid)
```

❖ 출력 결과

```
Day                     2014-03-22
Cases_Guinea            2014-03-22
Cases_Liberia           2014-03-27
Cases_SierraLeone       2014-03-27
Cases_Nigeria           2014-07-23
...                            ...
Deaths_Senegal          2014-09-07
Deaths_UnitedStates     2014-10-01
Deaths_Spain            2014-10-08
Deaths_Mali             2014-10-22
dtype: datetime64[ns]
```

다음으로, 데이터셋에서 가장 오래된 날짜를 확인합니다.

```
earliest_date = ebola.index.min()
print(earliest_date)
```

❖ 출력 결과

```
2014-03-22 00:00:00
```

그리고 각 열의 가장 오래된 유효 날짜인 last_valid에서 이 날짜를 뺍니다.

```
shift_values = last_valid - earliest_date
print(shift_values)
```

```
❖ 출력 결과
Day                        0 days
Cases_Guinea               0 days
Cases_Liberia              5 days
Cases_SierraLeone          5 days
Cases_Nigeria            123 days
...                          ...
Deaths_Senegal           169 days
Deaths_UnitedStates      193 days
Deaths_Spain             200 days
Deaths_Mali              214 days
dtype: timedelta64[ns]
```

마지막으로 shift() 메서드를 사용하여 각 열을 순회하면서 shift_values값만큼 열을 아래로 옮깁니다. shift_values값은 모두 양수입니다. 값이 음수라면 같은 코드를 실행했을 때 열을 위로 옮기게 됩니다. 옮긴 데이터는 딕셔너리 ebola_dict에 열 이름을 key로 하여 저장합니다. 자세한 결과는 print(ebola_dict)의 주석을 해제하고 확인하세요.

```
ebola_dict = {}

for idx, col in enumerate(ebola):
    d = shift_values[idx].days
    shifted = ebola[col].shift(d)
    ebola_dict[col] = shifted

# print(ebola_dict)
```

순서를 알려 주는 enumerate() 함수를 이용하여 열(시리즈)마다 순회합니다.

각 열의 이름과 시리즈를 담은 딕셔너리를 생성하고 DataFrame() 메서드를 이용해 이를 데이터프레임으로 변환합니다.

```
ebola_shift = pd.DataFrame(ebola_dict)
```

이제 각 열 마지막 행에 값이 있는데, 이는 열이 아래로 올바르게 이동했다는 뜻입니다.

```
print(ebola_shift.tail())
```

❖ 출력 결과

```
<class 'pandas.core.frame.DataFrame'>[1704 rows x 6 columns]          Day
Cases_Guinea  Cases_Liberia  Cases_SierraLeone  \
Date
2014-03-26  4.0          86.0            8.0              2.0
2014-03-25  3.0          86.0            NaN              NaN
2014-03-24  2.0          86.0            7.0              NaN
2014-03-23  NaN           NaN            3.0              2.0
2014-03-22  0.0          49.0            8.0              6.0

            Cases_Nigeria  Cases_Senegal  Cases_UnitedStates  Cases_Spain  \
Date
2014-03-26            1.0            NaN                 1.0          1.0
2014-03-25            NaN            NaN                 NaN          NaN
2014-03-24            NaN            NaN                 NaN          NaN
2014-03-23            NaN            NaN                 NaN          NaN
2014-03-22            0.0            1.0                 1.0          1.0

            Cases_Mali  Deaths_Guinea  Deaths_Liberia  Deaths_SierraLeone  \
Date
2014-03-26         NaN           62.0             4.0                 2.0
2014-03-25         NaN           60.0             NaN                 NaN
2014-03-24         NaN           59.0             2.0                 NaN
2014-03-23         NaN            NaN             3.0                 2.0
2014-03-22         1.0           29.0             6.0                 5.0
            Deaths_Nigeria  Deaths_Senegal  Deaths_UnitedStates  Deaths_Spain  \
Date
2014-03-26             1.0             NaN                  0.0           1.0
2014-03-25             NaN             NaN                  NaN           NaN
2014-03-24             NaN             NaN                  NaN           NaN
2014-03-23             NaN             NaN                  NaN           NaN
2014-03-22             0.0             0.0                  0.0           1.0

            Deaths_Mali
Date
2014-03-26          NaN
2014-03-25          NaN
```

```
2014-03-24          NaN
2014-03-23          NaN
2014-03-22          1.0
```

시작 날짜를 옮긴 데이터에서 인덱스였던 날짜는 더는 의미가 없습니다. 따라서 인덱스를 제거하고 발병일을 기준으로 며칠이 지났는지를 나타내는 Day 열을 인덱스로 다시 설정합니다. 이제 Day는 전체 발병 첫날이 아닌 국가별 발병 첫날과 각 데이터의 날짜 차이를 나타냅니다.

```
ebola_shift.index = ebola_shift['Day']
ebola_shift = ebola_shift.drop(['Day'], axis="columns")
print(ebola_shift.tail())
```

❖ 출력 결과

```
     Cases_Guinea  Cases_Liberia  Cases_SierraLeone  Cases_Nigeria  \
Day
4.0          86.0            8.0                2.0            1.0
3.0          86.0            NaN                NaN            NaN
2.0          86.0            7.0                NaN            NaN
NaN           NaN            3.0                2.0            NaN
0.0          49.0            8.0                6.0            0.0

     Cases_Senegal  Cases_UnitedStates  Cases_Spain  Cases_Mali  \
Day
4.0            NaN                 1.0          1.0         NaN
3.0            NaN                 NaN          NaN         NaN
2.0            NaN                 NaN          NaN         NaN
NaN            NaN                 NaN          NaN         NaN
0.0            1.0                 1.0          1.0         1.0

     Deaths_Guinea  Deaths_Liberia  Deaths_SierraLeone  Deaths_Nigeria  \
Day
4.0           62.0             4.0                 2.0             1.0
3.0           60.0             NaN                 NaN             NaN
2.0           59.0             2.0                 NaN             NaN
NaN            NaN             3.0                 2.0             NaN
0.0           29.0             6.0                 5.0             0.0
```

```
     Deaths_Senegal  Deaths_UnitedStates  Deaths_Spain  Deaths_Mali
Day
4.0             NaN                  0.0           1.0          NaN
3.0             NaN                  NaN           NaN          NaN
2.0             NaN                  NaN           NaN          NaN
NaN             NaN                  NaN           NaN          NaN
0.0             0.0                  0.0           1.0          1.0
```

12-11
시간 주기 변경하기

datetime의 시간 주기를 변경하는 것을 리샘플링resampling이라고 합니다. 리샘플링에는 다음과 같은 세 가지 유형이 있습니다.

- **다운샘플링**: 작은 주기에서 큰 주기로 변경하기(예: 일 기준에서 월 기준으로)
- **업샘플링**: 큰 주기에서 작은 주기로 변경하기(예: 월 기준에서 일 기준으로)
- **변경 없음**: 주기의 크기는 변경하지 않고 세부 설정만 변경하기(예: 매월 첫 번째 목요일에서 매월 마지막 주 금요일로)

resample() 메서드에 원하는 시간 주기를 전달하여 인덱스의 시간 주기를 변경할 수 있습니다. 예를 들어 일 기준으로 주기가 설정된 **ebola** 데이터프레임의 인덱스를 월 기준으로 변경해 봅니다. 인덱스가 월 기준으로 변경되면 일 기준으로 작성된 데이터를 월 단위로 취합해야 합니다. 여기서는 mean()으로 평균값을 사용했습니다.

```
down = ebola.resample('M').mean()
print(down.iloc[:, :5])
```

주기를 월로 설정하고 평균을 구합니다.

❖ 출력 결과

```
                   Day  Cases_Guinea  Cases_Liberia  Cases_SierraLeone  \
Date
2014-03-31    4.500000     94.500000       6.500000           3.333333
2014-04-30   24.333333    177.818182      24.555556           2.200000
2014-05-31   51.888889    248.777778      12.555556           7.333333
2014-06-30   84.636364    373.428571      35.500000         125.571429
2014-07-31  115.700000    423.000000     212.300000         420.500000
2014-08-31  145.090909    559.818182     868.818182         844.000000
2014-09-30  177.500000    967.888889    2815.625000        1726.000000
2014-10-31  207.470588   1500.444444    4758.750000        3668.111111
2014-11-30  237.214286   1950.500000    7039.000000        5843.625000
2014-12-31  271.181818   2579.625000    7902.571429        8985.875000
2015-01-31  287.500000   2773.333333    8161.500000        9844.000000
```

```
             Cases_Nigeria
Date
2014-03-31             NaN
2014-04-30             NaN
2014-05-31             NaN
2014-06-30             NaN
2014-07-31        1.333333
2014-08-31       13.363636
2014-09-30       20.714286
2014-10-31       20.000000
2014-11-30       20.000000
2014-12-31       20.000000
2015-01-31             NaN
```

이를 다시 일 기준으로 변경해 볼까요? 월별로 작성된 데이터를 일별로 나눌 방법은 없으므로 월별 마지막 날을 제외한 나머지 일자는 모두 NaN으로 채웁니다.

```
up = down.resample('D').mean()
print(up.iloc[:, :5])
```

❖ 출력 결과

```
              Day  Cases_Guinea  Cases_Liberia  Cases_SierraLeone  \
Date
2014-03-31    4.5     94.500000            6.5           3.333333
2014-04-01    NaN           NaN            NaN                NaN
2014-04-02    NaN           NaN            NaN                NaN
2014-04-03    NaN           NaN            NaN                NaN
2014-04-04    NaN           NaN            NaN                NaN
...           ...           ...            ...                ...
2015-01-27    NaN           NaN            NaN                NaN
2015-01-28    NaN           NaN            NaN                NaN
2015-01-29    NaN           NaN            NaN                NaN
2015-01-30    NaN           NaN            NaN                NaN
2015-01-31  287.5   2773.333333         8161.5        9844.000000


             Cases_Nigeria
Date
```

```
2014-03-31              NaN
2014-04-01              NaN
2014-04-02              NaN
2014-04-03              NaN
2014-04-04              NaN
...                     ...
2015-01-27              NaN
2015-01-28              NaN
2015-01-29              NaN
2015-01-30              NaN
2015-01-31              NaN

[307 rows x 5 columns]
```

12-12 시간대 다루기

지역별 또는 나라별로 사용하는 시간대가 다릅니다. 따라서 시간을 다루는 프로그램을 설계하거나 데이터를 처리할 때는 기준 지역에 따른 시간대를 고려하는 것이 매우 중요합니다.
예를 들어 서머 타임 제도가 있는 나라와 없는 나라는 서로 다른 시간대를 사용하며 심지어 서머 타임 제도를 적용하는 나라라도 연중 제도를 적용하는 날짜가 다르기도 합니다. 윤년과 같은 특이한 날짜도 있죠.
이러한 예외를 모두 고려하여 시간을 처리하기 복잡하다고 생각할 수 있지만 다행히도 파이썬은 시간대 처리에 특화된 pytz 라이브러리를 제공합니다. 이 라이브러리는 판다스에서 시간대를 처리할 때도 사용합니다.

```
import pytz
```

pytz 라이브러리에는 다양한 지역별 시간대를 제공합니다. 몇 종류인지 살펴볼까요?

```
print(len(pytz.all_timezones))
```

❖ 출력 결과

```
596
```

미국 시간대를 한번 살펴보겠습니다. 정규식을 사용하여 US로 시작하는 시간대를 찾습니다.

```
import re

regex = re.compile(r'^US')
selected_files = filter(regex.search, pytz.common_timezones)
print(list(selected_files))
```

❖ 출력 결과

```
['US/Alaska', 'US/Arizona', 'US/Central', 'US/Eastern', 'US/Hawaii', 'US/Moun-
tain', 'US/Pacific']
```

pytz.all_timezones()에 원하는 시간대를 나타내는 문자열을 전달하면 판다스에서 매우 쉽게 시간대를 처리할 수 있습니다. 예를 들어 뉴욕의 JFK 공항에서 오전 7:00에 출발하여 로스앤젤레스의 LAX 공항에 오전 9:57에 도착하는 비행 편이 있다고 가정하겠습니다. 시간대를 고려하여 출발 시간과 도착 시간을 표현하려면 어떻게 해야 할까요?
뉴욕이 속한 시간대를 나타내는 'US/Eastern'을 매개변수 tz로 전달하여 오전 7:00 타임스탬프를 생성합니다.

```
depart = pd.Timestamp('2017-08-29 07:00', tz='US/Eastern')
print(depart)
```

❖ 출력 결과

```
2017-08-29 07:00:00-04:00
```

출력 결과를 보면 출발 시간 옆에 -04:00이 표시됩니다. 기본적으로 판다스의 Timestamp 객체는 협정 세계시(UTC)를 기준으로 시간을 설정하며 tz로 지정한 시간대와 UTC의 차이를 타임스탬프와 함께 기록합니다. 만약 로스앤젤레스의 도착 시간인 09:57을 매개변수 tz 없이 생성하면 어떻게 될까요?

```
arrive = pd.Timestamp('2017-08-29 09:57')
print(arrive)
```

❖ 출력 결과

```
2017-08-29 09:57:00
```

depart와 다르게 arrive는 시간만 표시합니다. 실제 로스앤젤레스의 시간이 UTC와 -7시간 차이가 나는 것을 고려했을 때 이 Timestamp 객체로 시간을 처리하면 문제가 생길 수 있겠죠. 뉴욕과 같이 지역을 반영하여 시간대를 조절하겠습니다. Timestamp 객체의 tz_localize() 메서드를 사용하여 시간대를 설정해 봅시다.

```
arrive = arrive.tz_localize('US/Pacific')
print(arrive)
```

❖ 출력 결과

```
2017-08-29 09:57:00-07:00
```

이번에는 도착 시간을 동부 시간대로 변환하여 비행기가 로스앤젤레스에 도착했을 때 뉴욕 시간은 몇 시인지를 확인해 봅시다.

```
print(arrive.tz_convert('US/Eastern'))
```

❖ 출력 결과

```
2017-08-29 12:57:00-04:00
```

12:57이군요. 뉴욕에서 출발 시간이 7시였던 것을 고려하면 비행시간이 대략 6시간 정도인 것을 알 수 있습니다. 두 시간대의 차이를 다음과 같이 계산해 보세요.

```
duration = arrive - depart
print(duration)
```

❖ 출력 결과

```
0 days 05:57:00
```

12-13 시계열 데이터 다루는 방법 더 알아보기

날짜나 시간 정보가 있는 데이터셋을 많이 다뤄야 한다면 arrow 라이브러리[4]를 공부할 것을 추천합니다. 이 라이브러리를 사용하려면 따로 설치해야 합니다.
arrow 라이브러리는 날짜와 시간 정보를 처리하는 데 특화되었습니다. 이 장에서 살펴본 라이브러리와 사용법이 다르므로 더 공부해야 하지만, 기준 지역에 따른 시간대를 효과적으로 처리할 수 있습니다. pytz와 arrow의 차이가 궁금하다면 폴 간슬Paul Ganssle의 글(영어)[5]을 읽어 보세요.

마무리하며

판다스 라이브러리는 시간을 다루는 다양한 기능을 제공합니다. 이 장에서는 시계열 데이터와 깊은 연관성이 있는 에볼라 데이터와 주식 데이터를 주로 다루었습니다. 우리 주변의 많은 데이터는 시간과 깊이 연관됩니다. 시계열 데이터를 능숙하게 다루는 것은 데이터 분석가의 기본 지식이므로 이 장의 내용은 반드시 익혀 두세요.

4 https://arrow.readthedocs.io/en/latest/
5 https://blog.ganssle.io/articles/2018/03/pytz-fastest-footgun.html

한글

영문

기타

AI & Data Analysis Course

인공지능 & 데이터 분석 코스

인공지능, 데이터 분석도 Do it! 시리즈와 함께!
주어진 순서대로 차근차근 독파해 보세요!

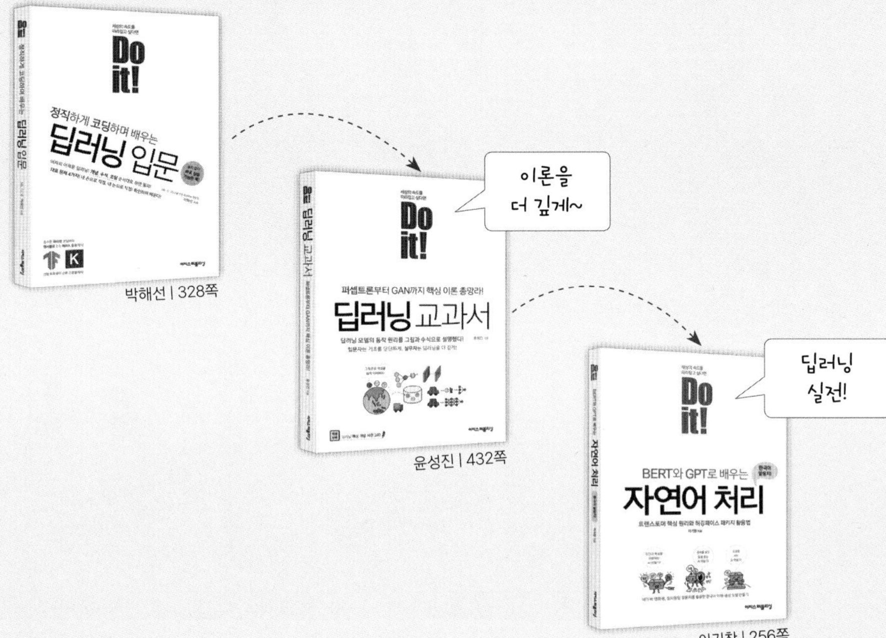

정직하게 코딩하며 배우는
딥러닝 입문
박해선 | 328쪽
이론을
더 깊게~
퍼셉트론부터 GAN까지 핵심 이론 총망라!
딥러닝 교과서
윤성진 | 432쪽
딥러닝
실전!
BERT와 GPT로 배우는
자연어 처리
이기창 | 256쪽

쉽게 배우는
R 데이터 분석
김영우 | 376쪽
쉽게 배우는
R 텍스트 마이닝
김영우 | 344쪽

나는 어떤
코스가
적합할까?

A 인공지능 개발자가 되고 싶은 사람

- Do it! 점프 투 파이썬
- Do it! 정직하게 코딩하며 배우는 딥러닝 입문
- Do it! 딥러닝 교과서
- Do it! BERT와 GPT로 배우는 자연어 처리

B 데이터 분석가가 되고 싶은 사람

- Do it! 쉽게 배우는 파이썬 데이터 분석
- Do it! 쉽게 배우는 R 데이터 분석
- Do it! 쉽게 배우는 R 텍스트 마이닝
- Do it! 데이터 분석을 위한 판다스 입문
- Do it! R 데이터 분석 with 샤이니
- Do it! 첫 통계 with 베이즈

Basic Programming Course

기초 프로그래밍 코스

파이썬, C 언어, 자바로 시작하는 프로그래밍!
기초 단계를 독파한 후 응용 단계로 넘어가세요!

박응용 | 360쪽

김성엽 | 576쪽

김동형 | 856쪽

시바타 보요 저, 강민 역 | 408쪽

시바타 보요 저, 강민 역 | 452쪽

시바타 보요 저, 강민 역 | 424쪽

김창현 | 296쪽

강성윤 | 720쪽

김종관 | 564쪽

A 파이썬 개발자가 되고 싶은 사람

- Do it! 점프 투 파이썬
- Do it! 점프 투 파이썬 — 라이브러리 예제 편
- Do it! 파이썬 생활 프로그래밍
- Do it! 점프 투 장고
- Do it! 점프 투 플라스크
- Do it! 장고+부트스트랩 파이썬 웹 개발의 정석
- Do it! 점프 투 파이썬 — 라이브러리 예제 편

B 자바·코틀린 개발자가 되고 싶은 사람

- Do it! 점프 투 자바
- Do it! 자바 완전 정복
- Do it! 자바 프로그래밍 입문
- Do it! 코틀린 프로그래밍
- Do it! 안드로이드 앱 프로그래밍
- Do it! 깡샘의 안드로이드 앱 프로그래밍 with 코틀린